苏州上市公司发展报告
（2020）

薛誉华　范　力
吴永敏　贝政新　主编

复旦大学出版社

内 容 简 介

《苏州上市公司发展报告(2020)》由苏州市上市公司协会、东吴证券股份有限公司和苏州大学东吴商学院组建联合课题组撰写。

本书以苏州上市公司发展为主体,以苏州新三板挂牌企业、科创板企业和拟上市预披露公司为补充,面向众多的市场投资者,从量和质两个维度全面、客观地揭示我国资本市场苏州板块的现状、问题与趋势。

本书是《苏州上市公司发展报告》连续公开出版的第七部。主要包括苏州上市公司概况、苏州上市公司的市场绩效分析、财务绩效分析、行业结构分析、新三板挂牌企业分析、拟上市预披露公司分析、科创板挂牌企业分析,还研究了上市公司再融资和并购重组规模对苏州上市公司经济的影响。

本书可作为各级政府机关经济管理部门、金融行业和区域经济的实务和理论工作者决策和研究之参考,也可作为高等院校经济、管理类专业师生教学和科研之参考。

苏 州 上 市 公 司 发 展 报 告 (2020)

前言

2019年是中国证券市场图改革、谋发展、迎新生的一年。受科创板诞生、证券法修改、注册制推广、国际化发展不断深入等因素的影响,2019年我国A股市场主要经历了超跌后反弹修复和回落盘整两个阶段,市场发展回暖,市场估值水平持续回升。据中国上市公司市值管理研究中心于2020年初发布的2019年A股市值年度报告分析,截至2019年年底,A股市值规模已达59.2万亿元,市值规模创历史新高。总体而言,2019年A股市场扭转了2018年下行趋势,市场估值得以修复,但过程一波三折。截至2019年沪深两市正式收官:上证综指报3 050.12点,全年累计涨幅22.30%;深证成指报10 430.77点,全年累计涨幅44.08%;创业板指报1 798.12点,全年上涨43.79%。

与我国A股市场2019年总体表现相比,苏州上市公司在新三板挂牌企业、拟上市预披露公司和科创板数量方面取得了不小的成绩。但由于受到产业结构、行业结构和贸易结构等特殊因素影响,受到的冲击明显较大,总体表现不尽人意。

一、2019年中国资本市场的苏州板块

截至2019年年底,全国共有A股上市公司3 758家,合计总市值为658 292.91亿元,苏州地区共有上市公司120家,合计总市值为8 606.95亿元,苏州地区上市公司数量和总市值国内占比分别为3.19%和1.31%。上市公司的总市值占比明显低于数量占比,反映出苏州地区上市公司个体平均规模相对较小的特征。数据表明,2019年年底苏州地区上市公司平均市值为71.72亿元,仅相当于全国上市公司平均市值的40.95%。

苏州率先指数在全年基本呈现小幅上扬、震荡上升趋势,全年指数涨幅较为明显,且与深市主要指数表现接近。从2018年12月31日截至2019年12月31日,苏州率先指数从1 467.15上涨到1 966.50点,上涨499.35点,涨幅34.04%,总市值上涨0.98%,流通市值上涨10.30%。

与沪深市场指数比较,沪深300指数年度上涨36.07%。创业板指上涨43.79%,中小板上涨41.03%,苏州率先指数涨幅最小,全年上涨34.04%,弱于所有深市重要指数。

与北京、上海、天津、重庆和深圳五市指数相比较,从涨跌幅趋势看,六个城市的市场指数均表现出单边上涨的趋势,北京、上海、重庆和天津涨势基本一致,而苏州率先和深报指数全年涨幅较大。涨幅顺序由小到大依次为北京、重庆、天津、上海、苏州和深圳。

2019年,苏州新增13家A股上市公司,其中6家在科创板上市,苏州上市公司总数达到120家。按照2019年申万行业一级分类统计结果显示,苏州机械设备类上市公司最多,有28家,其次电子类16家,化工类13家,电气设备类8家,通信6家,建筑装饰和传媒各5家。其他行业样本股数量主要分布如下:交通运输、银行和家用电器类各4家,建筑材料、计算机、轻工制造、医药生物各3家,商业贸易、汽车、有色金属、综合、房地产各2家,纺织服装、非银金融、国防军工、公用事业和钢铁各1家。

截至2019年年底,苏州地区共有326家企业挂牌新三板,占全国挂牌总量的3.77%,占江苏省内挂牌总量的31.87%。与国内直辖市相比,苏州新三板挂牌企业数量明显少于北京(1134家)和上海(696家),明显超过天津(155家)和重庆(106家);与国内计划单列市相比,苏州新三板挂牌企业数量仅次于深圳(470家);与部分省会城市相比,苏州地区的领先优势较为明显,从数量来看,广州(314家)、杭州(235家)、南京(198家)和成都(184家)挂牌家数均少于苏州(326家)。

与此同时,在2019年IPO预披露中,苏州共有50家公司披露了申报表,而其中4家(瑞玛工业、华辰装备、聚杰微纤、爱丽家居)公司现已成功上市。截至2018年年底苏州IPO预披露企业总数为46家,名列全国各大城市第5位。在2019年年底前的IPO预披露中,四大直辖市北京有94家,上海73家,天津11家,重庆12家拟上市公司披露了申报稿;另外,计划单列市中,深圳预披露公司数量共76家;省内城市中,无锡预披露公司数量为23家。

另外还需要高度关注的是我国证券市场新设"科创板"板块。2018年11月5日,国家主席习近平在首届中国国际进口博览会开幕式上宣布在上海证券交易所设立科创板并试点注册制。科创板的设立旨在为我国科技创新企业提供一个发展平台。截至2019年12月31日,上交所科创板共受理203家企业,其中24家初步受理,47家已问询,2家暂缓会议,2家上市委会议通过,24家提交注册,21家终止发行,2家终止注册,1家不予注册,80家注册生效。在80家注册生效的企业里70家已在上交所挂牌上市。

可以看出,苏州在新三板挂牌企业、拟上市预披露公司和科创板数量方面均名列全国各大城市前列,显现了苏州经济发展的可持续能力和苏州上市公司后备梯队的优质。

二、研究思路

本报告以苏州上市公司为研究对象,试图面向众多的市场投资者从量和质两个维度全面、客观地揭示我国资本市场苏州板块现状与未来趋势。从量的方面而言,本报告以苏州上市公司为主体,苏州新三板挂牌企业、拟上市预披露公司及科创板受理企业为补充,分析研究苏州上市公司当前在全国、全省的地位和影响;分析研究苏州上市公司后备力量的实力与水平,了解与把握未来苏州上市公司的发展趋势与可持续发展特色。从质的方面而言,本报告分析研究苏州上市公司的市场绩效、财务绩效和行业结构,充分展现苏州上市公司的投资价值和发展动力。

同时,本报告分析研究苏州上市公司的再融资和并购重组行为对苏州区域经济发展的影响,还进一步分析研究了科创板有关规则和苏州企业的应对策略。

前言

三、研究结论

经研究,本报告得到以下六大方面的研究结论。

(一) 市场结构角度分析

最近几年苏州上市公司的数量和总市值在全国以及江苏省内占比呈现明显的良好发展势头,在国内各主要城市中处于较为领先的位置。从区域结构来看,苏州上市公司主要集中在苏州市区,其他几个县级市相对较少;从市场结构来看,苏州上市企业涵盖范围较为广泛,科创板项目后备资源较为充足,以往由主板、中小板和创业板构建的三足鼎立格局将会发生改变;从行业结构来看,苏州上市公司的行业分布较为广泛,且主要集中在材料类、工业类、信息技术和可选消费类。

但是,苏州上市公司市值规模偏小,竞争能力不强,行业龙头企业和行业领军企业不多的格局,依然没有得到改观。这也是苏州上市公司下一步急需努力的方向。

(二) 市场绩效角度分析

从苏州率先指数及其市场表现来分析,苏州率先指数在2019年全年上涨34.04%,总市值小幅上升,流通市值实现10.30%的上涨。从相对市场绩效分析,比较苏州率先指数与沪深指数,苏州率先指数涨幅居中,其表现弱于两市重要指数。比较苏州率先指数与其他区域类指数,苏州率先指数涨幅较大,排名第二。在与江苏、浙江和山东省进行指数比较时,苏州率先指数排名落后于山东指数,与江苏指数和浙江指数基本持平。从行业角度分析,机械设备、电子和电气设备类指数优于申万行业指数,化工和通信行业弱于全国相关行业类指数的全年表现,需要引起我们的足够重视。

2019年苏州上市公司的市场表现由于受到板块结构和行业结构的影响,与优秀城市相比还有差距,在以后的发展过程中,还需要继续加强市场资源的优化配置,促使市场绩效平稳增长。下一步,围绕提升上市公司市场绩效提供更多对策,苏州应该从推动创新、提升关键技术攻关力度、提高先导产业发展速度等策略入手,加快完善苏州现代化经济体系建设。

(三) 财务绩效角度分析

2019年苏州上市公司有关盈利能力和成长能力的财务绩效指标出现了明显下滑,体现上市公司稳健性的偿债能力、运营能力和股本扩张能力相关财务绩效指标基本保持平稳,股本扩张能力还有所提高。

从行业分析,2019年苏州的主要行业中建筑装饰的净资产收益率平均值最高;苏州机械设备、通信和电子三大类行业的净资产收益率平均值高于A股市场相关行业的净资产收益率平均值。除了机械设备行业,2019年苏州其他主要行业的产权比率平均值均低于A股市场相关行业的产权比率平均值。除了电子行业外,苏州其他主要行业的营业收入增长率平均值持续下滑;苏州主要行业的总资产周转率平均值变动较为平缓,主要行业营运能力较为稳定。

分市场来看,苏州主板上市公司在盈利能力和股本扩张能力方面高于主板市场平均水平;苏州中小板上市公司只在股本扩张能力方面略高于中小板市场平均水平;苏州创业板上市公司在盈利能力方面高于创业板市场平均水平;苏州科创板上市公司在营运能力方面高于科创板市场平均水平。

下一步,苏州上市公司需要从谋求新的发展机遇和促进中小企业成长两个方面,提出有针对性的策略思考,提升财务绩效表现,做强苏州上市公司。

(四) 行业结构角度分析

以苏州上市公司所处产业、行业为研究对象,研究了苏州上市公司的产业、行业分布,分析了苏州上市公司的行业集中度、行业先进度、行业代表性和行业竞争力等结构特征。我们发现,苏州大多数上市公司均属第二产业,且最近5年来苏州上市公司的产业分布进一步向第二产业集中;制造业是苏州上市公司最集中的门类,制造业明显密集分布的大类主要是计算机、通信和其他电子设备制造业、电气机械和器材制造业、专用设备制造业。与对比城市相比,苏州上市公司过度集中于制造业,不利于苏州其他行业的企业利用资本市场,并使苏州板块股票的价格和形象波动受制造业周期的影响过大。

研究发现,苏州上市公司主要行业的平均市值低于大多数对比城市和全国总体水平,苏州各行业上市公司规模都相对较小,缺少规模竞争力。苏州上市公司主要行业的收益率竞争力近年来下降明显,已低于全国和大多数对比城市,这一点值得注意。

针对发现的问题,为改善苏州上市公司的行业结构,本章立足于增量改进,提出了包括升级城市行业基础、推动上市公司业务转型、充分利用科创板机遇、灵活选择境外上市,以及为企业壮大提供微观激励和多层次金融支持等五条策略。

(五) 再融资与企业并购分析

2019年苏州120家上市公司中有16家公司有再融资行为,再融资所筹集的资金规模比2018年再融资所筹集的资金规模下降了732.22亿元,下降幅度达75.31%。与上海、深圳地区上市公司同期再融资情况相比,苏州上市公司再融资规模偏小,再融资方式多样化程度还不够,苏州上市公司再融资能力还有待提高。从上市公司再融资行为的影响分析,苏州16家有再融资行为的上市公司其经营规模的平均水平均有所上升,但盈利性指标平均水平的情况不理想,再融资资金的利用效率有待进一步提升。上市公司长期可持续发展离不开再融资,为提高苏州上市公司的再融资能力及再融资资金使用效率,可以从加强再融资政策的学习,提升上市公司经营管理水平,加强公司治理,提升上市公司信息披露质量等方面采取措施。

从上市公司并购重组行为看,2019年中国证监会上市公司监管部并购重组委共召开75次会议,审批上市公司发行股份进行并购重组的活动。2019年,苏州共有6家公司先后提出并购申请,并购申请的数量比上年有所上升,申请通过的比例也有明显提高。其中,有5家无条件通过,1家有条件通过,通过率达到100%。此外,2019年苏州市涉及上市公司并购活动的共有132家次。与其他主要城市相比较,深圳、北京、上海上市公司并购重组次数明显高于其他城市,基本属于上市公司并购重组的第一阵营。杭州上市公司并购数量增长明显低于深圳、北京和上海,但显著高于苏州、天津和重庆,属于第二阵营。在这三个城市中,苏州明显高于天津和重庆,重庆最低。从已完成并购来看,苏州仍然高于天津和重庆。苏州市作为一个地级市,并购重组数量超过作为直辖市的天津和重庆,反映了苏州上市公司在并购重组方面已经走在全国城市的前列。目前苏州上市公司存在的主要问题是通过审核的并购案例仍然不多,小规模的并购活动多,重大并购重组少,并购重组的绩效有待改善。从苏州市上市公司并购重组情况来看,公司在选择并购对象、并购手段时,需要加强对行业的关注,选择最优并购手段,制定科学的并购策略和并购方案,降低并购成本,加快并购过程中企业文化的整合。

(六) 科创板政策与苏州企业分析

科创板作为我国资本市场基础制度改革创新的"试验田",其推出将有效弥补我国成长型科技创新企业融资短板、助力中国经济转型深化。设立科创板并试点注册制是一个全新的探索,是推动经济建设快速发展的重要举措。科创板的推出,对苏州市企业来说,既是机遇,也是挑战。通过收集整理苏州科创板已上市和储备企业的相关信息,同时归纳苏州科创板企业的特征,剖析当前科创板企业发展存在的问题。尽管苏州企业已经打响进军科创板"第一枪",但是也存在着一定的差距。

下一步,需要企业持续推进科技创新,增强核心竞争力,引进高端人才,建设优秀人才团队,打造国际化品牌;政府推进创新驱动发展,升级城市行业基础,积极培育企业上市后备资源,推动科创板块持续扩容,改善创新创业环境,营造良好尊商重企氛围。总体来看,苏州地区企业质量上乘,城市发展前景广阔,期待"苏州板块"在科创板创造更多的辉煌。

苏州上市公司发展报告（2020）

目录

第一章 苏州上市公司概况 ⋯⋯⋯⋯⋯⋯⋯⋯⋯⋯⋯⋯⋯⋯⋯⋯⋯⋯⋯⋯⋯ 001
  第一节 苏州上市公司的发展演变 ⋯⋯⋯⋯⋯⋯⋯⋯⋯⋯⋯⋯⋯⋯⋯ 003
    一、苏州上市公司发展概况 ⋯⋯⋯⋯⋯⋯⋯⋯⋯⋯⋯⋯⋯⋯⋯⋯⋯ 003
    二、苏州上市公司地位分析 ⋯⋯⋯⋯⋯⋯⋯⋯⋯⋯⋯⋯⋯⋯⋯⋯⋯ 006
  第二节 苏州上市公司的区域结构 ⋯⋯⋯⋯⋯⋯⋯⋯⋯⋯⋯⋯⋯⋯⋯ 013
    一、数量分布 ⋯⋯⋯⋯⋯⋯⋯⋯⋯⋯⋯⋯⋯⋯⋯⋯⋯⋯⋯⋯⋯⋯ 013
    二、市值分布 ⋯⋯⋯⋯⋯⋯⋯⋯⋯⋯⋯⋯⋯⋯⋯⋯⋯⋯⋯⋯⋯⋯ 013
  第三节 苏州上市公司的市场结构 ⋯⋯⋯⋯⋯⋯⋯⋯⋯⋯⋯⋯⋯⋯⋯ 015
    一、数量分布 ⋯⋯⋯⋯⋯⋯⋯⋯⋯⋯⋯⋯⋯⋯⋯⋯⋯⋯⋯⋯⋯⋯ 015
    二、市值分布 ⋯⋯⋯⋯⋯⋯⋯⋯⋯⋯⋯⋯⋯⋯⋯⋯⋯⋯⋯⋯⋯⋯ 015
  第四节 苏州上市公司的行业结构 ⋯⋯⋯⋯⋯⋯⋯⋯⋯⋯⋯⋯⋯⋯⋯ 016
    一、数量分布 ⋯⋯⋯⋯⋯⋯⋯⋯⋯⋯⋯⋯⋯⋯⋯⋯⋯⋯⋯⋯⋯⋯ 016
    二、市值分布 ⋯⋯⋯⋯⋯⋯⋯⋯⋯⋯⋯⋯⋯⋯⋯⋯⋯⋯⋯⋯⋯⋯ 016
  本章小结 ⋯⋯⋯⋯⋯⋯⋯⋯⋯⋯⋯⋯⋯⋯⋯⋯⋯⋯⋯⋯⋯⋯⋯⋯⋯ 018

第二章 苏州上市公司市场绩效分析 ⋯⋯⋯⋯⋯⋯⋯⋯⋯⋯⋯⋯⋯⋯⋯ 019
  第一节 苏州上市公司股票指数及市场绩效 ⋯⋯⋯⋯⋯⋯⋯⋯⋯⋯⋯ 022
    一、苏州率先指数 ⋯⋯⋯⋯⋯⋯⋯⋯⋯⋯⋯⋯⋯⋯⋯⋯⋯⋯⋯⋯ 022
    二、苏州率先指数的市场表现 ⋯⋯⋯⋯⋯⋯⋯⋯⋯⋯⋯⋯⋯⋯⋯ 022
    三、苏州率先指数与上证综指、深证成指的比较分析 ⋯⋯⋯⋯⋯⋯ 024
    四、苏州率先指数与其他区域类指数比较分析 ⋯⋯⋯⋯⋯⋯⋯⋯⋯ 026
  第二节 苏州上市公司市场绩效分行业分析 ⋯⋯⋯⋯⋯⋯⋯⋯⋯⋯⋯ 028
    一、2019年苏州经济发展概况 ⋯⋯⋯⋯⋯⋯⋯⋯⋯⋯⋯⋯⋯⋯⋯ 028
    二、苏州分行业指数 ⋯⋯⋯⋯⋯⋯⋯⋯⋯⋯⋯⋯⋯⋯⋯⋯⋯⋯⋯ 029

三、苏州机械设备类指数 ……………………………………………… 029
　　四、苏州电子类指数 …………………………………………………… 031
　　五、苏州化工类指数 …………………………………………………… 032
　　六、苏州电气设备类指数 ……………………………………………… 034
　　七、苏州通信类指数 …………………………………………………… 035
　第三节　苏州上市公司市场绩效分市场分析 …………………………… 037
　　一、苏州主板与上证综指的比较分析 ………………………………… 037
　　二、苏州中小板指数与深市中小板指数的比较分析 ………………… 039
　　三、苏州创业板指数与深市创业板指数的比较分析 ………………… 040
　第四节　苏州上市公司市场绩效偏低的原因及提升策略 ……………… 042
　　一、苏州上市公司市场绩效偏低的原因分析 ………………………… 042
　　二、提升苏州上市公司市场绩效的策略 ……………………………… 045
　本章小结 …………………………………………………………………… 045

第三章　苏州上市公司财务绩效分析 ……………………………………… 047
　第一节　苏州上市公司财务绩效特征 …………………………………… 049
　　一、2015—2019 年财务绩效比较 …………………………………… 049
　　二、2019 年财务绩效特征分析 ……………………………………… 050
　第二节　苏州上市公司相对财务绩效分析 ……………………………… 053
　　一、盈利能力比较分析 ………………………………………………… 053
　　二、偿债能力相对比较分析 …………………………………………… 053
　　三、成长能力相对比较分析 …………………………………………… 053
　　四、营运能力相对比较分析 …………………………………………… 054
　　五、股本扩张能力相对比较分析 ……………………………………… 054
　第三节　苏州上市公司财务绩效分行业分析 …………………………… 055
　　一、盈利能力分行业比较 ……………………………………………… 055
　　二、偿债能力分行业比较 ……………………………………………… 056
　　三、成长能力分行业比较 ……………………………………………… 057
　　四、营运能力分行业比较 ……………………………………………… 058
　　五、股本扩张能力分行业比较 ………………………………………… 059
　第四节　苏州上市公司财务绩效分市场分析 …………………………… 060
　　一、盈利能力分市场比较 ……………………………………………… 060
　　二、偿债能力分市场比较 ……………………………………………… 061
　　三、成长能力分市场比较 ……………………………………………… 061

　　四、营运能力分市场比较 ……………………………………… 063
　　五、股本扩张能力分市场比较 …………………………………… 063
 第五节　苏州上市公司财务绩效存在的问题及对策 ………………… 064
　　一、苏州上市公司财务绩效存在的问题 ………………………… 064
　　二、提高苏州上市公司财务绩效的对策 ………………………… 065
 本章小结 …………………………………………………………………… 065

第四章　苏州上市公司行业结构分析　　　　　　　　　　　　067

 第一节　苏州上市公司行业分布 ……………………………………… 069
　　一、三次产业分布 ………………………………………………… 069
　　二、行业结构分布 ………………………………………………… 070
 第二节　苏州上市公司行业特征分析 ………………………………… 072
　　一、行业集中度分析 ……………………………………………… 072
　　二、行业先进度分析 ……………………………………………… 076
　　三、制造业行业代表性分析 ……………………………………… 079
　　四、行业竞争力分析 ……………………………………………… 081
 第三节　苏州上市公司行业结构的问题和改善策略 ………………… 082
　　一、苏州上市公司行业结构存在的问题 ………………………… 082
　　二、苏州上市公司改善行业结构的策略思考 …………………… 083
 本章小结 …………………………………………………………………… 084

第五章　苏州上市公司再融资规模与影响分析　　　　　　　　087

 第一节　苏州上市公司再融资规模与结构分析 ……………………… 089
　　一、我国上市公司再融资现状 …………………………………… 089
　　二、近年来我国再融资政策的变化 ……………………………… 091
　　三、苏州上市公司再融资规模与结构统计 ……………………… 092
　　四、苏州上市公司2019年再融资状况分析 ……………………… 094
 第二节　苏州上市公司再融资能力及再融资影响分析 ……………… 095
　　一、再融资能力状况 ……………………………………………… 095
　　二、再融资横向比较 ……………………………………………… 096
　　三、再融资的影响分析 …………………………………………… 098
 第三节　苏州上市公司再融资存在的问题及对策研究 ……………… 101
　　一、苏州上市公司再融资中存在的问题 ………………………… 101
　　二、提升苏州上市公司再融资能力的对策 ……………………… 102

003

本章小结 ··· 104

第六章　苏州上市公司并购重组规模与影响分析 ·············· 107
第一节　苏州上市公司并购的政策背景 ························· 109
第二节　苏州上市公司并购重组规模与结构分析 ············· 110
　　一、并购公司数量 ··· 110
　　二、并购规模分析 ··· 111
　　三、区域比较 ·· 112
第三节　苏州上市公司并购重组的影响分析 ··················· 114
　　一、公司经营业绩 ··· 114
　　二、扩张能力 ·· 114
　　三、提升海外竞争力 ·· 115
　　四、完善产业链 ··· 116
第四节　赛腾精密并购日本Optima株式会社的案例 ········· 116
　　一、概述 ·· 116
　　二、对外投资标的基本情况 ······································ 116
　　三、风险分析 ·· 117
　　四、并购交易的影响 ·· 117
第五节　苏州上市公司并购重组存在的问题与对策 ············ 117
　　一、苏州上市公司并购重组存在的主要问题 ·················· 117
　　二、相关对策分析 ··· 118
本章小结 ··· 119

第七章　苏州新三板挂牌企业分析 ································ 121
第一节　苏州新三板挂牌企业发展状况 ························· 123
　　一、苏州新三板挂牌企业总体状况 ······························ 123
　　二、江苏省新三板挂牌企业比较 ································· 125
　　三、主要城市新三板挂牌企业比较 ······························ 126
第二节　苏州新三板挂牌企业的特征分析 ······················ 127
　　一、区域分布分析 ··· 127
　　二、市场分层分析 ··· 127
　　三、产业分布分析 ··· 129
　　四、行业分布分析 ··· 130
　　五、股票转让方式分析 ·· 132

第三节　新三板挂牌企业退市问题分析 …………………………… 134
　　一、全国新三板挂牌企业退市概况分析 …………………………… 134
　　二、苏州新三板挂牌企业退市概况分析 …………………………… 135
第四节　新三板精选层制度评价 …………………………………… 136
　　一、新三板精选层制度改革内容 …………………………………… 136
　　二、精选层推出的意义 ……………………………………………… 137
　　三、精选层与科创板、创业板注册制度比较 ……………………… 137
　　四、精选层展望 ……………………………………………………… 140
本章小结 ……………………………………………………………… 140

第八章　苏州拟上市预披露公司分析 …………………………………… 141
第一节　苏州预披露公司数量分析 ………………………………… 143
　　一、与各直辖市比较 ………………………………………………… 143
　　二、与各计划单列市比较 …………………………………………… 144
　　三、与 GDP 排名前十位城市比较 ………………………………… 144
　　四、与江苏省内其他城市比较 ……………………………………… 145
第二节　苏州预披露公司区域分布和市场结构分析 ……………… 146
　　一、区域分布分析 …………………………………………………… 146
　　二、市场结构分布分析 ……………………………………………… 147
第三节　苏州预披露公司行业分布和产权性质分析 ……………… 148
　　一、行业分布分析 …………………………………………………… 149
　　二、产权性质特点分析 ……………………………………………… 150
第四节　苏州、深圳、杭州深度对比 ……………………………… 151
　　一、数量比较 ………………………………………………………… 151
　　二、规模比较 ………………………………………………………… 151
　　三、行业比较 ………………………………………………………… 151
第五节　苏州预披露公司现存问题与展望 ………………………… 152
　　一、苏州拟上市公司现存问题 ……………………………………… 152
　　二、相关策略分析 …………………………………………………… 154
本章小结 ……………………………………………………………… 154

第九章　苏州科创板上市企业分析与展望 ……………………………… 157
第一节　苏州科创板上市企业发展状况 …………………………… 159
　　一、苏州科创板上市企业总体状况 ………………………………… 159

二、江苏省内挂牌企业比较 …………………………………………… 160
　　三、主要城市挂牌企业比较 …………………………………………… 162
第二节　苏州科创板上市企业的特征分析 ………………………………… 163
　　一、区域分布分析 ……………………………………………………… 163
　　二、行业分布分析 ……………………………………………………… 164
　　三、研发能力分析 ……………………………………………………… 166
　　四、公司规模分析 ……………………………………………………… 167
　　五、财务状况分析 ……………………………………………………… 168
第三节　苏州科创板储备企业的发展状况分析 …………………………… 170
　　一、企业特征分析 ……………………………………………………… 172
　　二、江苏省内储备企业比较 …………………………………………… 176
　　三、主要城市储备企业比较 …………………………………………… 177
第四节　苏州企业科创板上市前景与展望 ………………………………… 179
　　一、苏州科创板企业存在的问题 ……………………………………… 179
　　二、提升苏州科创板企业绩效的策略 ………………………………… 180
　　三、进一步推动苏州企业科创板上市展望 …………………………… 180
本章小结 ……………………………………………………………………… 181

附录 ………………………………………………………………………… 183
　附录一　苏州上市公司简介 ……………………………………………… 185
　附录二　苏州科创板上市企业简介 ……………………………………… 224
　附录三　苏州新三板挂牌企业简介 ……………………………………… 226
　附录四　苏州新三板终止挂牌企业简介 ………………………………… 310
　附录五　苏州拟上市预披露公司名单 …………………………………… 360
　附录六　苏州科创板受理企业名单 ……………………………………… 363

后记 ………………………………………………………………………… 364

苏 州 上 市 公 司 发 展 报 告 (2020)

第一章

苏州上市公司概况

苏州自古以来就是中国长三角地区的经济和文化中心。改革开放四十年来,苏州抢抓机遇、勇立潮头,力推改革,已经发生了翻天覆地的变化,地方社会经济发展取得了令人瞩目的成绩,而上市企业是一个地区综合经济实力的具体体现,是衡量地方发展质量和水平的重要标尺。苏州强劲发展的实体经济为资本市场的发展壮大培育了肥沃的土壤,同时,苏州市委、市政府对资本市场高度重视,相继出台了《加快发展资本市场的指导意见》(2005年)、《关于促进金融业改革发展的指导意见》(2008年)、《苏州市金融发展"十二五"规划》(2011年)、《关于加快推进苏州区域金融中心建设的实施意见》(2014年)、《苏州市金融支持企业自主创新行动计划(2015—2020)》(2015年)、《关于进一步促进金融支持制造业企业的工作意见》(2017年)、《关于促进创业投资持续健康发展的实施意见》(2018年),以及《苏州市促进企业利用资本市场实现高质量发展的实施意见》(2020年)等指导性文件,这一系列金融改革创新的思路和举措均有力推动苏州实体经济进入资本市场高速发展的快车道,目前在我国资本市场上已形成了多层次、宽领域、有特色、富活力的"苏州板块"。

第一节　苏州上市公司的发展演变

一、苏州上市公司发展概况

20世纪90年代初沪深交易所相继成立,中国资本市场开始进入新的发展阶段。1993年9月8日"苏三山A"(证券编号0518)①在深圳证券交易所挂牌交易,成为苏州地区首只发行上市的股票,并由此揭开了苏州地区资本市场的发展序幕。得益于苏州优良的经济基础、自身准确的城市定位以及清晰的发展战略,加之中国资本市场规模不断扩大,直接融资功能不断升级,苏州地区的资本市场在过去二十余年间得到了飞跃式发展。

苏州上市公司的发展历程主要可以分为以下三个阶段。

第一个阶段:从20世纪90年代开始后的十年,这是苏州上市公司发展的初创期。1994年1月6日在深圳证券交易首发上市的创元科技(000551.SZ),为现存苏州上市公司中最早在主板市场挂牌的股票。截至2003年年底,苏州地区累计共有10家②公司在沪深交易所成

---

① "苏三山A"公司所在地为江苏省昆山市,后因为连续亏损被暂停上市,经重组后,成为现存的上市公司"四环生物"(000518.SZ)。

② 包括2003年6月27日首发上市的华芳纺织(600273.SH),该公司证券简称于2014年12月24日变更为"嘉化能源",公司注册地址由"江苏省张家港市"变更为"浙江省嘉兴市"。

功上市,而期间全国共有近1200家公司在沪深两地成功上市,苏州上市公司数量占比不足1%。

第二个阶段:2004年年初到2008年年底。2004年5月17日,深交所设立中小企业板获得证监会正式批复,推动我国多层次资本市场建设向前迈进了一大步。受此消息的鼓舞,2004年当年共有38家中小板企业成功挂牌,占全年沪深两市挂牌总量的38.78%。2006年10月12日江苏宏宝(002071.SZ)①成功上市,成为苏州地区第一家挂牌中小板的上市企业。苏州市委、市政府2005年《关于加快发展资本市场的指导意见》以及2008年《关于促进金融业改革发展的指导意见》等政策文件的出台,对充分认识发展资本市场的重要意义以及促进资本市场大力发展等方面起到了重要的促进作用。2006—2008年苏州地区累计共有14家企业成功上市,且全部落户于深交所的中小板。

第三个阶段:2009年年初以来。2009年,证监会批准深圳证券交易所设立创业板,这对中国多层次资本市场的建立以及资本市场逐步走向完善均具备重大意义,2009年10月30日,首批获批的28家创业板公司集体上市。新宁物流(300013.SZ)是首批28家获批的企业之一,也是苏州地区第一家成功挂牌创业板的公司。中小板和创业板的开板丰富了国内多层次资本市场建设,苏州地区的上市公司数量也呈现出飞跃式发展态势,其中,2010年共有13家企业登陆中小板市场,占当年苏州地区上市总量的86.67%;2011年和2012年分别有8家和5家企业登陆创业板市场,分别占当年苏州地区上市企业总量的53.33%和62.50%。2011年制定的《苏州市金融发展"十二五"规划》,提出了建设"对接上海、服务苏州、延伸辐射"的苏州区域金融中心目标,这为未来几年资本市场指明了发展方向,明确了发展目标,部署了发展举措。2014年和2015年苏州地区每年均有6家企业成功登陆A股市场。

2015年9月,苏州市政府印发《苏州市金融支持企业自主创新行动计划(2015—2020)》,助推苏南国家资助创新示范核心区建设,这对推动地区金融机构创新服务、调动金融资源支持本地企业创新发展、提升企业创新驱动发展水平、推进区域经济加快转型升级起到了很好的指引作用。当前宏观经济、市场环境都已经发生了非常深刻的变化,资本市场在金融资源配置中的作用日益凸显,第五次全国金融工作会议要求加强资本市场服务实体经济功能,中国资本市场正在展示出更加广阔的发展前景,苏州也将进一步坚定信心,贯彻落实全国金融工作会议精神和全省金融工作部署,借助资本市场力量,给地方企业在创新发展、转型升级的道路上添加动力。近两年,苏州地区上市公司数量一直保持历史较高水平,尤其是主板企业挂牌数量屡创新高,2016年和2017年分别有7家和8家企业实现主板上市。

2019年6月13日,备受关注的我国资本市场新兵科创板正式开板,标志着在上海证券交易所设立科创板并试点注册制正式落地。设立科创板主要目的是增强资本市场对实体经济的包容性,更好服务于具有核心技术、行业领先、有良好发展前景和口碑的企业。7月22日科创板正式开市交易,首批共有25家上市公司集中挂牌交易,苏州有3家企业名列其中,苏州也成为除北京、上海之外,首批上市科创板企业最多的城市。

---

① 现已更名为"长城影视"。

表 1-1　苏州企业上市时间及所属板块分布　　　　　　　　　　　单位：家

年　份	主　板	中小板	创业板	科创板	合　计
1994	1	—	—	—	1
1996	1	—	—	—	1
1997	3	—	—	—	3
1999	1	—	—	—	1
2000	1	—	—	—	1
2003	3	—	—	—	3[注1]
2006	—	6	—	—	6
2007	—	4	—	—	4
2008	—	4	—	—	4
2009	—	2	1	—	3
2010	—	13	2	—	15[注2]
2011	3	4	8	—	15
2012	2	1	5	—	8
2014	3	—	3	—	6
2015	3	1	2	—	6
2016	7	2	4	—	13
2017	8	1	5	—	14
2018	1	—	1	—	2
2019	2	3	2	6	13
合计[注3]	39	41	33	6	119

注1：包括 2003 年 6 月 27 日首发上市的华芳纺织(600273.SH)。
注2：不包括 2010 年 7 月 16 日首发上市的康得新(002450.SZ)，其于 2014 年 2 月 12 日经批准后迁址至江苏省，并取得江苏省苏州市工商行政管理局颁发的企业法人营业执照。
注3：截至 2019 年 12 月 31 日，苏州地区上市企业实际数量与板块分布情况。

　　纵观苏州上市公司的时间发展序列（见表 1-1），我们发现苏州上市公司主要集中在 2006 年以后在沪深交易所挂牌上市。2000 年以前，苏州地区累计仅有 6 家上市公司；2000—2009 年，累计共有 21 家企业上市，上市数量实现稳步增长；但从 2010 年以来，尤其是 2010 年和 2011 年，每年均有 15 家企业成功登陆 A 股市场，两年合计达 30 家，超过过去十年间的上市企业总数。最近几年，除了新推中小板和创业板市场外，2011 年对苏州大举进入资本市场来说也是标志性的一年，继 2003 年 11 月 27 日江南高纤(600527.SH)登陆上海交易所后，时隔八年，苏州又有东吴证券(601555.SH)、风范股份(601700.SH)和鹿港科技(601599.SH)①等三家公司在上海交易所成功上市。2012 年下半年起，新股 IPO 暂停，上市

---

① 现已更名为"鹿港文化"。

公司数量明显回落,2013年苏州地区未有新增上市公司,经过一年多的空窗期后,2014年初IPO重新启动。近几年,苏州地区新增上市公司数量保持稳步增长,2014年和2015年每年均新增6家,其中半数企业选择在沪市主板市场挂牌。2016年,证监会充分发挥资本市场服务实体经济、助力供给侧结构性改革功能,IPO数量和融资额均创近五年来新高。受益于此,苏州地区当年共有13家企业成功挂牌上市,挂牌数量仅次于2010年和2011年,且有7家企业选择主板挂牌上市。2017年苏州地区企业加快进军资本市场的步伐,仅1月份就有常熟汽饰(603035.SH)和张家港行(002839.SZ)等4家企业成功上市,且上市板块覆盖主板、中小板以及创业板,为新的一年塑造完美开局。2017年10月16日,随着聚灿光电(300708.SZ)在深交所隆重鸣锣上市,苏州境内上市公司达到了100家,成为全国第五个进入"百家时代"的城市。进入2018年,国内A股IPO上市节奏有所放缓,苏州地区当年新增上市企业仅有2家①。

2019年上海证券交易所科创板正式开板并落地,给苏州企业的资本市场之路带来了战略发展期,苏州企业抢抓机遇,年内共有6家企业成功登陆科创板。此外,主板、中小板和创业板方面,苏州企业也均有斩获,2019年累计新增上市公司13家,恢复至往年较高水平。截至2019年12月31日,苏州地区共有39家主板企业、42家中小板企业、33家创业企业以及6家科创板企业,地区合计上市公司总数为120家②。

二、苏州上市公司地位分析

(一) 在全国的地位

截至2019年年底,全国共有A股上市公司3 758家,合计总市值为658 292.91亿元,苏州地区共有上市公司120家,合计总市值为8 606.95亿元,苏州地区上市公司数量和总市值国内占比分别为3.19%和1.31%。上市公司的总市值占比明显低于数量占比,反映出苏州地区上市公司个体平均规模相对较小的特征。数据表明,2019年年底苏州地区上市公司平均市值为71.72亿元,仅相当于全国上市公司平均市值的40.95%(见表1-2)。

表1-2 上市公司数据统计表(截至2019年12月31日)

地 区	上市公司数量(家)	数量占比(%)	上市公司市值(亿元)	市值占比(%)	平均市值(亿元)
全 国	3 758	—	658 292.91	—	175.17
苏 州	120	3.19	8 606.95	1.31	71.72

与国内直辖市相比,苏州上市公司数量明显少于北京(344家)和上海(301家),但显著多于天津(54家)和重庆(53家)等地区;上市公司总市值方面也存在同样的特点,即苏州地区上市公司总市值远低于北京和上海,但明显高于天津和重庆。与国内计划单列市相比,苏州上市公司的数量仅少于深圳(297家),而显著多于青岛、大连和厦门等城市,上市公司的总市值也存在类似特点。与东部沿海省会城市相比,苏州上市公司的数量明显少于杭州

---

① 不包括博信股份(600083.SH),其于2018年7月27日发布公告,公司住所由"广东省清远市"变更为"江苏省苏州市"。
② 如无特殊说明,本报告仅统计全国及各地区在A股上市企业的数量,在国内其他市场和境外上市的企业并未纳入。

(145家),略多于广州(108家),但明显领先于济南和福州等地区;上市公司总市值方面,苏州地区上市公司总市值仅相当于广州地区的52.21%和杭州地区的42.82%,但明显超过福州和济南等地区。

总体来看,苏州地区上市公司的数量和市值在国内各城市中处于较为领先的位置,已迈入"一线城市"行列。我们认为,这一方面与苏州地方经济的强劲发展紧密相关,苏州早在2011年已跨入"万亿GDP城市",其中2019年实现地区生产总值1.92万亿元,位居全国主要城市第六位;另一方面,与苏州地方政府对资本市场的高度重视和大力支持密不可分,近年苏州先后出台多项政策法规和创新举措,支持地方企业借力资本市场做大做强。借助资本市场力量,苏州企业在创新发展、转型升级的道路上可谓如虎添翼,上市公司规模持续增长,行业结构逐步优化,资本市场服务地方实体经济转型升级的作用也逐步显现(见表1-3)。

表1-3 国内部分城市上市公司数据统计表(截至2019年12月31日)

地 区		上市公司数量	上市公司市值(亿元)
直辖市	北京市	344	179 907.08
	上海市	301	58 683.44
	天津市	54	7 747.53
	重庆市	53	6 507.47
计划单列市	大连市	25	2 413.69
	青岛市	38	4 923.51
	宁波市	80	7 249.45
	厦门市	48	3 985.89
	深圳市	297	81 354.02
省会城市	济南市	27	3 646.61
	南京市	88	11 915.29
	杭州市	145	20 099.19
	福州市	45	8 436.44
	广州市	108	16 485.74

在上市公司数量方面,近几年苏州地区新增上市公司数量总体上稳中有增,2019年年底共有120家,当年新增13家,同比增加12.15%,再现强势增长势头;过去五年的复合增长率为11.07%,领先于全国A股过去五年7.75%的复合增长率水平。在总市值方面,苏州地区上市公司总市值连续多年保持逐年增长的良好趋势,其中2014年和2015年的同比增长率分别为67.73%和92.94%。2016年年底苏州地区上市公司总市值首次突破9 000亿元,2017年继续增长2.90%至9 284.49亿元,2018年由于市场总体下行导致市值缩水至7 234.88亿元,2019年随着市场回暖上市公司总市值攀升至8 606.95亿元,同比增长18.97%;过去五年的复合增长率为13.32%,明显高于全国A股过去五年9.12%的复合增长率水平(见图1-1)。

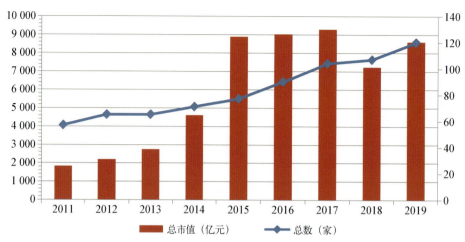

图 1-1 苏州地区上市公司数量和总市值趋势图

从上市公司数量和总市值国内占比来看,总体呈现逐年改善的趋势。2012年苏州地区上市公司数量全国占比为2.64%,2014年和2015年均维持在2.74%,2016年提升至2.97%,2017年和2018年均为3.00%,2019年进一步提升至3.19%,首次突破3%,达近年最高水平;过去五年,苏州地区上市公司数量占国内上市公司总量比例的平均值为2.98%。市值占比方面,2013年起苏州地区上市公司总市值国内占比开始超过1%,且一直维持在较高比例,2016年达1.62%,达到近几年新高,2017年略有回落后,2018年重拾升势提高至1.49%,2019年则回落至1.31%,为近几年较低水平;过去五年,苏州地区上市公司总市值占国内上市公司总市值比例的平均值为1.48%(见图1-2)。

图 1-2 苏州地区上市公司数量和总市值国内占比情况

上市公司现金分红是资本市场的一项基础性制度,但受限于经济、体制和金融环境等多方面的约束,我国上市公司现金分红主要集中于少数优质公司,且存在分红的连续性和稳定性不足等问题。2006年以来,中国证监会推出了一系列分红政策,鼓励上市公司积极分红,尤其是近两年监管层表态今后将更加注意上市公司的现金分红,并强调会对长期不分红的"铁公鸡"上市公司采取硬措施,在此背景下,本报告统计了国内部分城市上市公司2019年年报披露的现金分红情况。

数据统计结果表明,国内A股共有2 363家上市公司披露了现金分红情况,占全部样本公司的62.88%,分红比例较往年有了质的提升。具体来看,苏州地区上市公司中共有78家披露了现金分红情况,占该地区全部上市公司的比例为65.00%。在国内直辖市、计划单列市和部分东部沿海省会城市中,青岛地区上市公司的现金分红比例最高,为81.58%;厦门次之,为75.00%;杭州、宁波、重庆和广州等地区上市公司中实施现金分红的比例约为70%,而大连和福州等地上市公司的现金分红比例相对较低(见图1-3)。

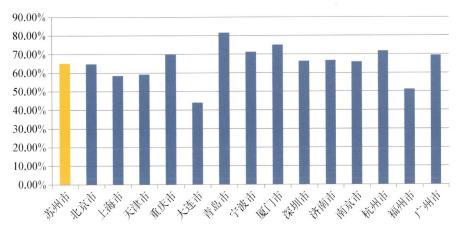

图1-3　国内部分城市上市公司2019年度现金分红比例统计

(二) 在江苏省内的地位

截至2019年年底,江苏省内共有A股上市公司424家,合计总市值为42 742.58亿元,全省上市公司数量和总市值占国内的比重分别为11.28%和6.49%,同期苏州地区上市公司数量和总市值在江苏省内占比分别为28.30%和20.14%。数据表明,2019年年底苏州地区上市公司平均市值不仅显著低于全国上市公司的均值水平,也只相当于江苏省全部上市公司平均市值的71.15%(见表1-4)。

表1-4　上市公司数据统计表(截至2019年12月31日)

地　区	上市公司数量(家)	数量占比(%)	上市公司市值(亿元)	市值占比(%)	平均市值(亿元)
全　国	3 758	—	658 292.91	—	175.17
江　苏(国内占比)	424	11.28	42 742.58	6.49	100.81
苏　州(省内占比)	120	28.30	7 234.88	20.14	71.72

从苏州地区上市公司数量在江苏省内的占比来看,该比例总体较为稳定,2012年起连续多年维持在28%上方,其中2016年上升至28.48%,为近年新高,2017年则略有回落至27.37%,2018年继续下降至26.75%,2019年明显提升至28.30%,为近年较高水平;过去五年,苏州地区上市公司数量在江苏省内占比的平均值为27.78%。从苏州地区上市公司总市值在江苏省内的占比来看,2011年以来该比例呈现稳中有升的良好发展势头,其中2015年

达到近年新高,占比为 24.03%,随后略有回落,2018 年该比例为 22.87%,2019 年则继续降低至 20.14%,为近年较低水平;过去五年,苏州地区上市公司总市值在江苏省内占比的平均值为 22.83%(见图 1-4)。

图 1-4　苏州地区上市公司数量和总市值省内占比情况

从江苏省历年新增上市公司数量和具体分布地区来看,存在明显的年份不均衡和区域不平衡的特征。

从时间轴来看,2007—2019 年,江苏地区新增上市公司总数为 339 家,其中 2010 年、2011 年、2016 年和 2017 年每年新增上市公司数量明显较多,分别为 40 家、46 家、41 家和 65 家,这四年合计占比达 56.64%。除 2013 年因 IPO 政策调控以外,近几年全省每年新增上市公司数量均超过 20 家,其中 2017 年新增 65 家,远高于其他年份,为近十年最高值,主要得益于 IPO 政策的调整。

从地区分布来看,截至 2019 年年底,省内各地级市均有一定数量的企业成功登陆 A 股市场。统计数据表明,苏州地区曾连续十年(2007—2016 年)每年新增上市公司数量位列江苏省内第一位,其中 2008 年新增数量占全省新增数量的 50%,2009—2012 年以及 2016 年每年新增数量省内占比均超过 30%。2019 年苏州地区新增上市公司 13 家,新增数量省内占比为 42%,远高于其他地区。此外,2007 年以来,苏州地区累计新增上市公司 104 家,遥遥领先于位列二、三位的无锡(累计新增 63 家)和南京地区(累计新增 60 家)。常州和南通地区的累计新增数量分别为 36 家和 28 家,而同期其余各地区累计新增数量均不足 10 家(见表 1-5 和图 1-5)。

表 1-5　江苏省历年新增上市公司地区分布情况　　　　　　　　　　　　单位:家

地区	2007	2008	2009	2010	2011	2012	2014	2015	2016	2017	2018	2019	合计[注]
苏　州	4	4	3	15	15	8	6	6	13	14	3	13	104
南　京	4	—	1	2	5	4	4	4	6	18	7	5	60
无　锡	—	—	1	7	7	5	4	3	13	15	5	3	63
常　州	—	—	1	3	8	1	2	3	3	11	1	3	36
南　通	2	1	1	7	5	—	2	2	4	1	1	2	28

(续表)

地区	2007	2008	2009	2010	2011	2012	2014	2015	2016	2017	2018	2019	合计
连云港	1	—	—	—	—	2	1	—	—	0	—	1	5
泰 州	—	—	—	1	1	1	—	1	—	1	—	2	7
宿 迁	—	—	1	—	2	—	—	—	—	0	—	1	4
徐 州	—	1	—	2	1	1	—	3	—	1	—	—	9
盐 城	—	—	1	2	—	—	—	—	—	0	1	—	4
扬 州	—	—	—	1	—	—	—	—	1	2	2	—	8
镇 江	1	2	—	—	1	—	—	—	1	2	1	1	9
淮 安	—	—	—	—	—	—	1	1	—	0	—	—	2
合 计	12	8	9	40	46	22	21	23	41	65	21	31	339

注：此处的合计数为2007—2019年年底各地区的新增上市公司总数。

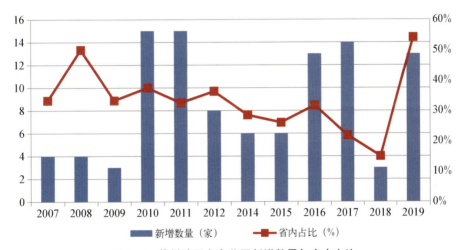

图1-5　苏州地区上市公司新增数量与省内占比

截至2019年年底，苏州地区上市公司总数占江苏省内总数的比重为28.30%，位列第一；南京和无锡地区以20.75%和18.40%分列二、三位；省内其余各市的数量占比均未超过10%。但在上市公司总市值方面，苏州地区上市公司总市值在江苏省内占比为20.14%，落后于南京的27.88%，位列第二，这与苏州地方经济以民营和外资企业为主、上市公司以民营企业为主，以及已上市企业在中小板和创业板挂牌为主等特征密不可分。

数据统计表明，2019年年底江苏省上市公司总市值前20名中，苏州仅占两席，分别为沪电股份（002463.SZ）和东山精密（002384.SZ），总市值分别为383.06亿元和371.92亿元，分列省内第19和第20位。而同期南京地区的企业则共有7家，前十位中更是独占五席，其中华泰证券（601688.SH）以1 843.47亿元的市值位居第二，国电南瑞（600406.SH）和苏宁易购（002024.SZ）的市值分别为978.96亿元和941.25亿元，分列第五和第六位。

此外，拥有78家上市公司的无锡地区，其上市公司总市值在江苏省内的占比为15.00%，位列第三。

连云港地区共有7家上市公司,数量占比仅为1.65%,但其总市值占比为9.80%,位列省内第四,市值占比超过拥有41家上市公司的常州地区和拥有34家上市公司的南通地区,这主要得益于区域内的上市公司恒瑞医药(600276.SH),其2019年年底市值为3 870.85亿元,继续蝉联省内上市公司市值之最。

统计数据还表明,仅有4家上市公司的宿迁,其上市公司总市值占比为4.18%,明显超过拥有多家上市公司的扬州(13家)、镇江(13家)以及徐州(10家),主要是得益于区域内的上市公司洋河股份(002304.SZ),其2019年年底的总市值为1 665.22亿元,位列省内第三位。而同期省内其他各地区上市公司总市值的占比为1%及以下(见表1-6和图1-6)。

表1-6 江苏省上市公司数量和总市值区域统计表

地 区	上市公司家数(家)	占比(%)	总市值(亿元)	占比(%)
苏 州	120	28.30	8 606.95	20.14
南 京	88	20.75	11 915.29	27.88
无 锡	78	18.40	6 411.16	15.00
常 州	41	9.67	3 422.81	8.01
南 通	34	8.02	2 986.33	6.99
连云港	7	1.65	4 189.64	9.80
泰 州	9	2.12	324.01	0.76
宿 迁	4	0.94	1 788.32	4.18
徐 州	10	2.36	828.44	1.94
盐 城	5	1.18	222.60	0.52
扬 州	13	3.07	757.07	1.77
镇 江	13	3.07	825.89	1.93
淮 安	2	0.47	464.08	1.09
合 计	424	100.00	42 742.58	100.00

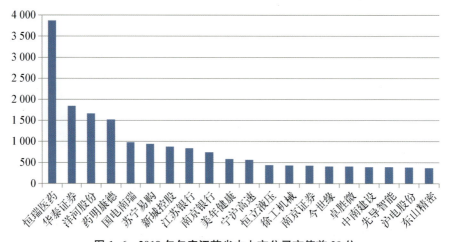

图1-6 2019年年底江苏省内上市公司市值前20位

第二节 苏州上市公司的区域结构

一、数量分布

目前,苏州市共辖 5 个市辖区[姑苏区、苏州高新区(虎丘区)、吴中区、相城区、吴江区],1 个县级行政管理区(苏州工业园区)以及 4 个县级市[①](常熟市、张家港市、昆山市、太仓市)。苏州上市公司在各区域的分布情况如表 1-7 所示。

表 1-7 苏州上市公司数量和总市值分区域统计表

地 区	上市公司数(家)	占比(%)	总市值(亿元)	占比(%)	平均市值(亿元)
苏州市区	72	60.00	5 656.24	65.72	78.56
张家港市	20	16.67	1 121.72	13.03	56.09
常熟市	10	8.33	609.68	7.08	60.97
昆山市	14	11.67	994.77	11.56	71.06
太仓市	4	3.33	224.53	2.61	56.13
合 计	120	100.00	8 606.95	100.00	71.72

注:苏州市区是指除 4 个县级市以外的区域,主要包括姑苏区、苏州高新区(虎丘区)、吴中区、相城区、吴江区以及苏州工业园区。

统计数据表明,截至 2019 年年底苏州地区 120 家上市公司中,主要集中在苏州市区,共有 72 家,占比高达 60.00%;其次为张家港市,共有 20 家,占比为 16.67%;昆山市和常熟市分别有 14 家和 10 家,上市企业数量占比 10% 左右;太仓上市公司数量最少,仅有 4 家,数量占比为 3.33%(见图 1-7)。此外,2019 年度苏州地区新增 13 家上市公司中,有 10 家属苏州市区,占比近八成;张家港市和昆山市分别有 2 家和 1 家。

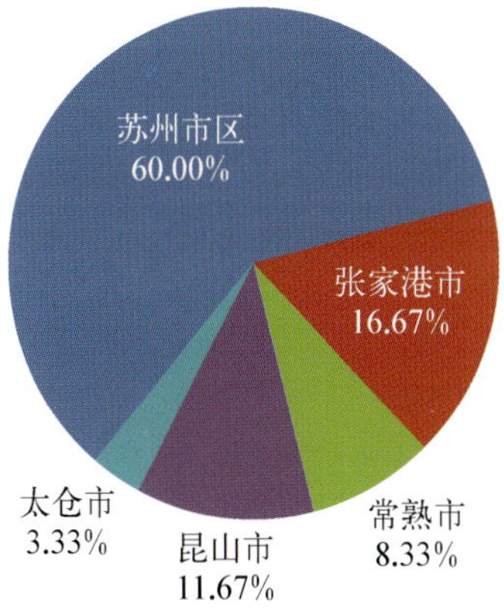

图 1-7 苏州上市公司各区域分布情况

二、市值分布

从市值分布来看,苏州市区 72 家上市公司 2019 年年末合计总市值为 5 656.24 亿元,占比 65.72%,市值占比与 2018 年年底基本持平;单个上市公司的平均市值为 78.56 亿元,高出苏州地区上市公司的整体平均市值水平约 10 个百分点,这主要得益于区域内拥有东山精密(002384.SZ)、苏州银行(002966.SZ)和亨通光电(600487.SH)等市值超 300 亿元的上市公司,且在 2019 年年末苏州地区上市公司市值前十位中,苏州市区的上市公司占有七席。张家港市的 20 家上市公司合计市值为 1 121.72

---

① 苏州原有五个县级市,即常熟市、张家港市、昆山市、太仓市和吴江市,其中吴江市在 2012 年 9 月 1 日,经国务院批准,撤销县级吴江市,设立吴江区。

亿元,占比为13.03%,市值占比仅次于苏州市区,仍位列第二,但市值占比较前两年仍未扭转下滑的趋势;区域内上市公司平均市值为56.09亿元,仅为苏州地区上市公司平均水平的78%。昆山市上市公司的合计市值为994.77亿元,占比11.56%,单个上市公司的平均市值为71.06亿元,与苏州地区上市公司平均水平基本相当,较2018年度同期增长123.66%,这主要得益于区域内上市公司沪电股份(002463.SZ),其2019年度市值为383.06亿元,位居苏州地区上市公司市值之首。同期,常熟市和太仓市的上市公司市值占比均不足10%,单个上市公司的平均市值也明显低于苏州地区上市公司均值水平(见图1-8)。

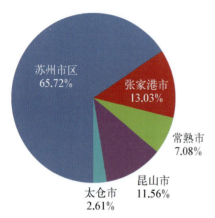

图1-8 苏州上市公司各区域市值占比

为了具体分析苏州市区内上市公司的分布情况,我们将区域内72家上市公司按其注册地再次分类统计。数据表明,苏州工业园区有25家上市公司,数量占比为34.72%,市值占比为40.02%,上市公司数量和市值占比均位列首位;单个上市公司的平均市值为90.53亿元,显著高于区域内的均值水平。高新区有16家上市公司,数量占比和市值占比分别为22.22%和16.64%,分列第二位和第三位;上市公司平均市值为58.83亿元,只有苏州市区上市公司均值水平的75%,仅好于相城区和姑苏区。吴江区有13家上市公司,数量占比为18.06%,位列第三位,但市值占比为22.99%,上市公司平均市值为100.04亿元,位列苏州地区上市公司首位,区域内的亨通光电(600487.SH)和南极电商(002127.SZ)均位列苏州市区上市公司市值前五位。截至2019年年底,苏州市上市公司市值前20位如图1-9所示。

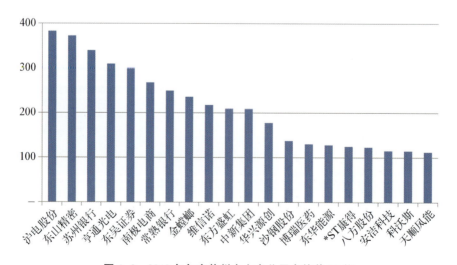

图1-9 2019年年底苏州市上市公司市值前20位

此外,吴中区有10家上市公司,数量占比和市值占比分别为13.89%和15.50%,均位列第四位。相城区有7家上市公司,上市公司平均市值32.19亿元,仅为苏州市区上市公司均值水平的41%(见表1-8)。

第一章 苏州上市公司概况

表1-8 苏州市区上市公司数量和总市值统计表

地　区	上市公司数量（家）	占比（％）	总市值（亿元）	占比（％）	平均市值（亿元）
工业园区	25	34.72	2 263.34	40.02	90.53
高新区	16	22.22	941.27	16.64	58.83
相城区	7	9.72	225.30	3.98	32.19
吴中区	10	13.89	876.78	15.50	87.68
吴江区	13	18.06	1 300.55	22.99	100.04
姑苏区	1	1.39	48.99	0.87	48.99
合　计	72	100.00	5 656.24	100.00	78.56

第三节　苏州上市公司的市场结构

目前，苏州地区上市公司登陆国内A股市场，主要包括沪深主板市场、深圳的中小板市场、创业板市场以及上海科创板市场。

一、数量分布

在具体数量分布上面，截至2019年年底，苏州地区共有42家企业选择中小板上市交易，占地区上市公司总量的35.00％，尤其是2010年，当年就有13家企业成功挂牌中小板。创业板虽然2009年才正式开板，但苏州企业抓住有利发展时机，开板以来每年都有企业在创业板挂牌上市，2011年更是当年就有8家企业成功登陆创业板，截至2019年年底，苏州地区共有33家创业板上市公司，占比27.50％。主板市场方面，2003年及以前苏州已累计有10家企业在沪深两市主板上市，之后连续多年，苏州企业在主板市场上未有收获，直至2011年、2012年、2014年和2015年苏州地区先后有3家、2家、3家和3家企业成功登陆主板市场。2016年以来，随着常熟银行(601128.SH)和吴江银行(603323.SH)等一批农商行成功上市，苏州地区在主板市场成功挂牌的企业数量迎来高峰，继2016年有7家企业先后登陆主板市场后，2017年又有科森科技(603626.SH)和春秋电子(603890.SH)等8家企业在沪市主板顺利挂牌，主板上市企业数量再创年度新高。2019年6月13日，上海科创板正式开板，给苏州地区企业带来战略发展机遇，同年7月22日首批挂牌上市企业中，苏州地区占有3席，当年累计共有6家企业成功登陆科创板，且项目储备较为充足，苏州地区主板挂牌企业数量与中小板以及创业板三足鼎立的现有格局将会有所改变。

二、市值分布

从市值分布来看，2019年苏州地区中小板上市企业合计市值为3 893.29亿元，占比为45.23％，接近主板和创业板企业的合计数，单个上市公司平均市值为92.70亿元，显著高于均值水平。主板企业总市值2 938.42亿元，占比为34.14％，单个企业平均市值为75.34亿元，略好于均值水平。创业板企业总市值为1 256.64亿元，占比14.60％，市值占比明显低于数量占比，源于单个企业平均市值仅为38.08亿元，显著低于其他板块，仅略高于苏州地区全部上市公司平均市值的一半。6家科创板企业合计市值518.61亿元,单个企业平均市值86.43亿元,明显高于苏州地区均值水平,仅次于中小板(见表1-9、图1-10和图1-11)。

表1-9 苏州上市公司数量和总市值分板块统计表

板 块	上市公司数量(家)	占比(%)	总市值(亿元)	占比(%)	平均市值(亿元)
主 板	39	32.50	2 938.42	34.14	75.34
中小板	42	35.00	3 893.29	45.23	92.70
创业板	33	27.50	1 256.64	14.60	38.08
科创板	6	5.00	518.61	6.03	86.43
合 计	120	100.00	8 606.95	100.00	71.72

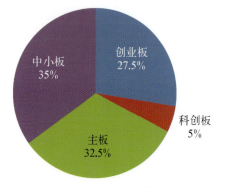

图1-10 苏州上市公司各板块数量分布情况

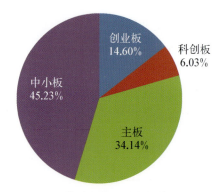

图1-11 苏州上市公司各板块市值占比

第四节 苏州上市公司的行业结构

一、数量分布

苏州地区上市公司的行业分布较为广泛,主要集中在材料类、工业类、信息技术和可选消费类[①],分别有17家、47家、32家和12家,数量占比分别为14.17%、39.17%、26.67%和10.00%,合计占比90.00%;市值占比分别为11.30%、28.63%、33.70%和8.57%,合计占比82.21%,即这四类行业上市公司的数量和市值占比均超八成,这也与苏州作为制造业大市的基础优势紧密相关。其他行业方面,属于金融的有5家,属于医疗保健的有3家,属于能源的有2家,属于房地产和公用事业的各有1家(见图1-12)。

二、市值分布

从平均市值来看,拥有5家企业的金融行业最高,为218.30亿元;其次为信息技术行业,为90.64亿元;能源、医疗保健和房地产行业的平均市值均超60亿元,也处于较高水平;而数

---

① 本书采用的分类标准为Wind行业分类法。

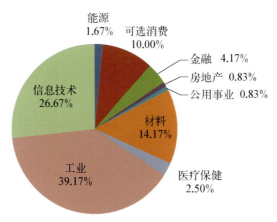

图 1-12　苏州上市公司各行业数量分布情况

量占比较大的工业行业的平均市值为 52.43 亿元,仅高于公用事业行业的均值水平,且明显低于苏州地区上市公司的平均市值(见表 1-10)。

表 1-10　苏州上市公司数量和总市值分行业统计表

行　业	上市公司数量（家）	占比（%）	总市值（亿元）	占比（%）	平均市值（亿元）
材料	17	14.17	972.97	11.30	57.23
工业	47	39.17	2 464.22	28.63	52.43
信息技术	32	26.67	2 900.44	33.70	90.64
能源	2	1.67	155.42	1.81	77.71
可选消费	12	10.00	737.75	8.57	61.48
金融	5	4.17	1 091.48	12.68	218.30
房地产	1	0.83	67.12	0.78	67.12
公用事业	1	0.83	8.83	0.10	8.83
医疗保健	3	2.50	208.74	2.43	69.58
合计	120	100	8 606.95	100	71.72

值得一提的是,苏州上市公司的快速增长是伴随着当地的结构调整和转型升级,苏州战略性新兴产业上市公司比重不断上升。苏州市政府早在 2010 年就公布了《新兴产业倍增发展计划(2010—2012)》,明确苏州市新兴产业将瞄准"跨越发展,三年翻番"的目标,大力发展新能源、新材料和节能环保等八大战略性新兴产业,该计划目标在 2011 年年末就已基本实现。

近年苏州新兴产业成为地方经济增长的亮点,占规模以上产值的比重,以及创造利税和利润占比均有显著提高。2019 年年底,苏州地区实现制造业新兴产业产值 1.80 万亿元,占规模以上工业总产值的比重达 53.60%,比上年提高 1.2 个百分点。新一代信息技术、生物医药、纳米技术、人工智能四大先导产业产值占规模以上工业总产值的比重达 21.80%,比上年提高 6.10 个百分点。生物医药产业集群入选国家战略性新兴产业集群发展工程,全年医药制造业产值比上年增长 24.80%。高新技术产品产量增长较快,新能源汽车产量比上年增长 17.50%,光学仪器产量增长 55.00%,太阳能电池产量增长 13.90%,环境污染防治专用设备产量增长 30.80%。

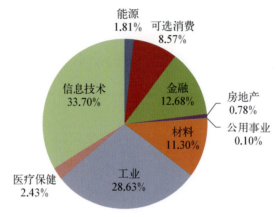

图 1-13　苏州上市公司各行业市值占比

本 章 小 结

本章主要分析了苏州上市公司的发展历程,并从区域内上市企业的区域结构、市场结构和行业结构等角度做出详细阐述。总体来看,最近几年苏州上市公司的数量和总市值在全国以及江苏省内占比呈现明显的良好发展势头,在国内各主要城市中处于较为领先的位置。从区域结构来看,苏州上市公司主要集中在苏州市区,其他几个县级市相对较少;从市场结构来看,苏州上市企业涵盖范围较为广泛,科创板项目后备资源较为充足,以往由主板、中小板和创业板构建的三足鼎立格局将会发生改变;从行业结构来看,苏州上市公司的行业分布较为广泛,且主要集中在材料类、工业类、信息技术和可选消费类。

苏州上市公司发展报告（2020）

第二章

苏州上市公司市场绩效分析

2019年政府工作报告中指出,要改革完善资本市场基础制度,促进多层次资本市场健康稳定发展,提高直接融资特别是股权融资比重。最近两年,连续提及提高股权融资比重问题,可以预见资本市场,特别是股票市场将是未来我国发展的重点,多层次、多板块的股票市场对国民经济和社会发展的巨大推动作用也被寄予了厚望。我们也希望中国的股票市场能够在保持国民经济健康发展,实现资源优化配置,推动经济结构、产业结构高质量、有效益的发展,完善法人治理结构,推动企业实施现代企业制度,健全现代金融体系等方面继续发挥重要的作用。

在苏州,资本市场发展与经济增长之间也存在着相互促进关系。近年来,苏州经济的快速发展离不开资本市场的资金支持和引导。截至2019年年底,苏州境内A股上市公司120家,在北京、深圳、上海、杭州之后,居全国第五位,在地级市上市公司数量排名中名列前茅。科创板上市企业6家,数量列全国第三位。回顾五年来的发展,资本市场与苏州经济的关联作用愈发明显。与此同时,资本市场助推产业转型升级的作用不可小觑。民营企业、制造业企业、高科技企业、先导产业等得到了来自资本市场的有力支持,特别是新开设的科创板,不仅使苏州企业有了资本市场的源头活水,而且企业的创新研发也有了资金的保障。苏州电子信息、机械制造、生物医药等特色产业优势明显,资本成为促进实体经济发展的重要助推器。

所谓上市公司的市场绩效,一般是指以市场结构为基础,与市场行为共同作用所产生的价格、数量等方面的最终经济成果,反映了在证券市场特定的市场结构和市场行为条件下市场运行的效率和资源配置的效率,体现了一个市场实现经济运行目标的程度。市场绩效本身是一个含有多元目标的价值判断。从短期来看,决定市场绩效的直接因素是市场行为,而制约市场行为的基本因素是市场结构;从长期来看,市场结构是变化的,且往往是市场行为变化的结果,市场绩效的变化也会直接使市场结构发生变化。

本章分析苏州上市公司的市场绩效,主要通过计算和分析苏州上市公司的股价指数来得到绩效分析的结果。本章共分四节。第一节是苏州率先指数及近年指数增长分析,苏州率先指数与沪深市场、直辖市、周边省份股指比较分析。第二节以行业为基础,分析苏州上市公司绩效表现。第三节以板块分析为基础,分析苏州上市公司绩效差异。第四节分析苏州上市公司市场绩效偏低的原因和提升策略,主要以深圳和杭州为参照,从经济环境和创新引导产业升级两个角度分析;在提升苏州上市公司市场绩效的策略方面,主要借鉴深圳市和杭州市的优良做法,在推动自主创新、提升关键技术攻关力度、提高先导产业发展速度等方面提出提高苏州上市公司市场绩效的主要策略。

第一节　苏州上市公司股票指数及市场绩效

在我国现有指数系列当中,区域指数主要包括中证区域指数、国证区域指数、同花顺地域指数等。这些指数对我国各省、自治区和直辖市的股票市场表现进行了对应的指数编制。苏州率先指数属于国证定制指数类,也是我国首支以城市命名并公开挂牌的股价指数。

一、苏州率先指数

苏州率先指数于2013年12月12日正式发布,其以2011年12月30日为基日,1000点为基点。苏州率先指数体现了苏州经济的快速发展,凸显了苏州在资本市场的独特优势。该指数的推出,提升了苏州的城市品牌,扩大了其在国内资本市场甚至国际市场的影响力。

苏州率先指数精选了30家苏州A股上市公司,无论从市值、流动性,还是从财务基本面来看,这些样本具有稳定的业绩,代表了苏州的经济发展实力。苏州率先指数的样本股筛选,经过了三个阶段:首先是剔除ST股、新股、财报有重大问题或经营存在重大问题的股票;其次是按照流通市值与成交金额占市场比重2∶1加权计算综合排名;最后再根据东吴证券研究所对每一只股票给出的研究建议,确定30只股票作为指数样本股。

苏州率先指数选择以自由流通市值作为指数加权计算的标准,能够较为客观地展现出苏州经济整体结构。通过设置权重上限,使指数更具代表性与投资性,而且提升了更多中小型股票的影响力,使得指数更为客观与全面地反映苏州经济的发展。

该指数每半年会调整样本和权重,及时将基本面出现不良情况、市值下跌、流动性变差等隐含风险的标的剔除,并持续注入新鲜血液。最新于2019年12月16日纳入的样本包括易德龙、迈为股份、斯莱克、天银机电、通润装备。

二、苏州率先指数的市场表现

从2018年12月31日截至2019年12月31日,苏州率先指数从1467.15上涨到1966.50点,上涨499.35点,涨幅34.04%,总市值上涨0.98%,流通市值上涨10.30%[①],具体数据见表2-1。

表2-1　苏州率先指数市场表现

时　间	收盘指数	总市值(亿元)	流通市值(亿元)
2018年12月31日	1 467.15	3 069.82	2 413.04
2019年12月31日	1 966.50	3 099.92	2 661.48
变化(%)	34.04	0.98	10.30

数据来源:同花顺iFinD

从苏州率先指数年度趋势来看,在2019年,指数呈现小幅上扬、震荡上升趋势,全年指数涨幅较为明显(见图2-1)。

---

① 本文如无特别说明,数据全部来源于同花顺数据库。

第二章 苏州上市公司市场绩效分析

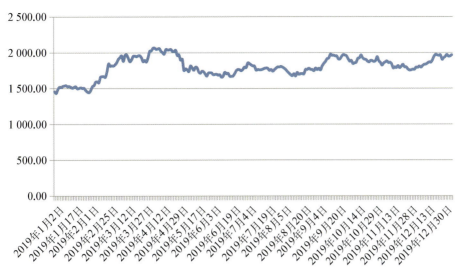

图 2-1 苏州率先指数 2019 年走势图

苏州率先指数于 2013 年 12 月 12 日发布,本报告对比了 2015 年、2016 年、2017 年、2018 年和 2019 年的苏州率先指数,纵向了解该指数在近五年的表现,如图 2-2 所示。2015 年上半年,苏州率先指数升势明显,但进入到下半年,受到股灾事件影响,股指快速回落,虽然后期有所回升,但是整个 2015 年市场出现巨幅震荡。进入 2016 年,因为年初的熔断机制,市场不断触及熔断阈值,投资者对市场的悲观情绪加重,全年股市乏善可陈,苏州率先指数也是基本维持横盘走势。2017 年苏州率先指数波动幅度较前几年减小。2018 年则全年指数下行趋势明显,且跌幅达到 40% 以上。2019 年走出之前的下跌趋势,保持稳定增长状态,波动浮动减弱。

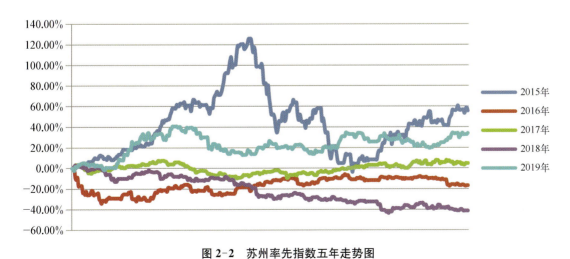

图 2-2 苏州率先指数五年走势图

从苏州率先指数可以推断,苏州样本股在 2019 年度的整体表现会超越 2018 年。为了更清晰地了解苏州股票在整个市场以及各个区域类指数中的地位,下面将从两个方面分析苏州上市公司股票的相对市场绩效。

023

三、苏州率先指数与上证综指、深证成指的比较分析

(一) 2019年全球股指走势

如表 2-2 所示,从全球股市来看,2019 年全球主要股指均呈上涨趋势,我国深证成指涨幅最高,全年上涨 44.08%,美国指数涨幅紧随其后,纳斯达克综指上涨 35.23%,标普 500 上涨 28.88%。道琼斯工业平均上涨 22.34%,和上证综指持平。亚洲股市涨幅不等,印尼综指涨幅最小,全年上涨 1.70%,其后是新加坡海峡时报指数上涨 5.02%,韩国综指上涨 7.67%。我国香港地区恒生指数全年上涨 9.07%。印度 Sensex30 指数上涨 14.38%。日经 225 上涨 18.20%,我国台湾地区加权指数上涨 23.33%。其他欧洲和美洲指数均呈现上涨态势,法国 CAC40 和德国 DAX 涨幅分别为 26.37% 和 25.48%。加拿大多伦多综指上涨 19.13%。与全球主要股市比较,2019 年沪深 A 股表现都比较优秀,全年分别上涨 22.30% 和 44.08%,后者在全球股指走势中独占鳌头。

表 2-2 全球主要股指 2019 年涨跌情况

代码	简称	年收盘价	年涨跌	年涨跌幅(%)
JKSE.GI	印尼综指	6 299.54	105.04	1.70
STI.GI	新加坡海峡	3 222.83	154.07	5.02
KS11.GI	韩国综指	2 197.67	156.63	7.67
HSI.GI	恒生指数	28 189.75	2 344.05	9.07
FTSE.GI	富时 100	7 542.44	814.31	12.10
SENSEX.GI	印度 Sensex30	41 253.74	5 185.41	14.38
N225.GI	日经 225	23 656.62	3 641.85	18.20
GSPTSE.GI	多伦多综指	17 063.40	2 740.50	19.13
000001.SH	上证综指	3 050.12	556.23	22.30
DJI.GI	道琼斯工业平均	28 538.44	5 210.98	22.34
TWII.GI	台湾加权	11 997.14	2 269.73	23.33
GDAXI.GI	德国 DAX	13 249.01	2 690.05	25.48
FCHI.GI	法国 CAC40	5 978.06	1 247.37	26.37
SPX.GI	标普 500	3 230.78	723.93	28.88
IXIC.GI	纳斯达克综指	8 972.60	2 337.32	35.23
399001.SZ	深证成指	10 430.77	3 190.98	44.08

数据来源:同花顺 iFinD

(二) 上证综指全年走势

2019 年 12 月 31 日上证综指收盘 3 050.12 点,全年上涨 556.23 点,年涨幅为 22.30%,在全球主要股市中表现较好。

第二章 苏州上市公司市场绩效分析

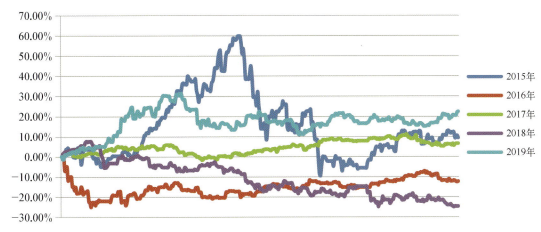

图 2-3 上证综指五年走势图

从图 2-3 可以看出：上证综指进入 2015 年之后，因为前期积累较大涨幅，所以后期回落明显，最终年底只是小幅上涨 9.41%；2016 年则全年均在低位整理；2017 年股指相对平稳；2018 年则全年维持下行趋势，跌幅在 25.00% 左右；2019 年股指企稳回升，全年上涨 22.30%。

（三）深证成指全年走势

深证成指 2019 年最后一个交易日的收盘点位为 10 430.77 点，上涨 3 190.98 点，涨幅 44.08%。中小板指数从 2018 年的 4 703.03 点上涨到 2019 年年底的 6 632.68 点，年涨幅为 41.03%；创业板指数从 1 250.53 点上涨到 1 798.12 点，年涨幅为 43.79%。指数涨幅均在 40% 以上。

如果从深证成指五年来的表现来分析，其走势与上证综指基本趋同，如图 2-4 所示。

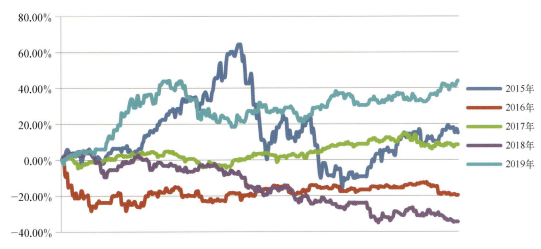

图 2-4 深证成指五年走势图

（四）苏州率先指数与沪深市场指数的比较

结合上述沪深股市的分析，再加上沪深 300 指数在全年的表现作为对照比较，可以看出沪深 300 指数年度上涨 36.07%。创业板指上涨 43.79%，中小板指上涨 41.03%，苏州率先指数全年上涨 34.04%,弱于所有深市重要指数,具体数据见表 2-3。

表 2-3 苏沪深股指 2019 年变动情况比较

指　　数	2018 年 12 月 31 日	2019 年 12 月 31 日	年涨跌幅(%)
上证综指	2 493.90	3 050.12	22.30
沪深 300	3 010.65	4 096.58	36.07
创业板指	1 250.53	1 798.12	43.79
深证成指	7 239.79	10 430.77	44.08
中小板指	4 703.03	6 632.68	41.03
苏州率先	1 467.15	1 966.50	34.04

数据来源:同花顺 iFinD

从表 2-3 其他板块市场表现来看,2019 年和 2018 年的市场表现可谓天壤之别。2018 年,市场整体表现不佳,跌幅加大,苏州率先指数更是下跌四成以上。进入 2019 年,市场超跌反弹,整体表现优异。深市主要股指涨幅均在四成以上。

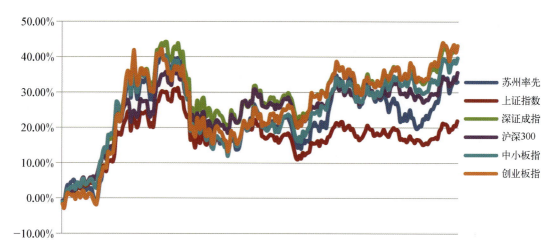

图 2-5 苏州率先指数与沪深市场指数的比较

从图 2-5 可以看出,苏州率先指数在全年基本呈现企稳上扬走势,且与深市主要指数表现接近。

四、苏州率先指数与其他区域类指数比较分析

在大力发展直接融资的政策背景下,我国各省、自治区和直辖市都把发展资本市场作为金融领域拓展的重中之重,各地不仅竭力扩大上市公司数量,更为了加大资本市场的影响力,提升区域内上市公司质量、口碑和关注度而编制本地区的股价指数,大型城市包括北京、上海、天津、重庆、深圳等,其他还有浙江、江苏等省都相继编制了本省的股价指数,但全国首个发布股价指数的地级市则是苏州。

(一)苏州率先指数与主要城市指数对比

本报告通过同花顺软件了解到各个主要城市在 2019 年的指数表现。本部分首先选取北

京、上海、天津、重庆四个直辖市和深圳市作为主要比较的对象。涨幅顺序由小到大依次为北京、重庆、天津、上海、苏州和深圳。苏州与上述五个城市2019年的股指表现如表2-4所示。

表2-4 苏州率先与各主要城市股指比较

指　　数	2018年12月31日	2019年12月31日	年涨跌幅(%)
深报指数	5 804.64	8 641.39	48.87
北京指数	3 273.59	3 955.45	20.83
上海指数	2 849.42	3 576.16	25.50
重庆指数	2 071.17	2 521.37	21.74
天津指数	2 192.70	2 723.43	24.20
苏州率先	1 467.15	1 966.50	34.04

数据来源：同花顺 iFinD

从涨跌幅趋势看，六个城市的市场指数均表现出单边上涨的趋势，北京、上海、重庆和天津走势基本一致，而苏州率先和深报指数全年涨幅更大(见图2-6)。

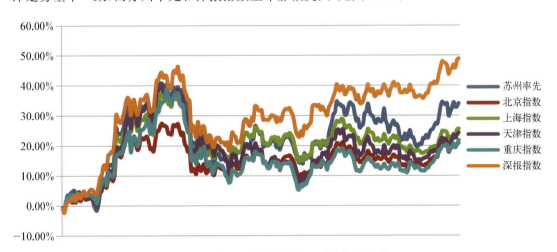

图2-6 苏州率先指数与主要城市指数比较

(二) 苏州率先指数与周边省级指数对比

为了使指标更加具有可比性，我们又选取了江苏省、浙江省和山东省的股价指数，各指数在2019年表现如表2-5所示。苏州率先指数年度涨幅与江浙指数基本持平，走势如图2-7所示。

表2-5 苏州率先与周边省级股指比较

指　　数	2018年12月31日	2019年12月31日	年涨跌幅(%)
山东指数	3 495.06	4 892.79	39.99
江苏指数	3 696.84	4 991.00	35.01
浙江指数	3 895.05	5 225.42	34.16
苏州率先	1 467.15	1 966.50	34.04

数据来源：同花顺 iFinD

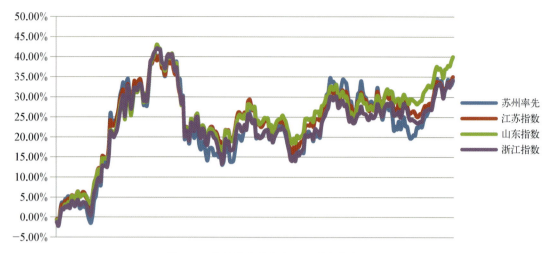

图 2-7 苏州率先指数与周边省级指数比较

地方性股价指数作为当地经济的衡量指标,依托的是所有上市公司的业绩表现,苏州率先指数全年都与其他三个指数基本持平。为了保证苏州率先指数能够有较优良表现,需要转换思路,支持优势公司向前发展,同时,还要向资本市场补充新鲜血液,使苏州经济在一个良性的轨道上稳步向前。

第二节 苏州上市公司市场绩效分行业分析

上市公司行业分类的标准较多,证监会、申万和同花顺等行业分类方法应用较为普遍,就 2019 年苏州 120 家 A 股上市公司分类结果来看,申万行业分类法比较理想。由于申万行业分类在 2018 年略有调整,所以以数据和前几年相比有小幅变动。按照 2019 年申万行业一级分类统计结果显示,苏州机械设备类上市公司最多,有 28 家,其次电子类 16 家,化工类 13 家,电气设备类 8 家,通信 6 家,建筑装饰和传媒各 5 家。其他行业样本股数量主要分布如下:交通运输、银行和家用电器类各 4 家,建筑材料、计算机、轻工制造、医药生物各 3 家,商业贸易、汽车、有色金属、综合、房地产各 2 家,纺织服装、非银金融、国防军工、公用事业和钢铁各 1 家。

一、2019 年苏州经济发展概况

据 2019 年苏州市国民经济和社会发展统计公报数据显示①,2019 年苏州经济运行稳健。全市实现地区生产总值 19 235.80 亿元,按可比价计算比上年增长 5.60%。其中第一产业增加值 196.70 亿元,下降 6.50%;第二产业增加值 9 130.20 亿元,增长 5.10%;第三产业增加值 9 908.90 亿元,增长 6.30%。按常住人口计算,人均地区生产总值 17.92 万元(折合汇率 2.60 万美元),比上年增长 5.20%。

工业生产稳中提质。全年实现规模以上工业总产值 33 592.10 亿元,比上年增长 1.40%。规模以上工业 35 个行业大类中有 21 个行业生产保持增长,行业增长面达 60.00%,

---

① 2019 年苏州市国民经济和社会发展统计公报,http://tjj.suzhou.gov.cn/sztjj/tjgb/202004/e9ae758d982948a9aacdf-858095c8a89.shtml。

有11个行业产值超一千亿元,其中前六大行业实现产值21 671.40亿元,占规模以上工业总产值的比重达64.50%。从经济类型看,民营工业企业实现产值12 340.90亿元,比上年增长4.10%,民营工业企业产值占规模以上工业总产值的比重达36.70%,比上年提高2.90个百分点。26家企业入围"2019年中国民营企业制造业500强",入围数量列全国第一。外商及港澳台工业企业实现产值20 408.20亿元,比上年下降0.30%,占规模以上工业总产值的比重达60.80%。

先进制造业发展壮大。全年实现制造业新兴产业产值18 000.10亿元,占规模以上工业总产值的比重达53.60%,比上年提高1.20个百分点。新一代信息技术、生物医药、纳米技术、人工智能四大先导产业产值占规模以上工业总产值的比重达21.80%,比上年提高6.10个百分点。生物医药产业集群入选国家战略性新兴产业集群发展工程,全年医药制造业产值比上年增长24.80%。高新技术产品产量增长较快,新能源汽车产量比上年增长17.50%,光学仪器产量增长55.00%,太阳能电池产量增长13.90%,环境污染防治专用设备产量增长30.80%。全年新增省级智能工厂5家、省级智能车间182家,累计分别达8家、444家。

二、苏州分行业指数

为了比较分析苏州上市公司各个行业的市场表现,我们以样本股市值的变化作为主要的考察对象,对苏州市机械设备类、电子类、化工类、电气设备类和通信类上市公司在2019年的走势进行了指数化处理。

首先,按照申万行业分类方法,将28家机械设备类、16家电子类、13家化工类、8家电气设备类和6家通信上市公司分别作为样本。然后,确定2018年12月31日为基期,基期指数点设定为1 000点,以流通股本作为权数来加权。

苏州分行业指数采用派许加权综合价格指数公式进行计算,公式如下:

$$报告期指数 = \frac{\sum_{i=1}^{n} P_{1i} Q_i}{\sum_{i=1}^{n} P_{0i} Q_i} \times 1\,000$$

在公式中,n表示样本股的个数,P_{1i}表示报告期前复权样本股价格,P_{0i}表示2018年12月31日样本股前复权价格,Q_i表示2019年12月31日样本股流通股本数。

所谓前复权,就是保持现有价位不变,将以前的价格缩减,将除权前的K线向下平移,使图形吻合,保持股价走势的连续性。通过复权功能可以消除由于除权除息造成的价格、指标的走势畸变。本报告就是采用这种方法,以2019年所有样本股12月31日收盘价格作为基准,将样本股价格进行向前复权处理,这样在保证以样本股2019年12月31日的流通股本作为权重且保持不变的前提下,分析所有分行业样本股在2019年的价格总体表现。

根据上述股价指数编制规则,我们编制了苏州市机械设备类、电子类、化工类、电气设备类和通信类上市公司股价指数。

三、苏州机械设备类指数

苏州上市公司以工业制造业为主,依托苏州整体经济的稳健发展。苏州机械设备类股价指数前期一直和申万机械设备类指数不相上下,但到了下半年,苏州机械设备行业指数超越行业指数,走势位于申万机械设备类指数之上,比行业整体走势偏强。两者的比较如图 2-8 所示。

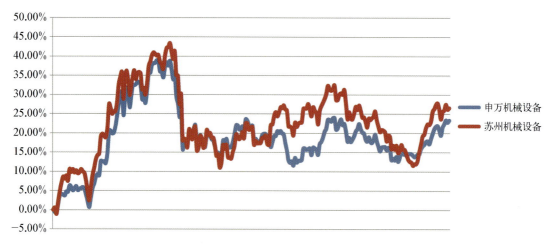

图 2-8　苏州机械设备类指数与申万机械设备类指数涨幅对比

截至 2019 年 12 月 31 日,苏州机械设备类指数上涨 26.63%,申万机械设备类指数上涨 23.92%,苏州机械行业表现比申万指数略强。

(一)苏州机械设备类指数市场结构分析

在全部 28 只机械类样本股中,有 8 只股票的全年股价涨幅大于申万机械设备类指数涨幅,占比 28.57%,有 20 只股票表现不及申万行业指数。

(二)机械类样本股优势企业分析

在 28 只机械类股票中,表现优异的股票有赛腾股份、苏试试验和世嘉科技,三只股票年度收盘涨幅分别为 79.04%、74.69% 和 56.51%。赛腾股份上市时间为 2017 年 12 月 25 日,连续两年表现最为出色(见图 2-9)。

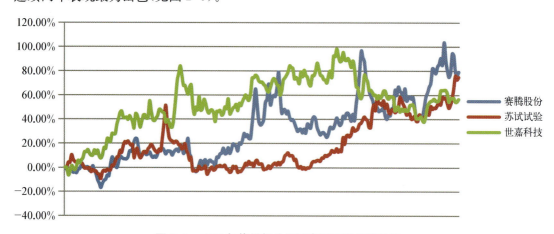

图 2-9　2019 年苏州部分机械类股票股价涨跌图

(三)苏州机械设备类股票五年走势对比分析

机械设备行业的股票数量在苏州占有较大比重,因此其表现好坏也直接影响着苏州上

市公司的整体指数涨落。从近五年的比较分析来看,如图 2-10 所示,行业指数在 2015 年保持升势,即使在 2015 年行情跌宕起伏的情况下,还是具有较好的表现,但是由于 2016 年市场行情不佳,苏州机械设备行业也很难有上佳表现。2017 年指数基本呈现单边下滑趋势,下降明显。进入 2018 年,由于中美贸易摩擦影响,年初指数便回落明显,企稳一段时间之后再次下跌,全年跌幅在近五年中最大。2019 年的表现可圈可点,基本维持了稳定的上涨。

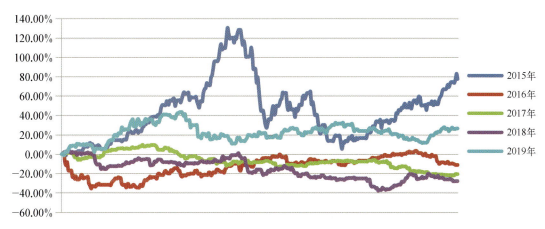

图 2-10 苏州机械设备行业指数五年走势图

四、苏州电子类指数

(一) 苏州电子类指数市场结构分析

在全部 16 只样本股中,有 8 只股票的全年股价涨幅大于申万电子指数,占比 50.00%。比较苏州和申万电子行业指数水平,苏州电子行业指数上涨 115.89%,申万电子行业指数上涨 73.77%。苏州电子类行业指数全年维持在申万电子类股价指数之上,指数总体表现高于行业平均,是本研究报告所重点分析的五个行业中,明显比行业平均表现优异的指数,如图 2-11 所示。

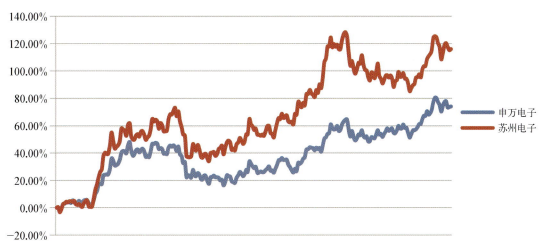

图 2-11 苏州电子类指数与申万电子类指数涨幅对比

（二）电子类样本股优势企业分析

从个股股价涨跌来看，在全部 16 只电子类样本股中，涨幅居前的股票包括沪电股份、南大光电和苏州固锝。全年分别上涨 212.70％、178.39％、154.65％。如图 2-12 所示。

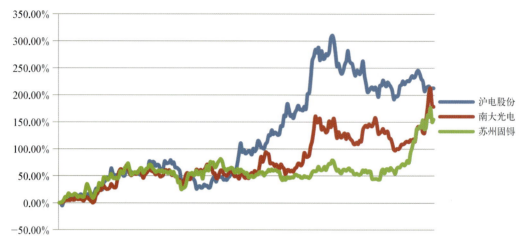

图 2-12　2019 年苏州部分电子类股票股价涨跌图

（三）苏州电子类股票五年走势对比分析

从近五年来的比较分析图来看，2015 年表现基本与大盘一致，2016 年该行业指数全年位于较低水平，大多数股票的大幅下跌导致整个行业的下行趋势。2017 年走势相对平稳，下半年维持小幅上涨。2018 年全年呈现下跌状态，年初和年中的两次下跌使全年跌幅达到 36.20％以上。2019 年的市场表现明显背离于 2018 年，全年保持了较高的增长势头，为近五年来的最佳市场表现（见图 2-13）。

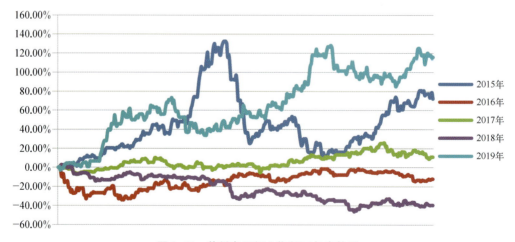

图 2-13　苏州电子行业指数五年走势图

五、苏州化工类指数

（一）苏州化工类指数市场结构分析

在化工类 13 只样本股中，有 2 只股票的全年股价涨幅大于申万化工指数，占比

15.38%,苏州化工类股价指数全年下跌13.07%,申万化工类指数上涨24.22%,2019年苏州化工类企业表现在申万平均之下,年底跌幅更加明显,具体比较如图2-14所示。

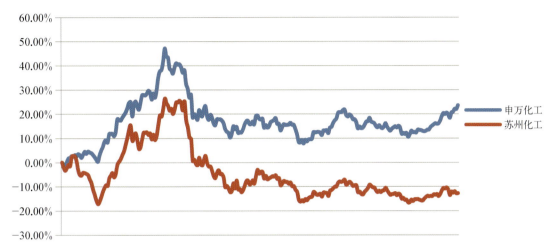

图 2-14　苏州化工类指数与申万化工类指数涨幅对比

(二) 化工类样本股优势企业分析

从个股股价涨跌来看,在全部13只化工类样本股中,有8只股票年度涨幅均为负值,整体表现欠佳。涨幅较大的是晶瑞股份、华昌化工和江南高纤,其涨幅分别为140.12%、93.06%和8.97%,如图2-15所示。

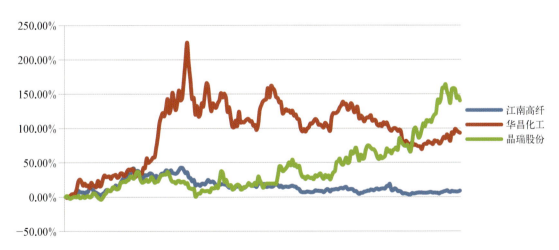

图 2-15　2019年苏州部分化工类股票股价涨跌图

(三) 苏州化工类股票五年走势对比分析

化工行业也是苏州六大传统支柱行业之一,2015年该行业上市公司表现较好,行业指数涨幅达到90.00%左右。从近五年来的比较分析图来看,2015年保持较高水平的上涨;但是在2016年,上半年跌幅较深,下半年处于微跌状态;2017年走势相对平稳,但后市略有下降;2018年单边下跌,全年跌幅50.00%以上;2019年前期有较好的表现,但是后期表现不佳,仅比2018年跌幅有所减弱(见图2-16)。

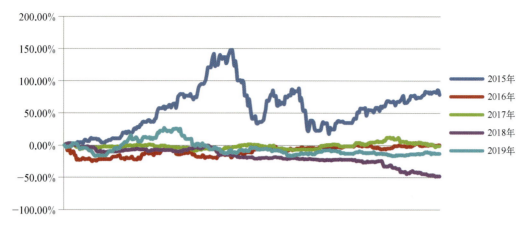

图 2-16 苏州化工行业指数五年走势图

六、苏州电气设备类指数

(一) 苏州电气设备类指数市场结构分析

从电气设备类指数来看,苏州该行业上市公司的总体表现位于市场平均水平之上,从图 2-17 分析,苏州电气设备类指数全年涨幅大于行业平均水平,两者分别上涨 35.30% 和 24.37%,年终收盘指数差距进一步扩大。在苏州电气设备类 8 家上市公司中,有 5 只公司股票的年度股价涨幅均大于申万电气设备指数,占比 62.50%,总体表现优于市场。

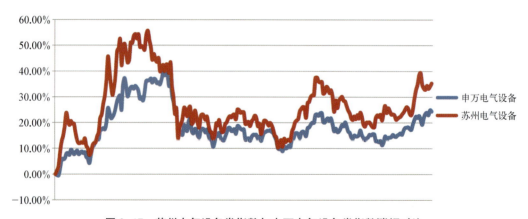

图 2-17 苏州电气设备类指数与申万电气设备类指数涨幅对比

(二) 电气设备类样本股优势企业分析

从个股股价涨跌来看,在全部 8 只样本股中,年度涨幅较高的是风范股份、中来股份和天顺风能,涨幅分别为 73.68%、48.84% 和 43.46%,如图 2-18 所示。八方股份作为新股,涨幅居前,达到 64.25%,但因为上市时间较短,因此没有列于图中。

(三) 苏州电气设备类股票五年走势对比分析

从近五年来的比较分析图来看,电气设备行业的发展态势与其他行业较为一致,2015年行业指数振幅明显加大,增长幅度也比较明显;2016 年则始终徘徊在下跌区间;2017 年则先扬后抑,下半年一直维持下跌状态;2018 年全年单边下跌,且跌幅逐步加大;2019 年表现较好,全年维持上涨的态势(见图 2-19)。

第二章 苏州上市公司市场绩效分析

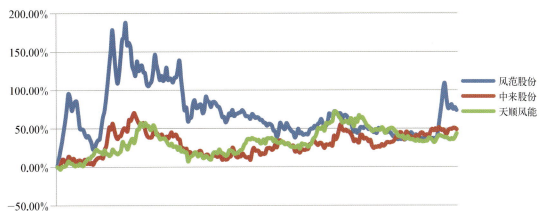

图 2-18 2019 年苏州部分电气设备类股票股价涨跌图

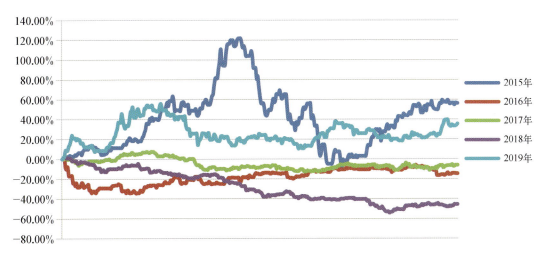

图 2-19 苏州电气设备行业指数五年走势图

七、苏州通信类指数

苏州通信类指数前期表现和行业基本一致,但后期一直落后于行业指数。全年跌幅在 0.77%,申万通信类指数上涨 19.96%。两者的比较如图 2-20 所示。

(一)苏州通信类指数市场结构分析

在全部 6 只通信类上市公司股票中,有 3 只实现全年股价涨幅大于申万通信指数,占比 50.00%,其余 3 只股票涨幅低于申万行业指数。

(二)通信类样本股优势企业分析

在 6 只股票中,亿通科技、天孚通信和永鼎股份表现较好,全年分别上涨 67.50%、60.61% 和 20.53%,见图 2-21。

(三)苏州通信类股票五年走势对比分析

从五年比较来看,2015 年震荡最为明显;2016 年因为个股表现不佳,导致整个行业下行趋势显著;2017 年涨幅超过 2016 年;2018 年则全年下跌;2019 年虽然前期有所上涨,但是后期基本维持零涨跌状态,如图 2-22 所示。

035

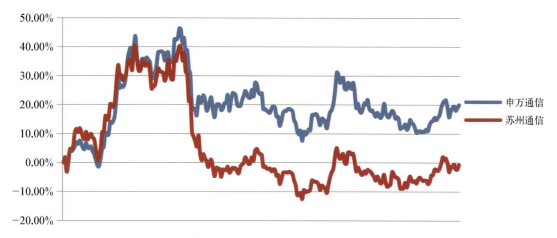

图 2-20　苏州通信类指数与申万通信类指数涨幅对比

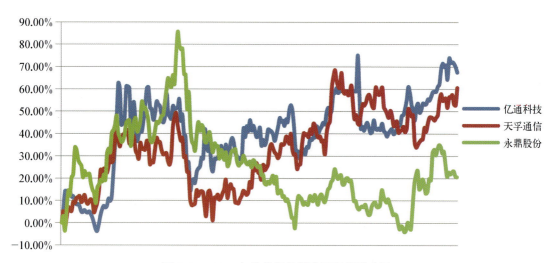

图 2-21　2019 年苏州通信类股票股价涨跌图

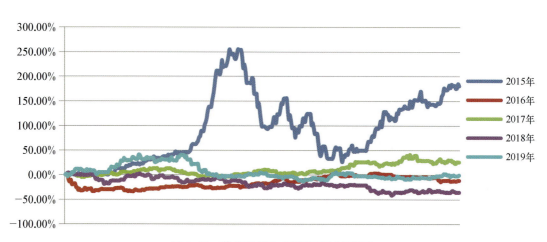

图 2-22　苏州通信行业指数五年走势图

第三节　苏州上市公司市场绩效分市场分析

苏州经济的快速发展以及城市良好的创业环境，培育和促进了一大批创新型、科技型中小企业的诞生和发展。截至 2019 年年底，苏州市共有境内上市公司 120 家，相较于 2018 年，境内上市公司数量增加 13 家，其中，沪市主板增加 3 家，科创板增加 6 家，深市创业板增加 2 家，中小板增加 2 家。苏州上市公司 2019 年板块分布如表 2-6 所示，当年总体新增家数明显多于 2018 年。

表 2-6　苏州上市公司板块结构　　　　　　　　　　　　　　　　　单位：家

沪　市		深　市		
42		78		
主　板	科创板	主　板	中小板	创业板
36	6	3	42	33

在苏州的 120 家上市企业中，以在中小板上市为最多，共 42 家公司，占比达 35.00%。其次，苏州的主板上市公司共有 39 家，占比 32.50%。创业板 33 家公司，占全部上市公司数量的 27.50%。科创板 6 家，占比 5%。主板、中小板和创业板三个板块的上市公司数量相对均衡，苏州整体的上市结构体现了企业对多层次资本市场体系的对接更加合理。特别是 2019 年我国推出了科创板之后，苏州抓住机遇，鼓励大量符合条件的企业进入科创板。

为了对苏州上市公司各个板块在 2019 年的整体表现进行分析，本报告同样采用了行业分析中的指数编制和计算方法。将苏州地区 120 家上市公司按照板块进行分类，主板市场 39 只样本股，中小板 42 只样本股，创业板 33 只样本股，分别编制分板块股价指数。因为科创板样本公司较少，上市时间较短，暂时不做单独分析。

一、苏州主板与上证综指的比较分析

因为苏州 39 只主板市场股票，其中 36 只是在沪市上市，所以本报告以上证综指作为比较分析的对象。前文提及，上证综指在 2019 年全年上涨 22.30%，苏州 A 股主板相比沪市振幅较大，全年上涨 21.32%，与沪市基本持平，如图 2-23 所示。

（一）苏州主板指数市场结构分析

苏州主板市场上市公司数量比上一年增加 3 家，一共 39 只样本股。在全部 39 只股票中，共有 10 只股票涨幅超过上证综指水平，占比 25.64%。

（二）苏州主板市场优势企业分析

主板市场优势企业中，晶方科技、赛腾股份和风范股份年度涨幅较高，分别为 140.65%、79.04% 和 73.68%，如图 2-24 所示。

（三）苏州主板市场指数五年走势对比分析

自从本报告发布以来，我们连续编制了苏州在沪深两地主板上市的公司的股价指数。从五年走势图 2-25 来看，2015 年，经过市场剧烈波动之后，苏州主板指数超越沪深指数，涨

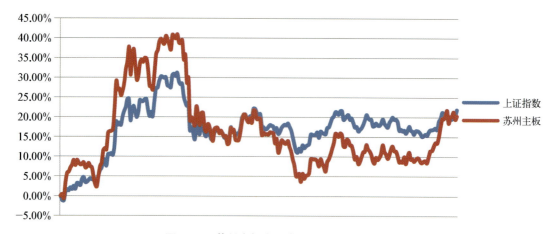

图 2-23　苏州主板市场表现与上证综指比较

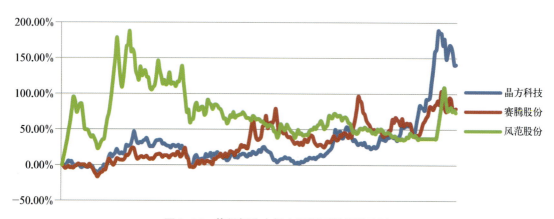

图 2-24　苏州部分主板市场股票股价涨跌图

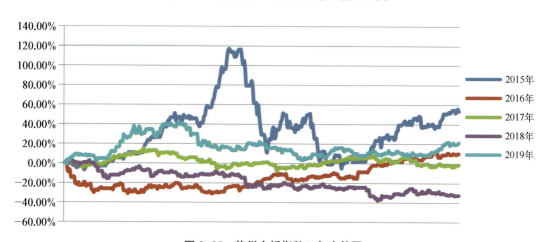

图 2-25　苏州主板指数五年走势图

幅在 54.00% 左右。2016 年的苏州主板市场难掩跌势，和大盘基本保持一致。2017 年市场表现相对平稳。2018 年苏州的主板上市公司表现不佳，全年走势在上证综指之下，且临近年末愈发明显，跌幅近 40.00%。2019 年涨幅较高，为 21.00% 左右。

二、苏州中小板指数与深市中小板指数的比较分析

中小板是苏州企业上市的主战场。在2019年,深市中小板指数全年上涨41.03%。苏州中小板指数表现相对较弱,样本股价格平均上涨25.86%,第四季度的背离走势应引起重视(见图2-26)。

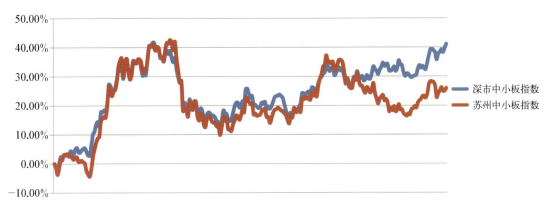

图2-26　苏州中小板指数与深市中小板指数比较

(一) 苏州中小板指数市场结构分析

苏州中小板市场上市公司数量最多,一共42只样本股,只有13只股票全年涨幅超过中小板指数水平,占比30.95%。其余29只股票涨幅弱于中小板指数水平,占比69.05%。苏州中小板公司的整体市场表现弱于整个板块。

(二) 苏州中小板市场优势企业分析

沪电股份、苏州固锝和恒铭达三只股票表现较好,全年涨幅分别为212.70%、154.65%和141.55%,如图2-27所示。

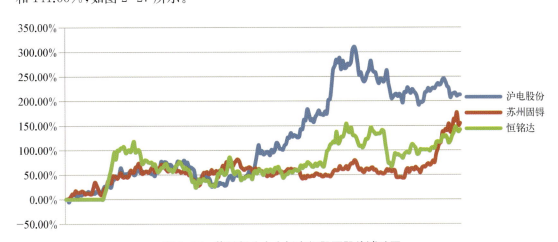

图2-27　苏州部分中小板市场股票股价涨跌图

(三) 苏州中小板市场指数五年走势对比分析

从五年走势图分析,苏州中小板公司在2015年股价涨幅平均达到100.00%左右,这得益于占苏州中小板上市公司七成以上的企业年度股价涨幅均超越了整个市场的中小板指

数,体现出苏州中小板上市公司较强的市场需求和较大的成长空间。2016年度,整个市场行情低迷,苏州中小板上市企业还是有近七成企业表现好于市场,体现较强的抗风险能力。中小板是苏州企业上市的主要市场,在2016年的中小板市场,苏州板块的表现还算可圈可点。但进入2017年,虽然优于上一年,但是和全市场中小板指数相比明显弱势。2018年苏州中小企业遇到了来自国内外宏微观形势的各种考验,全年股价急剧下跌,跌幅在45.00%左右。进入2019年,苏州中小企业板上市公司的市场绩效整体有所上升,但与整个市场平均水平相比还有差距(见图2-28)。

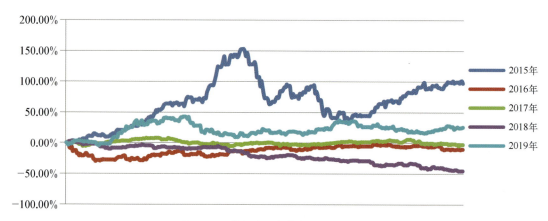

图2-28 苏州中小板指数五年走势图

三、苏州创业板指数与深市创业板指数的比较分析

从本报告来分析,2019年12月31日收盘,创业板指数收官于1 798.12点,全年涨幅达到43.79%。

在2019年的创业板市场,苏州创业板指数基本与整个创业板行情走势同步,但苏州创业板在第四季度表现较弱,最终全年上涨34.23%,具体表现如图2-29。

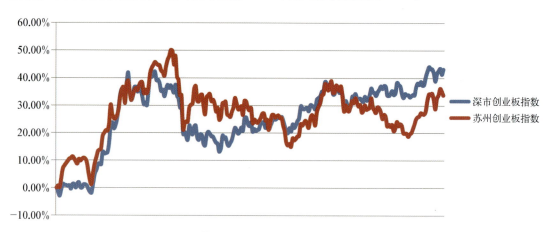

图2-29 苏州创业板指数与深市创业板指数比较

(一)苏州创业板指数市场结构分析

苏州创业板市场上市公司数量较多,一共33只样本股,9只股票股价涨幅高于创业板指

数水平,占比27.27%,其余股票涨幅均低于创业板指数水平。

(二)苏州创业板市场优势企业分析

在所有创业板33只本地股票中,南大光电、晶瑞股份和苏大维格涨幅居前,分别为178.39%、140.12%和88.46%,其表现情况如图2-30所示。

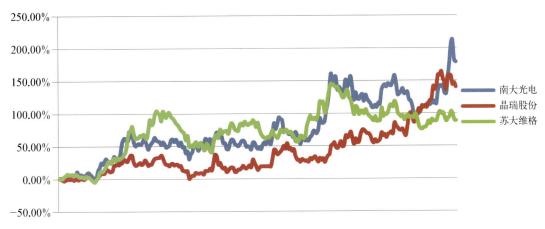

图 2-30　苏州部分创业板市场股票股价涨跌图

(三)苏州创业板市场指数五年走势对比分析

从苏州创业板指数连续五年走势图来看,苏州创业板上市企业在进入2015年之后,在全国创业板市场整体表现优异的情况下,苏州本地公司股价也出现了普遍性上涨,超过六成的企业股价涨幅在创业板指数之上,带来整体板块行情上涨超过100.00%,取得最佳的表现。在2016年,大量股票的下跌使该板块始终无法走出阴跌行情。2017年虽然前期表现尚可,但是后期下跌,几乎和上一年收盘跌幅相同。2018年则和其他板块一样,全年呈现下跌行情。2019年的创业板表现明显优于前三年,取得较好的涨幅,但是和市场平均水平相比同样有差距(见图2-31)。

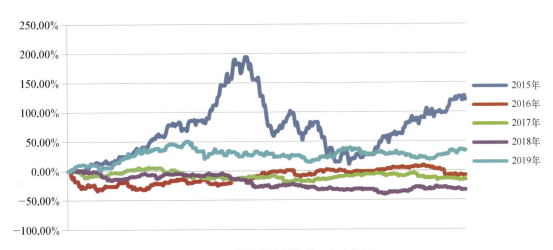

图 2-31　苏州创业板指数五年走势图

第四节　苏州上市公司市场绩效偏低的原因及提升策略

综上分析,苏州上市公司在2019年的绩效表现相较于2018年有所好转,但是无论从申万行业对比,还是板块比较来看,部分行业存在较大的差距,如何实现转型升级、创新发展,面对新的形势和挑战,需要苏州上市公司找出应对之策。

苏州上市公司具有科学的治理结构,业绩稳定,发展前景广阔。特别是机械设备、电子和电气设备三个行业表现优异。但我们必须看到苏州上市公司中,在创业板和中小板上市的公司合计数占比高达62.50%,2019年苏州中小板上市公司绩效下降明显,与这些企业规模普遍较小、产业规模也相对较小、业绩表现不稳定有关,还无法为经济的持续快速增长提供强劲的动力支撑。苏州创业板公司与市场整体相比,也有一定的差距。主板市场上市公司与沪市平均水平基本一致。因此,中小板和创业板的上市公司如何提高绩效是当务之急,特别是化工、通信两个行业,整体发展形势比较严峻,如何迎头赶上并成为行业的中坚力量是近期急需解决的问题。

一、苏州上市公司市场绩效偏低的原因分析

2019年,和全国其他地区一样,苏州经济发展遇到了较大的困难和挑战,也暴露出经济下行风险大、不确定性增加和创新能力不足等薄弱环节,主要表现在如下方面。

(一) 内外交困是市场绩效偏弱的根本原因

1. 经济下行风险大

国内去产能、去杠杆的政策效应,给苏州经济发展带来较大的下行风险。2019年,受市场需求和国内外经济环境的影响,苏州化工、通信等重点行业生产均有所放缓,下行压力加大,对全市工业生产的支撑作用减弱。

2. 外贸发展中的不确定因素增加

中美虽然达成第一阶段经贸协议,但中美战略博弈具有长期性、复杂性和艰巨性特征,对我国经济特别是对外贸易的发展将产生持续的深远影响,出口紧缩将成为新常态,这对以开放经济为主要特征的苏州经济发展来说,必将形成巨大的挑战。2019年,中美贸易摩擦带来了负面冲击和效应,美国持续对我国产品加征关税,对苏州外贸行业带来的负面影响与日俱增,对苏州相关产业链的影响也不容忽视。外贸发展的不确定性使苏州企业生产预期下降,对企业的转换能力和适应性提出了很大的挑战。

3. 劳动力和土地短缺,产能转移影响加大

苏州劳动力成本持续提高,"招工难"问题成为困扰很多企业的因素。土地资源的日益短缺也是制约经济发展的瓶颈。外资利用由于受到周边国家和地区以及其他省份低成本优势的挤压,难度也不断上升,产能转移的威胁加大。

(二) 创新能力提升和产业优化转型还处于攻坚阶段

新形势下苏州所面临的加快提升创新能力、加速推进高质量发展的要求比以往更加紧迫,任务也更艰巨。部分重点行业的支撑作用有所减弱,新业态对经济的拉动作用还没有充分显现。本部分主要从深圳、杭州和苏州的对比分析入手,探讨苏州市场绩效中存在的问题。

1. 上市公司板块分布

从苏州、杭州和深圳三个城市的比较来看,统计数据显示,深圳市的上市公司数量遥遥领先,这得益于深交所的区位优势,同时从板块结构来看,深圳和杭州的主板市场上市公司数量明显多于苏州市,而苏州的重心在中小板和创业板(见表 2-7)。

表 2-7　深圳、杭州、苏州上市公司板块分布　　　　　　　　　　单位:家

地　区	总　数	主　板	中小板	创业板	科创板
深　圳	314	95	120	93	6
杭　州	147	65	34	43	5
苏　州	120	39	42	33	6

2. 上市公司是否属于重要指数成分股

从上市公司的系统重要性来分析,苏州的大型龙头公司明显偏少,进入沪深 300 指数成分股的家数降为 3 家,而深圳则有 24 家公司,杭州有 14 家公司,无论从数量上还是比重上都领先于苏州,体现了当地上市公司较高的市场绩效,也更加凸显了苏州上市公司规模偏小的状况(见表 2-8)。

表 2-8　是否隶属于指数成分股　　　　　　　　　　单位:家

地　区	是否属于沪深 300 指数成分股		是否属于中证 500 指数成分股	
	是	否	是	否
深圳市	24	290	46	268
杭州市	14	133	21	126
苏州市	3	117	14	106

3. 三城市上市公司行业结构比较

(1) 深圳市上市公司行业基本分布和绩效。如果从上市公司行业分布来看,深圳市以电子行业和计算机、建筑装饰、房地产行业上市公司居多,特别是 2019 年,新增了 8 家电子类上市公司,整体绩效表现优异(见表 2-9)。其次,电气设备和医药生物上市公司数量也比较靠前。深圳市全年战略性新兴产业增加值合计 10 155.51 亿元,比上年增长 8.80%,占地区生产总值比重 37.70%。其中,新一代信息技术产业增加值 5 086.15 亿元,增长 6.60%;数字经济产业增加值 1 596.59 亿元,增长 18.00%;高端装备制造产业增加值 1 145.07 亿元,增长 1.50%;绿色低碳产业增加值 1 084.61 亿元,增长 5.30%;海洋经济产业增加值 489.09 亿元,增长 13.90%;新材料产业增加值 416.19 亿元,增长 27.60%;生物医药产业增加值 337.81 亿元,增长 13.30%。[①] 深圳市在信息技术、数字经济、新材料和生物医药方面发展迅速。

(2) 杭州市上市公司行业基本分布和绩效。上市公司行业基本分布如表 2-10 所示,机械设备、计算机、电气设备、传媒和汽车板块居前。特别是计算机行业,与深圳一样居于第二位,全年以新产业、新业态和新模式为主要特征的"三新"经济实现平稳增长,同时,进一步实

---

① 深圳市 2019 年国民经济和社会发展统计公报,http://tjj.sz.gov.cn/zwgk/zfxxgkml/tjsj/tjgb/content/post_7294577.html。

表2-9 深圳市上市公司行业基本分布　　　　　　　　　　　　　　　　　　单位：家

行　业	家　数	行　业	家　数
电　子	68	机械设备	14
计算机	33	交通运输	13
建筑装饰	21	轻工制造	12
房地产	20	化　工	12
电气设备	18	公用事业	11
医药生物	18	商业贸易	10
通　信	16	传　媒	10

表2-10 杭州市上市公司行业基本分布　　　　　　　　　　　　　　　　　　单位：家

行　业	家　数	行　业	家　数
机械设备	20	化　工	9
计算机	18	医药生物	8
电气设备	12	通　信	8
传　媒	11	房地产	7
汽　车	10	电　子	7

现结构优化。2019年杭州市数字经济核心产业增加值3 795亿元，增长15.10%，高于GDP增速8.30个百分点，占GDP的24.70%。数字内容、软件与信息服务和电子商务分别增长16.30%、15.70%和14.60%，成为推动经济增长的重要力量。全年工业增加值4 288亿元，增长5.30%，其中规模以上工业增加值3 531亿元，增长5.10%。规模以上工业中高新技术产业、战略性新兴产业、装备制造业增加值分别增长8.50%、13.10%和7.80%，占规模以上工业的61.70%、37.60%和46.50%[①]，夯实了杭州经济发展的基础。

（3）苏州市上市公司行业基本分布。上述两个城市均形成了以战略性新兴产业为主导行业的发展方向，且增长迅速。深圳市的数字经济和生物医药行业发展迅猛；杭州市以数字经济、电子商务、跨境电商为代表的支柱产业带动了杭州市产业结构的转型升级；反观苏州，战略性新兴产业的发展还没有成为推动整个城市经济发展的重要力量。从表2-11来看，苏州传统制造业大市的特征非常明显。

表2-11 苏州市上市公司行业基本分布　　　　　　　　　　　　　　　　　　单位：家

行　业	家　数	行　业	家　数
机械设备	28	通　信	6
电　子	16	建筑装饰	5

---

① 2019年杭州市国民经济和社会发展统计公报，http://tjj.hangzhou.gov.cn/art/2020/3/20/art_1657772_42336888.html。

第二章　苏州上市公司市场绩效分析

（续表）

行　　业	家　　数	行　　业	家　　数
化　　工	13	传　　媒	5
电气设备	8	银　　行	4

二、提升苏州上市公司市场绩效的策略

尽管经济运行中仍面临诸多困难，但经济发展中不乏积极因素。全年制造业新兴产业产值、高新技术产业产值占规模以上工业总产值的比重分别达53.60％和49.40％，比上年提高1.20％和1.70％。工业投资中的技术改造投资和高新技术产业投资比重分别达到73.30％和41.60％。① 继续围绕先导产业、新兴产业，加强重大项目培育、谋划和布局，积极推动传统产业改造提升，不断增强经济发展后劲，加快形成具有苏州特色的现代化经济体系，努力实现更高质量、更有效率、更加公平、更可持续的发展。

在新旧产业转换的关键时期，为了调整经济结构，培养自主创新能力，要把提高上市公司质量放到更加重要的位置。为了提高苏州上市公司的市场绩效，还需要从以下几个方面共同努力。

（一）推动自主创新、提升关键技术攻关力度

在中美贸易摩擦将长期存续的背景下，我们更加深刻地感受到，要想发展经济，保证经济可持续性发展，就必须坚持推动自主创新，并加快关键技术自主研发进程。把推动创新、增强企业核心竞争力、特别是国际竞争力作为重要工作来抓。苏州作为出口依存度高的城市，要继续加快推进先进制造业集群建设，打造自主可控的先进制造业体系。

作为以制造业为主的城市，苏州应加快工业互联网工程建设推进速度，提高苏州制造业智能制造程度。通过制造企业信息化程度的提高，达到制造业网络化、数字化、智能化目标，推动苏州制造业向高端发展、高质量发展目标迈进。

（二）提高先导产业发展速度

在新兴产业发展中，继续深入推进信息技术、生物医药、纳米技术、人工智能、物联网等先导产业。大力发展苏州生物医药产业，形成具有创新水平的战略科技高地，推动新能源产业发展，谋划建设半导体国家创新中心。加强信息技术、生物技术和大数据技术融合，重点发展绿色低碳、生命健康、人工智能等对经济社会具有巨大带动和引领作用的产业。实现苏州新旧动能转换，加快完善现代化经济体系建设。

本　章　小　结

本章主要分析苏州上市公司的市场绩效，从苏州率先指数及其市场表现来分析，苏州率先指数在2019年全年上涨34.04％，总市值小幅上升，流通市值实现10.30％的上涨。

从相对市场绩效分析，本章首先将苏州率先指数与沪深指数进行对比分析，上证综指在

---

① 吴文宁："苏州经济社会发展：2019年回顾与2020年展望"，《中国苏州发展报告（2019）》。

2019年上涨22.30%,深证成指全年上涨44.08%,沪深300上涨36.07%。苏州率先指数涨幅居中,其表现弱于两市重要指数,全年上涨34.04%。其次,将苏州率先指数与其他区域类指数做比较分析,在与全国直辖市和深圳区域类指数的对比中,苏州率先指数涨幅较大,排名第二。在与江苏、浙江和山东省进行指数比较时,苏州率先指数排名落后于山东指数,与江苏指数和浙江指数基本持平。

从行业角度分析,将苏州上市公司按照申万行业分类标准进行分类,机械设备类上市公司最多,有28家,其次电子类16家,化工类13家,电气设备类8家,通信类6家。通过编制分行业指数了解上市公司行业绩效,从分析结果来看,苏州上述五类行业指数,机械设备、电子和电气设备类指数优于申万行业指数,化工和通信行业弱于全国相关行业类指数的全年表现,需要引起我们的足够重视。

从分板块角度分析,将苏州上市公司按照主板、中小板和创业板进行分类,并编制苏州板块指数,分别将其与对应的市场板块指数进行比较分析。从结果来看,苏州主板市场与上证综指基本一致,但是中小板市场和创业板市场绩效均低于全国平均水平,指数分别落后于中小板指数和创业板指数,与2018年相同。

本章还从苏州经济下行风险大、外贸发展不确定因素增加和产能转移影响加大等方面出发,分析了企业面临的内外交困的经济环境,导致苏州企业在2019年市场绩效改善并不明显。本章还试图对比分析了深圳、杭州和苏州在产业机构、行业发展中所存在的差异,认为苏州企业创新能力提升缓慢、产业升级不够迅速,是企业绩效不佳的深层次原因。最后为苏州提升上市公司市场绩效提供更多对策,主要从推动创新、提升关键技术攻关力度和提高先导产业发展速度等策略入手,加快完善苏州现代化经济体系建设。

综上所述,2019年苏州上市公司的市场表现由于受到板块结构和行业结构的影响,与优秀城市相比还有差距,在以后的发展过程中,还需要继续加强市场资源的优化配置,促使市场绩效平稳增长。

苏州上市公司发展报告(2020)

第三章

苏州上市公司财务绩效分析

财务绩效是企业战略及其实施和执行是否正在为最终的经营业绩作出的贡献。财务绩效能够全面地表达企业在成本控制的效果、资产运用管理的效果、资金来源调配的效果以及股东权益报酬率的组成。苏州企业一直是苏州经济发展的推动力,苏州上市公司更是苏州企业的杰出代表。2019年苏州新增13家A股上市公司,其中6家在科创板上市,苏州上市公司总数达到120家。本章首先将从盈利能力、偿债能力、成长能力、营运能力、股本扩张能力五个方面,全面分析苏州上市公司财务绩效;然后选取对比城市和市场指标,进行相对财务绩效分析;之后分别从行业和市场角度,将苏州上市公司各项财务指标进行对比分析。在财务绩效分市场分析中,增加科创板市场。

本章分析的上市公司截至2019年12月31日,分析数据来自同花顺iFinD。

第一节　苏州上市公司财务绩效特征

2019年是苏州资本市场收获的一年,新增13家上市公司。仔细分析苏州上市公司的财务绩效指标,可以发现上市公司的稳健性依然保持,但是盈利性和成长性堪忧。

一、2015—2019年财务绩效比较

2019年的宏观经济形成了一个先扬后抑的走势。在此背景之下,苏州上市公司财务绩效状况出现较明显下滑,但上市公司内在的稳健性依然保持良好。

表3-1　苏州上市公司2015—2019年财务绩效比较

年　份	净资产收益率平均值(%)	产权比率平均值(%)	营业收入增长率平均值(%)	总资产周转率平均值(%)	每股公积金平均值(元)
2015	8.40	1.23	12.22	0.63	2.00
2016	8.75	1.22	15.50	0.62	2.02
2017	9.44	1.25	36.39	0.64	2.17
2018	2.06	1.84	35.17	0.68	2.15
2019	−1.70	1.65	6.16	0.59	2.40

由表3-1可知,2019年反映苏州上市公司的盈利能力和成长能力的财务绩效指标出现了明显下滑,除了宏观影响因素外,具体原因将在下文中分析。值得欣慰的是,体现上市公司稳健性的偿债能力、运营能力和股本扩张能力相关财务绩效指标基本保持平稳,股本扩张

能力还有所提高。

二、2019年财务绩效特征分析

2019年苏州上市公司财务绩效状况不容乐观,具体特征及形成原因分析如下。

(一)盈利能力明显下滑

2019年苏州120家上市公司,净资产收益率为正的公司占83.20%,较2018年减少2.80个百分点,平均净资产收益率为-1.70%,较以往年度出现明显下滑。

如图3-1所示,2019年苏州净资产收益率变化出现了两增两降:净资产收益率小于0和净资产收益率在10%~20%之间的上市公司数量增加;净资产收益率大于20%和净资产收益率在0~10%之间的上市公司数量减少。2019年苏州上市公司净资产收益率超过20%的有三家,分别为:沪电股份(002463)、八方股份(603489)、南极电商(002127),南极电商(002127)净资产收益率最高为28.06%;2019年苏州上市公司净资产收益率最低的三家分别为:众应互联(002464)、ST中科创(002290)、*ST博信(600083),它们的净资产收益率分别为:-168.63%、-147.2%、-120.78%。分析苏州上市公司净资产收益率锐减的原因,可以看出国内外形势不断变化对企业影响是多方面的:(1)不同行业受影响差异大,比如商业贸易行业的南极电商(002127)和传媒业的众应互联(002464)。(2)海外出口受限,公司产品外销量减少;同时,受国内产能过剩、产品同质化等因素影响,公司面临销量不及预期的风险,如ST中科创(002290)。(3)受高管变动影响,如*ST博信(600083)。

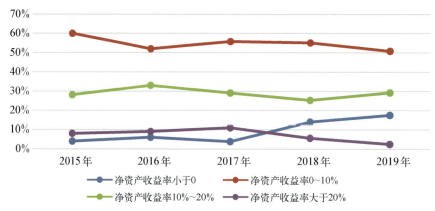

图3-1 2015—2019年不同净资产收益率的苏州上市公司占比

(二)偿债能力保持稳健

2019年苏州120家上市公司的产权比率平均水平为1.65,较2018年度有所降低,表明苏州上市公司长期偿债能力增强,债权人权益保障程度有所提高。

如图3-2所示,2019年苏州有69家上市公司的产权比率在1以下,占比58.47%,较2018年有所提高。这一比率在1以下时,说明企业偿债能力充分,但会降低盈利能力。同时,2019年产权比率大于2的苏州上市公司占比较2018年也有所增加。一般说来,产权比率高是高风险、高报酬的财务结构,在经济繁荣时期,举债经营可以获得额外的利润,这时的产权比率可适当提高,但是在经济非繁荣期,这一比率的提高,会进一步加大风险。值得一

图 3-2　2015—2019 年不同产权比率的苏州上市公司占比

提的是,2019 年苏州有四家上市公司产权比率大于 10,风险程度较高。

(三) 高成长企业占比下降

2019 年苏州上市公司平均营业收入增长率为 6.16%,相较于 2018 年的 35.17% 有明显下降,也是 2015—2019 年该指标的最低值。

如图 3-3 所示,2019 年苏州上市公司营业收入增长率呈现出高成长企业占比下降、低成长甚至负成长企业占比上升的现象。营业收入增长率超过 10% 的上市公司占比下降明显,营业收入增长率低于 10% 的上市公司占比上升,尤其是营业收入增长率小于 0 的上市公司占比上升明显。2019 年国内外经济形势的变化是导致上市公司成长能力减弱的重要原因,而上市公司自身的原因也应引起重视。在 2019 年营业收入增长率最低的三个上市公司中,*ST 博信(600083)再次榜上有名,说明销量的下滑对该企业的盈利性和成长性都产生了深刻的影响。*ST 康得(002450)在其 2019 年度年报业绩预告中说明,业绩变动主要原因是经营性亏损、债务担保损失、金融资产投资损失、减值损失和资金损失。ST 新海(002089)通过一系列的瘦身操作,更好地聚焦主业,深耕通信业务,在 2019 年实现扭亏为盈,在盈利性上实现了正值,但是从成长角度来看,由于其子公司问题重重,该企业营业收入增长率有待进一步提高。

图 3-3　2015—2019 年不同营业收入增长率的苏州上市公司占比

(四) 营运能力稳中有降

2019 年苏州上市公司的总资产周转率平均值为 0.59,较 2018 年有所下降。在经济运行总体放缓的背景下,苏州上市公司总资产周转率平均值的下降正好反映了企业运营状态的真实情况。

如图3-4所示,2015—2019年苏州不同总资产周转率的上市公司占比变动较为平缓。2019年苏州120家上市公司中,有52家上市公司的总资产周转率在0.50以下,占比43.33%,较2018年增加了5.95个百分点;2019年苏州有58家上市公司的总资产周转率在0.50~1之间,占比48.33%;有10家上市公司的总资产周转率大于1,占比8.34%,较2018年减少3.81个百分点。苏州上市公司营运能力稳中有降。

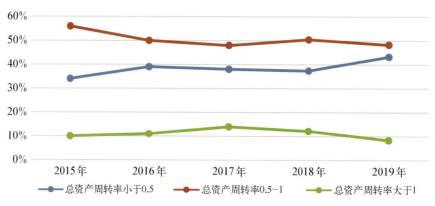

图3-4　2015—2019年不同总资产周转率的苏州上市公司占比

(五)股本扩张能力有所提升

2019年苏州上市公司的平均每股公积金为2.40元,较2018年有所提高,并达到近五年最高价格。

从图3-5可以看出,2019年拥有1元以上每股公积金的苏州上市公司占75.00%,较2018年增加3个百分点。其中每股公积金在5元以上的占11.00%,较2018年增加4.67个百分点。超过平均每股公积金水平的上市公司有47家,其中有11家是2019年新上市公司。2019年苏州出现了两家每股公积金为负值的上市公司,出现了三家每股公积金超过10元的上市公司。2019年苏州上市公司每股公积金最高的仍然是迈为科技(300751),达到14.97元;其次是2019年新上市公司八方股份(603489)。

图3-5　2015—2019年不同每股公积金的苏州上市公司占比

第二节 苏州上市公司相对财务绩效分析

在对 2019 年苏州上市公司财务绩效特征进行分析之后,本节选择经济发展水平和苏州相当的城市,将这些城市的上市公司财务绩效水平和苏州上市公司财务绩效进行比较,并把上证 A 股股票和深证成指股票的相关财务绩效指标作为市场比较标准,分析各比较对象的上市公司和苏州上市公司相对财务绩效状况。

一、盈利能力比较分析

如图 3-6 所示,作为市场比较标准的上证 A 股和深证成指以及上海和深圳两地上市公司的净资产收益率平均值 2019 年较 2018 年有所提高。且深证成指股票净资产收益率平均值提高近 2 个百分点,在超过深证成指股票净资产收益率平均值 10.70% 的 235 家成分股上市公司中,有 113 家是中小企业板上市公司,有 67 家是创业板上市公司,体现出中小上市公司良好的盈利能力和对外部环境冲击的应对能力。上海和深圳的上市公司净资产收益率平均值是所有比较城市中表现较好的,这也体现出这两个城市经济发展的底蕴和其上市公司抗风险能力。在盈利能力分析中,其他城市上市公司的净资产收益率平均值都出现了不同程度的下降。

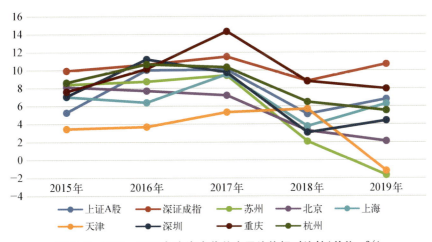

图 3-6　2015—2019 年净资产收益率平均值相对比较(单位: %)

二、偿债能力相对比较分析

如图 3-7 所示,2019 年苏州上市公司的产权比率平均值在各比较对象中处于中间水平,说明苏州上市公司偿债能力稳定,并没有为了增加资本投入,一味增加财务杠杆。在各比较对象中,天津、重庆、杭州上市公司的产权比率平均值 2019 年较 2018 年有所提高,尤其是天津的上市公司,该指标平均值增长明显,上市公司偿债风险加大。

三、成长能力相对比较分析

如图 3-8 所示,2019 年各比较对象的营业收入增长率平均值有所分化,除北京和天津两市上市公司营业收入增长率平均值有所提高,其他比较对象上市公司的营业收入增长率

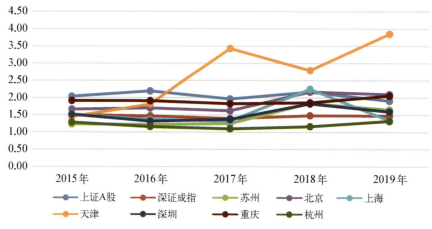

图 3-7　2015—2019 年产权比率平均值相对比较

图 3-8　2015—2019 年营业收入增长率平均值相对比较(单位：%)

平均值均有所下降。自 2016 年各比较对象上市公司的营业收入增长率平均值出现较大分化，2017 年后，该指标仅在较小范围波动，但是，2018 年和 2019 年各比较对象该指标较 2017 年连续两年出现下降，这在一定程度上反映出上市公司成长出现乏力。

四、营运能力相对比较分析

如图 3-9 所示，2015—2019 年，各比较对象的总资产周转率平均值继续呈现聚集且平稳的状态，大致在 0.55～0.70 的范围变动。深证成指以及北京、上海两市上市公司总资产周转率平均值 2019 年较 2018 年略有提高，说明这三个比较对象上市公司的营运能力有所加强，总资产周转加快。其他比较对象该指标均有不同程度的下降，苏州上市公司总资产周转率平均值下降幅度最大。

五、股本扩张能力相对比较分析

如图 3-10 所示，各比较对象上市公司每股公积金平均值 2019 年较 2018 年均有所上升，都超过了 2 元。2019 年苏州上市公司的每股公积金平均值为 2.40 元，高于重庆，低于其

第三章 苏州上市公司财务绩效分析

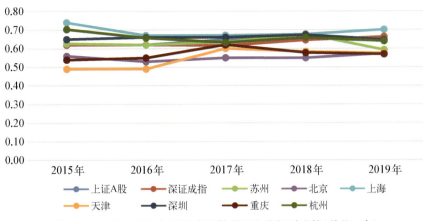

图 3-9 2015—2019 年总资产周转率平均值相对比较（单位：次）

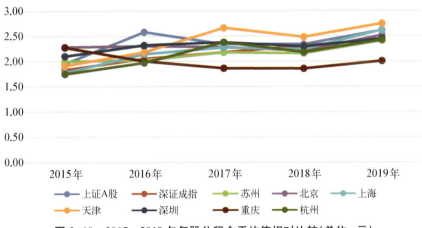

图 3-10 2015—2019 年每股公积金平均值相对比较（单位：元）

他比较对象。说明上市公司普遍重视自身公积金积累，它既是公司未来扩张的物质基础，也可以是股东未来转赠红股的希望之所在。

第三节 苏州上市公司财务绩效分行业分析

根据申万行业一级分类标准，可以将 2019 年苏州上市公司分为机械设备、电子、化工、电气设备、建筑装饰等 24 个行业。我们选择苏州上市公司数量五家以上（包含五家）的行业进行比较，按拥有上市公司家数多少依次是机械设备（28 家）、电子（16 家）、化工（13 家）、电气设备（8 家）、通信（6 家）、建筑装饰（5 家）。六大行业共 76 家上市公司，占苏州 120 家上市公司的 63.33%。本节首先对以上苏州主要行业的上市公司 2015—2019 年财务绩效进行描述性分析；然后将 A 股市场上市公司按申万标准进行行业划分，作为参照，比较分析 2019 年苏州上市公司不同行业各项财务绩效指标情况。

一、盈利能力分行业比较

如图 3-11 所示，2019 年，苏州的主要行业中，建筑装饰的净资产收益率平均值最高，其

055

次是电子和机械设备,其他三个行业净资产收益率平均值为负。相较于 2018 年,电子、机械设备和通信行业的净资产收益率平均值有所提高;化工和电气设备行业净资产收益率平均值出现明显下滑,这一变化主要是受当前经济环境和政策影响较大。其次,对于化工行业,江苏省政府开展了对化工行业的整治提升行动,化工行业遇到转型期,上市公司有的观望、有的谋求重组,业绩下滑明显。

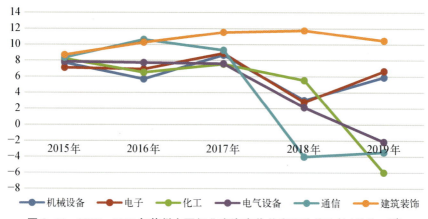

图 3-11　2015—2019 年苏州主要行业净资产收益率平均值比较(单位:%)

如图 3-12 所示,2019 年苏州机械设备、通信和电子三大类行业的净资产收益率平均值高于 A 股市场相关行业的净资产收益率平均值。除主要行业外,2019 年苏州的钢铁(沙钢股份)[①]、非银金融(东吴证券)、国防军工(瑞特股份)、纺织服装(哈森股份)、房地产、计算机和商业贸易行业的净资产收益率均超过了 A 股市场各该行业的平均水平,说明苏州以上行业的上市公司盈利能力较强。

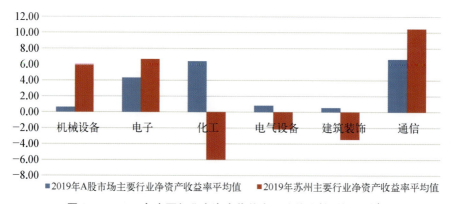

图 3-12　2019 年主要行业净资产收益率平均值比较(单位:%)

二、偿债能力分行业比较

如图 3-13 所示,2015—2019 年,苏州主要行业的产权比率平均值仍然较低,苏州主要行业上市公司的偿债能力较强,采用了低风险、低报酬的财务结构。相较于 2018 年,苏州的

---

① 带括号的行业表示:该行业苏州只有括号内一家上市公司。下同。

第三章 苏州上市公司财务绩效分析

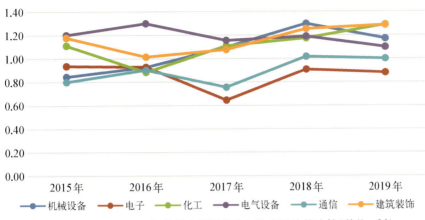

图3-13 2015—2019年苏州主要行业产权比率平均值比较（单位：%）

化工和建筑装饰行业的产权比率平均值略有提高，其他主要行业的产权比率均有所降低。

如图3-14所示，除了机械设备行业，2019年苏州其他主要行业的产权比率平均值均低于A股市场相关行业的产权比率平均值。苏州除了非银金融、公用事业和银行三个行业的产权比率平均值大于2，其他行业该指标基本都在1.50以下。苏州主要行业的偿债能力普遍较强，可以适当增加财务杠杆，以提高盈利能力。

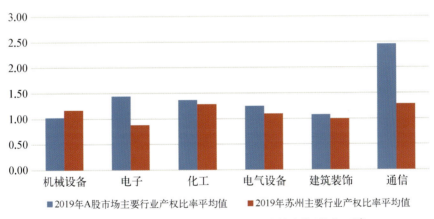

图3-14 2019年主要行业产权比率平均值比较（单位：%）

三、成长能力分行业比较

如图3-15所示，2019年，除了电子行业外，苏州其他主要行业的营业收入增长率平均值出现继2018年后的持续下滑，且化工、通信行业营业收入增长率平均值出现负值，究其原因，是化工行业在江苏省政府开展的对化工行业整治提升行动中放缓了成长的脚步；而通信行业受中美摩擦影响较大。

如图3-16所示，2019年，苏州电子和电气设备行业的营业收入增长率平均值均高于A股市场相关行业该指标。另外，除主要行业外，2019年苏州的家用电器、银行、建筑材料、轻工制造、医药生物、房地产和商业贸易的营业收入增长率平均值均超过了A股市场相关行业平均水平，尤其是医药生物行业中江苏吴中（600200）和博瑞医药（688166）的营业收入增长

图 3-15　2015—2019 年苏州主要行业营业收入增长率平均值比较(单位：%)

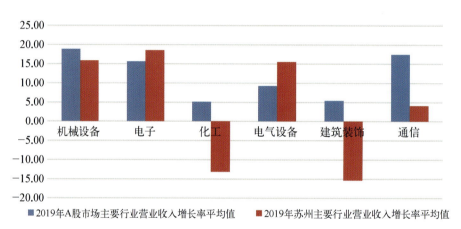

图 3-16　2019 年主要行业营业收入增长率平均值比较(单位：%)

率均超过 20.00%，说明苏州以上行业的成长能力较强。

四、营运能力分行业比较

如图 3-17 所示，2015—2019 年，苏州主要行业的总资产周转率平均值保持在 0.40～

图 3-17　2015—2019 年苏州主要行业总资产周转率平均值比较(单位：次)

0.75之间,变动较为平缓,这说明苏州主要行业的营运能力较为相近,运行较为稳定。2019年,除了电气设备行业总资产周转率平均值略有增长,苏州其他主要行业总资产周转率平均值均有所下降,化工行业总资产周转率平均值最高。

如图3-18所示,通过和A股市场相关行业平均值比较,2019年苏州机械设备和通信行业的总资产周转率平均值略高,化工行业总资产周转率平均值与A股市场化工行业持平。另外,除主要行业外,2019年苏州的传媒、交通运输、计算机、有色金属、综合、纺织服装和钢铁的总资产周转率平均值略超过A股市场该行业平均水平。

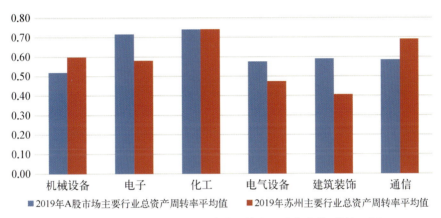

图3-18　2019年主要行业总资产周转率平均值比较(单位:次)

五、股本扩张能力分行业比较

如图3-19所示,2015—2019年,苏州主要行业的每股公积金平均值总体呈现增长趋势。2019年,除了建筑装饰行业,苏州机械设备、电子、化工、电气设备和通信行业的每股公积金平均值显著提高。机械设备和电气设备行业的每股公积金平均值超过了3元。

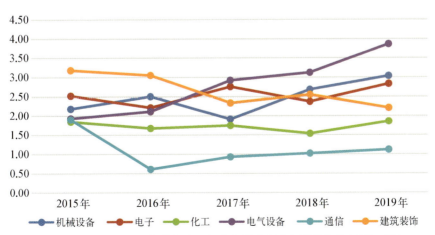

图3-19　2015—2019年苏州主要行业每股公积金平均值比较(单位:元)

如图3-20所示,和A股市场相关行业平均值比较,2019年苏州机械设备、电气设备和通信行业的每股公积金平均值高于比较对象。另外,除了主要行业外,2018年苏州的家用电器、银行、计算机、汽车、综合和纺织服装的每股公积金平均值均超过了 A 股市场相关行业平均水平，体现出苏州这些行业在夯实上市公司发展基础方面表现较好。

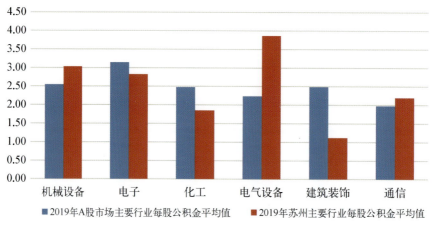

图 3-20　2019 年主要行业每股公积金平均值比较（单位：元）

第四节　苏州上市公司财务绩效分市场分析

2019 年苏州 120 家上市公司分布在主板 39 家、中小板 42 家、创业板 33 家，新增科创板 6 家，不同市场上苏州上市公司的财务绩效表现有一定的差异。我们首先将 2015—2019 年苏州上市公司总体平均的财务绩效指标和主板、中小板和创业板三个市场的相应指标进行比较，然后将 2019 年苏州上市公司按市场划分，分别再与主板、中小板、创业板和科创板四个市场的相应指标进行比较，从两个层面分析苏州上市公司分市场的财务绩效状况。

一、盈利能力分市场比较

如图 3-21 所示，2017 年是各比较对象净资产收益率平均值的高点，中小板市场和创业板市场上市公司在 2019 年表现出一定的盈利能力增长；主板市场和苏州上市公司净资产收益率平均值继 2018 年后持续下跌，上市公司的盈利能力有所下降。

图 3-21　2015—2019 年上市公司分市场盈利能力比较（单位：%）

第三章　苏州上市公司财务绩效分析

具体分市场比较，如图 3-22 所示，2019 年苏州主板和苏州创业板上市公司的净资产收益率平均值均高于对应的市场平均值，尤其是苏州主板上市公司较主板市场上市公司净资产收益率平均值高出 5.73 个百分点。但苏州中小板上市公司净资产收益率平均值明显低于中小板市场上市公司净资产收益率平均值。苏州科创板上市公司的净资产收益率平均值为10.70%，虽略低于科创板市场上市公司净资产收益率平均值，但也表现出较强的盈利能力。

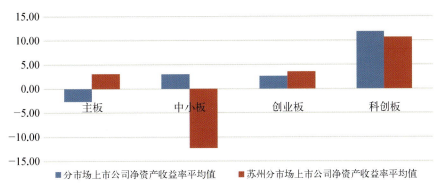

图 3-22　2019 年苏州上市公司分市场盈利能力比较（单位：%）

二、偿债能力分市场比较

如图 3-23 所示，2015—2018 年，各比较对象产权比率平均值的变动趋势基本一致。但是在 2019 年，中小板市场上市公司产权比率平均值显著提高，而其他三个比较对象该指标都有所降低。一般来说，产权比率越低，表明企业长期偿债能力越强，债权人权益保障程度越高，承担的风险越小。产权比率的提高，说明上市公司采用了高风险、高报酬的财务结构。

图 3-23　2015—2019 年上市公司分市场偿债能力比较

具体分市场比较，如图 3-24 所示，2019 年苏州各市场上市公司产权比率平均值均低于相应市场平均值，说明苏州上市公司发展比较稳健，在外部环境不确定因素较多的情况下，采用了低风险、低报酬的财务结构。

三、成长能力分市场比较

如图 3-25 所示，2017 年是各比较对象营业收入增长率平均值的高点，2018 年和 2019

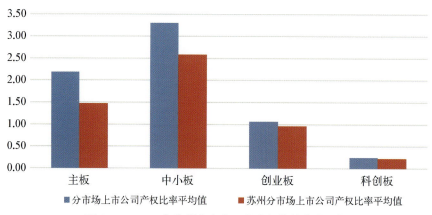

图 3-24　2019 年苏州上市公司分市场偿债能力比较

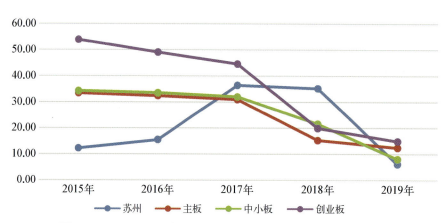

图 3-25　2015—2019 年上市公司分市场成长能力比较（单位：%）

年连续两年各比较对象上市公司营业收入增长率平均值下降。2019 年，各比较对象的营业收入增长率平均值在 6%～15% 之间，差距缩小。

具体分市场比较，如图 3-26 所示，2019 年苏州各市场上市公司的营业收入增长率平均值均低于相对应市场平均值，说明苏州上市公司的成长能力有待进一步提高。

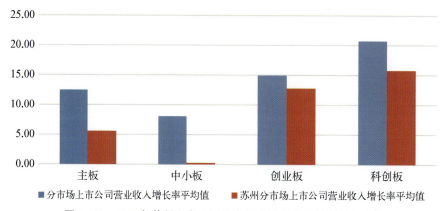

图 3-26　2019 年苏州上市公司分市场成长能力比较（单位：%）

四、营运能力分市场比较

如图3-27所示,2015—2019年,创业板市场上市公司总资产周转率平均值是比较对象中最低的。2019年,苏州上市公司总资产周转率平均值下降,接近创业板市场平均水平。

图3-27　2015—2019年上市公司分市场营运能力比较(单位：次)

具体分市场比较,如图3-28所示,2019年苏州科创板上市公司的总资产周转率平均值高于相应市场的平均值,说明苏州科创板上市公司的营运能力较强。苏州其他市场上市公司总资产周转率平均值均低于相应市场该指标平均值。

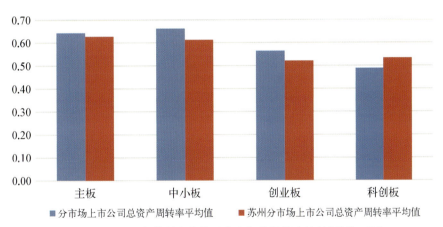

图3-28　2019年苏州上市公司分市场营运能力比较(单位：次)

五、股本扩张能力分市场比较

如图3-29所示,2019年,除了中小板市场上市公司每股公积金平均值较2018年略有下降,其他三个比较对象的该指标都有所上升。主板市场和苏州的上市公司每股公积金平均值达到2015—2019年最高值。

具体分市场比较,如图3-30所示,2019年苏州主板上市公司和苏州中小板上市公司的每股公积金平均值高于相对应市场平均值。苏州上市公司股本扩张能力较2018年有所提高。

图 3-29　2015—2019 年上市公司分市场股本扩张能力比较（单位：元）

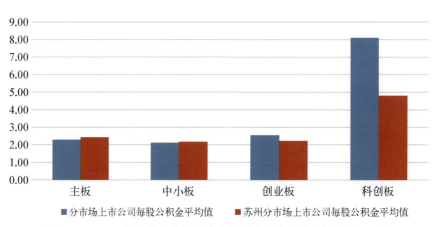

图 3-30　2019 年苏州上市公司分市场股本扩张能力比较（单位：元）

第五节　苏州上市公司财务绩效存在的问题及对策

一、苏州上市公司财务绩效存在的问题

国内外形势的不确定性加剧，2019 年苏州上市公司财务绩效不甚乐观，反映苏州上市公司的盈利能力和成长能力的财务绩效指标出现了明显下滑，体现上市公司稳健性的偿债能力、运营能力和股本扩张能力相关财务绩效指标基本保持平稳。除了宏观因素影响外，通过和各比较对象对比，苏州上市公司主要存在三点问题。

一是对资金的运作能力偏弱。从偿债能力指标可以看出，在宏观环境偏紧的情况下，苏州上市公司大多仍然采取的是低风险、低收益的财务结构。

二是战略新兴行业尚未成长起来。苏州的主要行业中仍然是传统行业占主导，尤其是化工行业，未做好应对行业变革的准备，业绩下滑明显。而作为有良好发展前景的计算机和医药生物行业，虽然在盈利能力和成长能力方面有较好表现，但上市公司数量少、规模较小。

三是苏州中小上市公司成长乏力。苏州120家上市公司中,有42家中小板上市公司,占比最大,但是不论是盈利能力还是成长能力,苏州中小板上市公司的财务绩效指标都没有达到相应市场的平均水平,而且差距很大。

二、提高苏州上市公司财务绩效的对策

针对2019年苏州上市公司存在的主要问题,提出以下建议。

(一)审时度势,谋求新的发展机遇

疫情冲击催生了特定行业发展和转型,尤其是在新兴业态、新模式方面,刺激了部分新兴行业的萌芽和发展。比如医用防护用品、无人经济、新基建行业、非接触类经济及健康食品等呈现出爆发式需求增长的行业。苏州上市公司可以审时度势,在原有业务基础上,开拓培养新的成长点,通过转型、拓展等方式,在外部环境不利的情况下,谋求新的发展机遇。

(二)共同努力,促进中小企业成长

中小企业是一个城市的发展基础,促进苏州中小企业的成长,是改善苏州上市公司财务状况的切入点。

1. 加大对中小企业的财税扶持力度

建立并逐步扩大地方财政预算扶持中小企业发展的专项资金规模。重点支持中小企业技术创新、结构调整、节能减排、开拓市场、扩大就业。对小型微利企业,落实企业所得税减免政策,进一步减轻企业负担。

2. 努力改进中小企业的服务

坚持以中小企业需求为导向,以服务小型微型企业为重点,以解决制约企业发展的突出问题为着力点。加大对服务体系建设的政策支持力度,着重做好信息、投融资、创业、人才与培训、技术创新、质量创优、管理咨询、市场开拓、法律等项服务,为中小企业科学、健康发展提供支持服务。

3. 加快中小企业技术进步和结构调整

支持中小企业提高技术创新能力和产品质量,支持中小企业加快技术改造,推进中小企业节能减排和清洁生产,提高企业协作配套水平,引导中小企业集聚发展。切实加大奖励力度,支持企业"创牌""技改",促进转型升级。

4. 增强中小企业运用资本和控制风险能力

中小企业应该重视人才引进和培养,加强资本运用和风险控制的能力,要注意融入资金的使用方向和使用效率,只有在保证资金有效利用的前提下,增加财务杠杆才能提高盈利能力。借助新的技术手段、新的交易平台进行风险释放,有效提升自身的盈利水平。

本 章 小 结

本章主要分析了苏州上市公司的财务绩效,把财务绩效评价体系确定为盈利能力、偿债能力、成长能力、营运能力、股本扩张能力五个方面。

从苏州上市公司财务绩效特征来看,2019年反映苏州上市公司的盈利能力和成长能力的财务绩效指标出现了明显下滑,体现上市公司稳健性的偿债能力、营运能力和股本扩张能力相关财务绩效指标基本保持平稳,股本扩张能力还有所提高。

从苏州上市公司相对财务绩效分析,2019年苏州上市公司的盈利能力和成长能力在比较对象中表现较差。2019年苏州上市公司的产权比率平均值在各比较对象中处于中间水平,说明苏州上市公司偿债能力稳定。在营运能力方面,2019年苏州上市公司总资产周转率平均值下降幅度最大,但仍处于正常范围。2019年苏州上市公司的每股公积金平均值为2.40元,高于重庆,低于其他比较对象。

从苏州上市公司财务绩效分行业分析,2019年苏州的主要行业中,建筑装饰的净资产收益率平均值最高;机械设备、通信和电子三大类行业的净资产收益率平均值高于A股市场相关行业的净资产收益率平均值。相较于2018年,苏州的化工和建筑装饰行业的产权比率平均值略有提高,其他主要行业的产权比率均有所降低;除了机械设备行业,2019年苏州其他主要行业的产权比率平均值均低于A股市场相关行业的产权比率平均值。除了电子行业外,2019年苏州其他主要行业的营业收入增长率平均值出现继2018年后的持续下滑;2019年,苏州电子和电气设备行业的营业收入增长率平均值均高于A股市场相关行业该指标。2015—2019年,苏州主要行业的总资产周转率平均值保持在0.40~0.75之间,变动较为平缓,这说明苏州主要行业的营运能力较为相近,运行较为稳定。2015—2019年,苏州主要行业的每股公积金平均值总体呈现增长趋势;和A股市场相关行业平均值比较,2019年机械设备、电气设备和通信行业的每股公积金平均值高于比较对象。

从苏州上市公司财务绩效分市场来看,2019年苏州主板上市公司在盈利能力和股本扩张能力方面高于主板市场平均水平;苏州中小板上市公司只在股本扩张能力方面略高于中小板市场平均水平;苏州创业板上市公司在盈利能力方面高于创业板市场平均水平;苏州科创板上市公司在营运能力方面高于科创板市场平均水平。

通过对苏州上市公司财务绩效指标分析,最后提出苏州上市公司发展存在三个问题:对资金的运作能力偏弱;战略新兴行业尚未成长起来;苏州中小上市公司成长乏力。从谋求新的发展机遇和促进中小企业成长两个方面提出改善建议。

第四章

苏州上市公司行业结构分析

改革开放以来,第二产业尤其是制造业,一直是苏州经济发展的主要推动力,计算机电子设备、电气机械等行业为苏州贡献了大量的产值和就业。在疫情影响、外贸形势严峻、周边城市竞争激烈的背景下,苏州深入推进稳增快转,构建产业发展新体系,把稳增长放在更加突出位置,持之以恒推动转型升级,加快构建包括先进制造业和现代服务业在内的现代产业体系。在此过程中,政府重点推进的工作是发展壮大资本市场,支持优质企业上市。

本章以苏州上市公司所处产业、行业为研究对象,研究上市公司的产业分布、行业分布、行业结构特征,发现最近5年来上市公司的产业、行业结构变化,并将其与全国、主要城市的上市公司行业结构进行比较,挖掘苏州上市公司行业分布结构的得失,为未来苏州企业的上市计划提供参考。

在选取比较对象时,考虑到苏州的发展水平、城市和产业特征,鉴于近年来苏州和深圳发展差距进一步拉大,为了保持对比意义,本年度的报告从对比城市中去除深圳,着重比较天津、杭州、南京、成都、武汉这五个城市(简称"对比城市"),它们在产业结构、城市定位、发展阶段等方面与苏州有较强的可比性,在比较时,本章将列举这五个城市各自上市公司的分产业相关数据、这五个城市合计的数据(简称"对比城市合计"),以及全国整体数据。

本章的数据若无特别说明,均来自同花顺数据库中的年报数据或年末市场数据(2015—2019年),反映各年上市公司的经营财务流量和年末时点指标。

第一节　苏州上市公司行业分布

一、三次产业分布

三次产业分布是行业分布的基础,也能最为概括地说明苏州上市公司的行业分布情况。上市公司需要登记在《国民经济行业分类》(GB/T 4754—2017)中所属的行业类别,而《国民经济行业分类》同时也是三次产业划分的基础。按照国家统计局发布的《三次产业划分规定》:第一产业是指农、林、牧、渔业(不含农、林、牧、渔服务业);第二产业是指采矿业(不含开采辅助活动)、制造业(不含金属制品、机械和设备修理业)、电力、热力、燃气及水生产和供应业、建筑业;第三产业即服务业,是指除第一产业、第二产业以外的其他行业。

根据上述统计方法,将2019年年末苏州120家A股上市公司(含主板、中小板、创业板和科创板)的产业分布、按产业分的全年营业收入和年末市值归纳在表4-1内。可以看到,苏州第一产业无上市公司,大多数上市公司均属第二产业,这与多年以来苏州一直以第二、第三产业为主,第一产业占比很小的产业结构基本相符。2015—2019年,苏州共新增48家上市公司,其中37家属于第二产业,仅11家属于第三产业,说明最近5年来,苏州上市公司的产业分布进一步向第二产业集中。

表 4-1　苏州上市公司的三次产业分布(2019年年末)

产　　业	上市公司数(家)	营业收入(亿元)	年末市值(亿元)	2015—2019年新增数(家)
第二产业	89	2 732.10	5 748.20	37
第三产业	31	2 057.90	2 858.50	11
总　　计	120	4 790.00	8 606.90	48

说明:2015—2019新增上市公司家数,指2015—2019年共5年间的新增上市公司数,即2019年年末上市公司数与2014年年末上市公司数之差,下同。

二、行业结构分布

(一) 苏州上市公司的行业门类分布

《国民经济行业分类》(GB/T 4754—2011)将所有经济活动划分为20个门类,苏州上市公司涵盖了其中的12个门类。表4-2归纳了2019年年末苏州上市公司的行业门类分布、按行业门类分的全年营业收入和年末市值。

表 4-2　苏州上市公司的行业门类分布(2019年年末)

行　业　门　类	上市公司(家)	营业收入(亿元)	年末市值(亿元)	2015—2019年新增数(家)
电力、热力、燃气及水生产和供应业	1	0.50	8.80	0
房地产业	1	91.40	67.10	0
建筑业	3	349.90	297.20	2
交通运输、仓储和邮政业	4	94.90	151.30	0
金融业	5	283.70	1 091.50	4
科学研究和技术服务业	5	153.90	165.60	2
批发和零售业	3	856.50	284.40	0
文化、体育和娱乐业	1	5.40	18.10	0
信息传输、软件和信息技术服务业	5	76.50	242.10	2
制造业	88	2 731.60	5 739.60	37
综合	3	106.60	273.40	1
租赁和商务服务业	1	39.10	267.80	0
总　　计	120	4 790.00	8 606.90	48

从表4-2中可以看到,制造业是苏州上市公司最集中的门类,占据了73.00%的公司数、57.00%的营业收入和67.00%的市值,其他门类中,金融业、科学研究和技术服务业、交通运输、仓储和邮政业、建筑业上市公司相对集中,但与制造业相比有非常大的差距。2015—

2019年,新增上市公司中有37家属于制造业,占新增上市公司数的77.00%,说明最近5年来苏州上市公司的门类分布向制造业进一步集中;但在此期间,苏州的金融业上市公司增加了4家,科学研究和技术服务业,信息传输、软件和信息技术服务业上市公司各增加了2家,这都反映了苏州高端服务业的较快发展。

(二) 苏州制造业上市公司的行业大类分布

《国民经济行业分类》(GB/T 4754—2011)将所有经济活动在门类之下划分为96个行业大类,苏州上市公司涵盖了其中的33个大类,但除制造业外,每个大类的上市公司都很少,统计意义不明显,因此,本章着重关注苏州制造业上市公司的行业大类分布(见表4-3)。

表4-3 苏州制造业上市公司的行业大类分布(2019年年末)

制造业类别	上市公司（家）	营业收入（亿元）	年末市值（亿元）
电气机械和器材制造业	11	718.70	1 018.00
纺织业	1	30.40	29.60
非金属矿物制品业	1	11.70	35.60
黑色金属冶炼和压延加工业	1	134.70	137.50
化学纤维制造业	4	306.50	300.10
化学原料和化学制品制造业	6	113.50	232.30
计算机、通信和其他电子设备制造业	21	695.40	1 984.20
金属制品业	8	207.40	369.80
木材加工和木、竹、藤、棕、草制品业	1	18.00	53.90
皮革、毛皮、羽毛及其制品和制鞋业	1	12.40	16.10
汽车制造业	2	25.90	56.10
铁路、船舶、航空航天和其他运输设备制造业	1	4.90	30.30
通用设备制造业	8	132.80	354.50
文教、工美、体育和娱乐用品制造业	1	5.00	35.30
橡胶和塑料制品业	2	26.10	156.30
医药制造业	2	55.80	179.70
仪器仪表制造业	2	17.00	65.50
有色金属冶炼和压延加工业	3	104.90	86.40
专用设备制造业	12	110.70	598.60
总 计	88	2 731.60	5 739.60

从表4-3中可以看到,苏州制造业上市公司分布在19个行业大类,最密集的是计算机、通信和其他电子设备制造业,其次是专用设备制造业、电气机械和器材制造业。其中计算机、通信和其他电子设备制造业占据了制造业24.00%的上市公司数、25.00%的营业收入和35.00%的市值,电气机械和器材制造业占据了13.00%的企业数,26.00%的营业收入和

18.00%的市值,这两个行业大类的企业规模相对较大,专用设备制造业虽然企业数较多,但营业收入和市值总量均较低,企业规模较小。

第二节　苏州上市公司行业特征分析

一、行业集中度分析

苏州上市公司高度集中于第二产业尤其是制造业,这一现象与苏州产业结构的历史沿革和现状相符。那么,在全国范围内,以及和其他城市相比,苏州上市公司的行业集中情况如何呢?

从三次产业分布看,第一产业在全国范围内的上市公司就很少,苏州和对比城市都没有第一产业上市公司,这和各城市的城市化率较高有关。无论在各对比城市还是在全国范围内,第二产业上市公司都多于第三产业,但各对比城市的第二产业上市公司占比低于全国总体水平,而苏州第二产业上市公司占比高于全国总体水平,这说明,就上市公司而言,各对比城市在产业发展阶段上领先于苏州(见表4-4)。

表4-4　苏州、对比城市和全国上市公司的产业分布　　　　　　　单位:家

行业门类	苏州	天津	杭州	南京	成都	武汉	对比城市合计	全国合计
第一产业	—	—	—	—	—	—	—	39
第二产业	89	34	81	47	50	33	245	2 545
第三产业	31	20	64	41	31	26	182	1 173
总　　计	120	54	145	88	81	59	427	3 757
第二产业占比(%)	74	63	56	53	62	56	57	68

从三次产业分布的上市公司市值看,苏州第二产业市值占比明显高过对比城市和全国平均水平,这与企业数分布的结果是一致的。各地的第二产业对第三产业的市值比均小于企业数之比,说明各地第三产业上市公司的平均市值都较高(见表4-5)。

表4-5　苏州、对比城市和全国上市公司年末市值的产业分布　　　　单位:亿元

行业门类	苏州	天津	杭州	南京	成都	武汉	对比城市合计	全国
第一产业	—	—	—	—	—	—	—	6 146
第二产业	5 748	3 690	10 696	3 142	4 829	3 502	25 859	300 476
第三产业	2 858	3 798	9 300	8 601	3 043	2 951	27 694	274 180
总　　计	8 607	7 488	19 996	11 743	7 872	6 453	53 553	580 802
第二产业占比(%)	67	49	53	27	61	54	48	52

第四章 苏州上市公司行业结构分析

将2014年年末与2019年年末的企业数、市值进行比较会发现,5年来,苏州、对比城市和全国的第二产业上市公司数占比、市值占比都有所上升,这说明苏州和其他对比城市相对于全国而言,产业转型步伐都没有太大差别(见表4-6)。

表4-6 2014年年末苏州与对比城市、全国上市公司三次产业比较

行业门类	2014年年末上市公司数量(家)			2014年年末市值(亿元)		
	苏州	对比城市	全国	苏州	对比城市	全国
第一产业	—	—	34	—	—	2 113
第二产业	52	136	1 681	2 822	13 429	196 711
第三产业	20	127	846	1 818	14 857	208 929
总计	72	263	2 561	4 640	28 286	407 753
第二产业占比(%)	72	52	66	61	47	48

从各行业门类的上市公司数和市值看,无论在全国还是在各对比城市,制造业都是上市公司数最多的行业、市值最集中的行业,这些与中国是一个制造业大国的现实是相匹配的。虽然上市公司在制造业集中是普遍现象,但苏州上市公司在制造业的企业集中度、市值集中度均高于全国,而对比城市上市公司在制造业的企业集中度低于全国(见表4-7和表4-8)。

表4-7 苏州、对比城市和全国上市公司的行业门类分布 单位:家

行业门类	苏州	天津	杭州	南京	成都	武汉	对比城市	全国
采矿业	—	3	1	—	—	—	4	76
电力、热力、燃气及水生产和供应业	1	1	4	3	6	5	19	111
房地产业	1	7	7	3	1	2	20	122
建筑业	3	—	4	2	3	5	14	94
交通运输、仓储和邮政业	4	4	—	4	1	2	11	103
教育	—	—	—	—	—	—	0	8
金融业	5	—	6	6	3	2	17	110
居民服务、修理和其他服务业	—	—	—	—	—	—	0	1
科学研究和技术服务业	5	2	2	2	2	—	8	58
农、林、牧、渔业	—	—	—	—	—	—	0	41
批发和零售业	3	4	7	11	3	9	34	165
水利、环境和公共设施管理业	—	1	1	1	—	1	4	52
卫生和社会工作	—	—	3	—	—	—	3	12

(续表)

行业门类	苏州	天津	杭州	南京	成都	武汉	对比城市	全国
文化、体育和娱乐业	1	1	5	2	2	3	13	59
信息传输、软件和信息技术服务业	5	1	25	9	13	2	50	302
制造业	88	30	76	44	44	28	222	2 358
住宿和餐饮业	—	—	—	1	—	—	1	9
综合	3	—	—	—	1	—	1	22
租赁和商务服务业	1	—	4	—	2	—	6	54
总计	120	54	145	88	81	59	427	3 757
制造业占比（%）	73	56	52	50	54	47	52	63

表4-8 苏州、对比城市和全国上市公司市值的行业门类分布　　单位：亿元

行业门类	苏州	天津	杭州	南京	成都	武汉	对比城市	全国
采矿业	—	1 138	50	—	—	—	1 188	32 039
电力、热力、燃气及水生产和供应业	9	87	679	380	838	510	2 494	19 284
房地产业	67	385	422	195	222	76	1 300	22 352
建筑业	297	—	159	139	188	407	893	13 282
交通运输、仓储和邮政业	151	1 366	—	743	111	100	2 320	21 409
教育	—	—	—	—	—	—	0	1 451
金融业	1 091	—	2 508	4 107	898	776	8 289	171 469
居民服务、修理和其他服务业	—	—	—	—	—	—	0	14
科学研究和技术服务业	166	109	56	127	172	—	464	4 748
农、林、牧、渔业	—	—	—	—	—	—	0	6 239
批发和零售业	284	241	868	1 442	199	1 266	4 016	14 350
水利、环境和公共设施管理业	—	32	55	27	—	17	131	3 042
卫生和社会工作	—	—	939	—	—	—	939	3 291
文化、体育和娱乐业	18	75	809	219	171	198	1 472	5 836
信息传输、软件和信息技术服务业	242	1 590	3 125	1 575	769	111	7 170	34 737
制造业	5 740	2 465	9 968	2 762	3 991	2 992	22 178	280 760

(续表)

行业门类	苏州	天津	杭州	南京	成都	武汉	对比城市	全国
住宿和餐饮业	—			28			28	651
综合	273	—	—	—	62	—	62	1 584
租赁和商务服务业	268	—	357	—	252		609	6 389
总计	8 607	7 488	19 996	11 743	7 872	6 453	53 553	642 929
制造业占比(%)	67	33	50	24	51	46	41	44

将2014年年末与2019年年末苏州和各对比城市的分行业企业数、市值对比,如表4-9所示。发现苏州制造业上市公司数量和市值占比均上升,与对比城市和全国整体趋势相同。需要说明的是,苏州制造业上市公司市值占比上升这一趋势在2018年曾出现过逆转[1],但该次逆转是因为上千亿市值的三六零安全科技股份有限公司借壳原江南嘉捷在A股市场上市,暂时注册在苏州。在2019年年中,该公司将注册地迁移到了天津,不再计入苏州上市公司。因为其一直未在苏州实质开展业务,所以公司上市和迁出造成的苏州上市公司市值集中趋势的逆转和反逆转都只是数据表现而已,实际的分布集聚情况并没有这么剧烈的变化。

表4-9 2014年年末苏州与对比城市、全国上市公司行业分布比较

行业门类	2014年年末上市公司数量(家)			2014年年末市值(亿元)		
	苏州	对比城市	全国	苏州	对比城市	全国
采矿业	—	2	67	—	1 273	41 592
电力、热力、燃气及水生产和供应业	1	16	95	29	2 557	15 606
房地产业	1	19	118	61	1 275	14 853
建筑业	1	9	64	296	960	14 602
交通运输、仓储和邮政业	4	8	81	160	1 707	14 301
教育	—	—	7			205
金融业	1	5	69	605	3 259	123 922
科学研究和技术服务业	3	5	24	139	335	1 140
农、林、牧、渔业	—		36			2 287
批发和零售业	3	32	140	191	3 033	11 084
水利、环境和公共设施管理业	—	3	36		139	2 349
卫生和社会工作		3	11		232	695
文化、体育和娱乐业	1	10	36	102	1 347	4 085

[1] 参见《苏州上市公司发展报告(2018)》。

(续表)

行　业　门　类	2014年年末上市公司数量(家)			2014年年末市值(亿元)		
	苏州	对比城市	全国	苏州	对比城市	全国
信息传输、软件和信息技术服务业	2	28	191	84	2 410	16 124
制造业	51	118	1 519	2 792	9 599	139 513
住宿和餐饮业	—	1	9	—	32	488
综合	2	1	21	115	17	1 549
租赁和商务服务业	1	3	37	39	112	3 358
总计	71	263	2 561	4 613	28 287	407 753
制造业占比(%)	72	45	59	61	34	34

根据表4-7、表4-8中的信息,可以计算出苏州、对比城市和全国范围内的各上市公司在企业数、市值上的赫芬达尔指数H(3),更全面地刻画行业集中情况,如图4-1所示。

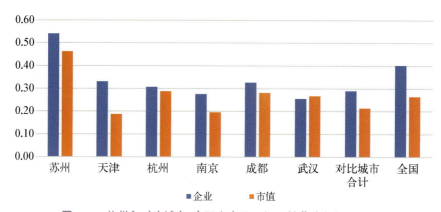

图4-1　苏州和对比城市、全国上市公司行业赫芬达尔指数H(3)

从赫芬达尔指数可以看到,无论在企业数上还是在市值上,苏州上市公司的赫芬达尔指数都明显高于全国水平,而各对比城市的企业赫芬达尔指数均低于全国水平,部分城市的市值赫芬达尔指数高于全国水平,对比城市合计的企业和市值赫芬达尔指数也都低于全国水平。这表明,对比城市上市公司的总体集中度低于全国(多元化程度高于全国),苏州则与对比城市正相反。

二、行业先进度分析

上市公司能充分地利用资本市场,容易得到更好的发展,若某城市先进行业的上市公司较多,该城市的先进行业发展就会加快,有助于城市产业转型升级。因此,有必要对行业本身做出价值判断,识别出较为先进的行业,进而找出分布于先进行业的上市公司,分析各城市上市公司的行业先进度。

(一) 先进行业的确定

先进行业(产业)在全世界、全国并无明确的定义或范围。我国目前定义工业战略性新兴产业包括节能环保产业、新一代信息技术产业、生物产业、高端设备制造产业、新能源产业、新材料产业、新能源汽车产业等七大产业。高技术制造业包括医药制造业，航空、航天器及设备制造业，电子及通信设备制造业，计算机及办公设备制造业，医疗仪器设备及仪器仪表制造业，信息化学品制造业。各地会根据其产业基础和发展目标，提出一些重点发展的行业，如苏州"十三五"期间提出的"先进制造业"就包括新一代电子信息、高端装备制造、新材料、软件和集成电路、新能源与节能环保、医疗器械和生物医药等行业，而苏州产业转型升级的目标又包括发展文化业、金融业等。但是，各地的先进产业范围并不一致，全国性的新兴产业、高技术制造业又未涵盖第三产业的各部门，且很难与上市公司所处行业一一对应，因此，本章尝试根据上市公司的客观数据，自行划定先进行业范围。

先进行业应该在当前能比其他行业创造更多的增加值，在未来有更好的增长前景。在上市公司公开的数据中，盈利能力可以从侧面反映增加值创造能力，在这里仍然用总资产收益率(ROA)和净资产收益率(ROE)作为盈利能力指标；用市净率(PB)和市盈率(PE)来反映企业的增长前景，若两者较高，说明即便企业当前客观财务指标不高，但投资者仍然愿意付出较高的价格获得企业股份，即投资者看好企业的增长前景。

本文按照全球行业分类系统(GICS,Global Industry Classification Standard)的分类方式将上市公司归类。GICS 由标准普尔和明晟指数在 1999 年共同推出，是全球应用最广泛的行业分类标准之一，几经修订后，当前的 GICS 标准包含 11 个行业部门、24 个行业组、68 个行业。

每个上市公司均有个体的 ROA、ROE、PB、PE 值，但为避免个体值算术平均易受极值影响的问题，并减少单一年度行业特定行情的影响，本章使用多年行业总量重新计算 ROA、ROE、PB、PE 值，纳入计算样本的是 2014 年年末已上市的企业，选取 2015—2019 年的总量数据进行计算。ROA 按照"行业 5 年净利润之和/行业 5 年年末总资产之和"计算，ROE 按照"行业 5 年净利润之和/行业 5 年年末所有者权益之和"计算，PB 值按照"行业 5 年年末总市值之和/行业 5 年年末所有者权益之和"计算，PE 值按照"行业 5 年年末总市值之和/行业 5 年净利润之和"计算。每个行业均有自己的 ROA、ROE、PB、PE 排名名次(值最高为第 1 名)，将四个排名加总，得到各行业的总排名，总排名越低，视作该行业越先进。我国上市公司共涵盖了 65 个 GICS 行业，将总排名的前 1/3，即前 22 个行业归类为先进行业，其数据如表 4-10 所示。

表 4-10 按照 GICS 分类的先进行业排名

GICS 行业	ROA(%) 及排名	ROE(%) 及排名	市盈率 及排名	市净率 及排名	四项排名 序数和	总排名
生命科学工具和服务	11.06(2)	15.02(2)	52.43(17)	7.88(1)	22	1
生物科技	7.62(3)	10.17(13)	52.74(16)	5.36(3)	35	2
饮料	13.48(1)	19.12(1)	26.43(38)	5.05(4)	44	3
食品	5.16(8)	9.63(15)	39.06(23)	3.76(12)	58	4
个人用品	7.11(4)	11.71(7)	30.25(33)	3.54(16)	60	5
软件	4.36(14)	6.82(32)	71.01(9)	4.84(5)	60	5

(续表)

GICS行业	ROA(%)及排名	ROE(%)及排名	市盈率及排名	市净率及排名	四项排名序数和	总排名
医疗保健设备与用品	4.46(13)	7.58(28)	53.19(15)	4.03(9)	65	7
制药	5.73(6)	9.51(16)	34.64(27)	3.29(18)	67	8
专业服务	4.33(16)	9.36(18)	39.83(22)	3.73(13)	69	9
医疗保健提供商与服务	4.23(17)	9.78(14)	34.02(28)	3.33(17)	76	10
航空货运与物流	4.22(18)	10.25(12)	31.47(30)	3.23(20)	80	11
综合消费者服务	2.80(29)	5.51(43)	87.28(7)	4.81(6)	85	12
媒体	4.81(11)	7.69(27)	36.94(25)	2.84(26)	89	13
家庭耐用消费品	5.00(9)	13.19(4)	18.37(48)	2.42(31)	92	14
电脑与外围设备	2.71(33)	5.91(41)	61.71(12)	3.64(14)	100	15
电子设备、仪器和元件	3.17(23)	6.42(37)	49.17(18)	3.16(23)	101	16
酒店、餐馆与休闲	4.35(15)	10.88(10)	21.75(44)	2.37(32)	101	16
休闲设备与用品	2.23(39)	3.54(54)	135.45(3)	4.79(7)	103	18
建筑产品	3.93(20)	8.70(22)	29.26(36)	2.54(29)	107	19
居家用品	2.40(37)	4.61(48)	69.17(10)	3.19(21)	116	20
容器与包装	2.71(32)	5.03(46)	57.59(14)	2.90(25)	117	21

说明:括号内为该产业该指标的单项排名。

(二)各地上市公司在先进行业的分布

由于很多先进行业上市公司都处于成长期,其收入、市值均无法和成熟的大型上市公司相比,所以统计其收入、市值占比意义不大;另一方面,在上市核准制的环境下,一个城市多一家位于先进行业的公司上市,就意味着这个先进行业在这个城市会有更迅速的发展,上市本身就是一个行业发展的"门票"。因此本章只研究各地上市企业在先进行业的分布情况,将苏州、对比城市和全国范围内位于先进行业的上市公司数、上市公司总数和先进行业上市公司占比汇总在表4-11内。

表4-11 苏州、对比城市和全国位于先进行业的上市公司数量和比例

城 市	2019年年末各地上市公司数(家)	2019年年末位于先进行业公司数(家)	先进行业上市公司平均规模(家)	2019年年末先进行业公司占比(%)	2018年年末先进行业公司占比(%)
苏 州	120	47	69	39	36
天 津	54	19	171	35	33
杭 州	145	53	200	37	38
南 京	88	27	89	31	29

（续表）

城　　市	2019年年末 各地上市 公司数(家)	2019年年末 位于先进行业 公司数(家)	先进行业 上市公司 平均规模(家)	2019年年末 先进行业 公司占比(%)	2018年年末 先进行业 公司占比(%)
成　都	81	34	107	42	41
武　汉	59	23	88	39	40
对比城市 合计	427	156	140	37	36
全　国	3 757	1 414	145	38	38

说明：随着公司并购或主营业务调整，上市公司所处行业会发生变化，而每年的先进行业范围也会有一些调整。2018年先进行业公司占比根据2018年上市公司所处行业和该年的先进行业列表确定，反映该年的实际情况。该列数据来源于《苏州上市公司发展报告(2018)》。

可以看到，2019年苏州位于先进行业的上市公司占比明显上升，超过了对比城市和全国总体水平。形成这一现象的主要原因，是2019年苏州新增的13家上市公司中，有7家位于先进行业(其中5家在科创板上市)，这既是苏州市支持优质企业上市政策导向的成果，也是我国科创板市场创立后，对上市企业盈利要求放宽，使得更多具备良好前景、附加值较高的企业能够在国内上市的结果①。但较多先进企业位于科创板、创业板等非主板板块，也使得苏州先进行业上市公司的规模偏小。

三、制造业行业代表性分析

各城市的上市公司是各地各行业的中坚力量，代表着各地各行业能利用资本市场获得发展的那部分生产资源。如果某行业某地上市公司的营业收入占该地该行业产值比例较高，就说明该行业的生产资源已较为充分地接入了资本市场，由上市公司来代表；反之，则说明该地上市公司未能代表该行业，该行业对资本市场利用不足。

所有上市公司的营业收入都是公开数据，但现有统计数据只公布制造业产值，因此，只有制造业的上市公司才能分析其行业代表性，由于苏州上市公司大量集中于制造业，所以针对制造业的分析还是有较强现实意义的。本章从苏州市统计局公布的《2020年苏州市情市力》中获得了苏州市2019年规模以上制造业各行业的产值，将苏州各制造行业上市公司的营业收入除以对应行业产值，得到了反映制造行业上市公司行业代表性的比率，如表4-12所示；为考察最近几年来上市公司行业代表性的发展情况，还将2014年制造业的数据一并列出作为对比。

2019年苏州有统计的制造业共有20个行业大类，其中有上市公司对应的行业为16个。2019年制造业上市公司营业收入合计约占制造业产值的8.50%。上市公司的行业覆盖相对全面，产值前10位的制造行业均有上市公司，没有上市公司的制造行业为4个，行业产值合计只占苏州全市制造业产值的5.30%。各制造行业上市营收占比并不均匀，占比最高的是

---

① 我们在《苏州上市公司发展报告(2018)》中曾提到，一些前期投入较大，盈利周期长，与我国A股上市的两年、三年盈利要求存在冲突的高科技初创企业会选择去海外上市，如苏州的信达生物、同程艺龙等。科创板的设立能够缓解这种冲突。

表 4-12 苏州制造业上市公司营业收入与制造业产值比例关系

行　　业	2019 年主要数据			2014 年主要数据		
	营业收入（亿元）	全市产值（亿元）	营收占产值比例（％）	营业收入（亿元）	全市产值（亿元）	营收占产值比例（％）
电气机械和器材制造业	719	2 515	28.59	345	2 677	12.90
纺织业	30	1 272	2.36	22	1 427	1.60
非金属矿物制品业	12	687	1.70	2	591	0.30
黑色金属冶炼和压延加工业	135	2 327	5.80	103	2 795	3.70
化学纤维制造业	306	1 005	30.50	54	1 149	4.70
化学原料和化学制品制造业	114	1 917	5.90	67	1 877	3.60
计算机、通信和其他电子设备制造业	695	10 343	6.70	221	9 275	2.40
金属制品业	207	1 136	18.30	90	849	10.60
汽车制造业	26	1 847	1.40	20	1 067	1.90
通用设备制造业	133	2 721	4.90	91	1 994	4.60
文教、工美、体育和娱乐用品制造业	5	186	2.70	3	248	1.40
橡胶和塑料制品业	26	1 187	2.20	66	790	8.30
医药制造业	56	360	15.50	12	265	4.60
仪器仪表制造业	17	459	3.70	5	399	1.30
有色金属冶炼和压延加工业	105	750	14.00	76	634	11.90
专用设备制造业	111	1 470	7.55	44	969	4.60
农副食品加工业	—	340	—	—	333	—
食品制造业	—	216	—	—	210	—
纺织服装、服饰业	—	434	—	—	763	—
造纸和纸制品业	—	690	—	—	502	—
铁路、船舶、航空航天和其他运输设备制造业	—	—	—	3	294	0.90
合计	2 696	31 864	8.50	1 225	29 107	4.20

化学纤维制造业（30.50％），其次是电气机械和器材制造业（28.60％）、金属制品业（18.30％）、医药制造业（15.50％）、有色金属冶炼和压延加工业（14.00％），其余行业占比均在 10.00％以

下，如制造业产值最高的计算机、通信和其他电子设备制造业，上市公司营业收入只占产值的6.70%。上市公司营业收入占比较高的行业，其生产呈现出向内资大企业集中的趋势。

与2014年相比，2019年制造业上市公司营业收入占制造业产值的比例上升了4.30%，上市营收占比靠前的行业则未出现明显变化，这说明上市公司的行业代表性有所提高，尤其是一些原来上市公司较少的行业，上市公司的贡献有所增加。值得注意的是，上市公司行业5年间代表性的提高，主要是2014年就已上市的原有上市公司自身发展的结果：2014年年末已上市公司营业收入从2014年的1 225亿元提升到了2019年的2 255亿元，贡献了2.90%的营收占比增长，而5年间新上市公司带来的新营业收入（441亿元），仅仅使得营业收入占比提高了1.40%。2014年年末已上市的公司，到2019年营业收入增长了84.00%，这与苏州同期全市规模以上制造业产值仅上升9.00%形成了鲜明对比，从侧面说明上市公司不仅在规模上，而且在发展速度上，都是苏州地区的龙头企业，具有很强的代表性。

四、行业竞争力分析

本章从两个角度分析苏州各行业上市公司的竞争力：一是各行业上市公司的规模竞争力，用平均市值来反映，体现得到市场认可的公司规模；二是各行业上市公司的经营能力，用总资产收益率和净资产收益率这两个财务指标来反映，体现经营的最终目标即盈利。

（一）苏州主要上市行业公司的平均市值

由于包括苏州在内的多个城市，很多行业都只有1～2家上市公司，此时计算得到的平均市值主要反映公司个别情况，不宜据此对该地行业做出判断。因此，本章主要关注苏州上市公司分布相对密集的4个行业（以上市公司数达到或超过5家为标准），即制造业、金融业、科学研究和技术服务业、信息传输、软件和信息技术服务业，其平均市值、对比城市同类行业上市公司平均市值和全国同类行业上市公司平均市值都归纳在表4-13内。

表4-13　苏州、对比城市和全国上市公司主要行业平均市值　　　　单位：亿元

行业门类	苏州	天津	杭州	南京	成都	武汉	对比城市	全国
金融业	218	—	418	684	299	388	488	1 559
科学研究和技术服务业	33	55	28	64	86	—	58	82
信息传输、软件和信息技术服务业	48	1 590	125	175	59	55	143	115
制造业	65	82	131	63	91	107	100	119

说明：各地数字中，高于苏州的用浅红底色表示，低于苏州的用浅绿底色表示，下同。

可以看到，苏州上市公司主要行业的平均市值均低于大多数对比城市，而对比城市的平均市值又多低于全国总体水平。这一方面说明，苏州各行业上市公司规模都相对较小，缺少规模竞争力；另一方面还说明，我国证券市场各行业的市值分布都集中于大企业，即便对比城市也都是经济实力较强的城市，但只要没有顶级的大企业，市值总体水平就也会偏低。

（二）苏州上市公司主要行业的收益率指标

总资产收益率（ROA）和净资产收益率（ROE）可以反映上市公司的盈利能力。同花顺数据库中给出了各上市公司的总资产收益率和净资产收益率，但若直接对各行业上市公

的收益率做算术平均,就无法反映各公司在规模上的差异,尤其是分城市、分行业的统计结果可能会被个别公司、个别年份的极端数字扭曲。因此,本章在计算时,先统计分城市、分行业的2015—2019年总资产、总所有者权益和总净利润,然后按照"ROA＝总净利润/总资产""ROE＝总净利润/总所有者权益"的算法,计算出苏州上市公司分布密集的4个行业的公司总资产收益率、净资产收益率(见表4-14、表4-15)。

表4-14 苏州、对比城市和全国上市公司主要行业五年平均总资产收益率　　单位：%

行业门类	苏州	天津	杭州	南京	成都	武汉	对比城市	全国
金融业	0.90	—	0.80	0.90	1.30	1.60	0.90	1.00
科学研究和技术服务业	1.60	3.00	6.30	5.40	9.90	—	5.20	4.40
信息传输、软件和信息技术服务业	−3.30	14.80	4.20	5.00	−1.20	6.10	4.40	2.10
制造业	2.70	3.40	6.10	2.60	2.70	3.70	4.20	3.90
总计	1.50	4.60	1.70	1.10	1.60	2.70	1.50	1.30

表4-15 苏州、对比城市和全国上市公司主要行业五年平均净资产收益率　　单位：%

行业门类	苏州	天津	杭州	南京	成都	武汉	对比城市	全国
金融业	8.70	—	10.90	11.00	11.40	5.70	10.60	12.10
科学研究和技术服务业	5.70	5.10	9.90	13.70	13.00	—	10.60	8.60
信息传输、软件和信息技术服务业	−5.90	18.30	6.30	8.00	−2.50	10.00	7.10	3.60
制造业	5.30	6.20	11.60	5.20	5.80	7.20	8.20	8.40
总计	6.00	8.10	10.80	9.40	6.80	6.70	9.20	10.40

可以看到,无论是总资产收益率,还是净资产收益率,苏州上市公司主要行业都较为明显地落后于对比城市,也落后于全国。

第三节　苏州上市公司行业结构的问题和改善策略

一、苏州上市公司行业结构存在的问题

(一) 上市公司分布过度集中

如前所述,苏州上市公司在企业数、营业收入和市值各方面,都高度集中于制造业上,其他行业上市公司数较少,集中程度超过了全国平均水平,就赫芬达尔指数看,集中情况与发展水平、阶段相似的城市有较大的差异;2015—2019年,集中趋势不但未见缓解,反而有进一步加强的趋势。这种过度集中一方面不利于苏州其他行业的企业利用资本市场,另一方

面也会使苏州板块股票的价格和形象过多受制于制造业周期。

（二）位于先进行业的上市公司数量上升，但规模有限

2019年苏州先进行业上市公司占全部上市公司的比重，超过了全国和多数对比城市，通过企业在A股（尤其是科创板）的上市，苏州正将更多的资源导入先进行业。但先进行业上市公司更多位于科创板、创业板等非主板板块，导致公司规模相对于全国和对比城市偏低。

（三）上市行业与城市行业基础不匹配

苏州制造业有些行业上市公司营收占行业产值比例很高，有些行业却很低甚至没有，尤其是苏州制造业产值最大的计算机、通信和其他电子设备制造业营收占比偏低。这说明苏州各行业的制造业利用资本市场的能力与其规模不匹配，市场对苏州板块股票的印象也会与苏州本地行业发展状况脱节。当然，出现这一现象也有其客观原因：上市公司需要一定的规模要求，部分行业的公司规模普遍过小，无法上市，有些行业的产能集中度又较高，上市一两家大企业就会带来较高的营收占比，部分行业大量产能系外商投资企业贡献，目前无法在我国证券市场上市。

（四）规模竞争力长期不足，收益竞争力进一步下滑

如前所述，苏州主要上市行业公司的平均市值不但低于对比城市，而且还低于全国平均水平，这表明，苏州各行业上市公司在规模上相对于其他城市缺少竞争力。上市公司的市值规模是上市公司开展业务的信用基础之一，规模较小，会限制苏州上市公司在业务拓展、融资等环节的空间，尤其是不利于一些资产较轻，依靠投资者信心来获取资金的新兴行业发展。在《苏州上市公司发展报告（2018）》中，我们指出，苏州上市公司2014—2018年的总资产、净资产收益率相对于全国和对比城市没有明显优势，未能做到"小而美"，当统计时段平移到2015—2019年时，苏州上市公司主要行业的收益率竞争力已全面落后于全国和对比城市，这一问题亟待关注。

二、苏州上市公司改善行业结构的策略思考

（一）升级城市行业基础

苏州上市公司行业结构的改善主要应通过增量来实现，即增加那些存在不足的行业的上市公司，而非让上市公司数量较多行业的上市公司退出。要通过增量来调整行业结构，就要有符合调整结构目标的城市行业基础：对于要增加上市企业的行业，要有一批达到上市基本要求，分布在各行业尤其是先进行业的备选企业，而要有这批达标企业，每个行业就要有一系列从未达标到正准备达标的企业梯队，以及为这些企业提供生态支持的周边小企业。推动城市行业基础升级转型，是匹配上市公司与城市行业基础、提高上市行业先进程度、实现上市公司行业多元化分布的根本策略。

（二）推动上市公司业务转型

2019年苏州市位于先进行业的上市公司数量比2018年有进一步的增长，但上市公司的总体收益率竞争力却在下降。这说明，新上市公司虽然较为"先进"，却因规模有限，仍然无法抵消苏州大量非先进行业上市公司盈利能力下降而带来的收益率颓势。在战略可行的情况下，推动现有非先进行业上市公司有计划地改变主营业务，进入先进行业，并利用上市壳资源筹集转型资金，是一条较快改进苏州上市公司行业结构和竞争力的思路。

（三）充分利用科创板机遇

2019年科创板的落地，为苏州大量中小型科技初创企业利用资本市场提供了很好的机遇。对达到上市基本要求的企业，政府部门和地区金融机构应协调制定有针对性的上市规划，综合考虑企业实力、苏州产业基础、产业发展需要和上市公司行业结构改善的方向，优先推动那些位于先进行业或行业尚缺少上市标杆的企业上市，并为其他等待上市的企业安排替代性的金融手段，做好未来上市的准备。

（四）灵活选择境外上市

苏州目前有一些创业企业位于先进的行业，具备良好的发展前景，只是因为发展阶段和行业特征导致当前的规模和盈利难以满足A股主板或创业板上市要求。为了让这些企业尽快地获得资本市场的支持，筹集急需的资金，可以为它们提供境外上市的咨询指导建议，助力企业上市，而等到企业运行稳定，达到上市标准时，可以重新回到境内上市。

（五）为企业壮大提供微观激励和多层次金融支持

在苏州上市公司行业竞争力分析中发现，上市公司规模竞争力差既是苏州所有上市公司普遍存在的现象，也是各对比城市（发展阶段类似的"二线城市"）所共同面临的问题。近年来随着我国经济的供给侧改革，"中国制造2025"计划的推进，上市公司竞争力的马太效应正逐步呈现，苏州作为二线城市，资源有限，企业的发展主要还是依靠微观主体的经营，政策引导只能发挥辅助作用；通过进一步完善产权和法治，鼓励企业积极发展壮大，并在风险可控的情况下，建议金融机构适当为苏州本地上市公司提供多层次金融支持，使之能扩大资产规模，更好地与全国其他企业竞争。

需要说明的是，目前针对苏州上市公司行业竞争力改善的建议，基于苏州各行业上市公司竞争力不存在明显分化的前提，在未来应继续监测对比各行业上市公司的竞争力，根据情况变化而制定更有针对性的策略。

本 章 小 结

本章以苏州上市公司所处产业、行业为研究对象，研究了苏州上市公司的产业、行业分布，分析了苏州上市公司的行业集中度、行业先进度、行业代表性和行业竞争力等结构特征，将其与全国整体水平，以及天津、杭州、南京、成都、武汉等五个有可比性的城市做了对比，并对比列举了最近5年来苏州上市公司产业、行业分布和结构的变化情况。

本章发现，苏州大多数上市公司均属第二产业，且最近5年来苏州上市公司的产业分布进一步向第二产业集中；制造业是苏州上市公司最集中的门类，制造业明显密集分布的大类主要是计算机、通信和其他电子设备制造业、电气机械和器材制造业、专用设备制造业。与对比城市相比，苏州上市公司过度集中于制造业，不利于苏州其他行业的企业利用资本市场，并使苏州板块股票的价格和形象波动受制造业周期的影响过大。

本章综合考虑了收益率和市值指标，根据我国所有上市公司最近5年来的实际表现，筛选出22个GICS行业为先进行业，发现近年来随着大量公司新增上市，苏州上市公司位于先进行业的比例稳步提高，占比已超过了全国和对比城市平均水平，但先进企业规模仍然偏小。本章还发现，苏州各制造行业上市公司营收占行业产值之比高低不一，最近5年来制造业上市公司营业收入占制造业产值的比例有明显上升，但上市行业与城市行业基础仍不够

匹配,部分高产值行业上市公司营收占比较低。

可以看到,苏州上市公司主要行业的平均市值低于大多数对比城市和全国总体水平,苏州各行业上市公司规模都相对较小,缺少规模竞争力。苏州上市公司主要行业的收益率竞争力近年来下降明显,已低于全国和大多数对比城市,值得注意。

针对发现的问题,为改善苏州上市公司的行业结构,本章立足于增量改进,提出了包括升级城市行业基础、推动上市公司业务转型、充分利用科创板机遇、灵活选择境外上市,以及为企业壮大提供微观激励和多层次金融支持等五条策略。

第五章

苏州上市公司再融资规模与影响分析

本章将上市公司再融资的范畴界定为：上市公司在首次公开发行股票（IPO）以后，通过证券市场以配股、增发新股、发行可转换债券或发行公司债券等方式，向投资者再次筹集资金的行为。上市公司利用证券市场进行再融资，是其能够快速扩张持续发展的重要动力源泉之一。再融资对于上市公司而言，不仅能够扩大经营规模，还可以加大研发和创新投入，有助于推动企业转型升级；对地方经济而言，再融资能够引进外部投资，带动配套资源向上市公司集中，并且辐射到上下游产业链的众多中小企业，拉动经济的整体转型和升级。本章对苏州上市公司2019年度再融资规模、结构及募集资金应用效果进行分析，对苏州地区上市公司的再融资能力进行横向对比研究，并为提高苏州地区上市公司再融资能力提出相关的对策和建议。

第一节 苏州上市公司再融资规模与结构分析

随着我国资本市场的建设及发展，我国上市公司的再融资规模不断扩大，再融资的方式也日益多样化。在目前我国资本市场持续发展的背景下，苏州地区上市公司的数量不断增加，再融资方式也呈现出多样化的结构。苏州上市公司利用资本市场再融资，增强资金实力，进一步扩大自身的经营规模，积极进行产业转型、升级，增强上市企业的市场活力，积极助推苏州区域经济的发展。

一、我国上市公司再融资现状

我国上市公司再融资的方式可以分为股权融资与债务融资两大类。股权融资的再融资方式主要有增发、配股和发行可转换债券。上市公司向全体社会公众发售股票简称为增发，增发分为定向增发和非定向增发，增发认购股份可以以现金方式认购，也可以以资产方式认购。配股是上市公司向现有股东折价发行股票以筹集资金的行为，我国证监会成立后，配股的政策和规定陆续出台，配股融资需要具备一定的条件。可转换债券是指具有固定面值和一定存续期限的，并且持有人有权在规定期限内按照一定比例将其转换成发行公司普通股票的债务凭证。

上市公司进行债务融资的工具主要有发行企业债和公司债券。我国企业债券的发行程序中，发行企业债券需要经国家发改委审批。公司债券是指上市公司依照法定程序发行、约定在一年以上期限内还本付息的有价证券。公司债券是由证监会监管的中长期直接融资品种，发行公司债券的企业包括股份有限公司和有限责任公司，对发债主体的限制较企业债券宽松,范围较企业债券有所扩大,符合发行公司债券机构的数量远远大于发行企业债券机构的数量。

近些年来我国金融监管部门也积极倡导推行一些新型的债务型再融资工具,满足不同种类上市公司的多样化的再融资需求。创新性再融资工具包括可分离交易可转债、短期融资券、中期票据、集合票据。发行公司为降低债券融资的成本,或增加债券的吸引力,向债券认购者配送公司的认股权证,这种与普通可转债较为相似的金融产品就是可分离交易可转债。短期融资券是指企业依照法定的条件和程序在银行间债券市场发行和交易并约定在一定期限内还本付息的有价证券;中期票据是指期限通常在5~10年之间的票据;集合票据是指2个以上、10个以下具有法人资格的中小企业债务融资工具,集合发行能够解决单个企业独立发行规模小、流动性不足等问题。多样化的再融资体系所包括的再融资方式还有资产证券化,资产证券化是以特定资产组合或特定现金流为支持,发行可交易证券的一种融资形式。根据证券化的基础资产不同,可以将资产证券化分为不动产证券化、应收账款证券化、信贷资产证券化、未来收益证券化、债券组合证券化等类别。近年来,一种新型债务融资工具在银行间债券市场兴起,在银行间债券市场以非公开定向发行方式发行的债务融资工具称为非公开定向债务融资工具(PPN,private placement note),是向特定数量的投资人发行的债务融资工具,并限定在特定投资人范围内流通转让。其发行方式具有灵活性强、发行相对便利、信息披露要求相对简化、适合投资者个性化需求、有限度流通等特点。由于采取非公开方式发行,发行方案灵活,利率、规模、资金用途等条款可由发行人与投资者通过一对一的谈判协商确定。发行非公开定向债务融资工具只需向定向投资人披露信息,无须履行公开披露信息义务。

同花顺数据库的统计如表5-1所示,2019年全年我国A股市场首发上市融资2 532.48亿元,比2018年IPO规模上升了1 154.33亿元;2019年再融资方式中有了公开增发89.05亿元,这是2015年以来公开增发零纪录的突破;2019年定向增发再融资6 749.21亿元,比2018年减少了892.14亿元,2019年全国定向增发规模比2018年下滑了11.68%;2019年配股再融资募集资金168.14亿元,比2018年减少了20.64亿元;2019年发行可转债募集资金2 676.89亿,比2018年增加了1 902.14亿元,增长率高达245.52%;2019年A股市场发行公司债券25 157.03亿元,比2018年增加了8 996.09亿元,增长率达55.67%。2019年我国上市公司再融资结构较2018年发生了较大的变化,2019年定向增发规模在2016年高峰期后持续下降,而2019年可转换债券发行规模及公司债券发行规模有大幅度上升,产生这个变化的主要原因是证监会发布的再融资政策变化的影响。

表 5-1 我国 A 股市场近年来主要融资方式的规模状况　　　　　单位:亿元

年　份	IPO	公开增发	定向增发	配　股	可转债	公司债
2015	1 694.93	0	12 469.98	157.62	98.00	5 886.36
2016	1 496.08	0	17 211.92	175.94	212.52	14 898.79
2017	2 301.09	0	12 575.98	202.50	945.26	10 618.64
2018	1 378.15	0	7 641.35	188.78	774.75	16 160.94
2019	2 532.48	89.50	6 749.21	168.14	2 676.89	25 157.03

二、近年来我国再融资政策的变化

我国上市公司的再融资方式及结构受到监管部门相关政策的影响,证券监管部门依据以往上市公司再融资行为的表现及影响、市场情况的变化,不断对再融资政策进行调整、修正以适应市场的变化。

证监会2006年4月颁布的《上市公司证券发行管理办法》与2007年9月颁布的《上市公司非公开发行股票实施细则》、2014年颁布的《创业板上市公司证券发行管理暂行办法》,一起构成了我国上市公司的再融资制度体系的基本内容。这套再融资制度体系的最大特色是引入了非公开发行制度,而且对上市公司非公开发行(定向增发),除了基本的合法合规经营外,几乎不设置任何实质性的财务条件(创业板有最近两年盈利的要求)。由于发行条件宽松、定价灵活,定向增发受到了不少上市公司的青睐。这套再融资制度体系建立以后,再融资在上市公司整体融资方式中的比重就不断提高,前些年我国A股市场的再融资结构中还是定向增发一家独大,2016年再融资规模创下历史之最,其中定向增发规模高达1.72万亿。但是部分上市公司跨界融资、频繁融资,融资规模远超实际需要量,影响了资本市场资金配置的效率。此外,大量定向增发股份解禁后,股东和机构的大规模减持也成为市场的"失血点"。因此,规范再融资行为、优化再融资结构势在必行。

2017年2月17日,证监会对《上市公司非公开发行股票实施细则》部分条文进行了修订,此次证监会对《上市公司非公开发行股票实施细则》的修订,直指定向增发过度融资、高折价利益输送以及再融资品种结构失衡,主要目的在于重构融资格局,包括再融资不同方式之间、首发和再融资之间,以期达到在满足上市公司正当合理的融资需求前提下,优化融资结构、服务供给侧改革、引导资金流向实体经济最需要的地方。2017年再融资新政出台后,对上市公司的再融资带来的影响主要有以下三个方面的内容:一是上市公司申请非公开发行股票的,拟发行的股份数量不得超过本次发行前总股本的20%;二是上市公司申请增发、配股、非公开发行股票的,本次发行董事会决议日距离前次募集资金到位日原则上不得少于18个月(前次募集资金包括首发、增发、配股、非公开发行股票),但对于发行可转债、优先股和创业板小额快速融资的,不受此期限限制;三是上市公司申请再融资时,除金融类企业外,原则上最近一期末不得存在持有金额较大、期限较长的交易性金融资产和可供出售的金融资产、借予他人款项、委托理财等财务性投资情形。

2017年5月,证监会发布了《上市公司股东、董监高减持股份的若干规定》(以下简称"减持新规"),减持新规在减持数量、减持方式以及信息披露等方面对上市公司股东的减持股份行为作出了较为严格的要求,沪深交易所也同步出台了相关减持实施细则,意在封堵减持制度漏洞,维护市场秩序。

2017年再融资新政以及减持新规一方面对上市公司的再融资行为进行限时、限价和限量的规定,增加了上市公司定向增发的难度,促使上市公司转向发行可转债、公司债等再融资方式;另一方面使得资金提供方的资金成本和风险增加,降低了市场的流动性。2017—2019年全年上市公司定向增发的规模从2016年年度定向增发的高峰规模开始回落,2017年开始上市公司可转债的发行规模及公司债券的发行规模显著增加,从而改变了定向增发在再融资结构中一家独大的局面,债务融资比重明显上升,优化再融资结构的效果明显。再融资结构的优化,不仅为上市公司再融资渠道和结构带来了积极变化,也从多个维度引导投资者关注价值投资而非短期逐利,明确募集资金用于实处,有助于营造健康的投融资市场,真正实现资金"脱虚向实"。但同时再融资新政和减持新规也给上市公司的经营带来了巨大的压力,上市公司为缓解日益绷紧的资金链,不断地进行股权质押,在经济下行压力加大和市场环境恶化的双重压力下,很多上市公司出现了股权质押风险。

为进一步缓解上市公司的流动性风险,2018年11月,证监会修订发布《发行监管问答——关于引导规范上市公司融资行为的监管要求》(以下简称《监管问答》),明确通过配股、发行优先股或董事会确定发行对象的非公开发行股票方式募集资金的,可以将募集资金全部用于补充流动资金和偿还债务。并且允许前次募集资金基本使用完毕或募集资金投向未发生变更且按计划投入的上市公司,申请增发、配股、非公开发行股票不受18个月融资间隔限制,但相应间隔原则上不得少于6个月。此次修订在严格控制上市公司定增再融资规模的基础上,放宽了上市公司两类再融资资金使用范围。此次政策修订标志着再融资政策有所放松,以扶持实体经济为重点导向,意在引导上市公司聚焦主业、理性融资、合理确定融资规模、提高募集资金使用效率,防止将募集资金变相用于财务性投资。

2019年7月5日,证监会发布了《再融资业务若干问题解答》,共针对涉及再融资具有共性的法律问题与财务会计问题修订了30条解答,涵盖同业竞争、关联交易、公开承诺、重大违法行为核查、发行人涉诉事项、对外担保、募集资金用途、募投项目实施方式、非公开发行认购资金来源、股东大会决议有效期、大比例质押、土地问题及相关信息披露等。本次的问题解答定位于相关法律法规规则准则在再融资审核业务中的具体理解、适用和专业指引,主要涉及再融资具有共性的法律问题与财务会计问题,以供各再融资申请人和相关中介机构对照使用。

为深化金融供给侧结构性改革,增强金融服务实体经济的能力,证监会于2019年11月8日发布了《上市公司证券发行管理办法》《创业板上市公司证券发行管理暂行办法》《上市公司非公开发行股票实施细则》等再融资规则进行修订的征求意见稿,拟修改精简再融资发行条件、优化非公开制度安排和延长批文有效期等规则,全面松绑主板、中小板和创业板的再融资要求。此次征求意见稿的修订内容,一方面有利于降低再融资门槛,满足上市公司合理的再融资需求;另一方面有利于提高再融资对资本的吸引力,增加市场资金供给。

2020年2月14日证监会发布《关于修改〈上市公司证券发行管理办法〉的决定》《关于修改〈创业板上市公司证券发行管理暂行办法〉的决定》《关于修改〈上市公司非公开发行股票实施细则〉的决定》(以下简称"2020年再融资规则"),修改后的再融资规则自发布之日起施行。为进一步支持上市公司做优做强,回应市场关切,证监会同步对《发行监管问答——关于引导规范上市公司融资行为的监管要求》进行修订,适度放宽非公开发行股票融资规模限制。2020年再融资规则松绑之后的效应,将会在2020年度的市场融资情况中体现。

三、苏州上市公司再融资规模与结构统计

本章从同花顺数据库查询苏州上市公司的再融资情况,苏州地区上市公司2015—2019年再融资的总体情况统计(见表5-2和表5-3)。

表 5-2 2015—2019 年苏州上市公司再融资笔数及规模

年 份	苏州 A 股上市公司数量（家）	再融资公司（家）	再融资笔数（笔）	再融资总规模（亿元）
2015	77	21	28	402.93
2016	90	25	31	545.03
2017	104	18	23	443.77
2018	107	21	25	932.23
2019	120	16	17	230.21

说明：同一家上市公司在同一年度内以同一种方式多次再融资，合并为一笔再融资统计。

表 5-3 2015—2019 年苏州上市公司再融资规模及结构汇总表   单位：亿元

	2015 年	2016 年	2017 年	2018 年	2019 年
增 发	129.13	398.61	213.87	701.82	5.19
配 股	0	0	0	0	4.94
可转债	0	5.1	0	90.1	48.08
公司债	163	26	126.80	71	43
企业债	0	0	0	0	0
可分离可转债	0	0	0	0	0
中期票据	25	0	54.00	14.3	0
短期融资券	76	67	44.00	27	109
集合票据	0	0	0	0	0
资产支持证券	9.8	48.32	5.10	28.01	0
非公开定向债务融资工具	0	0	0	0	20
合 计	402.93	545.03	443.77	932.23	230.21

2019 年苏州上市公司再融资具体情况见表 5-4。

表 5-4 2019 年苏州上市公司 17 笔再融资具体情况

上市公司名称	再融资方式	再融资金额（亿元）	募集资金去向
凯伦股份	配股	4.94	黄冈防水卷材生产基地项目（一期）、补充流动资金
常铝股份	定向增发	1.08	购买泰安鼎鑫冷却器有限公司 60％的股权、支付本次交易涉及的税费及中介费用、支付本次交易的现金对价、标的公司新能源汽车及国 VI 发动机高性能换热技术与热系统科技项目
赛腾股份	定向增发	1.61	购买苏州菱欧自动化科技、上市公司补充流动资金及偿还银行贷款股份有限公司的部分股权、本次交易的现金对价、重组相关费用

(续表)

上市公司名称	再融资方式	再融资金额（亿元）	募集资金去向
华源控股	定向增发	0.47	支付中介机构费用、支付本次重组的现金对价
建研院	定向增发	2.03	购买上海中测行工程检测咨询有限公司部分股权
电科院	一般公司债	3.00	用于补充流动资金
东方盛虹	非公开发行公司债券	10.00	绿色产业项目"盛虹炼化一体化项目"
东华能源	短期融资券	6.00	全部用于归还发行人本部及子公司银行借款
东吴证券	短期融资券	103	补充流动资金
东吴证券	公司债	30	在上海证券交易所公开发行"19东吴债"，补充公司营运资金，偿还公司有息债务，进一步优化负债结构和改善财务结构[注]
中来股份	可转债	10.00	高效电池关键技术研发项目、N型双面高效电池配套2 GW组件项目、年产1.50 GW N型单晶双面TOPCon电池项目
晶瑞股份	可转债	1.85	补充流动资金、新建年产8.70万吨光电显示、半导体用新材料项目
新莱应材	可转债	2.80	应用于半导体行业超高洁净管阀件生产线技改项目
亨通光电	可转债	17.33	补充流动资金、新一代光纤预制棒扩能改造项目
永鼎股份	可转债	9.80	年产600吨光纤预制棒项目、年产1000万芯公里光纤项目
德尔未来	可转债	6.30	补充流动资金、智能成套家具信息化系统及研发中心项目、年产智能成套家具8万套项目、3D打印定制地板研发中心项目
苏州高新	非公开定向债务融资工具	20.00	募集资金去向无公开信息披露

说明：此数据及募集资金去向源自东吴证券2019年年报。

四、苏州上市公司2019年再融资状况分析

根据表5-2、表5-3和表5-4的内容，对苏州上市公司2019年再融资的总体状况作如下具体分析。

（一）再融资规模有大幅度的下降

2019年苏州120家上市公司中有16家公司有再融资行为，有再融资行为的上市公司占比是13.33%。2019年苏州上市公司的再融资所筹集的资金规模比2018年再融资所筹集的资金规模下降了702.02亿元，下降幅度达75.31%。主要原因是定向增发规模急剧下滑，2019年采用定向增发的苏州上市公司只有4家，合计定向增发募集资金总额为5.19亿元，比2018年定向增发下降了696.63亿元，下降幅度高达99.26%，下降幅度远超出2019年全国市场定向增发规模下降幅度11.68%的水平。作为替代定向增发的股权融资方式——可转换债券，全国市场2019年发行可转债规模增长率高达245.52%，而苏州地区上市公司

2019年可转债发行规模只有48.08亿,甚至比2018年可转债发行规模还下降了46.64%。导致再融资规模大幅下降的其他原因是再融资种类的减少,相比2018年,2019年苏州上市公司没有继续采用中期票据和资产支持证券这两种再融资形式。

(二)再融资结构有较明显的变化

2015年以来苏州地区上市公司首次有了配股这种股权融资方式,凯伦股份以配股方式募集资金4.94亿元用于生产性项目建设和补充流动资金。受2017年再融资新政及减持新规的持续性影响,苏州地区定向增发规模下滑明显,可转债的发行成为股权融资的主要形式。债务融资的形式表现为公司债券、短期融资券和一种新型的债务融资形式——非公开定向债务融资工具,苏州高新分两期在银行间债券市场发行非公开定向债务融资工具,累计募集资金20亿元。

(三)股权融资的比重大幅下降

2019年苏州地区上市公司股权融资中的增发比重较2018年有了显著的下降,2019年可转债的发行规模没有替代性地增长,反而也出现了下滑,导致股权融资在2019年全年再融资总规模占比从2018年的84.95%下滑到了25.29%。2019年短期融资券的发行规模有所上升,再加上公司债券及非公开定向债务融资工具的发行规模,苏州上市公司2019年债务融资占比是74.71%,达到了近5年来的债务融资占比的最高水平。2019年债务融资占比显著增长的主要原因主要是定增发行受2017年再融资政策的持续性影响明显,2018年年底的再融资政策的适度放松在苏州地区效果不明显,2019年11月8日证监会发布的再融资政策修订的公开征求意见稿在2019年度还不能发挥作用,因此2019年定增市场还是受证监会原有再融资政策条件的限制(见表5-5)。

表5-5 2015—2019年苏州上市公司股权融资与债务融资占比   单位:%

	2015年	2016年	2017年	2018年	2019年
股权融资	32.05	74.07	48.19	84.95	25.29
债务融资	67.95	25.93	51.81	15.05	74.71

(四)再融资募集资金去向主要用于主营业务的项目投资

2019年苏州上市公司的17笔再融资中,除去东吴证券和苏州高新的3笔再融资,其余14笔再融资都是由制造业类上市公司募集资金,募集资金去向绝大部分用于新建项目投资或用于技术改造项目,说明再融资募集资金用途主要用于上市企业主营业务,这与监管部门对再融资资金的规范性引导用于主业经营保持一致,对于上市企业的可持续发展及支持苏州地区实体经济的发展大有裨益。

第二节 苏州上市公司再融资能力及再融资影响分析

一般认为,影响上市公司再融资能力的因素主要有盈利能力、资本运作能力、总体获利能力、资本规模、资本结构、成长能力、公司背景、收益波动率等。

一、再融资能力状况

上市公司利用资本市场的再融资功能,可以推进上市公司快速发展、做优做强,提升上市公司质量和核心竞争力。本文提出再融资能力概念,来代表上市公司利用资本市场平台综合开展股票融资、债券融资的水平。具体而言,再融资能力的衡量用如下公式所示:

$$再融资能力=股票融资强度+债券融资强度$$

其中,股票融资强度为苏州上市公司当年发行股票与增发融资额与净资产的比例;债券融资强度为苏州上市公司当年发行债券融资额与总资产的比例。根据上述定义,2019年16家苏州上市公司的再融资能力计算结果如表5-6所示。

表5-6 2019年苏州上市公司再融资能力 单位:%

公司简称	股票融资强度	债券融资强度	再融资能力	行业
凯伦股份	46.81	—	46.81	建筑材料
常铝股份	3.51	—	3.51	有色金属
赛腾股份	15.90	—	15.90	设备制造
华源控股	3.51	—	3.51	轻工制造
建研院	40.58	—	40.58	科研技术
电科院	—	8.37	8.37	电力
东方盛虹	—	4.83	4.83	化学纤维制造
东华能源	—	5.72	5.72	建筑材料
东吴证券	—	13.83	13.83	非银金融
中来股份	—	18.25	18.25	电气设备
晶瑞股份	—	18.96	18.96	化工
新莱应材	—	15.47	15.47	机械设备
亨通光电	—	7.22	7.22	通信
永鼎股份	—	20.57	20.57	通信
德尔未来	—	19.13	19.13	轻工制造
苏州高新	—	10.36	10.36	房地产

将表5-6中苏州发生再融资行为的上市公司,按照定义的再融资能力进行归类和排序,凯伦股份和建研院股票融资强度较高,其他采用债务融资方式的公司其债券融资强度最高的是永鼎股份,从总体上看,以上有再融资行为的苏州上市公司再融资能力一般。

二、再融资横向比较

将表5-3中苏州上市公司的再融资规模与表5-7、表5-8中的同期上海、深圳地区的上市公司的再融资规模进行对比,2019年上海地区上市公司再融资规模较2018年明显下降,再融资募集的资金规模为4 434.81亿元,是苏州上市公司2019年再融资规模的19.26倍。2019年深圳地区上市公司再融资规模较2018年大幅上升,再融资募集的资金规模为5 863.45亿元,是苏州上市公司2019年再融资规模的25.47倍。值得关注的是,与苏州地区

2019年度增发规模大幅下降相比,上海地区2019年增发规模较2018年只是略有下降,深圳地区2019年增发规模较2018年还有所上升。同时期数据的比较说明,深圳地区上市公司受再融资政策的影响较小,保持了持续、稳定的再融资能力。从再融资结构状况看,2019年苏州上市公司再融资总额中股权融资占比是25.29%,而同期上海地区上市公司再融资总额中股权融资占比是25.20%,深圳地区上市公司再融资总额中股权融资占比是10.41%。特别值得关注的是,在全国市场增发规模下降的形势下,深圳地区上市公司的增发规模却是上升的,而且债务融资规模也在上升,2019年深圳地区上市公司再融资总规模超过同期上海地区上市公司再融资总规模,说明深圳地区上市公司再融资能力很强。

表5-7 2015—2019年上海市上市公司再融资规模及结构　　　　　　　　单位:亿元

年　　度	2015	2016	2017	2018	2019
增　发	217.73	1 204.54	669.53	556.71	531.24
配　股	0	0	0	0	0
可转债	20	0	150.33	2	586.18
公司债	1 081.1	532.93	80.8	1 358.43	365.25
企业债	0	0	0	50	0
可分离可转债	0	0	0	0	0
中期票据	139.2	172.2	81.8	725.5	372
短期融资券	1 335.57	1 675.25	499	2 724.3	2 403
集合票据	0	0	0	0	0
资产支持证券	0	0	0	0	155.14
非公开定向债务融资工具(PPN)	0	0	0	0	22
合　计	2 793.6	3 584.92	1 481.46	5 416.94	4 434.81

表5-8 2015—2019年深圳市上市公司再融资规模及结构　　　　　　　　单位:亿元

年　　度	2015	2016	2017	2018	2019
增　发	381.83	828.39	962.51	460.271 9	502.15
配　股	0	0	0	25.566 1	0
可转债	0	12	19	61.474 3	108.27
公司债	1 539.4	183.5	241.4	540.77	346.38
企业债	0	10	0	20	43
可分离可转债	0	0	0	0	0
中期票据	327	193	100	256	111
短期融资券	1 055	495.6	228	1 236	2 913.5

(续表)

年　　度	2015	2016	2017	2018	2019
集合票据	0	0	0	0	0
资产支持证券	224.21	266.35	588.21	1 066.394 7	1 839.15
非公开定向债务融资工具(PPN)	0	0	0	0	0
合　　计	3 527.44	1 988.84	2 139.12	3 666.477	5 863.45

通过与同期沪深地区上市公司再融资情况的横向比较发现，苏州上市公司再融资规模仍偏小，再融资方式多样化程度还不高。相比上海、深圳地区，2019年苏州上市公司再融资规模及结构较往年变化更大，说明其再融资受政策面影响的程度更明显。

三、再融资的影响分析

上市公司再融资行为对上市公司经营行为产生直接的影响，从经营规模及经营绩效方面可以看出再融资募集资金运用的效果，上市公司再融资行为对市场方面也有相关影响。本文以上市公司为研究对象，上市公司再融资行为的影响主要以上市公司的经营规模及盈利指标的变化来体现。本文选取了资产规模、营业收入、利润总额三个反映经营规模的指标，选取了净资产收益率(ROE)、总资产收益率(ROA)和投入资本收益率(ROIC)三个盈利性指标，将2019年的指标与2018年的相应指标对比，考察苏州市2019年有再融资行为的上市公司在再融资前后其经营规模及盈利性的变化情况。

（一）再融资对苏州上市公司经营规模的影响

如表5-9和图5-1所示，2019年有再融资行为的苏州上市公司，其2019年平均资产规模、平均营业收入较2018年度水平有所上升，而平均利润总额则比2018年度水平略有下降，具体而言，平均资产规模增加了20.47%，平均营业收入增加了5.41%，平均利润总额下降了1.69%。从平均值来分析，有再融资行为的上市公司的平均资产规模与平均营业收入有了显著的增长。从每一家上市公司的经营规模变化情况看，2019年有再融资行为的上市公司的经营规模绝大多数较2018年有不同程度的增长，但从利润总额来看，2019年度利润总额比2018年度利润下降的公司的下降幅度较小。

表5-9　2019年苏州再融资上市公司的经营规模指标年度对比　　　　单位：亿元

上市公司	资产规模		营业收入		利润总额	
	2018年	2019年	2018年	2019年	2018年	2019年
凯伦股份	9.22	20.00	6.19	11.65	0.75	1.58
常铝股份	52.34	51.94	41.38	43.31	0.00	0.00
赛腾股份	12.77	17.52	9.04	12.06	0.00	0.00
华源控股	20.58	20.75	13.84	16.66	0.69	0.82
建研院	10.35	6.79	4.95	6.11	0.78	0.95

(续表)

上市公司	资产规模		营业收入		利润总额	
	2018年	2019年	2018年	2019年	2018年	2019年
电科院	36.33	35.83	7.09	8.06	1.44	1.89
东方盛虹	169.82	206.85	184.40	248.88	11.11	19.06
东华能源	107.21	104.88	489.43	461.88	13.81	14.40
东吴证券	676.75	829.64	41.62	51.30	3.76	13.34
中来股份	38.46	54.80	26.92	34.78	1.57	3.49
晶瑞股份	8.21	9.76	8.11	7.56	0.68	0.46
新莱应材	13.62	18.10	11.75	13.87	0.38	0.68
亨通光电	193.51	240.10	338.66	317.60	30.43	15.93
永鼎股份	40.58	47.64	32.21	33.71	2.53	0.76
德尔未来	25.10	32.94	17.68	17.98	1.60	1.21
苏州高新	154.60	193.13	72.82	91.38	15.46	9.02
平均值	98.09	118.17	81.63	86.05	5.31	5.22

图5-1　2019年苏州再融资上市公司的经营规模指标年度对比(单位：亿元)

总体而言,通过各种方式的再融资,苏州上市公司的资金实力得以壮大,经营规模也得以增长。

(二) 再融资对苏州上市公司盈利性的影响

2019年苏州市再融资上市公司的主要盈利性指标如表5-10和图5-2所示。由图5-2中可见,2019年15家上市公司(不包括东吴证券)的ROE、ROA与ROIC比2018年度水平均有所下降,具体下降情况为：ROE下降了0.16个百分点,ROA下降了0.09个百分点,ROIC下降了0.85个百分点。可见,从平均值来分析,通过再融资增强了苏州上市公司的经营实力,但在2019年经济形势不甚理想的环境下,以ROA、ROE和ROIC衡量的上市公司的平均盈利水平的指标都有所下滑。从单个公司的数据看,上市公司的盈利状况出现分化,不同行业的盈利变化差异化较大,常铝股份从 2018 年的亏损到 2019 年的略有盈利,中来股份的盈利有较明显的增长,亨通光电和永鼎股份则表现为盈利下降明显。

表 5-10 2019 年苏州再融资上市公司的盈利性指标对比

上市公司	ROE(%)		ROA(%)		ROIC(%)	
	2018 年	2019 年	2018 年	2019 年	2018 年	2019 年
凯伦股份	15.98	18.16	7.06	6.77	10.84	9.83
常铝股份	−13.91	0.74	−8.23	0.58	−7.67	0.41
赛腾股份	17.58	13.95	9.49	7.37	13.30	9.50
华源控股	4.39	4.55	2.62	3.29	3.34	3.22
建研院	9.62	9.59	6.11	12.30	9.61	9.50
电科院	6.37	8.04	3.54	4.67	3.70	4.90
东方盛虹	10.24	11.97	4.99	7.79	7.31	6.91
东华能源	13.47	12.46	10.07	10.55	4.95	4.40
中来股份	4.93	9.16	3.40	4.77	2.69	4.45
晶瑞股份	10.52	5.83	6.92	3.91	6.56	3.40
新莱应材	5.52	8.05	2.81	3.43	3.18	3.76
亨通光电	22.24	10.44	13.68	5.58	9.94	4.43
永鼎股份	7.14	0.79	6.03	1.68	5.51	0.52
德尔未来	6.48	4.55	4.23	2.09	6.35	3.81
苏州高新	7.67	3.96	6.95	2.78	3.91	1.74
平均值	8.12	7.96	5.01	4.92	5.57	4.72

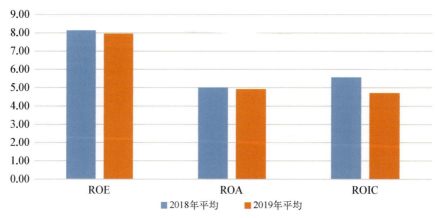

图 5-2 2019 年苏州再融资上市公司的盈利性指标年度对比(单位:%)

表 5-10 中的平均值是除东吴证券外的 2019 年苏州市 15 家有再融资行为的上市公司的盈利性指标的平均值,作为非银金融类公司,东吴证券的盈利性指标和制造业类上市公司的盈利性指标没有可比性。东吴证券 2019 年年报中的财务数据显示,2019 年基本每股净收

益为0.35元,较2018年的基本每股净收益0.12元增加了191.67%;2019年加权平均净资产收益率为5.07%,较2018年的加权平均净资产收益率1.75%增加了3.32个百分点。可见,东吴证券在2019年盈利能力显著地提升。

总体而言,通过各种方式的再融资,苏州上市公司的资金实力得以壮大,经营规模也得以增长,但受到政策性因素及市场、行业因素的影响,盈利能力有所下滑,制造业类上市公司的再融资资金的利用效率需要进一步提升。

第三节 苏州上市公司再融资存在的问题及对策研究

一、苏州上市公司再融资中存在的问题

从以上对苏州上市公司2019年的再融资状况、再融资能力及再融资影响的分析,可以看出苏州上市公司再融资中存在以下问题。

(一) 受再融资政策影响明显,定向增发规模大幅下滑

2019年苏州上市公司的再融资所筹集的资金总规模比2018年下降了75.31%,2019年苏州上市公司定向增发规模是5.19亿元,占2019年再融资总规模的2.25%。相比往年,2016年苏州上市公司定向增发规模398.61亿元,占当年再融资总规模的73.14%;2018年苏州上市公司定向增发规模701.82亿元,占当年再融资总规模的75.28%。苏州板块的上市公司较多是在中小板、创业板上市的民营企业,行业类型以制造业为主。2017年再融资新政和减持新规对中小市值的上市公司定向增发影响更突出,其他替代性的再融资方式没有相应的增长,再由于2019年市场因素的影响,可以说明苏州上市公司2019年定向增发规模急剧下降的原因,进而导致苏州上市公司2019年再融资总规模大幅下降。

(二) 再融资结构不稳定

从表5-5可以看出,近5年苏州上市公司的再融资结构很不稳定,定向增发规模较高的年份,股权融资占比就较高。2019年由于定向增发规模下降,股权融资占比从2018年的84.95%下降到2019年的25.29%,2019年的债务融资的占比达到5年来的最高值74.71%。根据上文的分析,可以看出2019年债务融资占比的大幅提升,不是上市公司主动调整再融资结构的结果,而是受政策性因素影响形成的。

(三) 再融资资金的利用效率有待进一步提高

2019年苏州地区有再融资行为的上市公司其经营规模都有所扩大,但以ROE、ROA和ROIC衡量的制造业类上市公司的平均盈利水平都有所下滑。从单个上市公司的盈利性指标年度对比来看,有数家公司的ROE、ROA和ROIC三项指标有明显下降。非公开发行募集资金投资所建设项目的经济效益需要一定的时间才能释放,项目实施过程中,经济周期、行业竞争、市场需求等因素均可能对上市公司产生不利的影响。股权融资后会导致一些公司的净资产收益率和每股收益在短期内存在被摊薄的风险,盈利的改善也有一个逐步提升的过程。苏州地区2019年再融资公司的平均盈利性指标状况不理想,固然受行业因素、宏观政策变化等方面的影响,再融资资金利用效率的不理想也与投资项目种类的决策、投资时机的选择、投资项目管理水平有一定的关系。

二、提升苏州上市公司再融资能力的对策

本文从上市公司及监管层面探讨推动改善再融资能力及提升再融资资金运用效率的相关对策，以促进苏州地区上市公司通过再融资方式可持续、健康地发展。

（一）上市公司要加强对再融资政策的解读能力

近年来我国证券市场的再融资政策随着经济、市场状况和上市企业的行为调整较为频繁，上市公司要及时加强对新的再融资政策的解读能力，充分领悟监管部门政策的指导思想，掌握适用于本公司的再融资条件的具体要求，研究监管部门对再融资项目的审核要点，从而积极充分地做好再融资项目的预案，有利于提高再融资项目发行成功率，提升再融资项目募集资金满额率。

从再融资规则的修改和制定的总体思路来看，主板、创业板均贯彻大力推动上市公司提高质量、落实以信息披露为核心的注册制理念、努力提高上市公司融资效率三个原则。此次再融资制度部分条款调整的内容主要包括以下三点。

一是精简发行条件，拓宽创业板再融资服务覆盖面。取消创业板公开发行证券最近一期末资产负债率高于45%的条件；取消创业板非公开发行股票连续2年盈利的条件；将创业板前次募集资金基本使用完毕，且使用进度和效果与披露情况基本一致由发行条件调整为信息披露要求。

二是优化非公开制度安排，支持上市公司引入战略投资者。上市公司董事会决议提前确定全部发行对象且为战略投资者等的，定价基准日可以为关于本次非公开发行股票的董事会决议公告日、股东大会决议公告日或者发行期首日；调整非公开发行股票定价和锁定机制，将发行价格由不得低于定价基准日前20个交易日公司股票均价的9折改为8折；将锁定期由36个月和12个月分别缩短至18个月和6个月，且不适用减持规则的相关限制；将主板（中小板）、创业板非公开发行股票发行对象数量由分别不超过10名和5名，统一调整为不超过35名。

三是适当延长批文有效期，方便上市公司选择发行窗口。将再融资批文有效期从6个月延长至12个月。

2020年2月14日证监会同步发布修订的《发行监管问答——关于引导规范上市公司融资行为的监管要求》，对如何规范和引导上市公司理性融资有了更明确的回应。为规范和引导上市公司聚焦主业、理性融资、合理确定融资规模、提高募集资金使用效率，防止将募集资金变相用于财务性投资，再融资审核按以下要求把握：一是上市公司应综合考虑现有货币资金、资产负债结构、经营规模及变动趋势、未来流动资金需求，合理确定募集资金中用于补充流动资金和偿还债务的规模。通过配股、发行优先股或董事会确定发行对象的非公开发行股票方式募集资金的，可以将募集资金全部用于补充流动资金和偿还债务。通过其他方式募集资金的，用于补充流动资金和偿还债务的比例不得超过募集资金总额的30%；对于具有轻资产、高研发投入特点的企业，补充流动资金和偿还债务超过上述比例的，应充分论证其合理性。二是上市公司申请非公开发行股票的，拟发行的股份数量原则上不得超过本次发行前总股本的30%。三是上市公司申请增发、配股、非公开发行股票的，本次发行董事会决议日距离前次募集资金到位日原则上不得少于18个月。前次募集资金基本使用完毕或募集资金投向未发生变更且按计划投入的，可不受上述限制，但相应间隔原则上不得少于6

个月。前次募集资金包括首发、增发、配股、非公开发行股票。上市公司发行可转债、优先股和创业板小额快速融资,不适用本条规定。四是上市公司申请再融资时,除金融类企业外,原则上最近一期末不得存在持有金额较大、期限较长的交易性金融资产和可供出售的金融资产、借予他人款项、委托理财等财务性投资的情形。

2020年再融资规则修订后,证监会将不断完善上市公司日常监管体系,严把上市公司再融资发行条件,加强上市公司信息披露要求,强化再融资募集资金使用现场检查,加强对"明股实债"等违法违规行为的监管。证监会还予以特别说明的情况有,2020年开始实施的新《证券法》规定证券发行实施注册制,并授权国务院对注册制的具体范围、实施步骤进行规定。预计创业板尤其是主板(中小板)实施注册制尚需一定的时间,新《证券法》施行后,这些板块仍将在一段时间内继续实施核准制,核准制和注册制并行与新《证券法》的相关规定并不矛盾。

(二)多渠道、多样化再融资,优化上市公司再融资结构

我国上市公司有着股权融资的偏好,但在成熟的证券市场中,股权融资并非最佳的融资方式,债务融资不仅具有抵税作用,而且还具有财务杠杆效应,能够减少由于所有权和经营权分离而产生的代理成本。因此,一方面应通过完善相关的法律法规体系,扩大企业债券或公司债券的发行规模,减少对债券市场运行的不必要的行政干预,多方面来促进债券市场的发展和完善。另一方面上市公司要摒弃股权融资偏好,积极尝试创新型再融资方式。上市公司方面应当在基于合理融资需求的基础上,根据本公司的特点,如与市场的信息不对称程度、股权结构、盈利能力、资本结构等,结合资本市场现状,选择最适合本公司的再融资方式,形成合理的再融资结构。

对于经营业绩良好,具备再融资条件的上市公司,控股股东和高管应该摸清不同再融资方式的条件及利弊,面对定增政策的严格和定增市场的萎缩,配股和可转债等融资方式均是监管部门的鼓励品种,且审核周期短于定增。同时,不局限于股权融资,充分利用证监会鼓励债务融资的政策,勇于尝试可分离交易的可转换公司债券、中期票据等方式,使得再融资方式多样化,也有利于提高再融资成功率。

(三)针对再融资资金后续使用情况,建立再融资资金追踪体系

对企业募集资金的后续使用进行追踪考核,加强监管力度,这在一定程度上可以遏制随意变更募集资金投向及滥用募集资金的行为,提高再融资资金的使用效率。首先,完善募集资金使用情况的信息披露,保证募集资金相关信息披露的及时性和真实性,以加强对募集资金使用的监督,确保募集资金专款专用。其次,建立募集资金使用的跟踪评价制度,包括项目进度、投资收益、资金投向等情况的跟踪评价,将评价结果作为融资资格的条件之一,以约束企业长远的融资行为。最后,对存在违法违规行为的企业作出明确的处罚规定,如若频繁或随意变更募集资金投向,则可延长再融资时间间隔;若再融资后的投资回报率明显低于同期市场利率,则暂停或一定程度地限制其融资资格;若存在其他违法行为,则追究其法律责任;等等。加大违约成本,以规范再融资行为。

(四)保持上市公司的持续盈利能力是提升再融资能力的基础

2020年再融资新政实施后,随着再融资难度降低、解禁锁定期变短,"炒小炒新炒垃圾"的时代将一去不返,而真正有业绩支撑的优质公司将受到资金追捧。上市公司保持持续的盈利能力是提升再融资能力的基础。对于中小型上市公司应该把主营业务做大、做出特色,形成明显的行业竞争优势,保持主营业务收入的稳定增长,要合理控制公司的增长规模,谨慎采用多元化战略。对于产业前景不佳、资产质量不高、经营业绩较差的中小企业板上市公司,可以通过并购、重组恢复再融资功能。对于有并购风险的上市公司,建议首先考虑在苏州地区内整合资源,在并购重组中要注意保护好本地区的"壳资源",引导一些本地区发展良好的新兴企业与本地区经营困难的中小企业板上市公司并购重组。

(五)强化上市公司治理机制的作用,规范控股股东行为

我国上市公司控股股东、实际控制人侵占上市公司利益,损害上市公司中小股东利益的相关事件时有发生。上市公司应遵循《上市公司治理准则》,披露其控股股东或实际控制人的详细资料,强化公司治理机制的作用,进一步规范控股股东行为,增强上市公司的独立性;促进独立董事、监事会等监督机制发挥更大作用,进一步提高"三会"和各专业委员会规范运作水平;积极稳妥推动股权激励试点,探索有效的上市公司激励约束机制;强化内控执行力,进一步提高内控水平;改善公司治理的外部环境,引导投资者积极参与上市公司治理;积极探索公司治理差异化模式,苏州地区各上市公司可根据控制权特征、规模大小、经营范围、行业特点等不同情况,建立符合自身特点的治理机制。充分发挥内部公司治理结构的权力制衡、科学决策的作用,充分发挥公司治理机制的积极作用,充分保护上市公司、全体股东及债权人的利益,有利于提升公司内在价值,提高对投资人的吸引力。

(六)进一步提升上市公司信息披露质量

信息披露制度是证券资本市场的"灵魂",完善的信息披露制度有利于投资者减少冗余信息的干扰。新《证券法》时代,发行人或上市公司的信息披露需要从"形式规范"逐步转向"实质有效",这是保证注册制顺利实施的前提。作为推行证券发行注册制的重要保障措施之一——信息披露,从原《证券法》的一节内容升级为新《证券法》的专章规定,《证券法》的此次修订凸显了该制度的重要性,也彰显了注册制下审核重点由事前审批转向事中和事后的监管,更注重发行人和上市公司向投资者充分及时的信息披露。新《证券法》扩大了信息披露义务人的范围;在所披露的信息内容方面,强调应当充分披露投资者作出价值判断和投资决策所必需的信息,体现了以投资者保护为主的价值取向。新《证券法》对信息披露在以下方面提出了新的要求:信息披露原则的新要求、信息披露内容的新要求、对发行人董事、监事、高级管理人员在信息披露中的新要求、信息披露前的保密要求、规范信息披露义务人的自愿披露行为、新增公开承诺的披露义务以及违反承诺的赔偿责任、信息披露义务人的赔偿责任新要求。上市公司应积极学习新的《证券法》信息披露的具体内容,严格按照监管部门和交易所关于上市公司信息披露的具体要求予以落实。高质量的信息披露,有利于投资者的投资决策,也有利于再融资项目的顺利实施。

本 章 小 结

自 2010 年以来,苏州上市公司利用证券市场进行再融资,初期再融资方式以定向增发为主,近些年来再融资方式也逐渐呈现多样化。受 2017 年再融资政策的持续性影响,2019 年苏州地区上市公司再融资总规模有较大幅度的下降。与上海、深圳地区上市公司同期再融资情况相比,苏州上市公司再融资规模偏小,再融资方式多样化程度还不够,苏州上市公司再融资能力还有待提高。上市公司再融资行为的影响主要以上市公司的经营规模及盈利指标的变化来体现,2019 年苏州市 16 家有再融资行为的上市公司,其经营规模的平均水平

均有所上升,但盈利性指标平均水平的情况不理想,再融资资金的利用效率有待进一步提升。上市公司长期可持续的发展离不开再融资,为提高苏州上市公司的再融资能力及再融资资金使用效率,可以从加强再融资政策的学习、提升上市公司经营管理水平、加强公司治理、提升上市公司信息披露质量等方面采取措施。

苏州上市公司发展报告(2020)

第六章

苏州上市公司并购重组规模与影响分析

并购与重组(Merger & Acquisition，M&A)指两个以上公司合并、组建新公司或相互参股。它泛指在市场机制作用下，企业为了获得其他企业的控制权而进行的产权交易活动。上市公司通过并购与重组可以扩大企业规模、获取必要的经营资源、改善经营绩效。通过并购重组，上市公司可以获得以下几方面的优势：(1)增强企业经营实力，扩大企业规模；(2)实现规模经济和范围经济；(3)获取技术、人才或其他特殊资源；(4)进入新的行业；(5)买壳上市。

企业并购重组是一项复杂性与技术性并存的专业投资活动，近年来已成为解决期限错配、结构错配或方向错配的资产的有效手段，在当前加快供给侧结构性改革的背景下，通过并购重组可以借助资源的重新配置与调节，提高金融资源的配置效率，恢复经济结构平衡、巩固经济发展基础、提高经济运行效率，以此促进地区经济发展，实现经济和产业的转型升级。本章将分析2019年苏州市上市公司并购重组的规模、影响，探讨提升苏州上市公司并购绩效的对策。

第一节 苏州上市公司并购的政策背景

2019年，证监会对并购重组政策做了一定调整。其中，最重要的调整就是修订了《上市公司重大资产重组管理办法》。

为深入贯彻习近平总书记"要建设一个规范、透明、开放、有活力、有韧性的资本市场，完善资本市场基础性制度，把好市场入口和市场出口两道关，加强对交易的全程监管"指示精神，支持深圳建设中国特色社会主义先行示范区，持续推进并购重组市场化改革，提高上市公司质量，服务实体经济发展，加强并购重组监管，保护中小投资者合法权益，证监会对《上市公司重大资产重组管理办法》(以下简称《重组办法》)部分条文进行了修改。

一是取消重组上市认定标准中的"净利润"指标。现有规则以净利润指标衡量，在具体执行过程中，亏损公司注入任何盈利资产均可能构成重组上市，不利于推动以市场化方式"挽救"公司、维护投资者权益。另一方面，微利公司注入规模相对不大、盈利能力较强的资产，也极易触及净利润指标，不利于公司提高质量。在当前经济形势下，一些公司经营困难、业绩下滑，更需要通过并购重组吐故纳新、提升质量。因此，为强化监管法规"适应性"，发挥并购重组功能，修正后的《重组办法》删除了净利润指标，支持上市公司资源整合和产业升级，加快质量提升速度。

二是进一步缩短"累计首次原则"计算期间。2016年修订《重组办法》时，将是否构成重组上市的期间从"无限期"缩减至60个月。考虑到累计期过长不利于引导收购人及其关联人控制公司后加快注入优质资产，本次修改统筹市场需求与抑制"炒壳"、遏制监管套利的一贯要求,将累计期限减至 36 个月。

三是推进创业板重组上市改革。经过多年发展,创业板公司情况发生了分化,市场各方不断提出允许创业板公司重组上市的意见建议。为支持深圳建设中国特色社会主义先行示范区,服务科技创新企业发展,本次修改允许符合国家战略的高新技术产业和战略性新兴产业相关资产在创业板重组上市,其他资产不得在创业板重组上市。相关资产应符合《重组办法》规定的重组上市一般条件以及《首次公开发行股票并在创业板上市管理办法》规定的发行条件。

四是恢复重组上市配套融资。为抑制投机和滥用融资便利,2016 年《重组办法》取消了重组上市的配套融资。为多渠道支持上市公司和置入资产改善现金流、发挥协同效应,重点引导社会资金向具有自主创新能力的高科技企业集聚,本次修改结合当前市场环境,以及融资、减持监管体系日益完善的情况,取消前述限制。

五是加强重组业绩承诺监管。针对重组承诺履行中出现的各种问题,为加强监管,《重组办法》明确规定,重大资产重组的交易对方作出业绩补偿承诺的,应当严格履行补偿义务。超期未履行或违反业绩补偿承诺的,可以对其采取相应监管措施,从监管谈话直至认定为不适当人选。

此外,为实现并购重组监管规则有效衔接,本次修改明确规定,"中国证监会对科创板公司重大资产重组另有规定的,从其规定"。为进一步降低成本,本次修改还一并简化信息披露要求。上市公司只需选择一种中国证监会指定报刊公告董事会决议、独立董事意见。

政策法规的调整反映了上市公司并购重组活动更加规范。在此背景下,苏州上市公司的并购重组活动也表现出一些新特征。

第二节 苏州上市公司并购重组规模与结构分析

2019 年,苏州上市公司积极通过并购重组调整经营结构,拓展经营领域,提升经营效率。中国证监会上市公司监管部并购重组委 2019 年共召开 75 次会议,审批上市公司发行股份进行并购重组活动。其中,苏州共有 6 家公司先后提出并购申请,并购申请的数量比上年有所上升,申请通过的比例也有明显提高。其中,有 5 家无条件通过,1 家有条件通过,通过率达到 100%。此外,2019 年苏州市涉及上市公司并购活动的共有 132 家次。

一、并购公司数量

根据中国证监会上市公司监管部并购重组委审核的结果,2019 年以下 6 家苏州上市公司先后提出并购重组申请,并得到审核(见表 6-1)。

表 6-1 并购重组委审核的公司

上会时间	公司名称	有无条件	公司代码	并购身份
2019 年 1 月 23 日	赛腾精密	无条件	603283	收购方
2019 年 9 月 24 日	建研院	有条件	603183	收购方
2019 年 11 月 6 日	科斯伍德	无条件	300192	收购方

(续表)

上会时间	公司名称	有无条件	公司代码	并购身份
2019年12月11日	天瑞仪器	无条件	300165	收购方
2019年12月12日	亨通光电	无条件	600487	收购方
2019年12月17日	晶瑞股份	无条件	300655	收购方

2019年,6家通过证监会并购审议的公司中,5家无条件通过,占总数的83.33%,1家有条件通过,占总数的16.67%(见图6-1)。有条件收购案例是苏州市建筑科学研究院集团股份有限公司发行股份购买资产方案,被要求补充说明是否充分识别标的资产的各项可辨认资产,以及相关会计处理的合规性,请独立财务顾问、会计师和评估师核查并发表明确意见。公司须逐项予以落实,在10个工作日内将有关补充材料及修改后的报告书报送上市公司监管部。

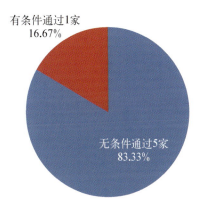

图6-1 苏州市上市公司通过并购重组的类型

从全国范围来看,2019年证监会并购重组委共召开了75次审核会议,共计审核124家公司。其中,103家公司有条件或无条件通过审核,整体过会率约83.06%;21家公司未通过审核,未通过率16.94%。从苏州市来看,与2018年相比,苏州上市公司申请发行股票进行并购重组的数量明显提高,通过比例(含有条件通过)也达到100%。无条件通过的公司数量达到5家,比2018年增加4家。由此可见,无论是横向还是纵向相比,2019年苏州市上市公司申请发行股票进行并购重组的情况均有明显改善,说明苏州市上市公司并购重组情况有所好转。

二、并购规模分析

2019年苏州上市公司的并购规模差异较大,以下分别从并购价格区间、是否属于重大资产重组和并购公司的规模来考察。

图6-2显示了苏州80起已完成并购事件中的并购价格区间。在80起成功并购事件

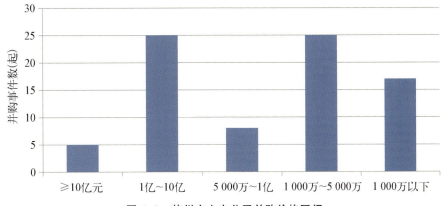

图6-2 苏州市上市公司并购价格区间

中,并购价格低于2018年。其中,并购价格超过10亿元的有5起(2018年有4起),在1亿~10亿之间的有25起,在5 000万~1亿之间的有8起,在1 000万~5 000万之间的有25起,低于1 000万的有17起。与2018年相比,2019年的平均并购价格有所下降。2019年平均并购价格为2.68亿元,完成并购的平均并购价格为2.12亿元,而2018年平均并购价格为3.85亿元,完成并购的平均并购价格为6.21亿元。2019年全国平均并购价格为6.27亿元,完成并购的并购价格平均为6.54亿元。2019年,苏州全部并购的平均价格和完成并购的平均价格都低于全国水平。

在苏州市涉及上市公司的132起并购重组中,重大资产重组占比与2017年、2018年持平,均为占4%。由此可见,2019年苏州上市公司并购大多属于规模小、重要性低的并购重组(见图6-3)。

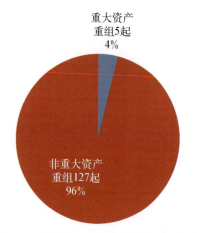

图6-3 苏州上市公司重大资产重组比重　　图6-4 苏州上市公司已完成并购中重大资产重组比重

在已完成并购的80起并购活动中,达到重大资产重组的比重也仅为4%,其他96%均未达到重大资产重组标准(见图6-4)。已完成并购事件中重大资产重组占比低于2018年。

三、区域比较

为了更全面地反映苏州上市公司在全国城市中的地位,表6-2列出了上海、北京、天津、重庆、深圳和杭州等主要城市上市公司并购重组情况,同时也列出了全国上市公司并购重组数据。

表6-2 公司参与并购情况的区域比较　　　　　　　　　　　　　　　　单位:起

	苏州	上海	北京	天津	重庆	深圳	杭州	全国
总次数	132	439	486	124	102	510	206	5 850
完成	80	254	276	70	55	318	105	3 333
进行中	46	158	184	50	42	154	95	2 199
失败	6	27	26	4	5	38	6	318

由表6-2可见,2019年全国上市公司并购重组事件共5 850起,比2018年减少2 764

第六章 苏州上市公司并购重组规模与影响分析

起,完成并购重组3 333起,失败318起,有2 199起正在进行中。其中,与2018年相比,完成并购数量减少427起,失败数量减少81起,进行中的数量减少2 256起。在7个城市中,深圳、北京、上海上市公司并购重组次数明显高于其他城市,基本属于上市公司并购重组的第一阵营。杭州上市公司并购数量增长明显低于深圳、北京和上海,但显著高于苏州、天津和重庆,属于第二阵营。在这三个城市中,苏州明显高于天津和重庆,重庆最低。从已完成并购来看,苏州仍然高于天津和重庆。在进行中并购事件中,苏州、天津、重庆差别不大。苏州市作为一个地级市,并购重组数量超过作为直辖市的天津和重庆,反映了苏州上市公司在并购重组方面已经走在全国城市的前列。

从上市公司并购行为的进度看,不同地区公司并购活动也存在很大差异,如图6-5所示。

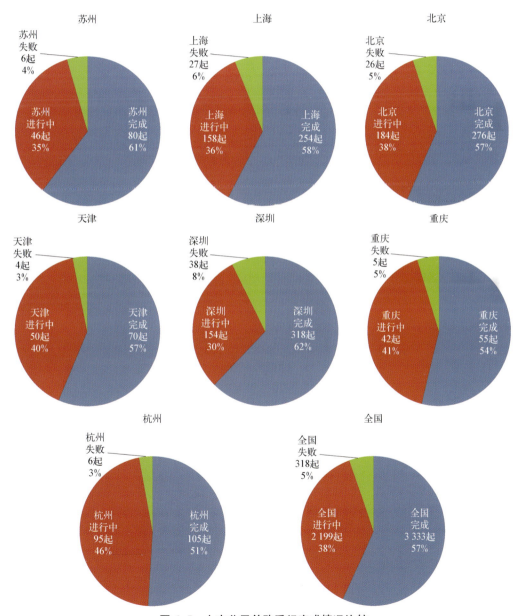

图6-5 上市公司并购重组完成情况比较

苏州市上市公司并购活动中,已完成的占61%,进行中的占35%,失败的仅占4%。苏州上市公司已完成并购的比重在七个城市中位居前列,仅低于深圳,高于其他城市,比全国平均水平高了4个百分点。进行中的并购活动比重在七个城市中偏低,说明苏州市上市公司并购还有进一步提高的空间。与其他城市相比,苏州上市公司并购失败的比重居中,低于全国水平,也低于苏州市2018年的水平,说明苏州市上市公司在并购过程中的成效有了明显改善。

第三节 苏州上市公司并购重组的影响分析

上市公司并购重组是公司重大战略行为,必然会影响公司的规模、业绩、扩张能力、海外竞争力和转型升级。

一、公司经营业绩

公司并购会影响公司的营业收入,进而影响净利润。但是,由于并购发生时,发起并购的上市公司必须支付巨额的并购费用,其短期内的净利润将会受到复杂的影响。

图6-6显示了6家苏州上市公司并购前后的净利润情况。这6家公司的总利润和平均利润显著低于2018年的水平。显然,苏州市上市公司并购绩效还有很大的改善空间。

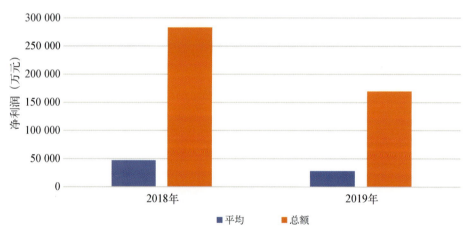

图6-6 六家公司并购前后的利润

二、扩张能力

并购重组会引起上市公司资产规模的扩张,增强公司的扩张能力。一般来说,收购了其他企业或项目的公司的规模将会扩大。图6-7显示了完成并购的6家上市公司并购前后资产总规模和平均规模的变化情况,并购带来了上市公司资产规模的扩张,提升了公司的扩张能力。

图6-8显示了苏州6家上市公司并购前后的营业收入总额及平均值的变动情况。并购后,这6家上市公司的营业收入总额从并购前的380.59亿元降至361.99亿元,平均营业收入从并购前的63.43亿元下降到60.33亿元。与2018年相比,平均营业收入有显著下降,说明2019年苏州市参与并购的上市公司规模相对较小,没有提升企业的经营规模。

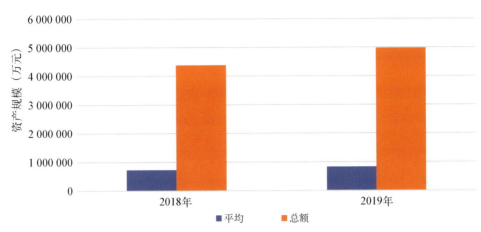

图 6-7　六家公司并购前后的资产规模

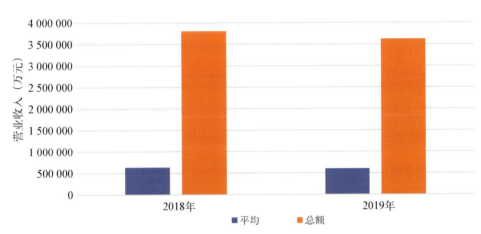

图 6-8　六家公司并购前后的营业收入

公司资产规模和营业收入的变动表明,2019年的并购活动并未能有效地提高苏州市上市公司的规模和扩张能力。

三、提升海外竞争力

苏州市上市公司并购重组的一个显著特征是通过并购,公司提升了国际竞争力,进而进行海外布局,获得了新的利润增长点。

2019年,亨通光电收购华为海洋,为跨洋通信领域集成及智慧城市业务注入了新动力。公司拟通过并购,构建全球最具竞争力的海洋通信业务,为客户提供更有价值的产品与服务。并购标的华为海洋是全球领先的海缆通信供应商,为客户提供全球海缆建设解决方案和包括项目管理、工程实施和技术支持于一体的端到端服务。

通过收购华为海洋,亨通光电进一步完善了公司海洋通信产业链布局,成为国内唯一具备海底光缆、海底接驳盒、Repeater、Branching Units 研发制造及跨洋通信网络解决方案的全产业链公司。收购华为海洋后,亨通光电进一步提升智慧城市解决方案设计与信息系统集成及项目管理的能力。利用兼并收购与合资合作等手段,亨通光电进一步沿着"一带一路"走出去的倡议,不断提升海外综合竞争力,加速全球化产业布局。2019年公司实现海外营业收入35.40亿元,同比增长3.48%。

四、完善产业链

苏州市上市公司还通过并购积极进行产业结构调整,拓展自身的产业链。

以晶瑞股份为例,该公司积极通过外延并购获取部分产品的先进技术资源。通过对江苏阳恒的收购,晶瑞股份进一步完善了整个超净高纯试剂产业链的布局,提高了细分产品的技术水平,同时引入了相关优质资源和技术,与公司现有的产品结构形成协同效应,有效提升公司的竞争力。通过对载元派尔森的收购,晶瑞股份进一步拓展锂电池材料的应用领域,进一步完善及整合客户体系及资源,共享研发资源并互为补充,以提升公司产品的市场覆盖及竞争力,增强公司盈利能力,实现协同发展。

第四节　赛腾精密并购日本Optima株式会社的案例

2019年5月11日,赛腾精密发布重大资产购买预案,公司拟以现金方式购买Kemet Japan株式会社持有的日本Optima株式会社20 258股股份并进行增资。本次对外投资事宜不构成关联交易和上市公司重大资产重组事项。

一、概述

苏州赛腾精密电子股份有限公司(以下简称"公司"或"赛腾股份")拟以现金方式购买Kemet Japan株式会社持有的日本Optima株式会社(以下简称"标的公司")20 258股股份,占标的公司股权比例为67.53%,股权收购价款270 105.99万日元(约合人民币16 395万元)。为实施该项收购,公司拟在香港设立全资子公司香港赛腾国际有限公司(以下简称"赛腾国际"),以赛腾国际为主体进行投资,赛腾国际投资总额为390 105.99万日元(约合人民币23 679万元)。如赛腾国际因外汇、政策等因素未能按计划设立,公司将以上市公司或上市公司集团内其他主体实施本次收购。上述收购完成后,公司拟通过赛腾国际对Optima株式会社进行增资,增资金额120 000万日元,总计投资金额390 105.99万日元(折合人民币约23 679万元),上述收购及增资完成后,公司将持有标的公司约75.02%股权。

公司于2019年5月10召开第二届董事会第十二会议及第二届监事会第十二次会议,会议审议通过了《关于对Optima株式会社进行投资的议案》,该议案无须提交股东大会审议。

本次交易不构成关联交易,也不构成《上市公司重大资产重组管理办法》规定的重大资产重组行为。

二、对外投资标的基本情况

(一)标的公司基本情况概述

Optima株式会社成立于2015年2月3日,总部地址位于日本神奈川县川崎市麻生区栗木二丁目8番18号,公司主要经营半导体检查设备和曝光设备的开发、制造、销售以及服务业务;半导体检查设备和曝光设备的相关消耗品的销售业务;电子元器件等销售相关的咨询业务;电子元器件等销售相关的市场营销业务;研磨材料的销售和进出口;投资业务;健康/美容仪器的开发和销售;附随于前述各款或与前述各款相关的所有业务。

(二)交易协议基本情况举例

在员工雇用方面,协议内容规定:买方自交割日起两年内,应在商业上合理的范围内尽最大努力以实质上不低于标的公司在交割日时点之水准的条件继续雇用标的公司的员工。但标的公司的员工本人无意继续受雇的、存在构成标的公司内部规章制度上的解雇事由的重大违反行为的、根据公司规定退休的、雇用期间届满的除外。买方自交割日起两年内,应在商业上合理的范围内尽最大努力尊重本合同签订日时点的标的公司经营体制。

三、风险分析

本次对外投资是公司从长期发展战略布局出发的慎重决定,在实际经营过程中,可能面临子公司及子公司控股公司管理风险、业务经营风险等。本次对外投资不会对公司财务及经营状况产生重大影响,不存在损害公司及全体股东利益的情形。本次对外投资完成后,能否取得预期效果存在一定的不确定性,公司将切实加强子公司及子公司控股公司管理,严控相关风险。

四、并购交易的影响

Optima 株式会社主要从事半导体晶圆检设备和曝光设备的开发、制造、销售以及服务业务。此次收购能够拓宽赛腾精密的智能制造产品链,并将公司产品线向高端半导体检测设备领域进一步延伸。提高公司客户储备,打造新的利润增长点,为公司注入经济发展新动力,促进公司业务的长远发展。通过并购重组,不断为客户创造价值,提升技术团队研发能力、完善管理体系和强化综合服务水平,巩固发展公司核心优势,力争成为智能制造装备行业可持续发展的世界级企业。

第五节 苏州上市公司并购重组存在的问题与对策

一、苏州上市公司并购重组存在的主要问题

通过以上分析,可以发现苏州上市公司并购重组过程中主要存在以下问题。

(一)通过审核的并购案例仍然不多

尽管 2019 年苏州市上市公司通过证监会并购重组委审批的并购案例比 2018 年有较大幅度上升,但仍然低于之前几年,还没有恢复到 2017 年及以前的水平。2019 年向证监会并购重组委提起申请的仅有 6 家苏州上市公司,而 2017 年为 9 家。

(二)小规模的并购活动多,重大并购重组少

苏州市涉及上市公司的并购活动达到 132 次,比 2018 年有较大幅度的下降,其中重大并购重组案例与 2018 年基本持平,仅占 4%。并购重组规模小,说明多数公司并没有通过并购重组来调整自身的发展战略,仅仅是对自身业务做出小幅调整。在当前技术创新速度加

快的背景下,并购重组是本地企业转型升级的重要手段,重大并购重组少,本地上市公司在借助并购重组提升自身创新能力方面还有进一步提升的空间。

(三)并购重组的绩效有待改善

2019年苏州上市公司并购重组对公司绩效的提升作用还有待进一步提升。从2019年苏州6家经证监会并购重组委审议的上市公司并购前后的情况来看,并购绩效仍存在不足。并购对公司规模、主营业务和利润的提升作用并不明显,部分指标在并购之后甚至有一定程度的下降。

二、相关对策分析

从苏州上市公司2019年并购历程可见,要提高并购重组能力,就必须做到以下几点。

(一)注重对政策环境的解读

最近一段时间以来,在全球疫情和国际经济环境的影响下,我国经济发展面临一个全新的环境。为了应对这些变化,党中央、国务院提出了"六稳""六保"等方针政策。在这种情况下,那些有助于公司生产、技术升级的并购重组更能够获得批准。因此,苏州上市公司在并购过程中,首先应当跟踪并购政策的变化,针对新的政策导向确定并购战略,提高并购重组的成功率。

(二)明确并购目的

公司必须明确并购目的,根据公司发展的实际需要确定并购对象。公司并购的目的很多,比如借壳上市或买壳上市、扩大企业规模、获得特殊资源、多元化经营的需要等。为了提高并购绩效,公司在并购前应注意两个方面问题。一是并购要与企业的发展战略相一致。上市公司发展战略是一切经营行为的指导思想,发展战略决定着企业的命运,因此必须在企业总体发展战略的要求下实施并购,将并购作为实现企业发展战略的重要手段。二是要考虑并购对企业长远利益的影响。企业更应该看清自身的优势和劣势,确定并购对自己长远的发展是否有正面的影响。公司并购决策应从长远利益出发,而不应仅仅追求财务、股价等短期效应。总而言之,公司在并购前必须根据公司发展战略明确并购目的。

(三)选择合理的并购策略

为提升并购绩效,苏州上市公司在并购过程中应立足自身特点,着眼于长远发展战略,制定科学合理的并购交易策略。从并购类型上看,横向并购可以扩大公司生产规模,实现规模经济效应。同时,横向并购过程中,并购公司和目标企业处于同一行业,信息较为充分,公司可以通过同行业的整合来增强竞争力。纵向并购可以为公司在产业链上获得更大优势,实现范围经济,但由于公司对上下游企业熟悉程度相对较差,并购中面临的不确定性也很大。混合并购虽然可以避免原来所处行业的经营风险,可以提高潜在的获利机会,但是在实施混合并购前要审慎决策,不能盲目地进行多元化扩张。

(四)设计有效的并购方案

在明确并购目的和并购策略后,苏州上市公司需要制定有效的具体的并购方案。并购方案包括对并购对象、并购时机、并购策略的具体分析和实施步骤,需要从公司所处的行业、生命周期、行政区域以及公司股权结构等方面慎重论证并购交易的可行性,做到专业化和科学化。从国外成熟市场的并购事件来看,并购方案大多是通过投资银行来策划完成的,投资银行积累了丰富的并购重组经验,市场敏感度高,具备高素质的专业化人才,对于整个并

事件的把握要强于收购公司。因此并购重组活动的成败以及后期的绩效改善状况很大程度上取决于收购公司所选择的投资银行对于并购重组活动的设计方案。

(五) 注重并购后的整合

苏州上市公司必须重视并购之后的整合,才能改善并购绩效。并购的根本目的是通过并购交易为公司创造价值,增加股东财富。通过整合将并购双方融为一体,其中涉及企业资源、流程以及责任等多方面的调整,对并购后企业绩效的提升至关重要,因此公司应注重并购后的整合问题。人力资源的整合、财务及资产的整合、组织制度及生产的整合、文化的整合等都是并购后整合的主要内容。只有在整合上取得成功,才能取得并购的最终成功。因此,苏州上市公司必须在发展战略的指导下,制定系统的整合计划,有效地执行整合计划。

本 章 小 结

并购重组能够扩大上市公司的规模,为上市公司获得新的资源,同时还能促进上市公司的多元化经营,实现上市公司的长期发展战略。苏州市上市公司在2019年的并购重组活动数量比2018年有所下降,但是经证监会并购重组委审核的并购活动数量却有所增加,通过率也明显上升。从苏州市上市公司2019年并购重组情况来看,公司在选择并购对象、并购手段时,需要加强对行业的关注,选择最优并购手段,制定科学的并购策略和并购方案,降低并购成本,加快并购过程中企业文化的整合。

第七章 苏州新三板挂牌企业分析

随着我国新三板制度的建立,我国场外股权转让制度也处在不断修改与完善的进程中。2012年,经国务院批准,我国决定扩大非上市股份公司股份转让试点范围,新三板市场成为全国性的非上市股份有限公司股权交易平台,主要针对的是中小微型企业。当前我国新三板市场运行稳定,业务规则不断完善,为保护投资者的权益、维护社会稳定发挥了重大作用。截至2019年12月31日,江苏省内共有1 023家企业挂牌新三板,占全国挂牌总量的11.84%。苏州市范围内共有326家企业挂牌新三板,占全国挂牌总量的3.77%。

第一节　苏州新三板挂牌企业发展状况

一、苏州新三板挂牌企业总体状况

苏州地区的企业首次挂牌新三板市场开始于2014年,当年1月24日共有24家苏州籍企业成功挂牌,占江苏省内挂牌总量的55.81%。截至2019年年底,苏州地区共有326家企业挂牌新三板,占全国挂牌总量的3.77%,占江苏省内挂牌总量的31.87%。单个来看,全国、江苏省、苏州市新三板挂牌企业数量依然延续负增长。其中2019年江苏省新三板挂牌企业增速为-13.82%,较2018年的-12.98%下降了0.84%;2019年全国新三板挂牌企业增速为-13.26%,较2018年的-10.64%下降了2.62%;2019年苏州市新三板挂牌企业增速为-16.62%,较2018年的-12.33%下降了4.29%。相比较来看,2016年,全国新三板挂牌企业增速为96.43%,江苏省和苏州市新三板挂牌企业数量增速分别为95.53%、85.59%,皆不及全国水平;2017年,全国新三板挂牌态势快速降温,江苏省增速下滑幅度最大为11.44%,苏州市增速下滑至4.94%;2018年,全国新三板挂牌态势进一步降温,苏州市增速为-12.33%,略低于江苏省的-12.98%,高于全国的-10.64%。2019年,全国新三板挂牌态势延续下降趋势,但下降趋势减缓,苏州市增速为-16.62%,明显低于全国的-13.26%及江苏省的-13.82%,如图7-1和图7-2所示。

两大原因使得近年来新三板挂牌增速放缓甚至为负。第一是挂牌门槛提高。股转系统对拟挂牌公司的审核更严,包括对信息披露的规范性等各方面有更多要求。而对于券商来说,出于风控的需要,对新三板拟挂牌公司也更加严格地筛选,收费也有所增加。第二是新三板融资难度加大。一方面,新三板公司融资需求高的同时投资意愿下降,投融资需求严重不匹配;另一方面,新三板融资监管也正在趋严。而若在新三板企业挂牌却未能有效利用资本市场工具快速发展,挂牌只会增加包括持续督导费、审计费、挂牌托管费等在内的各项成本,这使得众多企业望而却步。

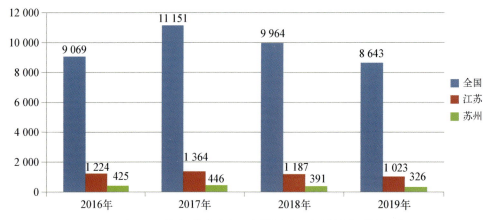

图 7-1　全国、江苏省、苏州市新三板挂牌企业数量统计(单位：家)

图 7-2　全国、江苏省、苏州市新三板挂牌企业数量增速统计

2019年年报数据显示，苏州地区326家挂牌企业的营业总收入和净利润分别为504.98亿元和33.17亿元，占同期全国挂牌企业营业总收入和净利润的比重分别为3.34%和5.03%，比2018年3.19%和4.86%的占比有所提高；占同期江苏省内挂牌企业的比重分别为31.31%和34.47%，比2018年30.04%和31.25%的占比亦有所提高(见表7-1)。

表 7-1　新三板挂牌企业财务数据统计(截至 2019 年年底)

地　区	挂牌家数 （家）	数量占比 （%）	营业总收入 （亿元）	净利润 （亿元）
全　国	8 643	100	15 125.98	659.76
江　苏	1 023	11.84	1 612.98	96.23
苏　州	326	3.77	504.98	33.17

从苏州新三板企业总体状况来看，近年来全国新三板市场呈收缩态势，苏州地区新三板挂牌企业数量逐步下降，较全国及江苏省而言，降幅明显。但是从财务数据上来看，2019年苏州地区的净利润总额占同期江苏省内挂牌企业净利润总额的比重相较于2018年反而上

升了3.22%,较2015年却依旧下降达11.36%;而与此同时,苏州市新三板挂牌企业数量占江苏省新三板挂牌企业数量从2015年的36.58%仅微降3.64%至2019年的31.87%,即苏州市挂牌企业净利润总额占江苏省内挂牌企业净利润总额降幅远超挂牌企业数量占比降幅。表明苏州地区新三板挂牌企业质量仍有待提升,盈利能力仍有待增强,在未来发展中需要兼顾质与量两方面因素。

二、江苏省新三板挂牌企业比较

从全国地域分布来看,在新三板扩容之前,挂牌企业主要来自北京中关村、上海张江、武汉东湖以及天津滨海等园区的相关企业,而扩容之后,挂牌公司的区域分布迅速扩大,目前挂牌企业来自我国东部、中部和西部地区的31个省、自治区、直辖市,覆盖面很广,且已深入县域经济内,对区域的均衡、协调发展提供了大力支持。即便近年来挂牌企业数量增速骤减,挂牌企业数量仍然居高。具体来看,广东地区以1 271家、数量占比14.71%遥遥领先。北京地区共有1 134家挂牌企业,数量位列第二。江苏地区有1 023家挂牌企业,位列第三(见表7-2)。

表7-2 新三板挂牌企业前三省(市)数据统计

地 区	挂牌家数（家）	数量占比（%）	总股本（亿股）	资产（亿元）
广东	1 271	14.71	760.62	2 566.65
北京	1 134	13.12	965.62	3 232.78
江苏	1 023	11.84	611.27	3 338.44

2019年的财务数据显示,苏州市新三板挂牌企业的营业总收入为504.98亿元,净利润为33.17亿元,营业总收入和净利润均位于江苏省第一;其次为南京市,营业总收入为298.10亿元,净利润则为16.41亿元(见表7-3)。

表7-3 江苏省内新三板挂牌企业分地区财务数据统计

地 区	挂牌家数（家）	数量占比（%）	营业总收入（亿元）	净利润（亿元）
苏州市	326	31.87	504.98	33.17
南京市	172	16.81	298.10	16.41
无锡市	159	15.54	210.50	9.49
常州市	105	10.26	178.01	12.45
南通市	57	5.57	114.96	8.56
扬州市	55	5.38	80.82	4.11
盐城市	29	2.83	29.87	1.18
镇江市	32	3.13	73.13	2.95
泰州市	21	2.05	23.53	2.67
徐州市	21	2.05	35.15	0.74

（续表）

地 区	挂牌家数（家）	数量占比（％）	营业总收入（亿元）	净利润（亿元）
淮安市	18	1.76	15.39	1.14
连云港市	15	1.47	19.85	1.25
宿迁市	13	1.27	27.32	2.08
合 计	1 023	100.00	1 612.98	96.23

三、主要城市新三板挂牌企业比较

从全国各主要城市挂牌情况分析，苏州新三板挂牌企业的数量及财务状况在全国主要城市中存在着一定的优势（见表7-4）。

表7-4 国内部分城市挂牌企业数据统计表

地 区		挂牌企业家数（家）	数量占比（％）	营业总收入（亿元）	净利润（亿元）
直辖市	北 京	1 134	13.12	1 920.82	89.75
	上 海	696	8.05	2 509.26	40.20
	天 津	155	1.79	170.73	11.65
	重 庆	106	1.23	198.05	4.24
计划单列市	深 圳	470	5.44	657.78	41.42
	厦 门	128	1.48	163.44	17.65
	宁 波	107	1.24	337.39	13.53
	青 岛	85	0.98	145.75	8.09
	大 连	69	0.80	82.12	7.74
部分省会	广 州	314	3.63	425.91	−1.93
	杭 州	235	2.72	543.11	23.66
	南 京	198	2.29	298.10	16.41
	成 都[注]	184	2.13	221.44	15.04
苏 州		326	3.77	504.98	33.17

注：武汉因疫情原因有154家企业未披露2019年报，在武汉企业中占比73.68％，故剔除武汉新三板数据，并加入成都新三板数据。

与国内直辖市相比，苏州新三板挂牌企业数量明显少于北京（1 134家）和上海（696家），明显超过天津（155家）和重庆（106家）。2019年苏州地区新三板挂牌企业营业总收入和净利润均高于天津和重庆地区。

与国内计划单列市相比，苏州新三板挂牌企业数量仅次于深圳（470家）；营业收入及净利润仅低于深圳市，但这两个指标均明显高于大连、青岛、厦门等地。

另外，与部分省会城市相比，苏州地区的领先优势较为明显，从数量来看，广州（314家）、杭州（235家）、南京（198家）和成都（184家）挂牌家数均少于苏州（326家）。从财务指标来看，虽然苏州的营业收入不及杭州，但其净利润明显高于各地。

第二节 苏州新三板挂牌企业的特征分析

一、区域分布分析

从苏州地区分布来看，不管是已上市企业，还是挂牌新三板企业，大多是属于苏州市区的。同花顺统计数据表明，在苏州地区中，超过半数的已上市企业和新三板挂牌企业均属于苏州市区。其他地区方面，张家港市的已上市企业为20家，新三板挂牌企业为43家；昆山市的已上市企业为14家，新三板挂牌企业为56家；常熟市的已上市企业为10家，新三板挂牌企业为24家；太仓市的已上市企业为4家，新三板挂牌企业为13家（见表7-5）。

表7-5 苏州市新三板挂牌企业分地区数据统计

地 区	已上市（家）	占比（%）	新三板（家）	占比（%）
苏州市区	72	60.00	190	58.28
张家港市	20	16.67	43	13.19
昆山市	14	11.67	56	17.18
常熟市	10	8.33	24	7.36
太仓市	4	3.33	13	3.99

二、市场分层分析①

（一）苏州新三板挂牌企业分层状况

截至2019年年底，在苏州326家新三板挂牌企业中，被列入创新层的有25家，占总企业数的7.67%。苏州创新层企业在总股本、资产总值、营业收入及净利润方面分别占比：14.69%、23.55%、14.94%和17.32%，总股本、资产总值、营业收入及净利润占比均远高于挂牌家数占比，这反映出苏州新三板创新层企业经营状况较为良好（见表7-6）。

表7-6 苏州新三板企业市场分层数据统计

市场分层	挂牌家数（家）	总股本（亿股）	资产（亿元）	营业总收入（亿元）	净利润（亿元）
基础层	301	136.11	536.63	429.52	27.42
创新层	25	23.43	165.27	75.47	5.75

---

① 根据全国股转公司明确，于2020年4月27日正式启动股票向不特定合格投资者公开发行并在精选层挂牌的受理和审查，正式确定新三板精选层落地，截至2020年5月25日，入围精选层辅导期企业数为101家。因不在2019财年内，且截至2020年5月25日股转审查通过企业为0，故对精选层不作量化分析。

(二) 全国与主要城市分层状况比较

表 7-7 中分析了全国以及包括苏州在内的各重点城市的新三板分层情况,特别分析了各城市创新层企业的情况。从创新层挂牌家数占各城市新三板挂牌企业总数的比例来看,全国平均水平为 7.61%,在选取的 14 个城市中有 5 家城市该比例超过全国水平,苏州该比例为 7.67%,高于全国平均水平,仅低于北京(8.47%)、上海(8.05%)和杭州(8.51%)这三个重点城市,但究其原因,与 2018 年相比,主要由于其他城市的创新层企业占比下降,苏州占比变动不大[①]。而苏州市创新层挂牌家数为 25 家,仅低于北京(96 家)、上海(56 家)和深圳(36 家)等特大城市创新层企业数量。

表 7-7 国内部分城市新三板创新层企业数据统计表

地 区		创新层挂牌家数(家)	创新层占比(%)	总股本占比(%)	资产总计占比(%)	营业总收入占比(%)	净利润占比(%)
全 国		658	7.61	14.99	30.36	26.42	30.66
直辖市	北京	96	8.47	16.86	20.40	22.98	23.82
	上海	56	8.05	16.90	24.16	56.72	51.05
	天津	7	4.52	7.01	11.38	11.13	6.82
	重庆	2	1.89	4.92	5.11	5.32	23.24
计划单列市	深圳	36	7.66	13.11	36.43	27.34	37.05
	厦门	7	5.47	8.48	7.68	9.29	5.25
	青岛	6	7.06	15.06	20.43	20.17	20.36
	大连	3	4.35	4.56	21.78	14.51	24.87
	宁波	2	1.87	3.71	16.85	9.73	24.87
部分省会	广州	23	7.32	11.03	11.54	14.63	—[注]
	杭州	20	8.51	23.58	58.02	49.36	38.94
	南京	13	6.57	18.69	18.73	9.81	12.23
	成都	11	5.98	8.26	11.94	9.37	14.40
苏州		25	7.67	14.69	23.55	14.94	17.32

注:广州市新三板净利润为 −1.93 亿元,其创新层净利润为 2.84 亿元,二者比值为负,用 — 表示。

从总资产、营业总收入和净利润三个维度来分析创新层企业占比,可以看到苏州这三项指标均低于全国水平。相比而言,深圳、杭州的规模和盈利指标水平要更具优势。

通过上述比较分析可以看出,从数量上比较,苏州市创新层挂牌数量仅低于北京、上海、深圳等特大城市创新层企业数量,居于全国重点城市中上游水平,具备一定的数量优势。

从创新层企业质量上看,苏州创新层企业质量低于全国平均水平,苏州新三板未来在扩

---

① 2018 年数据显示,从创新层挂牌家数占各城市新三板挂牌企业总数的比例来看,全国平均水平为 8.79%,在选取的 14 个城市中有 6 家城市该比例超过全国水平,而苏州该比例为 7.67%,低于全国平均水平,也低于厦门(11.11%)、上海(9.83%)、北京(9.30%)、杭州(9.15%)、南京(9.09%)、深圳(8.36%)、青岛(8.33%)、武汉(8.12%)和广州(8.03%)这九个重点城市。

大创新层板块的同时也要兼顾创新层企业厚度,体现出创新层企业的领先优势,为苏州新三板企业向主板、中小板、创业板和科创板转板打下坚实的基础。

三、产业分布分析

(一) 全国新三板挂牌企业产业概况分析

从产业分布情况来看,目前新三板挂牌企业在高技术、新兴产业和现代服务业这三个产业上得以全面覆盖,其中高技术产业占比近半,新三板产业格局呈现出整体体系完备、高科技企业众多的特征。

数据统计显示,我国新三板市场共有4 257家高技术挂牌企业,占比高达49.25%;其次为现代服务业,所属共有3 158家挂牌企业,占比达到36.54%;挂牌企业属于新兴产业的共有1 228家,占比14.21%。

在总股本、流通股本和资产总值方面,现代服务业占据首位,分别占比50.38%、50.68%和53.37%(见表7-8)。

表7-8 我国新三板挂牌企业产业分布

产业	挂牌家数（家）	数量占比（%）	总股本（亿股）	流通股本（亿股）	资产（亿元）
高技术	4 257	49.25	2 582.96	1 453.61	10 118.72
现代服务业	3 158	36.54	2 951.72	1 791.29	12 861.58
新兴产业	1 228	14.21	324.49	289.76	1 118.99

虽然从数量上来看高技术产业依然领先现代服务业和新兴产业,但从总股本、流通股本和资产总量来看,却与现代服务业的规模存在差距。我国新三板产业特征呈现出数量上高技术产业领先、规模上现代服务业称王的特征。这说明我国新三板市场为大批的高科技企业带来了融资便利的机会,同时也为现代服务业企业的进一步发展提供了平台与机遇。

(二) 苏州新三板挂牌企业产业分布分析

在苏州新三板挂牌企业中,共有187家挂牌企业属于高技术产业,107家挂牌企业属于现代服务业,32家挂牌企业属于新兴产业。在总股本、流通股本和资产总值方面,高技术产业占据首位,各项占比分别为53.80%、51.18%和55.24%,领先优势显著(见表7-9)。

表7-9 苏州新三板挂牌企业产业分布

产业	挂牌家数（家）	占比（%）	总股本（亿股）	流通股本（亿股）	资产（亿元）
高技术	187	57.54	85.82	43.57	387.75
现代服务业	107	32.23	63.67	31.69	278.15
新兴产业	32	10.23	10.04	9.87	36.00

财务数据方面,2019年苏州地区高技术产业新三板挂牌企业合计营业总收入为331.92亿元,占比65.73%;合计净利润19.72亿元,占比59.45%。现代服务业的营业总收入为148.73亿元,占比29.45%;净利润为8.14亿元,占比24.54%。新兴产业的营业总收入为

24.33亿元,占比4.82%;净利润为5.31亿元,占比16.01%。通过上述数据分析可以看出,在苏州新三板市场中高技术产业和现代服务业占比较高,而新兴产业与之相比有着较大的差距,考虑到国家未来将大力鼓励扶持新兴产业,苏州新三板应积极吸纳更多的新兴产业企业,发挥新三板的平台融资优势为更多新兴产业企业的发展提供支持(见表7-10)。

表7-10 苏州市新三板挂牌企业分产业财务数据统计

产　业	挂牌家数(家)	占比(%)	营业总收入(亿元)	净利润(亿元)
高技术	187	57.54	331.92	19.72
现代服务业	107	32.23	148.73	8.14
新兴产业	32	10.23	24.33	5.31

四、行业分布分析

(一)全国新三板挂牌企业行业分布概况

从行业分布情况来看,我国新三板市场基本覆盖了各个行业,其中工业占据了大部分,且不少挂牌企业是所属细分行业内的领军企业,特色鲜明,创新动力强劲,成长性良好。

根据同花顺行业分类标准,我国新三板市场共分为工业、信息技术、可选消费、原材料、医疗保健、日常消费、金融、公用事业、能源、房地产和电信服务这11类行业。目前共有2 593家挂牌企业属于工业行业,占比30.00%;其次为信息技术行业,共有2 291家挂牌企业,占比26.51%;可选消费行业共有1 308家挂牌企业,占比15.13%;原材料行业共有972家挂牌企业,占比11.25%;医疗保健行业共有516家挂牌企业,占比5.97%;日常消费行业共有447家挂牌企业,占比5.17%,该6类行业合计占比超过90%,在整体市场中发挥着重要的影响力。在总股本、流动股份和资产总值方面,上述6类行业的合计占比分别为76.78%、69.98%和63.90%,可以发现其在资产总值占比方面相对减少(见表7-11)。

表7-11 我国新三板挂牌企业行业分布

行业名称	挂牌家数(家)	数量占比(%)	总股本(亿股)	流通股本(亿股)	资产(亿元)
工　业	2 593	30.00	1 398.52	683.17	5 013.70
信息技术	2 291	26.51	1 081.85	642.91	3 219.62
可选消费	1 308	15.13	619.32	343.67	2 027.83
原材料	972	11.25	738.97	381.89	2 771.53
医疗保健	516	5.97	319.55	192.69	1 189.66
日常消费	447	5.17	340.72	229.16	1 178.05
电信服务	146	1.69	110.41	97.73	303.23
能　源	135	1.56	149.96	135.74	528.97
金　融	123	1.42	928.49	729.17	7 398.37
房地产	59	0.68	53.63	29.16	107.81
公用事业	53	0.61	117.75	69.37	360.52

(二) 苏州新三板挂牌企业行业特征分析

根据同花顺行业分类标准,苏州地区新三板挂牌企业共涉及工业等11类行业分类,主要集中在工业、信息技术、原材料、可选消费以及医疗保健这5类行业,分别有124家、73家、43家、35家和22家,数量合计占比91.11%。在总股本、流通股本、资产总计方面,工业类企业居于首位,分别占比37.66%、40.63%和43.94%,领先优势较为明显。此外,信息技术类企业在总股本、流通股本和总市值这3项指标中均居于第二位(见表7-12)。

表7-12 苏州市新三板挂牌企业分行业数据统计

行业	挂牌家数（家）	挂牌占比（％）	总股本（亿股）	流通股本（亿股）	资产（亿元）
工业	124	38.04	60.08	34.59	308.42
信息技术	73	22.39	22.38	13.18	85.93
原材料	43	13.19	23.49	9.28	76.19
可选消费	35	10.74	13.61	5.49	59.91
医疗保健	22	6.75	10.36	4.62	31.88
能源	9	2.76	7.01	2.96	22.59
金融	5	1.53	16.71	12.16	95.02
日常消费	6	1.84	3.17	1.82	9.21
电信业务	4	1.23	0.72	0.67	3.29
房地产	3	0.92	0.18	0.09	1.67
公用事业	2	0.61	1.82	0.27	7.79

财务数据方面,2019年苏州地区工业类新三板挂牌企业合计营业收入为231.67亿元,占比45.88%;合计净利润为10.06亿元,占比30.33%。信息技术企业的营业总收入为74.98亿元,占比14.85%;合计净利润为4.06亿元,占比12.24%。原材料类企业的营业总收入为65.71亿元,占比13.01%;合计净利润为8.47亿元,占比25.54%。可选消费类企业的营业总收入为48.32亿元,占比9.57%;合计净利润为3.73亿元,占比11.25%。医疗保健类企业的营业收入为21.38亿元,占比4.23%;合计净利润为2.95亿元,占比8.89%。相对而言,原材料类企业、可选消费类企业、医疗保健类企业的盈利能力较强(见表7-13)。

表7-13 苏州市新三板挂牌企业分行业财务数据统计

行业	挂牌家数(家)	挂牌占比(％)	营业收入(亿元)	净利润(亿元)
工业	138	38.04	231.67	10.06
信息技术	77	22.39	74.98	4.06
原材料	48	13.19	65.71	8.47
可选消费	42	10.74	48.32	3.73
医疗保健	24	6.75	21.38	2.95

(续表)

行　业	挂牌家数(家)	挂牌占比(%)	营业收入(亿元)	净利润(亿元)
能　源	11	2.76	34.16	1.14
金　融	6	1.53	9.58	1.77
日常消费	6	1.84	12.79	0.47
电信业务	4	1.23	2.01	0.38
房地产	4	0.92	2.97	0.05
公用事业	2	0.61	1.41	0.09

五、股票转让方式分析

（一）全国新三板挂牌企业股票转让方式概况

截至2019年12月31日，我国新三板市场的股票转让方式主要有两种：集合竞价转让[①]和做市转让。主要表现为：集合竞价转让占主导地位，占比达到92.12%；做市转让占比较少，占比仅有7.88%。两种转让方式在总股本、流通股本和资产总值方面的占比情况与挂牌家数较为一致(见表7-14)。

表7-14　全国新三板挂牌企业股票转让方式分布

转让方式	挂牌家数(家)	数量占比(%)	总股本(亿股)	流通股本(亿股)	资产(亿元)
集合竞价转让	7 962	92.12	5 002.29	2 972.88	20 910.46
做市转让	681	7.88	856.87	561.72	3 287.44

2019年，在日均成交量上，集合竞价转让以日均5 598.17万股的成交量远高于做市转让的日均3 415.46万股的成交量，两者分别占比62.11%、37.89%。在平均每家挂牌公司日均成交量上，做市转让平均每家挂牌公司日均3.91万股的成交量是集合竞价转让的0.63万股的6倍多，两者分别占比为86.12%、13.88%。说明虽然全国范围内做市转让日均成交量低于集合竞价转让，但做市转让平均每家公司日均成交量更大，其交投态势更加活跃(见表7-15)。

表7-15　全国新三板挂牌企业股票各转让方式成交量统计

转让方式	日均挂牌家数(家)	数量占比(%)	日均成交量(万股)	平均每家公司日均成交量(万股)
集合竞价转让	8 901	91.06	5 598.17	0.63
做市转让	874	8.94	3 415.46	3.91

[①] 股转发布自2018年1月15日起，原协议转让方式改为集合竞价转让方式。根据《全国中小企业股份转让系统股票转让细则》对新三板中集合竞价的定义，集合竞价是指对一段时间内接受的买卖申报一次性集中撮合的竞价方式。新三板集合竞价与分层制度配套，实行差异化的撮合频次：基础层挂牌股票采每日15:00收盘撮合1次的集合竞价；创新层挂牌股票采每日撮合5次的集合竞价，撮合时间依次为9:30、10:30、11:30、14:00、15:00。从全国新三板数据来看，2018年1月15日之后集合竞价交投清淡，成交量约为此前协议转让成交量的一半，降幅明显。

上述内容表明,虽然自 2018 年 1 月 15 日起原协议转让方式改为集合竞价转让方式,但为期近两年半的发展并没有使得集合竞价转让方式对原协议转让的新三板挂牌企业的整体交投状况产生实质性的提升。因而我国新三板市场股票转让方式还有待改善提升,必须更多地引进和培育高质量的企业和投资者进入新三板,推进新三板股票转让方式不断优化,让新三板市场的转让方式与主板、中小板、创业板接轨,向真正意义上的集合竞价转让方向转变。未来,我国新三板市场无论是从运行机制上还是从市场参与主体方面考量都存在着广阔的发展空间,市场机制将逐步走向规范,市场参与主体也将更为优化。

(二) 苏州新三板挂牌企业股票转让方式分析

苏州新三板市场的股票转让方式只存在两种,即集合竞价转让和做市转让。主要分布情况表现为：集合竞价转让数量最多,占比达到 93.87％；其次为做市转让,占比 6.13％。其中做市转让在总股本、流通股本和资产总值三个方面分别占比 10.91％、16.95％和 10.90％,均高于做市转让的数量占比 6.13％；而集合竞价转让的三个指标占比分别为 89.09％、83.05％和 89.10％,均低于集合竞价转让的数量占比 93.87％,说明苏州做市转让企业的基本状况好于集合竞价转让(见表 7-16)。

表 7-16　苏州新三板挂牌企业股票转让方式分布

转让方式	挂牌家数(家)	占比(％)	总股本(亿股)	流通股本(亿股)	资产(亿元)
集合竞价转让	306	93.87	142.14	71.70	625.42
做市转让	20	6.13	17.40	13.43	76.48

财务数据方面,苏州新三板市场挂牌企业通过做市转让的营业总收入、净利润占比分别为 9.71％、6.12％,营业收入占比高于做市转让的数量占比 6.13％,净利润占比略低于做市转让的数量占比 6.13％；而集合竞价转让的营业总收入、净利润占比分别为 90.29％、93.88％,营业总收入占比低于集合竞价转让的数量占比 93.87％,净利润占比略高于集合竞价转让的数量占比 93.87％,但总体来讲,苏州做市转让企业的盈利能力高于集合竞价转让企业(见表 7-17)。

表 7-17　苏州新三板挂牌企业股票转让方式财务数据统计

转让方式	挂牌家数(家)	占比(％)	营业收入(亿元)	净利润(亿元)
集合竞价转让	306	93.87	455.94	31.14
做市转让	20	6.13	49.04	2.03

2019 年,苏州新三板集合竞价转让挂牌公司日均数量为 365 家,占比达 90.35％,苏州新三板做市转让挂牌公司日均数量为 39[①]家,占比 9.65％。日均成交量上,集合竞价转让以日均 197.59 万股的成交量略微高于做市转让的日均 186.33 万股的成交量,两者分别占比 51.47％、48.53％。但是在平均每家挂牌公司日均成交量上,做市转让平均每家

---

① 在 2019 年,苏州新三板企业有挂牌有退出,39、365 家分别代表新三板做市转让、集合竞价转让平均每日挂牌公司数量。

挂牌公司日均4.78万股的成交量是后者集合竞价转让的0.54万股的近9倍,两者分别占比为89.85%、10.15%。说明苏州做市转让平均每家公司日均成交量更大,交投态势更加活跃(见表7-18)。

表7-18 苏州新三板挂牌企业股票各转让方式成交量统计

转让方式	日均挂牌家数（家）	数量占比（%）	日均成交量（万股）	平均每家公司日均成交量(万股)
集合竞价转让	365	90.35	197.59	0.54
做市转让	39	9.65	186.33	4.78

上述内容表明,虽然自2018年1月15日起原协议转让方式改为集合竞价转让方式,但为期近两年半的发展并没有使得集合竞价转让方式对苏州原协议转让的新三板挂牌企业的整体交投状况产生实质性的提升。苏州新三板市场股票转让方式还有待改善提升,要引进更多的高质量高科技企业进入苏州新三板市场,同时引入合格机构投资者,不断优化新三板挂牌企业股票转让方式,进而推出真正意义上的集合竞价转让。

第三节 新三板挂牌企业退市问题分析

一、全国新三板挂牌企业退市概况分析

从全国新三板挂牌企业退市情况来看,2017—2019年3年内全国新三板挂牌企业退市数量分别为709家、1 517家和1 630家,退市数量逐年递增。

退市方式包括主动退市和被动退市。根据同花顺数据库标准,新三板挂牌企业主动退市方式包括4类,即转板上市、吸收合并、股东大会终止上市和其他情形。2017—2019年3年内我国新三板主动退市企业数量分别为668家、1 506家和1 630家,分别占当年新三板退市企业数量的94.22%、99.27%和100.00%,主动退市企业数量居高不下且几占全数。

从财务数据上看,2017—2019年3年间全国新三板主动退市企业平均净利润逐年递减,说明越优质的企业越早从新三板主动退市。

以已完成IPO转板企业为例,目前绝大多数已IPO成功转板并摘牌退市的企业都是按照新三板挂牌企业申报IPO的正常流程执行的,新三板摘牌时间和A股上市时间间隔没有明确规定,普遍不到两个月,艾艾精工的摘牌日和上市日甚至仅仅相隔一天,康斯特的摘牌日和上市日也仅相隔两天,仅有万隆股份和药石科技两家是在IPO审核过程中便早早完成摘牌。然而随着市场环境的变化,目前已有越来越多的新三板企业选择在启动IPO前后便提前摘牌,能够维持到过会取得上市批文后再摘牌的新三板企业已越来越少。

横向来看,2017—2019年3年间,新三板主动退市企业在平均总股本、平均总资产、平均营业收入和平均净利润四个方面的数据表现皆优于同年新三板留板企业。纵向来看,近3年新三板主动退市企业平均净利润分别为0.26亿元、0.19亿元和0.14亿元,留板企业平均净利润分别为0.10亿元、0.07亿元和0.08亿元,两者皆呈递减趋势,一方面说明越优质的企业越早从新三板主动退市,另一方面也说明新三板留存企业经营绩效堪忧(见表7-19)。

表 7-19　全国新三板主动退市企业绩效与留板企业绩效比较

年份	主动退市企业					留板企业				
	退市企业总数量（家数）	平均总股本（亿股）	平均总资产（亿元）	平均营业收入（亿元）	平均净利润（亿元）	留板企业总数量（家数）	平均总股本（亿股）	平均总资产（亿元）	平均营业收入（亿元）	平均净利润（亿元）
2017	668	0.70	3.63	3.09	0.26	11 151	0.60	2.77	1.88	0.10
2018	1 506	0.70	3.49	2.54	0.19	9 964	0.59	2.82	1.93	0.07
2019	1 630	0.66	3.31	2.47	0.14	8 643	0.68	2.79	1.93	0.08

二、苏州新三板挂牌企业退市概况分析

从苏州新三板挂牌企业退市情况来看，2017—2019 年 3 年内苏州新三板挂牌企业退市数量分别为 38 家、59 家和 83 家，退市数量逐年递增。

2017—2019 年 3 年内苏州新三板主动退市企业数量分别为 36 家、59 家和 83 家，分别占当年苏州新三板退市企业数量的 94.74%、100.00% 和 100.00%，苏州新三板退市企业几乎全为主动退市。

从财务数据上看，2017—2019 年 3 年间苏州新三板主动退市企业平均净利润从 0.15 亿元微降至 0.14 亿元，说明苏州主动退市企业绩效均衡，且越优质的企业越早从新三板主动退市。

以艾福电子为例，艾福电子从事陶瓷介质的微波通信元器件业务，2017 年 7 月 13 日从新三板退市，其退市的理由仅仅是根据公司战略发展的需要。在摘牌仅两个月之后，2017 年 9 月 4 日，上市公司东山精密发布公告，拟收购艾福电子通讯有限公司 70% 股权，交易现金对价为 1.72 亿元。本次交易完成后，艾福电子将纳入公司合并报表范围。

横向来看，2017—2019 年 3 年间，苏州新三板退市企业在平均营业收入、平均净利润方面数据表现皆优于同年苏州新三板留板企业。纵向来看，3 年间苏州新三板退市企业平均净利润呈下降趋势，说明越优质的企业越早从新三板主动退市，虽然苏州新三板留板企业平均净利润 3 年间从 0.09 亿元微增至 0.10 亿元，但也说明苏州新三板留存企业经营绩效缺乏增长动力（见表 7-20）。

表 7-20　苏州新三板主动退市企业绩效与留板企业绩效比较

年份	主动退市企业					留板企业				
	退市企业总数量（家数）	平均总股本（亿股）	平均总资产（亿元）	平均营业收入（亿元）	平均净利润（亿元）	留板企业总数量（家数）	平均总股本（亿股）	平均总资产（亿元）	平均营业收入（亿元）	平均净利润（亿元）
2017	36	0.45	2.14	1.76	0.15	446	0.43	1.86	1.35	0.09
2018	59	0.42	1.97	1.60	0.14	391	0.93	3.88	1.57	0.09
2019	83	0.49	1.92	1.61	0.14	326	0.49	2.15	1.55	0.10

从对主动退市原因的分类上看,被并购和经营战略需要是较为积极的因素。高成长小规模的新三板挂牌企业一直是主板等上市公司青睐的并购对象,被上市公司并购的企业不再满足挂牌条件时会主动摘牌,也有新三板企业为了准备 IPO 转板上市等经营战略需要而主动摘牌。但被并购、转板摘牌的公司数量与新三板退市公司数量相比寥寥无几,说明被并购、转板摘牌并非新三板摘牌现象的主要动因。

流动性差、挂牌成本高、未实现融资目的是新三板企业主动退市摘牌的消极因素,构成了新三板挂牌公司主动摘牌的主要动因。2019 年新三板 8 643 家企业平均每家日均成交量仅为 1.04 万股,极低的流动性使得企业希望通过挂牌上市提高声誉、实现企业价值和再融资的目的难以达到。除去一次性支付的费用外,新三板挂牌企业需要每年担负督导费、审计费、挂牌年费等费用,同时信息披露的合规性也需要企业担负高额的披露成本。

因此在企业股权流动性较差,融资目的难以实现,且需负担较高挂牌成本的情况下,从新三板退市成为越来越多新三板挂牌公司的选择。

第四节 新三板精选层制度评价

近年来,受市场规模、结构、需求多元等因素影响,新三板出现了挂牌公司数量急剧减少、融资金额下降、交易不活跃等问题。为补齐资本市场服务中小企业的短板,更好发挥新三板的功能作用,经国务院批准,中国证监会于 2019 年 10 月 25 日正式启动全面深化新三板改革,其中精选层制度改革如下。

一、新三板精选层制度改革内容

(一) 融资制度方面

按照挂牌公司不同发展阶段需求,构建多元化发行机制,改进现有定向发行制度,允许新三板挂牌满一年且满足精选层入层相关标准的创新层企业向不特定合格投资者公开发行股票。

(二) 交易制度方面

精选层股票采取竞价交易方式,设置市价订单类型和价格稳定机制,经中国证监会批准,精选层竞价交易可以引入做市商机制,以优化市场交易定价功能。全国股转系统对连续竞价股票实行价格涨跌幅限制,涨跌幅限制比例为 30%,首日无涨跌幅限制。

(三) 转板上市方面

精选层是连接新三板和交易所市场的关键环节,与沪深交易所形成错位发展格局,在精选层挂牌满一年的公司可以申请转板至上交所科创板或深交所创业板上市,转板无须核准或注册,性质视为交易场所的变更,最终决定权在相关交易所。

(四) 投资者结构方面

一方面精选层投资者适当性标准将低于创新层、基础层标准,投资者基数大。投资者申请参与精选层股票发行和交易应当符合下列条件:实收资本或实收股本总额 100 万元人民币以上的法人机构;实缴出资总额 100 万元人民币以上的合伙企业;申请权限开通前 10 个交易日,本人名下证券账户和资金账户内的资产日均人民币 100 万元以上(不含该投资者通过融资融券融入的资金和证券),且具有规定的投资经历、工作经历或任职经历的自然人投资者。

另一方面引入公募基金投资,投资者结构更丰富。公募基金投资挂牌股票,基金类别应

当为股票基金、混合基金及中国证监会认定的其他基金,基金财产仅限于投资精选层股票。

(五) 公司监管方面

证监会将针对精选层公司出台专门规则,实施严格监管,出现经营风险、合规风险的企业坚决退出精选层,切实提高精选层公司质量,保护投资者合法权益。精选层公司如触发定期降层或即时降层的情况,将被调出精选层而进入符合的对应层级。定期层级调整工作每年4月30日启动,定期降层情况主要包括:(1)两年亏损,且收入低于5 000万;或一年亏损,且收入低于3 000万元。(2)最近一年净资产为负。(3)被出具否定意见或无法表示意见的审计报告。而即时降层情况主要与流动性过低、违规处罚等问题相关。

(六) 信息披露方面

精选层定位于向不特定合格投资者公开发行的优质企业,参照上市公司标准制定披露和监管制度。

二、精选层推出的意义

(一) 提高了新三板的流动性

由于引入了发行与承销制度、连续竞价交易机制以及信批要求等与A股接轨,投资者开户门槛降低至100万元,引入公募基金,而且有了转板机制的安排,预计流动性相比过去有大幅提升。

连续竞价交易机制具有价格发现速度快,成交及时性强,同时兼顾了抗操纵、平抑价格波动和降低交易成本等功能。适用范围较广,规则相对简单,市场认同度较高。通过多年做市商制度的探索,部分有意进入精选层的创新层股票在股东人数、流动性等方面也已经完全具备了开展连续竞价的条件,连续集合竞价可满足更高的流动性需求。

允许公募基金投资新三板精选层股票,有助于形成改革合力,改善新三板投资者结构,提升市场交易活跃度,有利于拓展公募基金投资范围,帮助投资者分享优质创新创业型企业成长红利。此外,公募基金能够进入的市场,都是国内最主流的资本市场,而允许公募基金进入精选层,无疑也从侧面反映了新三板精选层的地位将与A股列在同等水平,这也是一种给新三板正名的过程。

(二) 为新三板挂牌企业转板提供基础,多层次资本市场雏形开始形成

新三板公司从挂牌到转板上市的完整路线已明晰:(1)挂牌新三板,基础层门槛较低,每年定期调整时符合相应条件的公司可申请调入创新层,也可直接挂牌创新层;(2)创新层挂牌满1年,满足入层条件可申请公开发行并进入精选层;(3)精选层挂牌满1年,达到上市条件可向交易所申请直接转板(试点创业板/科创板)。

基础层仍然定位于企业储备和规范发展,创新层主要功能是在规范的基础上进行企业培育。精选层的推出对内实现了层次区隔,不同价值的企业更加有辨识度,有助于吸引更多的外部资金活跃市场;对外连接不同市场板块,加强了新三板企业与主板的连接,能够更好地发掘企业公允价值,无疑为许多中小企业打通了上升资本市场的渠道,是完善我国多层次资本市场体系的重大变革。

三、精选层与科创板、创业板注册制度比较

下文对科创板、创业板注册制和新三板精选层进行全方位制度对比。

(一) 板块定位

(1) 科创板精准定位于五大领域：新一代信息技术、高端装备制造和新材料、新能源及节能环保、生物医药、技术服务，支持战略新兴产业；

(2) 创业板服务成长型创新企业，未对行业做严格要求；

(3) 精选层支持创新创业型实体企业，暂不允许金融和类金融企业进入，暂未作出明确的行业限制，包容性更强。

(二) 上市标准

科创板从营收、利润、市值以及研发投入等维度设置的五类上市标准；创业板改革综合考虑企业预计市值、营收和净利润，设置了三个上市标准，任选其一；新三板精选层则有四套标准，考虑维度也包括市值、营收、利润、经营活动现金流、研发投入等指标。

总体上看，三个板块均允许亏损企业上市，均欢迎同股不同权的特殊股权结构的公司，另外创业板和科创板还明确允许红筹企业上市，并为特殊类型企业制定了不同的上市标准。科创板对于红筹企业上市未做盈利要求，创业板则要求盈利为正。

这三个板块具体上市指标如下，具体来看，市值及财务指标应当至少符合下列标准中的一项。

科创板：

(1) 预计市值不低于人民币10亿元，最近两年净利润均为正且累计净利润不低于人民币5 000万元，或者预计市值不低于人民币10亿元，最近一年净利润为正且营业收入不低于人民币1亿元；

(2) 预计市值不低于人民币15亿元，最近一年营业收入不低于人民币2亿元，且最近三年研发投入合计占最近三年营业收入的比例不低于15%；

(3) 预计市值不低于人民币20亿元，最近一年营业收入不低于人民币3亿元，且最近三年经营活动产生的现金流量净额累计不低于人民币1亿元；

(4) 预计市值不低于人民币30亿元，且最近一年营业收入不低于人民币3亿元；

(5) 预计市值不低于人民币40亿元，主要业务或产品需经国家有关部门批准，市场空间大，目前已取得阶段性成果，并获得知名投资机构一定金额的投资。医药行业企业需取得至少一项一类新药二期临床试验批件，其他符合科创板定位的企业需具备明显的技术优势并满足相应条件。

创业板：

(1) 最近两年净利润均为正，且累计净利润不低于5 000万元；

(2) 预计市值不低于10亿元，最近一年净利润为正且营业收入不低于1亿元；

(3) 预计市值不低于50亿元，且最近一年营业收入不低于3亿元。

精选层：

(1) 市值不低于2亿元，最近两年净利润均不低于1 500万元且加权平均净资产收益率平均不低于10%，或者最近一年净利润不低于2 500万元且加权平均净资产收益率不低于10%；

(2) 市值不低于4亿元，最近两年营业收入平均不低于1亿元且增长率不低于30%，最近一年经营活动产生的现金流量净额为正；

(3) 市值不低于8亿元，最近一年营业收入不低于2亿元，最近两年研发投入合计占最

近两年营业收入合计比例不低于8%；

（4）市值不低于15亿元，最近两年研发投入合计不低于5 000万元。

（三）个人投资者门槛

（1）科创板设立了准入门槛：申请权限开通前20个交易日证券账户及资金账户内的资产日均不低于人民币50万元；参与证券交易满24个月；

（2）存量创业板投资者的适当性要求基本保持不变，但要求充分揭示风险；新增创业板个人投资者须满足前20个交易日日均资产不低于10万元，且满足24个月的A股交易经验的门槛；

（3）对于上市标准更为宽松的精选层则有着更高的投资者准入要求：在个人投资者方面，申请权限开通前10个交易日，本人名下证券账户和资金账户内的资产日均人民币100万元以上，有2年以上证券、基金、期货投资经历，或者具有2年以上金融产品设计、投资、风险管理及相关工作经历。

（四）发行承销制度

（1）定价方式：科创板仅允许机构询价，创业板可机构询价或直接定价，但直接定价要求市盈率不得超过同行业A股平均值；精选层可询价、竞价或直接定价；

（2）网下发行：科创板与创业板网下初始发行比例为70%～80%，机构打新优势较大，精选层网下初始发行比例仅为询价发行时的60%～80%（其他全部网上发行）；

（3）申购方式：精选层采取全额预缴形式，科创板和创业板为市值申购，申购成功后缴款认购；

（4）跟投制度：创业板仅对未盈利企业、特殊股权结构企业、红筹企业、高价发行企业实施保荐人相关子公司强制跟投制度，其他发行人不强制跟投；

在科创板的注册制试点中，机构跟投是制度设计的创新所在。科创板要求所有股票要进行2%～5%的强制跟投；而精选层无此类要求；

（5）融券方面：科创板和创业板可以融券，精选层暂时没有。

（五）二级市场交易

创业板注册制后交易制度对标科创板，前五日不设涨跌幅，五日后为20%；精选层涨跌幅限制为30%。

（六）退市制度

（1）创业板与科创板均设4类退市指标；

（2）创业板交易类退市指标比科创板更严，新增"连续20个交易日市值低于5亿元"市值退市指标；设置了退市风险警示即*ST制度，强化风险揭示；

（3）精选层设定期退层和即时退层指标。

通过对比我们可以发现，精选层存在以下问题：

第一，精选层对企业规模和盈利能力要求相对较低，挂牌条件低于科创板、创业板上市条件，且精选层的定位更加宽泛；

第二，申购方式上，精选层采用全额预缴形式，遇到打新股较多时，一方面一定程度上会对市场中的流动性产生抽血效应，使交易市场产生异常波动；另一方面，在新股发行间隙，资金会重新回流货币市场，可能造成间歇性、结构性的资金紧张，增大货币利率的波动性；

第三，精选层投资者门槛为100万，远高于创业板和科创板10万和50万的投资门槛，

相比之下极大地降低了活跃投资者的进入量,降低了精选层的交投活跃度;

第四,精选层无强制跟投制度要求,既不利于控制道德风险,也不利于提高市场活跃度。

四、精选层展望

全额预缴的申购方式、较高的投资者门槛和无强制跟投制度等制度设计不利于提高精选层市场活跃度。尤其是精选层100万投资者门槛相比科创板、创业板仍旧较高,预计将很难适应精选层发展的需要,较少的投资者将较大地影响挂牌企业的融资效率、市场流动性和交易的连续性,在其他诸项制度施行顺利的情况下,精选层交投活跃持续度仍有待观察。

此外精选层对挂牌企业规模和盈利能力要求相对较低,精选层的问题归根结底还是要回归企业本身的质量,企业的盈利和财务状况才是投资者选择投资标的并且进行投资操作的根本依据。新三板要真正繁荣,除了进一步完善机制,使其更加高效且市场化,核心还是需要挂牌企业业绩进一步提升,未来新进入的企业质量更加出色,让整个新三板成为真正优质企业的融资之所。

本 章 小 结

本章主要分析了国内以及苏州新三板企业的发展现状,区域内企业的区域分布、市场分层分布、产业分布、行业分布、股转方式等方面的特征。通过数据全面地分析了新三板退市和新三板制度存在的问题,进而提出助推新三板发展的策略。

总体来看,苏州新三板企业挂牌数量要远高于省内其他各个城市,在全国各主要城市中也居于前列,但是企业规模及盈利指标并不具备优势。区域分布方面,苏州新三板企业主要分布于苏州市区;苏州新三板企业列于创新层的占比高于全国平均水平,仅低于北京(8.47%)、上海(8.05%)和杭州(8.51%)这三个重点城市,但究其原因,与2018年相比,主要是其他城市的创新层企业占比下降,苏州占比变动不大;产业分布上,主要分布于高技术产业;行业分布上,主要分布于工业、信息技术、原材料、可选消费和医疗保健这5类行业;股票转让方式上,以集合竞价转让为主,做市转让次之。

从退市问题来看,全国及苏州退市数量逐年递增且几乎全为主动退市,这一现状主要与新三板融资功能丧失等有关。

2019年年末,新三板市场推出精选层,并从融资制度、交易制度、转板上市、投资者结构、公司监管、信息披露等六个方面对精选层进行制度改革,提高了新三板市场的流动性,为新三板挂牌企业转板提供基础,是完善我国多层次资本市场体系的重大变革。但与此同时,精选层制度中的全额预缴的申购方式、较高的投资者门槛和强制跟投制度等制度设计不利于提高精选层市场活跃度,精选层交投活跃持续度仍有待观察。

第八章

苏州拟上市预披露公司分析

预先披露制度是指拟申请首次上市发行股票(IPO)的企业依法向证监会报送有关申请文件,并在其受理后,将有关申请文件向社会公众披露的制度。预披露环节是当前企业上市的必经之路,参与预披露的公司是未来上市公司的后备军。

证监会从 2014 年 4 月起陆续对已向证监会报送相关申请文件的拟上市公司开展预披露工作,截至 2019 年 12 月底,预披露公司总数达到 4 000 多家(含科创板)。本章仅分析主板、中小板和创业板,科创板另章专述。对拟上市公司开展预披露工作被认为是新股发行机制改革的一项重要举措。在 2019 年 IPO 预披露中,苏州共有 50 家公司披露了申报表,而其中 4 家(瑞玛工业、华辰装备、聚杰微纤、爱丽家居)公司现已成功上市,本章即以剩余 46 家苏州拟上市公司作为预披露研究对象。

第一节 苏州预披露公司数量分析

一个地区上市公司的数量规模和分布结构反映了这个地区的经济实力和发展潜力。苏州经济发展成果无论是与长三角其他城市相比,还是与全国主要城市相比都是令人瞩目的。本节将以苏州此次预披露的 46 家公司为分析对象,和各直辖市、计划单列市、2018 年 GDP 排名前 10 位(含苏州)城市、江苏省内其他城市作比较。

一、与各直辖市比较

直辖市在我国行政建制中属于省级行政单位,是我国最为重要的顶级城市。直辖市人口众多,且通常在政治、经济和文化等各方面具有相当重要的地位。在 2019 年年底前的 IPO 预披露中,四大直辖市北京有 94 家、上海 73 家、天津 11 家、重庆 12 家拟上市公司披露了申报稿(见表 8-1)。

表 8-1 苏州预披露公司数量与各直辖市比较 单位:家

城 市	公 司 数 量	
	2018 年	2019 年
北 京	100	94
上 海	76	73
天 津	11	11
重 庆	16	12
苏 州	41	46

资料来源:由中国证监会资料整理而成。

与苏州的46家预披露公司相比,北京和上海的预披露公司数量远超苏州,分别为94家和73家,这反映了北京和上海作为我国政治中心和经济中心无可取代的经济实力。另一方面,虽然同为直辖市,天津和重庆的预披露公司数量远落后于苏州,分别为11家和12家。同2018年相比,四大直辖市中北京、上海和重庆预披露公司数量均有下降,天津维持不变,只有苏州预披露公司数量持续增加,这反映了苏州行政级别与直辖市相比虽然较低,但经济实力和发展潜力却不容小觑,优质公司资源也较为丰富。

二、与各计划单列市比较

计划单列市通常是一些规模较大的城市,享有省一级的经济管理权限,而不是省一级行政级别。其财政收支直接与中央挂钩,由中央财政与地方财政两分,而无须上缴省级财政。目前,全国仅有5个计划单列市,分别是辽宁大连、山东青岛、浙江宁波、福建厦门、广东深圳。无论从经济发展水平、人口数量、政治地位、区位优势上来看,苏州均满足设立为计划单列市的条件。

截至2019年年底IPO预披露中,深圳预披露公司数量共76家,虽然总数较2018年有所下降,但是仍然位居各计划单列市榜首,并且超过上海,稳居全国第二。这反映了深圳作为老牌经济特区强大的实力和发展潜力,也反映出深圳良好的创业、创新环境和对全国优质资源的凝聚效应。其他四个计划单列市预披露公司数量与苏州相比,宁波和厦门的预披露公司数量较上年略有增加,但仍低于苏州,青岛预披露公司数量为苏州的五分之一,而大连仅有4家(见表8-2)。这反映了苏州虽然不是计划单列市,但是经济实力水平和优质公司资源数量要优于大多数计划单列市。在未来,苏州为了实现更高水平的发展,积极寻求城市行政层次的升级将是必然选择。

表8-2 苏州预披露公司数量与各计划单列市比较　　　　单位:家

城　市	公　司　数　量	
	2018年	2019年
辽宁大连	2	4
山东青岛	13	9
浙江宁波	17	21
福建厦门	14	17
广东深圳	79	76
苏　州	41	46

资料来源:由中国证监会资料整理而成。

三、与GDP排名前十位城市比较

上市公司数量往往与一个地区经济地位正相关。根据国家统计局公布的2019年各地区国内生产总值(GDP)数据,排出了位居前十位的地级以上城市,并分别统计了这十个城市此次预披露的公司数量,苏州GDP排名稳定在全国第7位,预披露公司数量排名也保持在第5位,预披露公司数量排名超过了经济实力排名,这反映出苏州公司的经济实力较经济发展水平更加突出。此外,这十个城市中除了苏州是地级市以外,其他均为直辖市和副省级城市(计划单列市和省会城市),但这并没有影响苏州拟上市公司数量的相对优势地位,预披露公司总数仍超过成都、重庆、武汉等城市(见表8-3)。

表 8-3　2019 年 GDP 排名前十位地级以上城市预披露公司数量　　　　　　单位:家

按 GDP 排名	城　　市	公司数量	按公司数量排名
1	上　海	73	3
2	北　京	94	1
3	深　圳	76	2
4	广　州	27	6
5	重　庆	12	9
6	天　津	11	10
7	苏　州	46	5
8	成　都	21	7
9	武　汉	13	8
10	杭　州	51	4

资料来源:由国家统计局、中国证监会资料整理而成。

从 2017—2019 年 GDP 排名前十位地级以上城市预披露数量来看,北京、深圳和上海一直处于绝对领先地位,这三个城市的预披露公司数量几乎是排名第四位杭州的两倍。2017—2019 年苏州的预披露公司数量排名第五,仅次于杭州。武汉、天津、重庆这三年来预披露公司数量基本持稳(见图 8-1)。

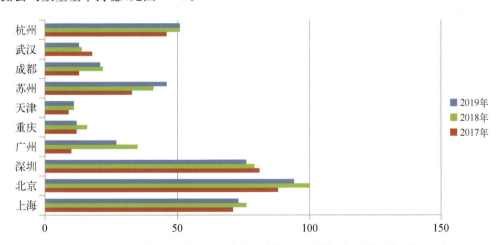

图 8-1　GDP 排名前十位地级以上城市预披露公司数量三年动态比较(单位:家)

四、与江苏省内其他城市比较

苏州经济总量一直稳居江苏省的首位,是江苏省名副其实的经济中心。苏州已上市公司数量占据绝对优势地位,稳居全省首位,远超省内其他城市。从地域分布来看,江苏的上市公司资源主要集中在苏南地区和省会南京,苏中和苏北的上市公司资源相对缺乏,这也符合经济发展水平和优质公司资源数量之间正向互动的关系。苏南片除苏州外,无锡预披露公司数量为23家,超过南京,位列全省第二,苏南第三大城市常州预披露公司数量为17家,仅次于南京,稳居全省第四位。而将2019年年底进行IPO预披露的公司数量与2018年对比后可以发现,苏州预披露公司数量稳定保持在全省第一位,体现了苏州上市公司充足的后备力量(见表8-4)。

表8-4 江苏省各市预披露公司数量　　　　　　　　　　单位:家

城 市	预披露公司数量		已上市公司数量(A股)	
	2018年	2019年	2018年	2019年
南 京	19	18	84	88
苏 州	41	46	107	114
无 锡	18	23	77	77
常 州	15	17	40	42
镇 江	4	6	12	13
南 通	10	9	33	35
扬 州	2	5	13	13
徐 州	1	1	11	10
淮 安	0	1	2	2
连云港	1	0	7	6
泰 州	3	1	7	8
盐 城	3	3	6	6
宿 迁	3	5	3	4
总 数	121	134	402	418

资料来源:由中国证监会资料整理而成。

总体看来,苏南地区预披露数量总和超出江苏省预披露公司数量的一半,这显示出苏南地区雄厚的经济实力和丰富的优质企业资源。此外,苏中片南通今年有9家预披露公司和35家已上市公司,仅次于苏南常州。苏北各市今年的排名依旧靠后,这也是苏北经济水平发展相对落后的体现。

第二节　苏州预披露公司区域分布和市场结构分析

本节将以苏州此次预披露的46家公司为分析对象,从区域分布和市场结构两个角度,分析苏州预披露公司的区域分布特点和内在发展趋势。

一、区域分布分析

苏州大市共辖5个市辖区[姑苏区、苏州高新区(虎丘区)、吴中区、相城区、吴江区],1个县级行政管理区(苏州工业园区)以及4个县级市(常熟、张家港、昆山、太仓)。由于高新区和工业园区是苏州两大相对独立的特色经济板块,故将高新区和工业园区单独划分出来。此外,吴江2012年9月撤市设区,现在仍处于合并过渡期,其产业特色和经济地位仍保持原先的特点,故仍将吴江区与其他县级市并行列示,不纳入苏州市区的范围(见表8-5和图8-2)。

表8-5 苏州预披露公司和已上市公司区域分布   单位:家

地 区	预披露公司数量		已上市公司数量	
	2018年	2019年	2018年	2019年
苏州市区	9	10	16	18
工业园区	10	11	20	21
高新区	1	0	14	14
昆山市	11	15	11	14
张家港市	5	4	19	20
常熟市	1	1	10	10
太仓市	1	1	4	4
吴江区	3	4	13	13
合 计	41	46	107	114

资料来源:由中国证监会资料整理而成。

从统计数据可以看出,昆山市区2019年预披露公司数量(15家)较2018年上升,超过工业园区,跃居苏州市第一。这是由于昆山是江苏去上海的必经之路,基于地理优势以及廉价的土地和劳动力,昆山成为很多企业的落户首选。此外,除了广东和上海,昆山是最早拥有合资企业的大陆城市,还诞生了江苏第一家外商独资企业,从过去的边缘地带一跃成为外资企业的落脚点。工业园区(11家)和苏州市区(10家)分别位居全市第二、第三,这三个区域不仅大幅领先其他区市,还超过省内很多地级市和国内其他大城市。张家港市虽然预披露公司数量位列第四,但是已上市公司数量(20家)位列第二。此外,高新区今年没有预披露公司,但是已上市公司数量(14家)位列第四,通过对比可见近年来张家港市和高新区发展后劲

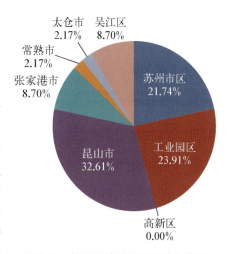

图8-2 苏州预披露公司区域分布图

相对不足。剩余其他区域预披露公司分布与苏州已上市公司分布基本一致,体现出苏州经济核心板块实力依然强劲,显示了苏州地区经济的雄厚实力以及上市公司的可持续发展特色。

二、市场结构分布分析

从市场结构来看,本次预披露的苏州企业申请主板和创业板的分别有20家和21家,创业板预披露公司数量首次超过主板,两个板块总占比超过预披露公司总数的88.00%,而申请中小板的仅有5家(见表8-6)。

表 8-6　苏州预披露公司和已上市公司市场结构分布

板　块	预披露公司数(家)	占比(%)	已上市公司数(家)	占比(%)
主　板	20	43.48	39	34.21
中小板	5	10.87	42	36.84
创业板	21	45.65	33	28.95
合　计	46	100	114	100

资料来源：由中国证监会资料整理而成。

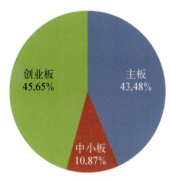

图 8-3　苏州预披露公司市场结构图

但是，与预披露公司市场结构分布不同的是，苏州已上市公司以中小板上市为主，由于沪市主板上市条件逐渐放宽，多数预披露公司优先考虑主板上市。同时，与已上市公司市场结构相比，预披露公司创业板占比较大，这是因为近年来新增的预披露公司普遍为规模较小，但更具有成长性与较强盈利能力，这体现了苏州拟上市企业未来良好的发展前景(见图8-3)。

从各板块财务指标可以看出，各板块已上市公司总资产是预披露公司的数倍，且已上市公司主板和中小板总资产远高于创业板。除去IPO再融资带来的资产增加外，主要原因是监管部门为引导上市资源向沪市主板转移，放宽了沪市主板的规模要求，这也使得主板预披露公司的平均负债水平高于该板块已上市公司。今年，苏州银行的上市改变使得中小板预披露公司的平均规模下降，主要原因是苏州银行作为金融机构具有强大的资本实力，各财务指标均领先。虽然从平均营业收入上来看，已上市公司比预披露公司高得多，但平均净利润的差距却相对小得多。由此可见，预披露公司的盈利能力比较强，利润创造能力并不比已上市公司差，反映出预披露公司拥有良好的发展前景(见表8-7)。

表 8-7　苏州预披露公司和已上市公司分市场规模与绩效对比　　　单位：亿元

板　块	平均总资产		平均总负债		平均营业总收入		平均净利润	
	预披露公司	已上市公司	预披露公司	已上市公司	预披露公司	已上市公司	预披露公司	已上市公司
主　板	134.65	148.24	119.95	110.61	11.87	36.76	2.06	3.29
中小板	70.33	197.67	46.71	146.62	31.53	68.46	2.53	2.66
创业板	5.43	20.44	2.05	9.32	4.94	10.48	0.63	0.06

说明：表中数据均来自各公司2018年年度财务报表。

第三节　苏州预披露公司行业分布和产权性质分析

根据前文，可以看出苏州预披露公司的区域分布特点和各市场板块公司规模与业绩情况的相关结论。本节将从行业分布和产权性质两个角度展开，进一步分析苏州预披露公司的行业分布特点与变化。

一、行业分布分析

三大产业分布是行业分布的基础，也能最为概括地说明苏州上市公司的行业分布情况。从苏州预披露公司的产业分布来看，苏州这三年均没有第一产业的预披露公司，其中第二产业占绝对比重，并且逐年递增，第三产业在数量上处于落后状态（见表8-8）。

表8-8 苏州预披露公司三大产业分布　　　　　　　　　　　　单位：家

产　业	2017年	2018年	2019年
第二产业	29	34	40
第三产业	4	7	6
总　计	33	41	46

资料来源：由中国证监会资料整理而成。

将行业细化来分析，预披露的苏州企业行业分布较为集中，主要分布在工业类、材料类两个行业，占比总计接近总披露公司数量的89%以上。工业类企业主要以各类机械设备、专用设备制造类企业为主。从行业分布格局来看，苏州预披露公司依然以工业制造业为主，与已上市公司的行业分布格局相似，行业分布非常集中。但是从企业预披露材料中可以看出一个明显的变化：苏州制造业企业也在不断向高端、高科技方向转型升级，很多专用设备制造的技术水平和科技含量走在全国前列。此外，昆山农商行参与了此次预披露，体现了金融机构的强大实力，反映了苏州地区良好的经济发展水平和金融生态环境。2019年预披露公司与已上市公司行业分布基本一致，但是信息技术行业预披露公司数量占比仅为6.52%，而已上市公司数量占比为24.56%，位列第二，反映了该行业近年发展势头减弱。此外，可选消费在本年度预披露公司数量为0，而已上市公司数为10家，位列第四位，体现了该行业发展后劲不足（见表8-9）。

表8-9 苏州预披露公司和已上市公司行业分布

行　业	预披露公司数（家）	占比（%）	已上市公司数（家）	占比（%）
材　料	13	28.26	18	15.79
工　业	28	60.86	47	41.23
信息技术	3	6.52	28	24.56
可选消费	0	0	10	8.78
金　融	1	2.18	5	4.39
能　源	1	2.18	2	1.75
公共事业	0	0	2	1.75
房地产	0	0	2	1.75
合　计	46	100	114	100

资料来源：由中国证监会资料整理而成。

从2017—2019年三年行业变动情况来看，工业和材料行业始终占据绝对地位，数量在2019年再次增加。房地产、公共事业和金融行业的预披露公司数量均有减少，信息技术行业预披露公司数量这两年不变,总体来说第三产业在苏州发展相对薄弱。2019年新增一家能源行业单位,这使得苏州预披露公司行业分布更为多样化(见图8-4)。

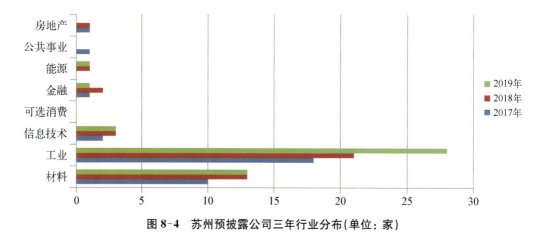

图8-4　苏州预披露公司三年行业分布(单位:家)

二、产权性质特点分析

从已上市公司数据来看,近80%的苏州上市公司是民营企业。从此次预披露的拟上市公司来看,民营企业依旧独占鳌头,46家预披露企业中的37家是民营企业,占总数的80.43%,体现了新时期的苏州民营资本在良好的区域经济环境下不断地发展壮大的历程(见表8-10)。

表8-10　苏州预披露公司和已上市公司产权性质分布

产权性质	预披露公司数(家)	占比(%)	已上市公司数(家)	占比(%)
民营企业	37	80.43	91	79.82
国有企业	0	0	12	10.53
外资企业	9	19.57	11	9.65
合计	46	100	114	100

资料来源:由中国证监会资料整理而成。

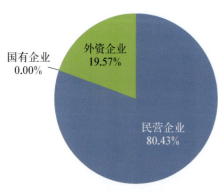

图8-5　苏州预披露公司产权性质分布

2019年预披露公司中没有国有企业,而国有已上市公司数量较去年增加2家,这意味着2018年披露的两家国有企业均已上市。同时,今年外资企业预披露公司上升至9家,发展成果显著,体现出苏州与世界各地的经济合作规模不断扩大,程度不断加深。我们发现国有资本通过股权安排的形式在注册资本占比并不高的情况下实现了对拟上市公司的控制,而较大份额的股权由分散的民营资本持有但不享有控制权,这种趋势符合了新时期国有资本战略性调整的要求(见图8-5)。

第四节 苏州、深圳、杭州深度对比

根据前文各直辖市预披露公司数量对比,虽然苏州预披露公司数量超过天津和重庆,但与北京和上海的差距依然很大。从计划单列市的比较结果来看,除深圳外,苏州预披露公司数量远超其余四个计划单列市,深圳作为经济发展特区有其独特的政策和地理发展优势,但是其发展模式对于苏州有着一定的借鉴意义。在GDP排名前10地级以上城市中浙江省会城市杭州GDP排名位列苏州之后,但是无论其已上市公司数量还是预披露公司数量均超过苏州。深杭两市在各个方面都存在充分比较意义,有助于更好探索苏州经济发展的未来。

一、数量比较

比较2015年来苏州与杭州、深圳预披露公司数量,2015年市场迎来牛市,深圳预披露公司数量成倍增长,省会城市杭州也有了小幅增长,与苏州拉开差距。但是,2015年以后深圳的预披露公司数量稳定在80家左右且略有下降,杭州略有浮动维稳在50家左右,而苏州预披露公司数量从2016年起持续增加,与杭州之间的差距越来越小,显现了苏州经济发展的可持续能力(见图8-6)。

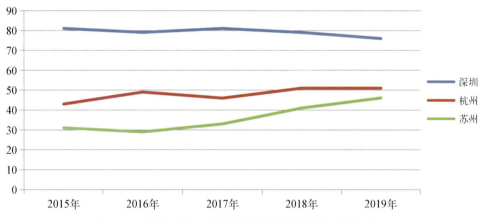

图8-6 苏州、杭州、深圳预披露公司数量比较(单位:家)

二、规模比较

从预披露公司的平均总资产来看,苏州拟上市公司的平均总资产基本持稳,2019年由于苏州银行的上市使得平均总资产规模下降,但是历年仍大于深圳平均总资产规模,其中2019年苏州平均总资产规模再次超过杭州位列第一,显示了苏州上市公司后备梯队的优质潜力。这四年中,杭州预披露公司规模变化不稳定,由于2017年浙商银行和2018年南华期货的加入,使得预披露公司平均总资产表现突出,远高于苏州和深圳的平均总资产规模。相比于苏州和杭州,深圳预披露公司的平均总资产规模均处于较低的数值,2015—2018年有小幅上升(见图8-7)。

三、行业比较

将2019年苏州、杭州、深圳三地的预披露公司所属行业相比较,可以发现苏州预披露企

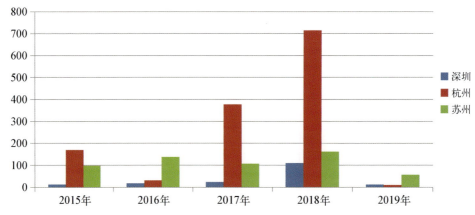

图 8-7　苏州、杭州、深圳预披露公司平均总资产比较（单位：亿元）

业几乎都集中在第二产业，其中制造业占比过大，且超过杭州，第三产业预披露公司较少。而杭州、深圳两地预披露企业行业分布较广，且在科技研究、技术服务业、水利和环境公共设施管理业、文化体育娱乐业等行业均有优秀企业参与预披露，显示了深、杭两地新兴行业发展迅速，预披露公司行业分布更为合理。

由此可见，深圳、杭州已经逐渐实现了城市发展的转型升级，大量的战略性新兴产业的公司进行预披露，显示了深、杭两地强大的自主创新能力，完成了从以投资驱动发展为主到以创新驱动发展为主的转变。与之相比，苏州还处在转型的关键期，预披露公司行业层次单一（见图 8-8）。

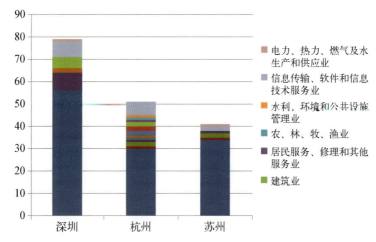

图 8-8　苏州、杭州、深圳预披露公司行业分布比较（单位：家）

第五节　苏州预披露公司现存问题与展望

一、苏州拟上市公司现存问题

（一）城市地位与实力不匹配，抑制发展速度

从预披露公司数量分析来看，苏州预披露公司数量依然处于国内领先地位，在地级以上

第八章　苏州拟上市预披露公司分析

城市中排名靠前,超过了部分直辖市、计划单列市和其他副省级城市,这反映出苏州雄厚的经济实力和丰富的优质公司资源。但是,苏州与个别城市之间仍有差距,除了领跑全国经济的北京和上海,2010年上半年苏州GDP曾超越深圳,位居全国第四,之后排名几乎以每年一个台阶的速度在下滑,随后几年相继被天津和重庆超越,2014年下滑到了全国第七,之后四年苏州GDP一直处于全国第七。苏州城市地位滞后于经济实力,较低的城市地位势必会限制苏州经济更好地发展。

纵向对比后可以发现,苏州近年来预披露公司数量涨幅较小,且与杭州、深圳间的差距较大。2014年三个城市差距较小,杭州的预披露公司数量与苏州几乎相近,之后三个城市预披露数量差距逐渐拉大。尽管2019年苏州预披露公司数量增至46家,但是与深圳和杭州依然存在差距。从城市相关政策和资源匹配度来看,深圳作为经济发展特区,拥有政策扶持和资金配套,又地处广州和香港之间,能够吸引更多人才和创新型优质公司,未来发展潜力无穷。虽然江苏省与浙江省是经济比肩的大省,但杭州拥有省会优势,包括省内中心度以及浙江全省资源聚集,在经济发展的各个方面拥有更多自主权,苏州想要保持长久领先地位存在一定的难度。

(二) 区域和产业分布不合理,公司间规模差距大

从预披露公司区域分布来看,2019年昆山市预披露公司数量跻身榜首,50%以上的预披露公司集中在昆山市、工业园区和苏州市区。高新区已上市公司数量可观,然而2019年没有预披露公司。当前,昆山市借助于先天地理优势和政治扶持发展强劲,而苏州工业园区的各项数据均表现良好,园区模式形成品牌效应。但是区域间预披露公司数量差距较大,侧面反映了各区域间经济发展程度存在较大差异。

从行业分布来看,苏州预披露公司集中在第二产业,2016—2018年均以制造业为主,其他行业涉及较少。目前,苏州具有一定的产业规模,但主要集中在制造业领域,制造业是苏州产业的核心,推动了苏州经济的快速增长。然而,原有的经济发展模式使得苏州经济的发展遇到瓶颈,希捷、日东电工等世界500强企业撤出苏州。苏州制造业自主品牌少,附加值低,效益不高,制造业的增加值率、利润水平、利税能力等普遍偏低。同时,重工、重化快速拉升工业规模的方式也给苏州带来了环境问题。此外,从苏深杭行业对比中,尽管三者都以制造业为主,而深圳和杭州预披露公司行业分布明显优于苏州。这两个地区均有各自行业发展特色,深圳集中于电子信息产业,杭州集中于信息技术行业。苏州依靠土地政策优势和高污染的粗放型制造业逐渐疲软,产业单一和产业结构不合理的问题日益突出。此外,在各板块市场规模绩效对比中,苏州银行作为金融机构具有强大的资本实力,各财务指标均领先,但是2019年苏州银行上市后,中小板预披露公司的平均规模明显下降,这反映了上市公司规模之间存在较大差异。

(三) 缺乏核心竞争力,自主创新动力不足

在苏深杭深度对比中,虽然三个城市均以制造业为主,但是深圳与杭州的行业分布更广。深圳与苏州GDP相近,但是深圳一直是科技创新型城市的代表,集结了华为智能芯片与通信设备、腾讯移动社交平台和比亚迪电动车等优秀企业,分别代表着现代科技产业三大领域IT硬件创新、移动互联网和新能源智能汽车的顶尖水平。杭州依托原有的阿里生态圈和网易、海康威视、大华股份等龙头企业,在互联网领域开辟新路径,打造"互联网+"创新创业中心,信息技术产业发展相对成熟。早期苏州经济的崛起得益于重工业和制造业的迅猛

发展,使得重工业企业和制造业企业等劳动密集型产业在经济结构中长期占据主导地位,然而在全国经济产业转型升级的当下,苏州的经济结构面临着深刻变革的强大压力。虽然苏州拥有国家的工业园区综合服务示范区政策,但经济增长乏力。特别是互联网与IT行业,远远落后于杭州与深圳,缺乏城市产业的核心竞争力,后续发展略显薄弱。

二、相关策略分析

(一) 克服城市规模局限,营造良好创新创业环境

一个城市可以凭借更高的行政级别吸引更多的资源,营造更好的经济发展环境。苏州要克服城市规模局限,积极营造良好的创新、创业、营商环境,优化促进创新型企业快速成长的生态环境。同时,营造"宽容失败"的创新创业文化,通过"政府扶持+市场驱动+金融支撑",推动资本市场与创新企业结合,为优质公司的发展壮大并登陆资本市场提供条件,更好地壮大苏州预披露公司队伍,提高整体经济发展水平。

(二) 均衡区域发展,优化调整产业结构

从长期政策来看,工业园区一直是市政府关注的重点区域,促进人才和优质企业的进入是前期规划的目标,近年来工业园区也逐渐形成区域品牌形象,领跑苏州经济。但是,为了实现苏州经济从高速发展阶段过渡到高质量发展阶段,离不开各个区域的协同共进,一方面要明确各个区域的发展定位;另一方面要实现区域间的均衡发展和统筹规划,促进生产要素自由流通,加快苏州经济一体化发展。优化调整产业结构是艰辛且缓慢的过程,首先要实现原有产业的转型升级,使得附加值低且效益不高的制造业逐渐向高端设备制造业转型,增强核心竞争力。同时要抓住供给侧结构性改革的东风,开拓内需市场。其次,要加强创新创业团队建设,目前苏州多数为外资代工厂,随之而来的是高产值低收益问题,苏州必须增强制造业自主创新能力,调整外资引进战略,不仅仅成为世界工厂,而是要掌握先进技术和核心科技。最后,利用相关政策优势吸引更多行业领先、具有发展前景的优质企业进入,丰富苏州相关产业结构。

(三) 提升核心竞争力,增强自主创新动力

推动技术创新,掌握核心技术是加强企业竞争力的关键,特别是科创板相关企业,科技创新能力是决定企业发展的关键。苏州若要在预披露公司排名中保持前列,就必须加强企业的自主创新能力,提高核心技术竞争力。此外,人才是城市经济发展的不竭动力,积极引进领军型创新创业团队,增加城市自主创新动力,最终将促进资本市场"苏州板块"的发展壮大并成为实现苏州经济转型升级的强大推动力。

本 章 小 结

通过对苏州预披露公司的分析,可以得出以下结论:从绝对数量上,苏州预披露公司数量依然排于全国前列,体现了苏州强大的经济实力。从区域分布来看,昆山市、工业园区和苏州市区预披露公司数量形成一定规模,远超省内其他城市,体现经济核心板块竞争力。从市场结构来看,此次预披露公司以申请主板、创业板上市为主,企业规模较小但更具有成长性与较强盈利能力,这体现了苏州拟上市企业未来良好的发展前景。从行业分布来看,虽然预披露公司仍以制造业为主,但有明显的向高端、高科技设备制造转型的趋势。从产权性质

来看,民营企业依然独占鳌头,体现了苏州地区民营经济强大的生命力。从苏深杭预披露公司比较来看,苏州预披露公司数量与深圳、杭州差距逐渐缩小,其预披露公司规模处于一个平稳上升的状态。而分析已过会公司数量可以发现,截至2019年年底,剔除科创板,苏州共有50家预披露公司,已有4家上市,1家过会,体现了苏州地区企业质量上乘,有良好的发展前景。此外,苏州外资企业较多,出口依存度高,2019年中美贸易战势必对苏州外向型经济造成打击。但是在此冲击下,苏州预披露公司数量仍逆势增加,足见苏州超强经济潜力和抗压实力,发展前景可观。

预披露公司作为上市公司的后备军,无论最后能否被证监会核准上市或注册上市,都已按照上市公司标准在股权结构、公司治理、组织架构、合法合规和内部控制、财务与税务等方面进行了规范,是极其优质的公司资源,具有良好的持续发展能力,对促进苏州区域经济发展和产业升级起到排头兵的作用。如果能成功上市,将依托资本市场实现公司更大的发展。所以,苏州应当大力扶持拟上市公司,利用多重优惠鼓励政策,加速其实现成功上市。

苏州上市公司发展报告（2020）

第九章

苏州科创板上市企业分析与展望

2018年11月5日,国家主席习近平出席首届中国国际进口博览会开幕式并发表主旨演讲,宣布在上海证券交易所设立科创板并试点注册制。2019年3月1日,证监会发布《科创板首次公开发行股票注册管理办法(试行)》和《科创板上市公司持续监管办法(试行)》两项部门规章。同年4月1日,第一届科创板股票上市委员会成立大会在上交所交易大厅举行,经相关程序,上海证券交易所设立了科创板股票上市委员会。6月13日,科创板正式开板。7月22日,科创板首批25家公司挂牌上市。截至2019年12月31日,上交所科创板共受理203家企业,其中24家初步受理,47家已问询,2家暂缓会议,2家上市委会议通过,24家提交注册,21家终止发行,2家终止注册,1家不予注册,80家注册生效。在80家注册生效的企业里70家已在上交所挂牌上市。

科创板主要服务于科技型和创新型的中小企业,对提高我国关键核心技术创新能力的服务水平,支持上海国际金融中心和科技创新中心建设,完善我国资本市场基础制度,推动金融业高质量发展等方面具有重要意义;此外,科创板促进股权直接融资,引领产业升级。本章旨在介绍苏州市科创板企业基本情况,对上市企业和受理企业进行深入分析,针对目前苏州企业发展的问题提出政策建议。

第一节　苏州科创板上市企业发展状况

截至2019年12月31日,江苏省内共有12家企业在科创板挂牌上市,占全国17.14%。苏州市范围内共有6家企业在科创板挂牌上市,占江苏省注册挂牌企业数量的50.00%,占全国挂牌企业数量的8.57%。这6家企业分别是苏州华兴源创科技股份有限公司、苏州天准科技股份有限公司、苏州瀚川智能科技股份有限公司、山石网科通信技术股份有限公司、博瑞生物医药(苏州)股份有限公司、江苏北人机器人系统股份有限公司。

苏州科创板企业数量在江苏省乃至全国都处于前列,科创板企业又多为"硬科技",这意味着苏州目前的企业在科技创新领域具有显著的优势。苏州能取得这样优异的成绩,既与苏州长期以来发达的制造业硬实力有关,更与苏州这些年来高度重视高科技企业培育和区域科技创新生态系统功能提升有关。"苏州板块"强势崛起的背后,是苏州近年来支持企业进军资本市场的不懈努力,是政府出台多项扶持政策来支持企业上市的成果。

一、苏州科创板上市企业总体状况

苏州地区科创板首家招股企业即苏州华兴源创科技股份有限公司在科创板注册生效时间是2019年6月18日,同批次注册生效的企业还有烟台睿创微纳技术股份有限公司。同年7月22日,科创板首批25家公司挂牌上市,苏州地区有3家,分别是苏州华兴源创科技股份有限公司、苏州天准科技股份有限公司以及苏州瀚川智能科技股份有限公司。

截至2019年12月31日,全国共有科创板上市公司70家,合计总市值为8 731.25亿元,苏州地区共有上市公司6家,合计总市值为518.61亿元,苏州地区上市公司数量和总市值国内占比分别为8.57%和5.94%,上市公司的总市值占比明显低于其数量占比,反映出苏州地区上市公司个体平均规模相对较小的特征(见表9-1)。

表9-1 上市公司数据统计表

地区	上市公司数量(家)	数量占比(%)	上市公司市值(亿元)	市值占比(%)	平均市值(亿元)
全国	70	—	8 731.25	—	124.73
苏州	6	8.57	518.61	5.94	86.43

从苏州科创板企业总体状况来看,科创板企业的数量还是具有很大优势的,一方面与苏州强劲的经济实力有关,苏州已连续多年闯进内地城市GDP总量十强,2019年苏州地区生产总值19 200万亿元,位居全国第六;另一方面与高度重视高科技企业培育和区域科技创新生态系统功能提升密切相关。但是从市值方面来看,2019年年底苏州地区上市公司平均市值为86.43亿元,明显低于全国和江苏省科创板上市公司平均市值,仅相当于全国上市公司平均市值的69.29%,这反映了目前苏州科创板上市企业主力军是中小科技创新型企业,企业规模不大。

二、江苏省内挂牌企业比较

从全国地区来看,科创板企业主要来自北京、上海两大直辖市和江苏、广东、浙江等经济发达省份,地区分布较为集中。这些地区存在明显的区位优势,即在资本、技术、人才等要素,以及产业生态环境、产业政策支持等方面优势突出,拥有滋养高新技术产业和战略性新兴产业的科技创新企业成长的沃土,可以支撑企业的长远发展。上海、北京、江苏和广东已然成为优质科技创新型企业的聚集地。具体来看,上海市以13家企业,数量占比18.57%位居第一。北京市和江苏省各有12家并列第二,广东地区有10家科创板企业位列第四(见表9-2)。

表9-2 科创板挂牌上市企业前三省(市)数据统计

地区	挂牌上市家数(家)	数量占比(%)
上海	13	18.57
北京	12	17.14
江苏	12	17.14
广东	10	14.29

截至2019年12月31日,江苏省内共有科创板上市公司12家,合计总市值为1 357.99亿元,全省上市公司数量和总市值占国内的比重分别为17.14%和15.55%,同期苏州地区科创板上市公司数量和总市值在江苏省内占比分别为50.00%和38.19%(见表9-3)。

第九章 苏州科创板上市企业分析与展望

表 9-3 上市公司数据统计表

地 区	上市企业数量（家）	数量占比（%）	上市公司市值（亿元）	市值占比（%）	平均市值（亿元）
全　国	70	—	8 731.25	—	124.73
江　苏（国内占比）	12	17.14	1 357.99	15.55	113.17
苏　州（省内占比）	6	50.00	518.61	38.19	86.43

2019 年的年报数据显示，苏州地区上市公司平均市值不仅明显低于全国上市公司的均值水平，也只相当于江苏省全部上市公司平均市值的 76.38%。

从江苏省科创板上市企业具体地区分布来看，存在明显的区域不平衡的特征。截至 2019 年 12 月 31 日，省内共有 6 个地级市企业在科创板成功上市，其中苏州地区科创板上市公司总数占江苏省内总数的比重为 50.00%，位列第一位；无锡地区以 16.68% 位列第二；南京、镇江、泰州和连云港均只有 1 家。数据统计表明，苏州市科创板挂牌上市企业的总市值为 518.61 亿元，位于江苏省第一位；连云港和南京均仅有 1 家企业，其总市值分别达到 400.32 亿元和 214.14 亿元，位列第二和第三，超过了拥有 2 家企业的无锡。在平均市值方面，苏州地区仅领先于无锡和泰州地区，排名第四，再次反映了苏州地区科创板上市企业平均规模较小的现象（详见表 9-4 和图 9-1）。

表 9-4 江苏省内科创板上市企业地区分布数量和总市值统计表

地 区	上市企业数量（家）	数量占比（%）	总市值（亿元）	市值占比（%）	平均市值（亿元）
苏　州	6	50.00	518.61	38.19	86.43
无　锡	2	16.68	115.97	8.54	57.99
南　京	1	8.33	214.14	15.77	214.14
镇　江	1	8.33	75.00	5.52	75.01
泰　州	1	8.33	33.94	2.50	33.94
连云港	1	8.33	400.32	29.48	400.32
合　计	12	100.00	1 357.99	100.00	867.83

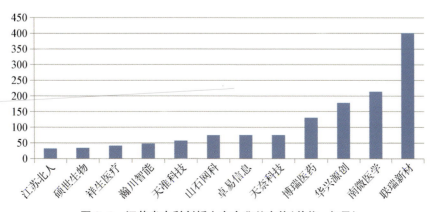

图 9-1 江苏省内科创板上市企业总市值（单位：亿元）

三、主要城市挂牌企业比较

截至 2019 年 12 月 31 日,从全国各主要城市科创板企业挂牌上市数量分析,苏州仅次于上海(13 家)、北京(12 家),和深圳并列第三,此外挂牌上市企业的数量及总市值在全国主要城市中存在着一定的优势(见表 9-5)。

表 9-5 主要城市上市企业数量和市值数据统计

地区		上市企业数量（家）	数量占比（%）	总市值（亿元）	平均市值（亿元）
直辖市	北 京	12	17.14	1 960.98	163.41
	上 海	13	18.57	2 417.81	185.99
	天 津	2	2.86	135.52	67.76
	重 庆	0	0	0	0
计划单列市	深 圳	6	8.57	873.67	145.61
	宁 波	2	2.86	196.34	98.17
	青 岛	1	1.43	91.57	91.57
	厦 门	0	0	0	0
	大 连	0	0	0	0
部分省会城市	杭 州	5	7.14	553.38	110.68
	广 州	2	2.86	151.54	75.77
	西 安	2	2.86	192.74	96.37
	南 京	1	1.43	214.14	214.14
	武 汉	1	1.43	44.66	44.66
	济 南	1	1.43	400.32	400.32
	福 州	1	1.43	64.14	64.14
	沈 阳	1	1.43	61.56	61.56
	哈尔滨	1	1.43	41.97	41.97
苏 州		6	8.57	518.61	86.43

与国内直辖市相比,苏州科创板挂牌上市企业数量明显少于北京(12 家)和上海(13 家),遥遥领先天津(2 家)和重庆(0 家);在科创板上市公司总市值和平均市值方面,苏州地区上市公司总市值远低于北京和上海,但明显高于天津。这一方面反映出北京和上海强大的经济实力,另一方面也反映出苏州巨大的发展潜力,尽管苏州行政级别低于天津和重庆,但是未来的发展前景良好。

与国内计划单列市相比,苏州科创板挂牌企业数量与深圳(6 家)相当;总市值仅低于深圳市,平均市值低于深圳市和宁波市,但这两个指标均明显高于青岛等地。可以看出,苏州经济实力和优质企业并不比计划单列市企业逊色,甚至优于绝大部分计划单列市。

第九章 苏州科创板上市企业分析与展望

与部分省会城市相比,苏州地区的领先优势较为明显,从数量来看,杭州(5家)、广州(3家)、武汉(2家)、西安(2家)和南京(1家)挂牌家数均少于苏州(6家)。从市值方面来看,苏州的总市值仅低于杭州,平均市值低于杭州、西安、南京和济南四地,但这可能与这几个城市科创板企业数量较少有关。

总体来看,苏州地区科创板上市公司的数量和市值在国内各城市中处于较为领先的位置。这与近年来苏州把握产业转型升级发展机遇,在生物医药、纳米技术应用、人工智能等科技创新重点领域加大科技创新投入和重大项目攻关,培育起一批批优质科创企业密切相关。

第二节 苏州科创板上市企业的特征分析

一、区域分布分析

从苏州地区分布来看,截至2019年12月31日,科创板挂牌上市企业都属于苏州市区。同花顺数据统计表明,在苏州地区中,6家科创板企业均属于苏州市区,其中工业园区4家,分别是苏州华兴源创科技股份有限公司、苏州瀚川智能科技股份有限公司、博瑞生物医药(苏州)股份有限公司和江苏北人机器人系统股份有限公司;高新区2家,分别是苏州天准科技股份有限公司、山石网科通信技术股份有限公司。这两个区域科创板上市数量不仅超过省内大部分地级市,也超过国内许多城市(见表9-6)。

表9-6 苏州科创板上市企业名单

序号	上市首发日期	企 业 全 称	注册地	证监会行业
1	2019年7月22日	苏州华兴源创科技股份有限公司	苏州工业园区	专用设备制造业
2	2019年7月22日	苏州天准科技股份有限公司	苏州高新区	专用设备制造业
3	2019年7月22日	苏州瀚川智能科技股份有限公司	苏州工业园区	专用设备制造业
4	2019年9月30日	山石网科通信技术股份有限公司	苏州高新区	软件和信息技术服务业
5	2019年11月8日	博瑞生物医药(苏州)股份有限公司	苏州工业园区	医药制造业
6	2019年12月11日	江苏北人机器人系统股份有限公司	苏州工业园区	专用设备制造业

从上市企业数量分析,工业园区占苏州的三分之二,这样亮眼的表现并非偶然。多年来,园区致力于构筑特色产业体系,促进产业集聚和转型升级;聚力实施创新战略,培育科技创新型企业引领企业高质量发展。园区定位十分准确,在前期政府政策鼓励下进行招商引资使得大量优质企业入驻,带动园区整体经济发展,与此同时吸引更多高端人才,培育本土的创新型企业,为企业的发展营造良好的环境。园区始终将服务企业作为工作重心,急企业之所急,于2018年8月出台了《关于进一步促进企业上市的行动计划(2018—2020年)》,金融管理服务局提供专业化、精细化、标准化的服务,筛选出符合产业政策、盈利能力强、科技含量高、成长性好、有上市意愿的公司,帮助解决这些拟上市公司在上市过程中遇到的问题,打造覆盖创新型企业全生命周期的上市服务体系。

苏州高新区拥有两家科创板上市公司,成绩同样不俗。高新区自成立以来就考虑到自身产业结构升级问题,大力支持高新技术和产业项目的入驻,不断加大人才的引进。近年来,高新区建立了金融与科技创新、金融与实体经济有效对接的创新机制,最大限度地发挥金融创新对科技创新的助推作用,促进区域经济高质量发展。全区高度支持企业科创板上市,于2019年6月份印发了《关于鼓励企业科创板上市的若干意见》,对科创板上市企业给予政策扶持,制定合理化、规范化的流程帮助引导企业上市,不断加大上市后备企业梯队建设。

二、行业分布分析

(一) 全国科创板上市企业行业概况分析

根据《关于在上海证券交易所设立科创板并试点注册制的实施意见》,科创板定位于坚持面向世界科技前沿、面向经济主战场、面向国家重大需求,主要服务于符合国家战略、突破关键核心技术、市场认可度高的科技创新企业。重点支持新一代信息技术、高端装备、新材料、新能源、节能环保以及生物医药等高新技术产业和战略性新兴产业,推动互联网、大数据、云计算、人工智能和制造业深度融合,引领中高端消费,推动质量变更、效率变更、动力变更。由此可见,科创板企业市场行业分布集中,定位清晰,主要面向科技创新动力强劲、成长性良好的企业。

根据证监会行业分类标准,我国科创板市场共分为专用设备制造业,软件和信息技术服务业,计算机、通信和其他电子设备制造业,医药制造业,化学原料和化学制品制造业,橡胶和塑料制品业,食品制造业,废弃资源综合利用业,通用设备制造业,研究和试验发展、仪器仪表制造业,有色金属冶炼和压延加工业,专业技术服务业,非金属矿物制品业和铁路、船舶、航空航天和其他运输设备制造业这15类行业。目前共有18家挂牌企业属于专用设备制造业,数量占比25.71%,市值占比20.93%;其次为软件和信息技术服务业,有16家挂牌企业,数量占比22.86%,市值占比24.17%;计算机、通信和其他电子设备制造业共有13家挂牌企业,数量占比18.57%,市值占比24.45%;医药制造业共有7家挂牌企业,数量占比10.00%,市值占比11.83%;化学原料和化学制品制造业有4家挂牌企业,数量占比5.71%,市值占比2.56%;铁路、船舶、航空航天和其他运输设备制造业有3家挂牌企业,数量占比4.29%,市值占比9.71%。该6类行业数量合计占比85%以上,市值合计占比为93.65%,在整体市场中发挥着重要的影响力,反映出科创板上市企业是以制造业为主的特征(见表9-7)。

表9-7 全国科创板挂牌企业分行业数据统计

行　业　分　类	上市企业数量(家)	数量占比(%)	总市值(亿元)	市值占比(%)
专用设备制造业	18	25.71	1 827.88	20.93
软件和信息技术服务业	16	22.86	2 110.45	24.17
计算机、通信和其他电子设备制造业	13	18.57	2 134.65	24.45
医药制造业	7	10.00	1 033.28	11.83
化学原料和化学制品制造业	4	5.71	223.92	2.56
铁路、船舶、航空航天和其他运输设备制造业	3	4.29	847.50	9.71

（二）全国主要城市科创板上市企业行业概况分析

从主要城市科创板上市企业行业概况来看，上海、北京和杭州企业主要分布于软件和信息技术服务业，深圳企业集中于计算机、通信和其他电子设备制造业，苏州企业主要集中于专用设备制造业，这与苏州长期以来发达的制造业实力相符。由此可见，各个地区存在各自的行业侧重点，北京和上海上市公司集中在服务业，反映城市已成功实现发展转型升级；杭州、深圳也逐步实现了城市发展的转型升级；而苏州上市公司依然集中在制造业，正处在转型的关键期（见图9-2）。

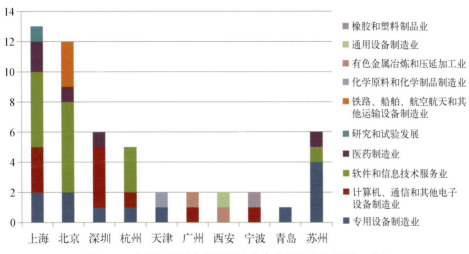

图9-2　全国主要城市科创板上市企业行业分布（单位：家）

（三）苏州科创板挂牌企业行业特征分析

根据证监会行业分类，苏州地区科创板挂牌企业共涉及机械设备、医药生物和信息服务3类行业分类，其中专用设备制造业4家，分别是华兴源创、天准科技、瀚川智能和江苏北人，软件和信息技术服务业和医药制造业各1家，分别是山石网科和博瑞医药。从表9-6和图9-2可以看出，苏州科创板上市企业行业分布较为集中，主要分布在制造业，占所有上市企业数量的83.33%。但这些制造业与传统的制造业有着明显的区别，不再是简单地依靠劳动力优势发展，更多的是立足于高端装备制造业。

具体而言，华兴源创主要从事平板显示及集成电路的检测设备研发、生产和销售，公司主要产品应用于LCD与OLED平板显示、集成电路、汽车电子等行业。天准科技扎根于高端设备领域中的智能制造，核心技术是人工智能领域的机器视觉技术，属于新一代信息技术领域。瀚川智能主要从事汽车电子、医疗健康、新能源电池等行业智能制造装备的研发、设计、生产、销售及服务，助力制造行业客户实现智能制造。江苏北人主营业务是提供工业机器人自动化、智能化的系统集成整体解决方案，以及相关产品的研发、设计、生产、装配及销售。山石网科主要专注于网络安全领域前沿技术的创新，提供包括边界安全、云安全、数据安全、内网安全在内的网络安全产品及服务，属于新一代信息技术行业。博瑞生物主要从事药品的研发、生产和销售，属于创新型高端化学制药行业。从这些企业的招股说明书中可以看出一个明显的变化：苏州制造业企业也在不断向高端、高科技方向转型升级，很多专用设备制造的技术水平和科技含量走在全国前列。

三、研发能力分析

(一) 全国主要城市科创板企业研发分析

截至 2019 年 12 月 31 日,从全国主要城市科创板上市企业研发情况分析,绝大多数地区企业对研发活动还是相当重视的,但各地区研发情况存在明显差异,其中天津地区近三年平均研发费用率最高,宁波最低(见表 9-8)。

表 9-8 全国主要城市科创板上市企业研发情况表

城 市	平均研发费用率(%)			人 员 和 技 术		
	2019 年	2018 年	2017 年	专利(项)	平均研发人员数量(人)	平均研发人员数量占比(%)
上 海	13.75	13.93	15.14	764	263	46.24
北 京	13.40	12.29	13.29	1 179	605	28.26
深 圳	15.47	16.92	18.15	1 533	461	25.75
杭 州	19.25	19.19	19.76	696	355	48.23
天 津	24.57	19.24	17.86	101	118	15.25
广 州	9.71	7.78	8.47	328	217	18.89
西 安	10.99	8.56	9.84	392	174	25.60
宁 波	4.07	3.95	4.36	225	189	14.63
苏 州	15.93	14.74	15.18	639	300	32.77

说明:北京的佰仁医疗和上海的聚辰股份未公布 2019 年的公司专利数目。

数据统计显示,2019 年除去上海、深圳外的 7 个主要城市研发费用率都处于增长状态,其中西安和天津比上年同比增长 28.39%、27.70%。从研发费用率方面看,上海、北京、深圳、杭州、天津和苏州六个地区近三年的平均研发费用率都在 10% 以上,深圳、天津和苏州的近三年平均研发费用率和最近一年的研发费用率甚至超过 15%,天津居首位,分别是 20.56%、24.57%,这与地区企业所在的产业密切相关。天津两家企业之一的赛诺医疗研发费用率很高,主要从事于医疗技术的研发等工作;深圳地区科创板上市企业中,有 1 家医药制造业;苏州地区上市企业中,有 1 家软件和信息技术服务业,1 家医药制造业,这些行业都需要很高的研发成本,这导致研发费用率较大,进而拉高整个地区的平均研发费用率。

从企业人员和技术情况来看,深圳和北京的专利数量位居第一和第二,分别为 1 533、1 179 项,杭州和上海的研发人员数量占比远远领先于其他城市,位列第一第二,分别是 48.23%、46.24%。

总体来看,全国主要城市的企业研发势头良好,基本维持在一个较高的研发投入上,也反映了科创板与其他板块的一个很大不同点,即科创板面向的主体集中于科技型、创新型企业,这类企业的研发投入与技术相对较高。

(二) 苏州科创板企业的研发分析

从表 9-9 和图 9-3 可以看出,大部分上市企业在研发创新方面的投入较大,2019 年 6 家企业平均研发费用率比上年同比增长 8.10%。从研发费用率来看,山石网科和博瑞医药三

年平均研发费用率分别是28.69%、24.64%,最近一年的研发费用率分别是27.68%、24.82%,均位居第一和第二。江苏北人研发费用率最低,近三年研发费用率是3.77%,最近一年的研发费用率是3.93%。这与企业所处的行业有密切关系,山石网科和博瑞医药分别属于软件和信息技术服务业和医药制造业,这两项行业都需要投入大量的资金维持研发工作的正常运营,才能在企业擅长的研发领域实现突破,这两个行业都属于高新技术产业。总体来看,上市企业近三年研发费用率基本在5%～30%之间,反映出企业较高的科技创新水平。

表9-9 苏州科创板上市企业研发情况表

名称	研发费用率(%)			人员和技术		
	2019年	2018年	2017年	专利(项)	研发人员数量(人)	研发人员占比(%)
华兴源创	15.34	13.78	6.83	200	463	41.49
天准科技	17.51	15.66	18.66	154	413	39.86
瀚川智能	6.31	4.50	5.19	48	196	24.62
山石网科	27.68	27.83	30.56	22	420	38.71
博瑞医药	24.82	23.59	25.51	152	236	38.44
江苏北人	3.93	3.07	4.32	63	69	13.48

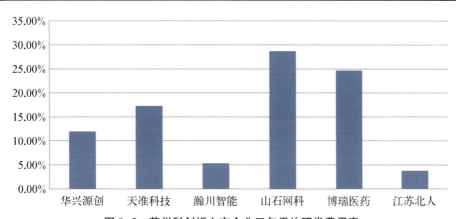

图9-3 苏州科创板上市企业三年平均研发费用率

从企业人员和技术情况来看,6家企业都具有完善的技术研发体系和精干的核心技术团队,在所属领域内优势明显,具有多项自主研发的核心技术成果。这些企业的研发人员占比均在10%以上,具有较高比例的研发人员数量和较高素质的各类专业研发人才,构建了多学科、多层次、结构合理的研发队伍,具备较强的科研实力。

四、公司规模分析

(一)全国主要城市科创板企业规模分析

截至2019年12月31日,北京平均总资产和平均员工数分别为98.91亿元、2 429人,远超其余各市位居第一,平均营业总收入39.93亿元位居第二,深圳平均营业总收入48.28亿元位列第一。苏州经营规模各项衡量指标均表现不佳,平均总资产约为北京的六分之一,平均营业收入约为深圳的七分之一,平均员工数约为北京的四分之一,这再次反映了苏州科创板企业平均规模较小的特点(见表9-10)。

表9-10 全国主要城市科创板上市企业规模情况表

城　市	平均总资产(亿元)	平均营业总收入(亿元)	平均员工数(人)
上　海	26.60	9.14	583
北　京	98.91	39.93	2 429
深　圳	44.76	48.28	3 288
杭　州	22.45	6.84	958
天　津	20.90	8.85	755
广　州	25.56	15.22	1 337
西　安	31.41	8.84	691
宁　波	39.53	25.50	1 265
青　岛	30.40	10.13	1 080
苏　州	15.78	6.51	860

(二) 苏州科创板企业的规模分析

从图9-4可以看出,截至2019年12月31日,6家企业规模都比较大,总资产均在10亿以上,但各企业还存在明显差异。其中,华兴源创的总资产、营业总收入和员工数分别是21.37亿元、12.58亿元、1 116人,数量占比分别为22.57%、32.19%、21.63%,均居首位,表明华兴源创在目前所有苏州科创板上市企业中规模最大。瀚川智能总资产和营业总收入最低,为11.41亿元、4.57亿元,占比为12.05%、11.71%。江苏北人员工数最少为512人,在员工总数中占比9.92%。

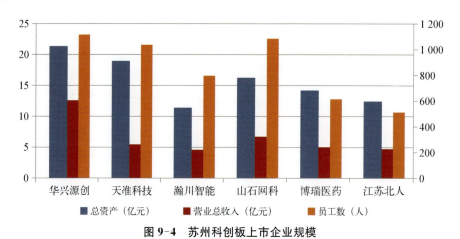

图9-4 苏州科创板上市企业规模

五、财务状况分析

(一) 全国主要城市科创板企业财务分析

财务数据统计显示,2019年上海、北京等9个主要城市科创板上市企业的营业总收入均有所增长,其中宁波地区营业总收入为51.00亿元,比上年同比增长36.34%,营业总收入位列第一;除苏州、宁波地区,其他7个城市2019年净利润增长率皆为正,其中天津地区企业2019年净利润是3.39亿元,比上一年同比增长27.72%,净利润增长率位居第一。2019年除深圳和宁波地区外,其余7个地区企业净利率均超过10%,上海和杭州的净利率甚至高于20%。

从近三年财务状况来看,北京科创板上市企业近三年平均营业总收入和平均净利润分别436.96亿元、48.37亿元,占比46.09%、46.08%,在主要城市中居首位,北京、上海、深圳包揽前三。此外,除深圳和宁波地区外,其余7个地区近三年企业净利率均超过10%,杭州近三年的平均净利率都超过20%。总体来看,2019年全国主要城市科创板上市企业盈利情况良好(见表9-11)。

表9-11 全国科创板上市企业财务情况表

城 市	营业总收入(亿元)			净利润(亿元)		
	2019年	2018年	2017年	2019年	2018年	2017年
上 海	118.86	106.63	80.31	26.51	22.89	14.03
北 京	479.18	448.67	383.02	54.94	47.85	42.31
深 圳	289.69	255.76	221.63	22.76	11.34	9.88
杭 州	34.19	26.45	19.57	7.48	6.41	3.96
天 津	17.71	13.86	10.62	3.39	2.65	1.17
广 州	30.44	28.73	21.69	3.91	3.33	2.12
西 安	17.68	13.80	11.87	2.28	1.92	1.79
宁 波	51.00	37.32	23.46	2.30	3.00	0.53
苏 州	39.07	33.32	29.64	5.84	6.01	4.34

(二)苏州科创板企业的财务状况分析

财务数据统计表明,2019年苏州6家科创板上市企业营业总收入达39.07亿元,比上年同比增长17.27%;净利润为5.83亿元,比上年同比下降2.91%。6家企业中只有山石网科、博瑞医药和江苏北人净利润增长率为正,比上年同比增加32.13%、51.75%、6.44%。具体来看,2019年华兴源创以营业总收入12.58亿元,净利润1.76亿元,占比分别为32.19%、32.24%,高居榜首;瀚川智能营业总收入4.58亿元,占比11.71%,位居末尾;江苏北人净利润0.53亿元,占比最小,为9.13%。2019年有两家企业的净利率均超过15%,分别是天淮科技和博瑞医药。

从企业的招股说明书中披露的近三年主要财务数据及财务指标可以看出,华兴源创近三年的平均营业总收入和平均净利润分别为12.11亿元、2.10亿元,占比分别为35.61%、38.89%,仍然居首位,远高于另外5家企业;江苏北人平均营业总收入和平均净利润分别为3.79亿元、0.46亿元,占比分别为11.14%、8.47%,均居末位,这可能与企业规模以及所处行业有关。此外,6家企业近三年净利率均超过10%。企业营业总收入与净利润见表9-12和图9-5。

表 9-12 苏州科创板上市企业财务情况表

名称	营业总收入（亿元）			净利润（亿元）		
	2019 年	2018 年	2017 年	2019 年	2018 年	2017 年
华兴源创	12.58	10.05	13.70	1.76	2.43	2.10
天准科技	5.41	5.08	3.19	0.83	0.94	0.52
瀚川智能	4.57	4.36	2.44	0.69	0.71	0.33
山石网科	6.75	5.62	4.63	0.91	0.69	0.60
博瑞医药	5.03	4.08	3.17	1.11	0.73	0.46
江苏北人	4.73	4.13	2.51	0.53	0.50	0.34

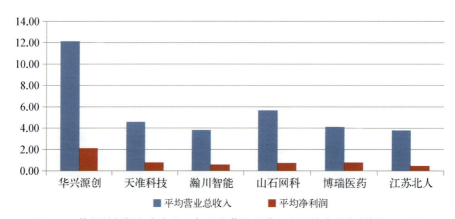

图 9-5　苏州科创板上市企业三年平均营业总收入和平均净利润（单位：亿元）

第三节　苏州科创板储备企业的发展状况分析

截至 2020 年 6 月 30 日，上交所科创板共受理苏州企业申请 37 家，其中 10 家已挂牌上市，12 家初步受理，8 家已问询，5 家已提交注册，1 家终止注册，1 家终止。由于终止注册和终止的企业目前已不参加科创板上市发行，故以下只分析 25 家储备企业（见表 9-13 和表 9-14）。

表 9-13　苏州 2020 年上半年科创板上市企业名单

序号	上市首发日期	企业全称	注册地	行业
1	2020 年 6 月 16 日	苏州金宏气体股份有限公司	相城区	化学原料和化学制品制造业
2	2020 年 5 月 11 日	苏州工业园区凌志软件股份有限公司	苏州工业园区	软件和信息技术服务业
3	2020 年 2 月 11 日	张家港广大特材股份有限公司	张家港市	金属制品业
4	2020 年 1 月 23 日	苏州泽璟生物制药股份有限公司	昆山市	医药制造业

表 9-14 苏州科创板储备企业名单

序号	企 业 全 称	审核状态	注册地	行 业
1	苏州昀冢电子科技股份有限公司	已受理	昆山市	计算机、通信和其他电子设备制造业
2	苏州上声电子股份有限公司	已受理	相城区	计算机、通信和其他电子设备制造业
3	苏州纳微科技股份有限公司	已受理	苏州工业园区	化学原料和化学制品制造业
4	苏州晶云药物科技股份有限公司	已受理	苏州工业园区	研究和试验发展
5	昆山东威科技股份有限公司	已受理	昆山市	专用设备制造业
6	苏州康代智能科技股份有限公司	已受理	苏州工业园区	仪器仪表制造业
7	锐芯微电子股份有限公司	已受理	昆山市	软件和信息技术服务业
8	江苏迈信林航空科技股份有限公司	已受理	吴中区	铁路、船舶、航空航天和其他运输设备制造业
9	江苏灿勤科技股份有限公司	已受理	张家港市	计算机、通信和其他电子设备制造业
10	苏州明志科技股份有限公司	已受理	吴江区	金属制品业
11	苏州艾隆科技股份有限公司	已受理	苏州工业园区	专用设备制造业
12	苏州和林微纳科技股份有限公司	已受理	苏州高新区	计算机、通信和其他电子设备制造业
13	江苏浩欧博生物医药股份有限公司	已问询	苏州工业园区	医药制造业
14	苏州世华新材料科技股份有限公司	已问询	吴江区	计算机、通信和其他电子设备制造业
15	天臣国际医疗科技股份有限公司	已问询	苏州工业园区	专用设备制造业
16	思瑞浦微电子科技（苏州）股份有限公司	已问询	苏州工业园区	软件和信息技术服务业
17	苏州伟创电气科技股份有限公司	已问询	吴中区	仪器仪表制造业
18	江苏康众数字医疗科技股份有限公司	已问询	苏州工业园区	专用设备制造业
19	江苏富淼科技股份有限公司	已问询	张家港市	化学原料和化学制品制造业
20	福立旺精密机电(中国)股份有限公司	已问询	昆山市	通用设备制造业
21	苏州敏芯微电子技术股份有限公司	提交注册	苏州工业园区	计算机、通信和其他电子设备制造业
22	江苏固德威电源科技股份有限公司	提交注册	苏州高新区	电气机械和器材制造业
23	昆山龙腾光电股份有限公司	提交注册	昆山市	计算机、通信和其他电子设备制造业

(续表)

序号	企业全称	审核状态	注册地	行业
24	江苏中信博新能源科技股份有限公司	提交注册	昆山市	电气机械和器材制造业
25	苏州绿的谐波传动科技股份有限公司	提交注册	吴中区	通用设备制造业
26	博众精工科技股份有限公司	终止注册	吴江区	专用设备制造业
27	和舰芯片制造(苏州)股份有限公司	终止	苏州工业园区	计算机、通信和其他电子设备制造业

一、企业特征分析

(一) 区域分布分析

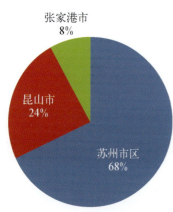

图 9-6 苏州科创板储备企业区域分布

从苏州地区分布来看,截至 2020 年 6 月底,苏州 25 家科创板储备企业共有 17 家,主要集中于市区,占比高达 68.00%,其中工业园区 9 家,吴中区 3 家,高新区和吴江区各 2 家,相城区 1 家;其次为昆山市共有 6 家,占比 24.00%;张家港市 2 家,占比 8.00%;常熟市和太仓市没有科创板储备企业(见图 9-6)。

与科创板上市企业相比,储备企业区域分布更加广泛。工业园区企业数量 9 家仍然领跑整个苏州地区;昆山市数量 6 家跃居第二,仅次于工业园区,表现抢眼,反映出昆山市企业较大的发展潜力;吴中区数量 3 家位居第三,高新区和吴江区各 2 家,高新区储备企业数量相对于其上市公司的亮眼的成绩略有逊色。从科创板储备企业整体来看,苏州区域发展势头强劲。

(二) 行业特征分析

截至 2020 年 6 月底,根据证监会行业分类,苏州地区科创板储备企业共涉及计算机、通信和其他电子设备制造业,专用设备制造业,软件和信息技术服务业等 11 个行业。其中计算机、通信和其他电子设备制造业 7 家,专用设备制造业 4 家,占比分别为 28%、16%,位列第一和第二(见图 9-7)。

统计数据表明,苏州地区科创板储备企业同样也是主要集中于制造业,其合计数量占比高达 88%,这与苏州强大的制造业实力相符合。与上市企业行业相比,储备企业行业种类明显增多,新增

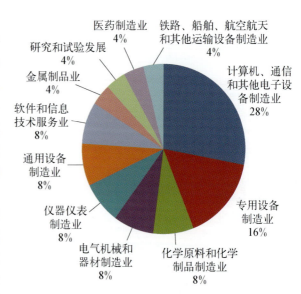

图 9-7 苏州科创板储备企业行业分布

第九章 苏州科创板上市企业分析与展望

了计算机、通信和其他电子设备制造业,化学原料和化学制品制造业,仪器仪表制造业和通用设备制造业等8个行业;这8个行业的企业数量占比达到72%。行业种类的多样性说明苏州地区企业的综合竞争力还是比较强。

(三) 研发情况分析

从表9-15和图9-8可以看出,25家企业中的绝大多数企业对技术创新力度是不断加大的,研发投入总额呈现逐年上升的趋势,但一部分企业研发费用率在下降。从研发投入看,大部分储备企业近三年研发费用率在5%~30%区间内,个别企业如锐芯微2017年份研发费用率高达43.71%。其中,思瑞浦、锐芯微和纳微科技近三年平均研发费用率位居前三,分别是28.51%、27.19%和26.67%;富淼科技最低,只有3.55%,这可能与企业所在行业的固有属性相关。从人员和技术方面看,企业均拥有多项专利,大多数企业研发人员占比在10%~30%之间,其中晶云药物和思瑞浦研发人员占比最高,分别为68.33%、62.82%;上声电子最低,为10.23%。总体来看,储备企业都高度注重创新研发、重视自主研发,构建了专业的研发体系,建立了稳定、优秀的研发队伍。

表9-15 苏州科创板储备企业研发情况表

名称	研发费用率(%)			人员与技术		
	2019年	2018年	2017年	专利(项)	研发人员(人)	研发人员占比(%)
昀家科技	6.67	7.52	6.82	63	106	11.29
上声电子	5.02	4.02	3.76	81	204	10.23
纳微科技	22.66	31.69	25.66	19	95	30.45
晶云药物	19.15	14.49	17.82	34	123	68.33
东威科技	8.08	7.28	7.43	87	117	16.71
康代智能	13.77	13.65	7.16	41	45	17.51
锐芯微	15.77	22.09	43.71	55	107	44.21
迈信林	6.82	8.11	6.08	83	89	26.10
灿勤科技	3.70	7.19	8.14	50	247	13.59
明志科技	4.24	5.81	4.86	158	86	10.63
艾隆科技	7.98	8.49	10.28	377	106	19.81
和林科技	6.13	7.88	7.51	49	38	15.77
浩欧博	9.82	11.99	13.45	40	61	18.21
世华新材	6.73	6.12	4.12	49	46	17.90
天臣医疗	8.16	8.93	9.18	316	30	16.85
思瑞浦	24.19	35.74	25.61	16	98	62.82
伟创电气	9.63	10.29	10.48	91	157	24.23
康众医疗	8.23	6.19	6.51	20	44	25.43
富淼科技	4.46	3.64	2.54	65	111	14.32

(续表)

名 称	研发费用率(%)			人 员 与 技 术		
	2019年	2018年	2017年	专利(项)	研发人员(人)	研发人员占比(%)
福立旺	4.94	6.60	4.91	80	117	10.97
敏芯股份	12.56	10.84	14.10	45	95	29.60
固德威	6.15	6.15	3.14	75	167	17.20
龙腾光电	6.78	6.16	5.50	1 705	458	13.21
中信博	3.57	3.10	3.15	136	107	13.74
绿的谐波	13.04	11.29	9.20	81	89	15.61

资料来源：由上交所官网资料整理而成。

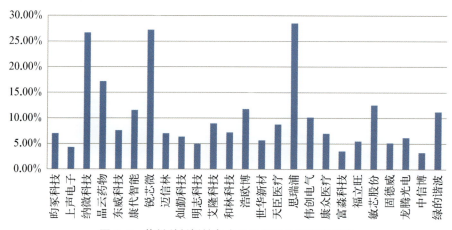

图 9-8 苏州科创板储备企业三年平均研发费用率

（四）企业规模分析

从表 9-16 可以看出，截至 2019 年 12 月 31 日，受理企业规模总体小于上市企业规模，但总资产均在亿元以上，且各企业还存在明显差异。其中，龙腾光电的总资产、营业总收入和员工总数三项指标均位居第一，分别是 51.50 亿元、38.49 亿元和 3 467 人；和林科技总资产最低 1.56 亿元；晶云药物营业总收入最低 1.15 亿元；思瑞浦员工人数最少为 156 人。

表 9-16 苏州科创板储备企业规模情况表

证券名称	资产总计(亿元)	2019年营业总收入(亿元)	员工总数(人)
昀冢科技	5.30	5.21	939
上声电子	13.38	11.95	1 995
纳微科技	5.92	1.30	307
晶云药物	3.59	1.15	180

(续表)

证券名称	资产总计(亿元)	2019年营业总收入(亿元)	员工总数(人)
东威科技	6.07	4.42	700
康代智能	3.55	3.10	257
锐芯微	4.60	2.53	242
迈信林	6.39	2.49	341
灿勤科技	10.40	14.08	1 817
明志科技	7.43	5.90	809
艾隆科技	5.98	2.91	535
和林科技	1.56	1.90	241
浩欧博	2.83	2.59	335
世华新材	3.96	2.41	257
天臣医疗	1.25	1.73	178
思瑞浦	2.86	3.04	156
伟创电气	4.51	4.46	648
康众医疗	3.83	2.35	173
富淼科技	12.76	11.30	775
福立旺	8.17	4.43	1 067
敏芯股份	3.40	2.84	321
固德威	10.14	9.45	971
龙腾光电	51.50	38.49	3 467
中信博	24.72	22.82	779
绿的谐波	7.27	1.86	570

(五) 财务情况分析

从25家企业的招股说明书中披露的近三年主要财务数据及财务指标可以看出,2019年苏州25家储备企业营业总收入达164.69亿元,比上年同比增长19.81%;净利润为24.20亿元,比上年同比上升125.56%。19家企业的近三年平均净利率均超过10%,世华新材、灿勤科技和绿的谐波3家企业超过20.00%,三年平均净利率分别为36.72%、28.06%和26.65%;锐芯微2017年及2018年净利润为负,2019年实现盈利。从最近一年的情况看,11家企业的净利率均超过20.00%,3家超过30.00%,分别是世华新材49.89%、灿勤科技33.85%和绿的谐波31.07%。总体来看,储备企业财务状况良好。企业营业总收入和净利润见表9-17。

表 9-17 苏州科创板储备企业财务情况表

名 称	营业总收入（亿元）			净利润（亿元）		
	2019 年	2018 年	2017 年	2019 年	2018 年	2017 年
昀冢科技	5.21	3.88	1.72	0.50	0.45	0.16
上声电子	11.95	12.39	12.21	0.78	1.11	2.32
纳微科技	1.30	0.82	0.57	0.21	0.14	0.12
晶云药物	1.15	1.29	0.69	0.32	0.36	0.08
东威科技	4.42	4.08	3.76	0.74	0.63	0.45
康代智能	3.10	3.03	2.24	0.39	0.26	0.16
锐芯微	2.53	1.46	0.52	0.52	−2.79	−0.15
迈信林	2.49	1.83	1.06	0.43	0.21	0.15
灿勤科技	14.08	2.71	1.20	7.03	0.58	0.29
明志科技	5.90	4.71	3.63	0.74	0.28	0.58
艾隆科技	2.91	2.39	1.96	0.54	0.52	0.41
和林科技	1.90	1.15	0.93	0.13	0.27	0.25
浩欧博	2.59	2.02	1.46	0.64	0.40	0.21
世华新材	2.41	2.56	2.34	0.82	0.55	0.93
天臣医疗	1.73	1.19	0.90	0.42	0.23	0.14
思瑞浦	3.04	1.14	1.12	0.71	−0.09	0.05
伟创电气	4.46	3.57	3.23	0.58	0.35	0.32
康众医疗	2.35	2.13	1.98	0.48	0.50	0.22
富淼科技	11.30	11.16	9.94	0.85	0.67	0.77
福立旺	4.43	2.91	2.70	1.08	0.50	0.48
敏芯股份	2.84	2.53	1.13	0.61	0.54	0.13
固德威	9.45	8.35	10.50	1.03	0.56	0.53
龙腾光电	38.49	37.25	43.06	2.45	2.89	10.28
中信博	22.82	20.74	15.81	1.62	0.97	0.43
绿的谐波	1.86	2.20	1.76	0.58	0.64	0.48

二、江苏省内储备企业比较

截至 2020 年 6 月 30 日，从全国地区分布来看，科创板储备企业同样主要聚集于长三角、珠三角、北京等区域，这些地区经济发达，科技创新能力强，科创板储备企业分布数量是与当地的经济发展、科研投入呈正向相关的。具体来看，江苏省以 43 家企业、数量占比 20.09% 的成绩位居第一，上海市 36 家企业数量位居第二，广东省 26 家企业数量位列第三（见表 9-18）。

表 9-18　科创板挂牌上市企业前三省(市)数据统计

地区	挂牌企业数量(家)	数量占比(%)
江苏	43	20.09
上海	36	16.82
广东	26	12.15

从江苏省内科创板受理企业分布来看,截至 2020 年 6 月 30 日,全省共有 43 家科创板受理企业,苏州有 25 家,占全省数量的 35.00%,这表明苏州现有的企业在科技创新方面有着独特的优势。南京有 4 家,位居全省第二;无锡 3 家;南通、常州和泰州各 2 家;扬州、镇江和连云港各 1 家(见表 9-19)。

表 9-19　江苏省科创板储备企业数量

城市	企业数量(家)	数量占比(%)
苏州	25	58.14
南京	4	9.30
无锡	5	11.62
南通	2	4.65
常州	2	4.65
泰州	2	4.65
扬州	1	2.33
镇江	1	2.33
连云港	1	2.33
合计	43	100.00

资料来源:由上交所官网资料整理而成。

三、主要城市储备企业比较

截至 2020 年 6 月 30 日,从全国各主要城市科创板储备企业数量分析,苏州仅次于上海(36 家),位列全国第二。从地区分布来看,科创板储备企业主要集中分布在北京、上海、苏州、深圳和杭州等地区(见表 9-20)。

表 9-20　全国主要城市科创板储备企业数量

地区		企业数量(家)	数量占比(%)
直辖市	北京	22	10.28
	上海	36	16.82
	天津	1	0.47
	重庆	0	0.00

(续表)

地　　区		企业数量(家)	数量占比(%)
计划单列市	深　圳	13	6.07
	厦　门	0	0.00
	青　岛	4	1.87
	宁　波	2	0.93
	大　连	2	0.93
部分省会	广　州	5	2.34
	武　汉	5	2.34
	合　肥	4	1.87
	南　京	4	1.87
	成　都	7	3.27
	长　沙	6	2.80
	杭　州	12	5.61
	济　南	6	2.80
	西　安	4	1.87
	太　原	2	0.93
	沈　阳	2	0.93
	福　州	2	0.93
	南　昌	1	0.47
	郑　州	1	0.47
	贵　阳	1	0.47
	昆　明	1	0.47
	长　春	1	0.47
境　外		2	0.93
苏　州		25	11.68

资料来源：由上交所官网资料整理而成。

截至2020年6月30日，四大直辖市北京有22家、上海36家、天津1家、重庆0家科创板储备受理企业。上海作为经济中心，科创板储备企业数量领跑全国，占总量的16.82%。北京和上海的企业数量合计超过全国四分之一，虽然苏州科创板储备企业25家与上海的36家存在一定差距，但略高于北京，远远高于同为直辖市的天津和重庆。

截至2020年6月30日，计划单列市广东深圳有13家、山东青岛4家、浙江宁波和辽宁大连各2家科创板储备企业，其中福建厦门没有科创板储备企业。苏州科创板受理企业总数遥遥领先于5个计划单列市。

第九章 苏州科创板上市企业分析与展望

截至2020年6月30日,省会城市中杭州有12家,成都7家,长沙和济南各6家,成都和长沙各有3家,杭州和济南各有6家,广州和武汉各5家,合肥、南京和西安各有4家,太原、沈阳和福州各2家,南昌、郑州、贵阳、昆明和长春各有1家科创板储备受理企业,苏州科创板储备受理企业数量明显高于所有省会城市,苏州科创板的领先趋势进一步增强。

第四节 苏州企业科创板上市前景与展望

一、苏州科创板企业存在的问题

(一)板块仍需扩容,区域分布集中

从科创板企业数量分析,截至2020年6月底,苏州科创板上市企业10家,储备企业25家,在全国都处于领先地位,超过大多数直辖市、计划单列市和省会城市,首批上市的25家企业中就有3家苏州企业,拔得头筹的也是苏州企业——拥有科创板证券代码首位编号(688001)的华兴源创。这不仅反映了苏州地区雄厚的经济实力,在一定程度上也代表了苏州当前转型升级取得的良好进展。苏州科创板亮眼的成绩是苏州长期对科技企业努力培育的成果和硬科技实力的体现,但是苏州与个别城市还是有所差距,尤其是北京、上海。

从科创板企业区域分布分析,苏州科创板企业主要集中于苏州市区,县级市昆山市、张家港市科创板企业数量不多,而常熟、太仓等县则1家都没有,反映了苏州地区科创企业区域分布不均衡问题。苏州上市企业不论是主板、创业板、新三板还是目前的科创板,中坚力量主要集中于市区尤其是工业园区,工业园区逐渐成为苏州的名片,领跑苏州的经济,政府的政策支持也是偏向于这些区域,区域发展不均衡问题日益突出,这不利于保持苏州经济发展的长期活力。

(二)产业结构不合理,缺乏核心竞争力

从科创板企业行业概况分析,苏州科创板企业主要集中于第二产业,特别是专用设备制造业。苏州A股上市企业主要是集中于制造业,可以看出科创板上市的企业同样有此特点,第三产业涉及较少,且未来即将在科创板上市的苏州企业也大多属于制造业。虽然制造业是推动苏州当地经济发展的主力军,是苏州产业的核心,但与此同时也有不可忽视的"缺陷",即自主创新力较弱,缺乏持久的竞争力。苏州科创板企业核心产业规模不大,新兴产业优势不足,互联网大数据等高科技产业更是少之又少,对于正处于转型关键期的苏州,优化产业结构、升级城市行业基础势在必行。

从科创板企业研发情况分析,苏州企业对于研发活动还是相当重视的,但是目前来看,企业的核心关键技术还是跟跑或者并跑,领跑这种状态还是比较少,硬科技成色还不够鲜亮;技术领跑的企业没有形成引领作用,不足以带动整个产业链的发展,这也是未来始终要打造的部分。大多数企业的新产品开发存在研发周期长、不确定性大等特点,若公司未能准确把握行业关键技术的发展趋势、提升产品设计和创新能力、及时拓展新产品或对原有产品进行技术升级,则可能削弱公司的竞争力。

(三)企业平均规模小,盈利无明显优势

从科创板企业规模来看,苏州科创板企业的总市值低于全国平均水平,衡量企业规模的指标如总资产、营业总收入、员工数等与其他主要城市比较都不是很突出,这表明苏州科创

板上市企业在规模上相较其他城市不具备很强的竞争力。领军企业能为新的技术范式形成提供重要技术基础,能通过技术标准化推动产业技术范式形成,而苏州科创板缺少领军企业的引领和带头作用。从科创板企业财务情况分析,苏州企业盈利能力不占有很大优势。

二、提升苏州科创板企业绩效的策略

(一)持续推进科技创新,增强核心竞争力

第一,加强科技创新意识,加大技术开发和自主创新力度。苏州市企业要有针对性地开展关键性技术难题的攻关,探索行业技术发展方向,不断加大投入实现技术突破,对现有产品进行迭代升级和技术创新,拓展产品应用领域,并不断研发出有市场前景和竞争力的新产品,进一步提高公司的自主创新能力,增强公司的技术壁垒,保证企业核心技术的领先性。第二,拓展研发规模,打造核心技术研发平台。企业要以技术创新作为持续发展的基础,在现有研发中心的基础上拓展研发规模。企业要进一步完善创新型研发平台,引入先进的设备仪器,建设核心技术研发实验室。第三,拓展研发团队,提升研发组织建设。企业要以国家战略性新兴产业战略为指引,结合自身的发展战略,深入市场调研和分析,积极跟踪行业研发动态和市场信息反馈,提前布局未来新兴应用领域,在市场需求、研发趋势之间形成高效、及时的互动平台,持续提升企业技术研发水平,提高企业核心竞争力。第四,推进产学研深度融合,提高技术成果转化能力。企业要加强与高校、科研院所的研发合作,创新产学研合作机制,共建高水平产业技术研究院、技术创新中心、重点实验室等研发机构,提高技术成果转化能力和产品开发效率。

(二)引进高端人才,建设优秀人才团队

首先,企业要健全人力资源管理体系,加大人力资源的开发和配置力度,最大限度地发挥人力资源的潜力,打造一支技术一流的员工队伍,为企业的可持续发展提供人才保障。其次,加快对优秀人才的培养和引进,加强员工培训,择优引进企业急需的、具有较高素质的各类专业研发人才,加大核心技术人才、管理人才的队伍建设,保证在研发领域的充分投入,进一步提高在企业所在领域技术的领先性。再者,完善员工绩效考核机制,优化激励机制和分配方式,调动员工的积极性。制定各种激励优惠政策,从工资待遇、事业发展上给予激励和保障,激励企业人才充分发挥自身优势,增加企业的凝聚力,保证企业的健康、持续发展。

(三)加速培育领军企业,打造国际品牌

苏州科创板上市企业规模不大,难以起到带动引领作用。一方面,苏州应根据自身情况选择培育某个企业或者行业,在市场上占据更大的市场份额和拥有更多话语权,能够增强苏州科创板上市企业的整体实力和凝聚力。另一方面,企业要大力加强品牌建设,突出高端、精准、聚焦、注重实效的营销思路,积累品牌口碑,提升品牌形象;坚持质量和品牌经营,以技术创新为先导,以产品质量和高效服务为保证,提高客户满意度、公司品牌形象和市场口碑,巩固和扩大在国内市场的领先地位,夯实在其领域的产品竞争力和品牌影响力。

三、进一步推动苏州企业科创板上市展望

(一)培育企业上市后备资源,推动科创板块持续扩容

一方面,增加市场主体数量。大力发展各类市场主体,为企业上市奠定良好的主体基础。政府要从政策环境、市场准入、要素保障等方面进一步加大支持力度,建立健全促进企

第九章 苏州科创板上市企业分析与展望

业健康发展的政策措施,完善创业支持和服务体系,全面优化创业环境,加快推动科技成果转化,催生更多市场主体。积极鼓励、支持民营经济发展,继续推进上市登记制度改革,切实降低投资门槛。引导和鼓励有条件的民营企业建立现代企业制度,着力促进企业转型升级,重点支持一批有品牌、有市场、产业带动性强的民营企业做大做强,推动苏州民营经济做大总量、做宽链条、做优结构,积极为企业上市培育更多优质后备资源。

另一方面,以县区政府为主体,建立上市后备企业资源库。结合区域重点产业发展目标,集中筛选一批符合国家产业政策、主营业务突出、竞争能力较强、盈利水平较好、具有发展潜力的重点企业,建立县区上市企业后备资源库,实施动态管理,并妥善解决其上市过程中遇到的困难和问题。

(二)推进创新驱动发展,升级城市行业基础

第一,强化关键核心技术攻关,牢牢掌握创新发展主动权。着力提升攻关成效,持续推动产学研用一体化建设,加大自主创新技术产品应用推广,合力突破关键核心技术瓶颈。第二,大力推进以企业为主体的技术创新体系建设,持续推进制造业高质量发展,抓住机遇壮大发展新兴产业,更好发挥工业园区、高新区等作为产业创新发展重要载体的作用,大力培育引领型、创新型企业集群,引领产业基础高级化和产业链现代化。第三,加快推动传统产业的转型升级,鼓励企业加大技术改造,以先进技术、设备提升传统产业,突出高质量承接产业转移功能,大力推进低效能低收益的制造业向高端装备业转型。第四,积极引进领军型创新创业团队、高水平研发人才,增加城市自主创新动力。

(三)改善创新创业环境,营造良好尊商重企氛围

一方面,营造公平、透明、法治的发展环境,优化营商环境。加强创新能力和开放合作,鼓励苏州企业与科研机构、高等学校发挥各自优势,积极对接资源,广泛开展合作,大力引进高端人才,促进苏州地区人才的交流发展以及信息互通。加快构建知识产权创造、保护、运用、服务体系,促进企业释放创新潜力。面向支柱产业、高新技术产业和战略性新兴产业的创新需要,以加快科技成果产业化为目标,加强产业园区载体建设,健全创新服务体系,进一步整合国内外产业创新资源,加强知识产权保护与技术标准制定工作,着力营造配套齐全、布局优化、规范有序、效益凸显的产业创新环境。另一方面,加强沟通,要强化尊企氛围,在内心深处尊重企业,在工作重心上贴近企业,在社会氛围上尊重企业。

本 章 小 结

科创板作为我国资本市场基础制度改革创新的"试验田",其推出将有效补齐我国成长型科技创新企业融资短板,助力中国经济转型深化。设立科创板并实行试点注册制是一个全新的探索,是推动经济建设快速发展的重要举措。本章主要在收集苏州科创板已上市和储备企业的相关信息的基础上,归纳了苏州科创板企业的特征,分析了目前科创板企业存在的问题并给出了助推科创板上市的策略,对苏州科创板发展做进一步展望。

苏州科创板企业挂牌数量要远高于省内其他各个城市,在全国各主要城市中也居于前列,但是总市值并不具备优势。区域分布方面,苏州科创板企业主要分布于苏州市区;行业分布上,上市企业主要集中于专用设备制造业、软件和信息技术服务业、医药制造业三大类行业,储备企业主要集中于计算机、通信和其他电子设备制造业和专用设备制造业上;研发

情况方面,企业对研发活动还是相当重视的,研发投入力度较大;企业规模和财务状况方面,与其他主要城市比较,苏州企业规模不大,盈利能力一般。

目前,苏州科创板发展存在区域不均衡、产业结构不合理、缺乏核心竞争力等问题。针对以上问题,需要企业持续推进科技创新,增强核心竞争力,引进高端人才,建设优秀人才团队,打造国际化品牌;政府推进创新驱动发展,升级城市行业基础,积极培育企业上市后备资源,推动科创板块持续扩容,改善创新创业环境,营造良好尊商重企氛围。总体来看,苏州地区企业质量上乘,城市发展前景广阔,期待"苏州板块"在科创板上创造更多的辉煌。

苏州上市公司发展报告（2020）

附录

附录一　苏州上市公司简介

截至 2019 年 12 月 31 日,苏州境内 A 股企业数量共有 114 家,按照上市时间先后顺序排列的公司基本情况如下。

1. 创元科技股份有限公司(证券代码:000551)

成立日期	1993 年 12 月 22 日		
上市日期	1994 年 1 月 6 日	地点	深圳
相关指数	AMAC 综合企业指数、深证综合指数、申万市场表征指数		
行业类别	环保设备		
主营业务	输变电高压绝缘子、洁净环保设备及工程、各类光机电算一体化测绘仪器等		
总股本(万股)	40 008.04	流通 A 股(万股)	40 008.04
公司网址	www.000551.cn	电子信箱	dmc@cykj000551.com
注册地址	苏州高新区鹿山路 35 号		
办公地址	苏州工业园区苏桐路 37 号		

2. 苏州新区高新技术产业股份有限公司(证券代码:600736)

成立日期	1994 年 6 月 28 日		
上市日期	1996 年 8 月 15 日	地点	上海
相关指数	上证成分指数、上证综合指数、申万市场表征指数、AMAC 行业指数、中证规模指数		
行业类别	房地产		
主营业务	房地产开发		
总股本(万股)	115 129.29	流通 A 股(万股)	115 129.29
公司网址	www.sndnt.com	电子信箱	song.cj@sndnt.com
注册地址	虎丘区运河路 8 号		
办公地址	苏州高新区锦峰路 199 号锦峰国际商务广场 A 座 19—20 楼		

3. 张家港保税科技(集团)股份有限公司(证券代码：600794)

成立日期	1994 年 6 月 18 日		
上市日期	1997 年 3 月 6 日	地点	上海
相关指数	上证综合指数、申万市场表征指数、AMAC 行业指数		
行业类别	物流		
主营业务	保税仓储、货物中转、装卸		
总股本(万股)	121 215.22	流通 A 股(万股)	121 215.22
公司网址	www.zftc.net	电子信箱	changlq@zftc.net
注册地址	张家港市保税区石化交易大厦 27—28 层		
办公地址	张家港市保税区石化交易大厦 27—28 层		

4. 江苏博信投资控股股份有限公司(证券代码：600083)

成立日期	1993 年 5 月 8 日		
上市日期	1997 年 6 月 6 日	地点	上海
相关指数	上证综合指数、申万市场表征指数、AMAC 行业指数		
行业类别	综合—综合Ⅱ		
主营业务	智能硬件及其衍生产品领域业务		
总股本(万股)	23 000.00	流通 A 股(万股)	22 799.33
公司网址	www.toppers.com.cn	电子信箱	600083@boxinholding.com
注册地址	姑苏区朱家湾街 8 号姑苏软件园 B2 栋		
办公地址	姑苏区朱家湾街 8 号姑苏软件园 B2 栋		

5. 中核苏阀科技实业股份有限公司(证券代码：000777)

成立日期	1997 年 7 月 2 日		
上市日期	1997 年 7 月 10 日	地点	深圳
相关指数	深证综合指数、深证规模指数、申万市场表征指数、中证主题指数		
行业类别	机械基础件		
主营业务	核电阀门、水道阀门等		
总股本(万股)	38 341.76	流通 A 股(万股)	38 340.66
公司网址	www.chinasufa.com	电子信箱	dongm@chinasufa.com
注册地址	虎丘区浒关工业园		
办公地址	虎丘区新区珠江路 501 号		

附 录

6. 江苏永鼎股份有限公司（证券代码：600105）

成立日期	1994年6月30日		
上市日期	1997年9月29日	地点	上海
相关指数	上证成分指数、上证策略指数、上证综合指数、申万市场表征指数、中证规模指数		
行业类别	通信传输设备		
主营业务	光缆、电缆及通信设备、房地产等		
总股本（万股）	124 544.74	流通A股（万股）	123 831.24
公司网址	www.yongding.com.cn	电子信箱	zqb@yongding.com.cn
注册地址	吴江区芦墟镇318国道72K北侧		
办公地址	吴江区芦墟镇318国道72K北侧		

7. 江苏吴中实业股份有限公司（证券代码：600200）

成立日期	1994年6月28日		
上市日期	1999年4月1日	地点	上海
相关指数	上证综合指数、申万市场表征指数、AMAC行业指数、中证规模指数		
行业类别	化学原料药		
主营业务	服装、药品		
总股本（万股）	71 238.88	流通A股（万股）	71 076.49
公司网址	www.600200.com	电子信箱	jswz@600200.com
注册地址	吴中区东方大道988号		
办公地址	吴中区东方大道988号		

8. 江苏东方盛虹股份有限公司（证券代码：000301）

成立日期	1998年7月16日		
上市日期	2000年5月29日	地点	深圳
相关指数	深证综合指数、深证规模指数、申万市场表征指数、中证800行业指数、中证策略指数、中证产业指数、中证规模指数、中证主题指数		
行业类别	热电		
主营业务	房地产开发、营业房出租、热电、石油、天然气		
总股本（万股）	402 905.32	流通A股（万股）	121 823.64
公司网址	www.cesm.com.cn	电子信箱	cesm2000@126.com
注册地址	吴江区盛泽镇市场路丝绸股份大厦		
办公地址	吴江区盛泽镇市场路丝绸股份大厦		

9. 江苏亨通光电股份有限公司（证券代码：600487）

成立日期	1993年6月5日		
上市日期	2003年8月22日	地点	上海
相关指数	上证成分指数、上证主题指数、上证策略指数、上证综合指数、申万市场表征指数、沪深300行业指数、中证800行业指数、中证策略指数、中证规模指数、中证主题指数、中证风格指数、中证定制指数		
行业类别	通信传输设备		
主营业务	光纤光缆的生产与销售		
总股本（万股）	190 369.37	流通A股（万股）	186 033.32
公司网址	www.htgd.com.cn	电子信箱	htgd@htgd.com.cn
注册地址	吴江区七都镇亨通大道88号		
办公地址	吴江区经济开发区亨通路100号		

10. 江苏江南高纤股份有限公司（证券代码：600527）

成立日期	1996年11月25日		
上市日期	2003年11月27日	地点	上海
相关指数	上证综合指数、申万市场表征指数		
行业类别	化学纤维		
主营业务	涤纶毛条、短纤维、粒子、聚酯切片		
总股本（万股）	144 313.40	流通A股（万股）	120 313.40
公司网址	www.jngx.cn	电子信箱	investor@jngx.cn
注册地址	相城区黄埭镇苏阳路		
办公地址	相城区黄埭镇春秋路8号江南大厦16—22层		

11. 长城影视股份有限公司（证券代码：002071）

成立日期	1999年1月15日		
上市日期	2006年10月12日	地点	深圳
相关指数	深港通传媒行业指数、国证治理指数、深证综合指数、申万市场表征指数、AMAC行业指数		
行业类别	影视动漫		
主营业务	电视剧的投资、制作与发行及其衍生业务		
总股本（万股）	52 542.98	流通A股（万股）	52 166.035
公司网址	www.chinaccys.com	电子信箱	chinaccys@126.com
注册地址	张家港市大新镇人民路128号		
办公地址	浙江省杭州市西湖区文二西路683号西溪湿地创意产业园西区		

注：2014年6月5日起，由江苏宏宝更名。

12. 江苏沙钢股份有限公司（证券代码：002075）

成立日期	1999年9月28日		
上市日期	2006年10月25日	地点	深圳
相关指数	深证综合指数、深证规模指数、申万市场表征指数、中证800行业指数、中证策略指数、中证产业指数、中证规模指数、中证主题指数、中证定制指数		
行业类别	特钢		
主营业务	黑色金属产品开发、冶炼、加工及销售		
总股本（万股）	220 677.18	流通A股（万股）	220 677.07
公司网址	www.shaganggf.com	电子信箱	sggf@shasteel.cn
注册地址	张家港市锦丰镇沙钢大厦		
办公地址	张家港市锦丰镇沙钢大厦		

13. 苏州固锝电子股份有限公司（证券代码：002079）

成立日期	1990年11月12日		
上市日期	2006年11月16日	地点	深圳
相关指数	深证700成长指数、深港通半导体行业指数、深证综合指数、深证规模指数、申万市场表征指数、中证规模指数		
行业类别	分立器件		
主营业务	设计、制造和销售各类半导体芯片，各类二极管、三极管等		
总股本（万股）	72 797.14	流通A股（万股）	72 620.80
公司网址	www.goodark.com	电子信箱	info@goodark.com
注册地址	虎丘区通安开发区通锡路31号		
办公地址	苏州高新区通安镇华金路200号		

14. 苏州金螳螂建筑装饰股份有限公司（证券代码：002081）

成立日期	2004年4月30日		
上市日期	2006年11月20日	地点	深圳
相关指数	深证策略指数、深证综合指数、深证规模指数、申万市场表征指数、AMAC行业指数、沪深300行业指数、中证800行业指数、中证策略指数、中证规模指数、中证主题指数、中证风格指数、中证定制指数		
行业类别	装饰园林		
主营业务	公共建筑及企事业单位的建筑装饰设计和施工		
总股本（万股）	267 640.87	流通A股（万股）	259 568.42
公司网址	www.goldmantis.com	电子信箱	tzglb@goldmantis.com
注册地址	苏州工业园区民营工业区内		
办公地址	姑苏区金阊区西环路888号		

15. 新海宜科技集团股份有限公司（证券代码：002089）

成立日期	1997年1月1日		
上市日期	2006年11月30日	地点	深圳
相关指数	中创500高贝塔指数、AMAC电子设备指数、深证综合指数、申万市场表征指数		
行业类别	通信传输设备		
主营业务	通信产品的研发、生产与销售业务		
总股本（万股）	137 466.96	流通A股（万股）	92 452.38
公司网址	www.nsu.com.cn	电子信箱	nsu@nsu.com.cn
注册地址	苏州工业园区泾茂路168号		
办公地址	苏州工业园区泾茂路168号新海宜科技园		

16. 江苏国泰国际集团国贸股份有限公司（证券代码：002091）

成立日期	1998年5月7日		
上市日期	2006年12月8日	地点	深圳
相关指数	深证策略指数、深证综合指数、深证规模指数、申万市场表征指数、AMAC行业指数、中证策略指数、中证规模指数		
行业类别	贸易		
主营业务	纺织品、服装、机电、轻工、化工等商品的进出口贸易和外派劳务业务		
总股本（万股）	156 353.66	流通A股（万股）	96 930.59
公司网址	www.gtiggm.com	电子信箱	info@gtiggm.com
注册地址	张家港市国泰时代广场11—24楼		
办公地址	张家港市国泰时代广场11—24楼		

17. 南极电商股份有限公司（证券代码：002127）

成立日期	1999年7月12日		
上市日期	2007年4月18日	地点	深圳
相关指数	深证综合指数、深证规模指数、申万市场表征指数、中证800行业指数、中证规模指数、中证主题指数		
行业类别	专业连锁		
主营业务	品牌授权服务、电商生态综合服务平台服务、柔性供应链园区服务		
总股本（万股）	245 487.04	流通A股（万股）	189 622.79
公司网址	www.nanjids.com	电子信箱	nanjids@nanjids.com
注册地址	吴江区盛泽镇敦煌路388号汇赢大厦8F		
办公地址	上海市黄浦区凤阳路29号新世界商务楼17—18楼		

注：2015年9月10日，新民科技审议通过南极电商借壳。

附 录

18. 江苏通润装备科技股份有限公司（证券代码：002150）

成立日期	2002年10月28日		
上市日期	2007年8月10日	地点	深圳
相关指数	深证综合指数、申万市场表征指数		
行业类别	金属制品		
主营业务	生产钢制工具箱、钢制办公家具、精制钣金制品、薄钢板制品和精密钣金加工		
总股本（万股）	35 651.71	流通A股（万股）	35 508.77
公司网址	www.tongrunindustries.com	电子信箱	jstr@tongrunindustries.com
注册地址	常熟市海虞镇周行通港工业开发区		
办公地址	常熟市海虞镇周行通港工业开发区		

19. 江苏常铝铝业集团股份有限公司（证券代码：002160）

成立日期	2002年12月27日		
上市日期	2007年8月21日	地点	深圳
相关指数	AMAC有色金属指数、中证全指有色金属指数、深证综合指数、申万市场表征指数		
行业类别	铝加工		
主营业务	生产铝箔、亲水涂层铝箔和铝板带材		
总股本（万股）	79 558.20	流通A股（万股）	68 242.31
公司网址	www.alcha.com	电子信箱	office@alcha.com
注册地址	常熟市白茆镇西		
办公地址	常熟市白茆镇西		

20. 江苏澳洋科技股份有限公司（证券代码：002172）

成立日期	2001年10月22日		
上市日期	2007年9月21日	地点	深圳
相关指数	中市净率指数、AMAC化纤指数、深证综合指数、申万市场表征指数		
行业类别	粘胶		
主营业务	化学纤维及健康医疗		
总股本（万股）	77 648.14	流通A股（万股）	77 248.27
公司网址	www.aykj.cn	电子信箱	aykj@aoyang.com
注册地址	张家港市杨舍镇塘市镇中路018号		
办公地址	张家港市杨舍镇塘市澳洋国际大厦		

21. 东华能源股份有限公司（证券代码：002221）

成立日期	1996年4月22日		
上市日期	2008年3月6日	地点	深圳
相关指数	深证策略指数、深证综合指数、申万市场表征指数、AMAC行业指数、中证800行业指数、中证策略指数、中证产业指数、中证规模指数、中证主题指数、中证定制指数		
行业类别	石油加工		
主营业务	高纯度液化石油气的生产加工与销售		
总股本（万股）	164 978.28	流通A股（万股）	152 976.87
公司网址	www.chinadhe.com	电子信箱	tzz@chinadhe.com
注册地址	张家港市保税区出口加工区东华路668号		
办公地址	南京市玄武区仙林大道徐庄软件园紫气路1号		

22. 江苏澳洋顺昌股份有限公司（证券代码：002245）

成立日期	2002年9月30日		
上市日期	2008年6月5日	地点	深圳
相关指数	深证综合指数、深证规模指数、申万市场表征指数、AMAC行业指数、中证规模指数		
行业类别	物流		
主营业务	金属材料的物流供应链服务		
总股本（万股）	98 131.18	流通A股（万股）	91 477.40
公司网址	www.aucksun.com	电子信箱	secretary@aucksun.com
注册地址	张家港市杨舍镇新泾中路10号		
办公地址	张家港市杨舍镇新泾中路10号		

23. 苏州海陆重工股份有限公司（证券代码：002255）

成立日期	2000年1月18日		
上市日期	2008年6月25日	地点	深圳
相关指数	深证节能环保指数、AMAC通用设备指数、深证综合指数、深证规模指数、申万市场表征指数		
行业类别	电源设备		
主营业务	生产节能环保设备及核电设备		
总股本（万股）	84 227.11	流通A股（万股）	64 700.66
公司网址	www.hailu-boiler.cn	电子信箱	stock@hailu-boiler.cn
注册地址	张家港市东南大道1号（张家港经济技术开发区）		
办公地址	张家港市东南大道1号（张家港经济技术开发区）		

附　录

24. 江苏华昌化工股份有限公司（证券代码：002274）

成立日期	2004 年 2 月 27 日			
上市日期	2008 年 9 月 25 日	地点	深圳	
相关指数	AMAC 化学制品指数、深证综合指数、深证规模指数、申万市场表征指数、中证规模指数			
行业类别	纯碱			
主营业务	基础化工业务			
总股本(万股)	95 236.46	流通 A 股(万股)	93 799.91	
公司网址	www.huachangchem.cn	电子信箱	huachang@huachangchem.cn	
注册地址	张家港市金港镇保税区扬子江国际化学工业园南海路 1 号			
办公地址	张家港市金港镇保税区扬子江国际化学工业园南海路 1 号			

25. 苏州中科创新型材料股份有限公司（证券代码：002290）

成立日期	2002 年 11 月 15 日			
上市日期	2009 年 9 月 3 日	地点	深圳	
相关指数	AMAC 电气机械指数、深证综合指数、申万市场表征指数			
行业类别	其他白色家电			
主营业务	家电用外观部件复合材料的研发、生产和销售			
总股本(万股)	24 271.23	流通 A 股(万股)	21 647.40	
公司网址	www.szhssm.com.cn	电子信箱	hesheng@szhssm.com.cn	
注册地址	苏州工业园区后戴街 108 号			
办公地址	苏州工业园区后戴街 108 号			

26. 江苏新宁现代物流股份有限公司（证券代码：300013）

成立日期	1997 年 2 月 24 日			
上市日期	2009 年 10 月 30 日	地点	深圳	
相关指数	中证创新驱动主题指数、AMAC 交运仓储指数、深证综合指数、申万市场表征指数、AMAC 行业指数			
行业类别	物流			
主营业务	电子元器件保税仓储			
总股本(万股)	44 668.71	流通 A 股(万股)	40 903.22	
公司网址	www.xinning.com.cn	电子信箱	jsxn@xinning.com.cn	
注册地址	昆山市张浦镇阳光西路 760 号			
办公地址	昆山市张浦镇阳光西路 760 号			

27. 江苏中利集团股份有限公司（证券代码：002309）

成立日期	1996年11月1日		
上市日期	2009年11月27日	地点	深圳
相关指数	深证综合指数、深证规模指数、申万市场表征指数、中证策略指数、中证规模指数		
行业类别	电源设备		
主营业务	生产阻燃耐火软电缆		
总股本（万股）	87 178.71	流通A股（万股）	69 602.22
公司网址	www.zhongli.com	电子信箱	zhonglidm@zhongli.com
注册地址	常熟市东南经济开发区		
办公地址	常熟市东南经济开发区		

28. 苏州罗普斯金铝业股份有限公司（证券代码：002333）

成立日期	1993年7月28日		
上市日期	2010年1月12日	地点	深圳
相关指数	中证财务稳健指数、AMAC有色金属指数、深证综合指数、申万市场表征指数		
行业类别	其他建材		
主营业务	铝合金挤压型材、铝合金熔铸的研发、生产和销售		
总股本（万股）	50 260.36	流通A股（万股）	48 496.97
公司网址	www.lpsk.com.cn	电子信箱	lpskdsh@lpsk.com.cn
注册地址	相城区黄埭镇潘阳工业园太东路2777号		
办公地址	相城区黄埭镇潘阳工业园太东路2777号		

29. 康力电梯股份有限公司（证券代码：002367）

成立日期	1997年10月3日		
上市日期	2010年3月12日	地点	深圳
相关指数	中国智能资产指数、深证新浪大数据100指数、深证综合指数、深证规模指数、申万市场表征指数、中证规模指数、中证主题指数		
行业类别	楼宇设备		
主营业务	电梯设计、开发、制造、销售、安装和维护		
总股本（万股）	79 765.27	流通A股（万股）	52 428.17
公司网址	www.canny-elevator.com	电子信箱	dongmiban@canny-elevator.com
注册地址	吴江区汾湖高新技术产业开发区康力大道888号		
办公地址	吴江区汾湖高新技术产业开发区康力大道888号		

30. 苏州东山精密制造股份有限公司（证券代码：002384）

成立日期	1998年10月28日		
上市日期	2010年4月9日	地点	深圳
相关指数	中证产业指数、中证全指信息技术指数、深证综合指数、深证规模指数、申万市场表征指数、中证800行业指数、中证产业指数、中证规模指数、中证主题指数		
行业类别	电子零部件制造		
主营业务	通信设备设计、生产和销售		
总股本（万股）	160 657.25	流通A股（万股）	122 266.67
公司网址	www.sz-dsbj.com	电子信箱	dsbj@sz-dsbj.com
注册地址	吴中区东山上湾村		
办公地址	吴中区东山工业园石鹤山路8号		

31. 维信诺科技股份有限公司（证券代码：002387）

成立日期	1998年1月7日		
上市日期	2010年4月13日	地点	深圳
相关指数	深证综合指数、中证800行业指数、中证产业指数、中证规模指数、MSCI中国A股在岸指数		
行业类别	第6代有源矩阵有机发光显示器件		
主营业务	电子元器件		
总股本（万股）	136 766.30	流通A股（万股）	106 781.21
公司网址	www.visionox.com	电子信箱	IR@visionox.com
注册地址	昆山开发区夏东街658号1801室		
办公地址	北京市朝阳区东三环北路辛2号迪阳大厦606单元		

注：2019年8月23日由原注册地（汕头市）变更公司注册地址迁入。

32. 苏州胜利精密制造科技股份有限公司（证券代码：002426）

成立日期	2003年12月5日		
上市日期	2010年6月8日	地点	深圳
相关指数	深证综合指数、深证规模指数、申万市场表征指数、中证800行业指数、中证产业指数、中证规模指数		
行业类别	机械基础件		
主营业务	专业精密结构模组制造服务		
总股本（万股）	344 151.77	流通A股（万股）	278 102.09
公司网址	www.vicsz.com	电子信箱	ye.cheng@vicsz.com
注册地址	苏州高新区浒关工业园浒泾路55号		
办公地址	苏州高新区浒关工业园浒泾路55号		

33. 长江润发健康产业股份有限公司（证券代码：002435）

成立日期	1999年9月9日		
上市日期	2010年6月18日	地点	深圳
相关指数	AMAC医药制造指数、深证综合指数、深证规模指数、申万市场表征指数、中证规模指数		
行业类别	医药制造业		
主营业务	医药制造业务及机械制造业务		
总股本(万股)	123 598.30	流通A股(万股)	119 959.45
公司网址	www.cjrfjx.com	电子信箱	lubin@cjrfjx.com
注册地址	张家港市金港镇晨丰公路		
办公地址	张家港市金港镇晨丰公路		

注：2017年5月27日，由长江润发更名为长江健康。

34. 康得新复合材料集团股份有限公司（证券代码：002450）

成立日期	2001年8月21日		
上市日期	2010年7月16日	地点	深圳
相关指数	中证100指数、AMAC橡胶塑料指数、深证综合指数、申万市场表征指数、中证产业指数		
行业类别	橡胶和塑料制品业		
主营业务	预涂膜及覆膜设备的开发、生产及销售		
总股本(万股)	354 090.03	流通A股(万股)	323 055.42
公司网址	www.kangdexin.com	电子信箱	kdx@kdxfilm.com
注册地址	张家港市环保新材料产业园晨港路北侧、港华路西侧		
办公地址	张家港市环保新材料产业园晨港路北侧、港华路西侧		

注：因涉嫌信息披露违法违规，根据《证券法》的有关规定，证监会决定对该公司立案调查。该股票自2019年7月8日起停牌。

35. 金陵华软科技股份有限公司（证券代码：002453）

成立日期	1999年1月13日		
上市日期	2010年7月20日	地点	深圳
相关指数	深证创业投资指数、AMAC化学制品指数、深证综合指数、申万市场表征指数		
行业类别	其他化学品、专业咨询服务		
主营业务	精细化工业务、供应链管理业务及金融科技业务		
总股本(万股)	57 130.00	流通A股(万股)	57 130.00
公司网址	www.gcstgroup.com	电子信箱	stock@gcstgroup.com
注册地址	吴中区木渎镇花苑东路199-1号		
办公地址	姑苏区苏站路1588号世界贸易中心B座21层		

注：2018年6月，由天马精化更名华软科技。

附录

36. 沪士电子股份有限公司（证券代码：002463）

成立日期	1992 年 4 月 14 日		
上市日期	2010 年 8 月 18 日	地点	深圳
相关指数	深证综合指数、深证规模指数、申万市场表征指数、中证 800 行业指数、中证产业指数、中证规模指数、中证主题指数		
行业类别	计算机、通信和其他电子设备制造业		
主营业务	印刷电路板的制造、销售及相关售后服务		
总股本（万股）	172 471.74	流通 A 股（万股）	168 828.65
公司网址	www.wuscn.com	电子信箱	fin30@wuspc.com
注册地址	昆山市玉山镇东龙路 1 号		
办公地址	昆山市玉山镇东龙路 1 号		

37. 众应互联科技股份有限公司（证券代码：002464）

成立日期	1993 年 4 月 2 日		
上市日期	2010 年 8 月 31	地点	深圳
相关指数	中证全指软件与服务指数、深证综合指数、深证规模指数、申万市场表征指数、AMAC 行业指数、中证规模指数		
行业类别	互联网和相关服务		
主营业务	授权/注册码业务及游戏虚拟物品业务		
总股本（万股）	52 179.44	流通 A 股（万股）	52 175.00
公司网址	www.wholeasy.com	电子信箱	sz002464@163.com
注册地址	昆山市经济技术开发区春旭路 258 号东安大厦 1701 室		
办公地址	昆山市经济技术开发区春旭路 258 号东安大厦 1701 室		

注：2020 年 5 月 12 日领取新疆伊犁州营业执照。

38. 苏州锦富技术股份有限公司（证券代码：300128）

成立日期	2004 年 3 月 29 日		
上市日期	2010 年 10 月 13 日	地点	深圳
相关指数	AMAC 电子设备指数、中证物联网主题指数、深证综合指数、深证规模指数、申万市场表征指数、中证规模指数		
行业类别	计算机、通信和其他电子设备制造业		
主营业务	各类光电显示薄膜器件，以及隔热减震类制品和精密模切设备等产品的生产与销售		
总股本（万股）	109 411.54	流通 A 股（万股）	107 211.78
公司网址	www.szjin-fu.com	电子信箱	jinfu@jin-fu.cn
注册地址	苏州工业园区江浦路 39 号		
办公地址	苏州工业园区金田路 15 号		

39. 通鼎互联信息股份有限公司（证券代码：002491）

成立日期	1999年4月22日		
上市日期	2010年10月21日	地点	深圳
相关指数	深证综合指数、深证规模指数、申万市场表征指数、中证800行业指数、中证规模指数、中证主题指数		
行业类别	电气机械和器材制造业		
主营业务	通信光电缆研发、生产和销售		
总股本（万股）	126 155.31	流通A股（万股）	117 651.09
公司网址	www.tdgd.com.cn	电子信箱	td_zqb@163.com
注册地址	吴江区震泽镇八都经济开发区小平大道8号		
办公地址	吴江区震泽镇八都经济开发区小平大道8号		

40. 科林环保装备股份有限公司（证券代码：002499）

成立日期	1999年4月16日		
上市日期	2010年11月9日	地点	深圳
相关指数	AMAC水电煤气指数、中证全指电力公用事业指数、深证综合指数、申万市场表征指数		
行业类别	电力、热力生产和供应业		
主营业务	袋式除尘器的研发、设计、制造、销售及袋式除尘系统设计业务		
总股本（万股）	18 900.00	流通A股（万股）	18 898.42
公司网址	www.kelin-environment.com	电子信箱	zqb@sz002499.com
注册地址	吴江区高新路425号		
办公地址	重庆市渝北区龙塔街道红黄路121号紫荆商业广场1幢37楼		

41. 苏州工业园区和顺电气股份有限公司（证券代码：300141）

成立日期	1988年12月22日		
上市日期	2010年11月12日	地点	深圳
相关指数	中证全指工业指数、AMAC电气机械指数、深证综合指数、申万市场表征指数		
行业类别	电气机械和器材制造业		
主营业务	电力成套设备、电力电子设备及充换电设备的研发、制造、销售和服务		
总股本（万股）	25 545.96	流通A股（万股）	16 555.29
公司网址	www.cnheshun.com	电子信箱	xushujie@cnheshun.com
注册地址	苏州工业园区和顺路8号		
办公地址	苏州工业园区和顺路8号		

42. 苏州宝馨科技实业股份有限公司（证券代码：002514）

成立日期	2001 年 10 月 8 日		
上市日期	2010 年 12 月 3 日	地点	深圳
相关指数	中证全指机械制造全收益指数、AMAC 金属制品指数、深证综合指数、申万市场表征指数		
行业类别	金属制品业		
主营业务	运用数控钣金技术研发、设计、生产、销售工业级数控钣金结构产品		
总股本(万股)	55 403.43	流通 A 股(万股)	40 554.36
公司网址	www.boamax.com	电子信箱	zqb@boamax.com
注册地址	苏州高新区浒墅关经济开发区石阳路 17 号		
办公地址	苏州高新区浒墅关经济开发区石阳路 17 号		

43. 江苏银河电子股份有限公司（证券代码：002519）

成立日期	2000 年 6 月 15 日		
上市日期	2010 年 12 月 7 日	地点	深圳
相关指数	中证全指电信业务指数、中证 1000 行业中性低波动指数、深证综合指数、深证规模指数、申万市场表征指数、中证规模指数		
行业类别	计算机、通信和其他电子设备制造业		
主营业务	数字电视多媒体终端、安防装备、智能电网设备以及相关核心软件、电子设备精密结构件等产品的研发、制造与销售		
总股本(万股)	112 643.09	流通 A 股(万股)	101 070.15
公司网址	www.yinhe.com	电子信箱	yhdm@yinhe.com
注册地址	张家港市塘桥镇南环路 188 号		
办公地址	张家港市塘桥镇南环路 188 号		

44. 天顺风能（苏州）股份有限公司（证券代码：002531）

成立日期	2005 年 1 月 18 日		
上市日期	2010 年 12 月 31 日	地点	深圳
相关指数	中证环保产业指数、中证新能源指数、深证综合指数、深证规模指数、申万市场表征指数、中证规模指数		
行业类别	电气机械和器材制造业		
主营业务	生产及销售风电设备		
总股本(万股)	177 901.91	流通 A 股(万股)	176 900.65
公司网址	www.titanwind.com.cn	电子信箱	public@titanwind.com.cn
注册地址	太仓市经济开发区宁波东路 28 号		
办公地址	太仓市太仓港经济技术开发区洋江路 28 号		

45. 常熟风范电力设备股份有限公司（证券代码：601700）

成立日期	1993 年 7 月 15 日		
上市日期	2011 年 1 月 18 日	地点	上海
相关指数	上证综合指数、申万市场表征指数、中证规模指数		
行业类别	金属制品业		
主营业务	输电线路铁塔和复合材料绝缘杆塔的研发、设计、生产和销售		
总股本（万股）	113 323.20	流通 A 股（万股）	113 323.20
公司网址	www.cstower.cn	电子信箱	chenld@cstower.cn
注册地址	常熟市尚湖镇工业集中区西区人民南路 8 号		
办公地址	常熟市尚湖镇工业集中区西区人民南路 8 号		

46. 江苏天瑞仪器股份有限公司（证券代码：300165）

成立日期	2006 年 7 月 4 日		
上市日期	2011 年 1 月 25 日	地点	深圳
相关指数	中证盈利质量指数、AMAC 仪器仪表指数、深证综合指数、深证规模指数、申万市场表征指数		
行业类别	仪器仪表制造业		
主营业务	化学分析仪器及应用软件研发、生产、销售		
总股本（万股）	46 176.00	流通 A 股（万股）	31 940.98
公司网址	www.skyray-instrument.com	电子信箱	zqb@skyray-instrument.com
注册地址	昆山市玉山镇中华园西路 1888 号天瑞大厦		
办公地址	昆山市玉山镇中华园西路 1888 号天瑞大厦		

47. 苏州春兴精工股份有限公司（证券代码：002547）

成立日期	2001 年 9 月 25 日		
上市日期	2011 年 2 月 18 日	地点	深圳
相关指数	中证 1000 电信业务全收益指数、国证小盘低波动率指数、深证综合指数、深证规模指数、申万市场表征指数、中证规模指数		
行业类别	金属制品业		
主营业务	汽车、航空等精密铝合金结构件的制造、销售及服务、研究与开发等业务		
总股本（万股）	112 805.72	流通 A 股（万股）	76 295.01
公司网址	www.chunxing-group.com	电子信箱	cxjg@chunxing-group.com
注册地址	苏州工业园区唯亭镇浦田路 2 号		
办公地址	苏州工业园区唯亭镇金陵东路 120 号		

附录

48. 苏州天沃科技股份有限公司（证券代码：002564）

成立日期	1998 年 3 月 18 日		
上市日期	2011 年 3 月 10 日	地点	深圳
相关指数	中证 1000 行业中性低波动指数、AMAC 科研技术指数、深证综合指数、深证规模指数、申万市场表征指数、中证规模指数		
行业类别	专业技术服务业		
主营业务	石油化工、煤化工、化工、有色金属等领域压力容器、非标设备的设计、制造		
总股本(万股)	86 937.53	流通 A 股(万股)	86 847.57
公司网址	www.thvow.com	电子信箱	thvow@thvow.com
注册地址	张家港市金港镇长山村临江路 1 号		
办公地址	张家港市金港镇长山村临江路 1 号		

49. 苏州科斯伍德油墨股份有限公司（证券代码：300192）

成立日期	2003 年 1 月 14 日		
上市日期	2011 年 3 月 22 日	地点	深圳
相关指数	中证创新驱动主题指数、AMAC 化学制品指数、深证综合指数、申万市场表征指数		
行业类别	化学原料和化学制品制造业		
主营业务	高分子材料和植物油改性的研发，印刷胶印油墨的生产与销售		
总股本(万股)	24 255.00	流通 A 股(万股)	17 236.42
公司网址	www.szkinks.com	电子信箱	szkinks@szkinks.com
注册地址	相城区黄埭镇春申路 989 号		
办公地址	相城区黄埭镇春申路 989 号		

50. 江苏亿通高科技股份有限公司（证券代码：300211）

成立日期	2001 年 8 月 15 日		
上市日期	2011 年 5 月 5 日	地点	深圳
相关指数	国证 2000 指数、中证中国内地企业全球综合全收益指数、深证综合指数、申万市场表征指数		
行业类别	计算机、通信和其他电子设备制造业		
主营业务	有线电视网络传输设备、数字电视终端设备、智能化监控工程服务等		
总股本(万股)	30 267.60	流通 A 股(万股)	29 695.03
公司网址	www.yitong-group.com	电子信箱	yitong@yitong-group.com
注册地址	常熟市通林路 28 号		
办公地址	常熟市通林路 28 号		

51. 苏州电器科学研究院股份有限公司（证券代码：300215）

成立日期	1993年11月25日		
上市日期	2011年5月11日	地点	深圳
相关指数	创业300高贝塔指数、AMAC科研技术指数、深证综合指数、深证规模指数、申万市场表征指数、中证规模指数		
行业类别	专业技术服务业		
主营业务	输配电电器、核电电器、机床电器、船用电器、汽车电子电气、太阳能及风能发电设备等各类高低压电器的技术检测服务		
总股本（万股）	75 832.25	流通A股（万股）	54 959.12
公司网址	www.eeti.com.cn	电子信箱	zqb@eeti.cn
注册地址	吴中区越溪前珠路5号		
办公地址	吴中区越溪前珠路5号		

52. 江苏鹿港文化股份有限公司（证券代码：601599）

成立日期	2002年12月13日		
上市日期	2011年5月27日	地点	上海
相关指数	上证综合指数、申万市场表征指数		
行业类别	纺织业		
主营业务	各类针织毛纺纱线以及高档精纺呢绒面料生产与销售		
总股本（万股）	89 272.50	流通A股（万股）	89 272.50
公司网址	www.lugangwool.com	电子信箱	info@lugangwool.com
注册地址	张家港市塘桥镇鹿苑工业区		
办公地址	张家港市塘桥镇鹿苑工业区		

53. 张家港富瑞特种装备股份有限公司（证券代码：300228）

成立日期	2003年8月5日		
上市日期	2011年6月8日	地点	深圳
相关指数	中证1000指数、中证高端制造主题指数、深证综合指数、深证综合指数、深证规模指数、申万市场表征指数		
行业类别	专用设备制造业		
主营业务	以LNG应用设备为主的低温储运及应用设备、以海水淡化设备为主的换热设备和用于分离空气的气体分离设备		
总股本（万股）	47 274.16	流通A股（万股）	42 010.52
公司网址	www.furuise.com	电子信箱	furui@furuise.com
注册地址	张家港市杨舍镇晨新路19号		
办公地址	张家港市杨舍镇晨新路19号		

54. 江苏飞力达国际物流股份有限公司（证券代码：300240）

成立日期	1993 年 4 月 22 日		
上市日期	2011 年 7 月 6 日	地点	深圳
相关指数	深证创业投资指数、中证全指工业指数、深证综合指数、深证规模指数、申万市场表征指数、AMAC 行业指数		
行业类别	仓储业		
主营业务	设计并提供一体化供应链管理解决方案，由综合物流服务和基础物流服务构成		
总股本（万股）	36 555.98	流通 A 股（万股）	36 160.02
公司网址	www.feiliks.com	电子信箱	dshmsc@feiliks.com
注册地址	昆山市开发区		
办公地址	昆山市开发区玫瑰路 999 号		

55. 雅本化学股份有限公司（证券代码：300261）

成立日期	2006 年 1 月 13 日		
上市日期	2011 年 9 月 6 日	地点	深圳
相关指数	AMAC 化学制品指数、中证东方财富大数据 100 指数、深证综合指数、申万市场表征指数		
行业类别	化学原料和化学制品制造业		
主营业务	高级农药、医药中间体产品研发、生产和销售		
总股本（万股）	96 330.95	流通 A 股（万股）	92 863.84
公司网址	www.abachem.com	电子信箱	info@abachem.com
注册地址	太仓市太仓港港口开发区石化区东方东路 18 号		
办公地址	太仓市太仓港港口开发区石化区东方东路 18 号		

56. 昆山新莱洁净应用材料股份有限公司（证券代码：300260）

成立日期	2000 年 7 月 12 日		
上市日期	2011 年 9 月 6 日	地点	深圳
相关指数	中价股指数、中证雪球投资精选大数据指数、深证综合指数、申万市场表征指数		
行业类别	通用设备制造业		
主营业务	304、316L 等高纯不锈钢为母材的高洁净应用材料的研发、生产与销售		
总股本（万股）	20 194.00	流通 A 股（万股）	12 668.05
公司网址	www.kinglai.com.cn	电子信箱	lucy@kinglai.com.cn
注册地址	昆山市陆家镇陆丰西路 22 号		
办公地址	昆山市陆家镇陆丰西路 22 号		

57. 德尔未来科技控股集团股份有限公司（证券代码：002631）

成立日期	2004年12月2日		
上市日期	2011年11月11日	地点	深圳
相关指数	中证申万体育产业主题投资指数、深证700指数、深证综合指数、深证规模指数、申万市场表征指数、中证规模指数		
行业类别	木材加工和木、竹、藤、棕、草制品业		
主营业务	木地板的研发、生产与销售		
总股本（万股）	66 904.58	流通A股（万股）	65 182.86
公司网址	www.der.com.cn	电子信箱	der@der.com.cn
注册地址	吴江区七都镇七都大道		
办公地址	吴江区盛泽镇西环路499号德尔广场3号楼		

58. 苏州安洁科技股份有限公司（证券代码：002635）

成立日期	1999年12月16日		
上市日期	2011年11月25日	地点	深圳
相关指数	深证综合指数、深证规模指数、申万市场表征指数、中证800行业指数、中证规模指数		
行业类别	计算机、通信和其他电子设备制造业		
主营业务	为笔记本电脑和手机等消费电子产品品牌终端厂商提供功能性器件生产及相关服务		
总股本（万股）	68 921.01	流通A股（万股）	36 262.11
公司网址	www.anjiesz.com	电子信箱	zhengquan@anjiesz.com
注册地址	吴中区光福镇福锦路8号		
办公地址	吴中区光福镇福锦路8号		

59. 东吴证券股份有限公司（证券代码：601555）

成立日期	1992年9月4日		
上市日期	2011年12月12日	地点	上海
相关指数	上证成分指数、上证主题指数、上证综合指数、申万市场表征指数、AMAC行业指数、沪深300行业指数、中证800行业指数、中证策略指数、中证规模指数、中证主题指数、中证风格指数、中证定制指数		
行业类别	资本市场服务		
主营业务	证券的经纪、投资咨询、交易、证券投资活动有关的财务顾问及证券的承销保荐、自营、资产管理、投资基金代销、中间介绍业务等		
总股本（万股）	300 000.00	流通A股（万股）	300 000.00
公司网址	www.dwzq.com.cn	电子信箱	weich@dwzq.com.cn
注册地址	苏州工业园区星阳街5号		
办公地址	苏州工业园区星阳街5号		

附 录

60. 苏州扬子江新型材料股份有限公司（证券代码：002652）

成立日期	2002年11月27日		
上市日期	2012年1月19日	地点	深圳
相关指数	中证申万体育产业主题投资指数、AMAC金属制品指数、深证综合指数、申万市场表征指数		
行业类别	金属制品业		
主营业务	有机涂层板及其基板的研发、生产与销售		
总股本（万股）	51 206.40	流通A股（万股）	44 713.65
公司网址	www.yzjnm.com	电子信箱	jyg@yzjnm.com
注册地址	相城区潘阳工业园春丰路88号		
办公地址	相城区潘阳工业园春丰路88号		

61. 吴通控股集团股份有限公司（证券代码：300292）

成立日期	1999年6月22日		
上市日期	2012年2月29日	地点	深圳
相关指数	深证700指数、AMAC电子设备指数、深证综合指数、深证规模指数、申万市场表征指数、中证规模指数		
行业类别	计算机、通信和其他电子设备制造业		
主营业务	无线通信射频连接系统、光纤连接产品的研发、生产及销售		
总股本（万股）	127 485.05	流通A股（万股）	102 961.69
公司网址	www.cnwutong.com	电子信箱	wutong@cnwutong.com
注册地址	相城区经济开发区漕湖街道太东路2596号		
办公地址	相城区经济开发区漕湖街道太东路2596号		

62. 怡球金属资源再生（中国）股份有限公司（证券代码：601388）

成立日期	2001年3月15日		
上市日期	2012年4月23日	地点	上海
相关指数	中证城镇化指数、上证城镇化全收益指数、上证综合指数、申万市场表征指数		
行业类别	有色金属冶炼及压延加工业		
主营业务	通过回收废铝资源，进行再生铝合金锭的生产和销售		
总股本（万股）	202 540.00	流通A股（万股）	202 540.00
公司网址	www.yechiu.com	电子信箱	info@yechiu.com.cn
注册地址	太仓市浮桥镇沪浮璜公路88号		
办公地址	太仓市浮桥镇沪浮璜公路88号		

63. 江苏德威新材料股份有限公司（证券代码：300325）

成立日期	1995年12月18日		
上市日期	2012年6月1日	地点	深圳
相关指数	中证全指原材料指数、深证创业板专利领先指数、深证综合指数、申万市场表征指数		
行业类别	橡胶和塑料制品业		
主营业务	研发、生产、销售聚氯乙烯塑胶材料、汽车家用特种改性塑料、绿色环保包装材料、聚乙烯、聚丙烯塑胶材料、工程塑料，批发、销售化工原料（不含危险品）、电线、电缆及配套附件		
总股本(万股)	100 574.31	流通A股(万股)	99 643.30
公司网址	www.chinadewei.com	电子信箱	dongmi@chinadewei.com
注册地址	太仓市沙溪镇沙南东路99号		
办公地址	太仓市沙溪镇沙南东路99号		

64. 苏州苏大维格光电科技股份有限公司（证券代码：300331）

成立日期	2001年10月25日		
上市日期	2012年6月28日	地点	深圳
相关指数	中证高校院所企业指数、微利股指数、深证综合指数、申万市场表征指数		
行业类别	计算机、通信和其他电子设备制造业		
主营业务	微纳光学产品的设计、开发与制造，关键制造设备的研制和相关技术的研发服务		
总股本(万股)	22 604.88	流通A股(万股)	13 307.96
公司网址	www.svgoptronics.com	电子信箱	info@svgoptronics.com
注册地址	苏州工业园区苏虹东路北钟南街478号		
办公地址	苏州工业园区科教创新区新昌路68号		

65. 常熟市天银机电股份有限公司（证券代码：300342）

成立日期	2002年8月2日		
上市日期	2012年7月26日	地点	深圳
相关指数	中证东方财富大数据100全收益指数、中证民参军主题指数、深证综合指数、深证规模指数、申万市场表征指数		
行业类别	电气机械及器材制造业		
主营业务	冰箱压缩机零部件的研发、生产和销售		
总股本(万股)	43 184.43	流通A股(万股)	40 323.29
公司网址	www.tyjd.cc	电子信箱	tyjd@tyjd.cc
注册地址	常熟市碧溪新区迎宾路8号		
办公地址	常熟市碧溪新区迎宾路8号		

66. 江苏南大光电材料股份有限公司(证券代码:300346)

成立日期	2000 年 12 月 28 日		
上市日期	2012 年 8 月 7 日	地点	深圳
相关指数	中证全指信息技术全收益指数、国证 2000 指数、深证综合指数、深证规模指数、申万市场表征指数		
行业类别	计算机、通信和其他电子设备制造业		
主营业务	光电新材料 MO 源的研发、生产和销售		
总股本(万股)	40 689.08	流通 A 股(万股)	36 821.88
公司网址	www.natachem.com	电子信箱	natainfo@natachem.com
注册地址	苏州工业园区翠薇街 9 号月亮湾国际商务中心 701—702		
办公地址	苏州工业园区翠薇街 9 号月亮湾国际商务中心 701—702		

67. 苏州纽威阀门股份有限公司(证券代码:603699)

成立日期	2002 年 11 月 14 日		
上市日期	2014 年 1 月 17 日	地点	上海
相关指数	上证综合指数、申万市场表征指数		
行业类别	通用设备制造业		
主营业务	工业阀门的设计、制造和销售		
总股本(万股)	75 000.00	流通 A 股(万股)	75 000.00
公司网址	www.newayvalve.com	电子信箱	dshbgs@neway.com.cn
注册地址	苏州高新区泰山路 666 号		
办公地址	苏州高新区泰山路 666 号		

68. 苏州斯莱克精密设备股份有限公司(证券代码:300382)

成立日期	2004 年 1 月 6 日		
上市日期	2014 年 1 月 29 日	地点	深圳
相关指数	深证次新股指数、国证 2000 指数、深证综合指数、深证规模指数、申万市场表征指数		
行业类别	专用设备制造业		
主营业务	研发、生产、加工精冲模、冲压系统和农产品、食品包装的新技术、新设备及相关零配件,并提供相关服务;各种生产易拉盖、易拉罐、金属包装的设备,相关辅助设备和精冲模再制造		
总股本(万股)	56 456.94	流通 A 股(万股)	56 451.16
公司网址	www.slac.com.cn	电子信箱	stock@slac.com.cn
注册地址	吴中区胥口镇石胥路 621 号		
办公地址	吴中区胥口镇孙武路 1028 号		

69. 苏州晶方半导体科技股份有限公司（证券代码：603005）

成立日期	2005年6月10日		
上市日期	2014年2月10日	地点	上海
相关指数	上证综合指数、申万市场表征指数		
行业类别	计算机、通信和其他电子设备制造业		
主营业务	集成电路的封装测试业务		
总股本（万股）	22 967.95	流通A股（万股）	22 967.95
公司网址	www.wlcsp.com	电子信箱	info@wlcsp.com
注册地址	苏州工业园区汀兰巷29号		
办公地址	苏州工业园区汀兰巷29号		

70. 苏州天华超净科技股份有限公司（证券代码：300390）

成立日期	1997年11月13日		
上市日期	2014年7月31日	地点	深圳
相关指数	中证社会发展安全产业主题全收益指数、国证2000指数、深证综合指数、申万市场表征指数		
行业类别	计算机、通信和其他电子设备制造业		
主营业务	防静电超净技术产品的研发、生产和销售		
总股本（万股）	55 127.60	流通A股（万股）	33 738.41
公司网址	www.canmax.com.cn	电子信箱	thcj@canmax.com.cn
注册地址	苏州工业园区双马街99号		
办公地址	苏州工业园区双马街99号		

71. 苏州中来光伏新材股份有限公司（证券代码：300393）

成立日期	2008年3月7日		
上市日期	2014年9月12日	地点	深圳
相关指数	中证中国内地企业全球工业综合指数、中证全指工业指数、深证综合指数、深证规模指数、申万市场表征指数、中证规模指数		
行业类别	其他制造业		
主营业务	太阳能电池背膜的研发、生产和销售		
总股本（万股）	35 912.49	流通A股（万股）	18 013.91
公司网址	www.jolywood.cn	电子信箱	stock@jolywood.cn
注册地址	常熟市沙家浜镇常昆工业园区青年路		
办公地址	常熟市沙家浜镇常昆工业园区青年路		

72. 中衡设计集团股份有限公司（证券代码：603017）

成立日期	1995 年 4 月 14 日		
上市日期	2014 年 12 月 31 日	地点	上海
相关指数	上证综合指数、申万市场表征指数		
行业类别	专业技术服务业		
主营业务	建筑领域的工程设计、工程总承包、工程监理及项目管理业务		
总股本(万股)	27 511.47	流通 A 股(万股)	26 992.69
公司网址	www.artsgroup.cn	电子信箱	security@artsgroup.cn
注册地址	苏州工业园区八达街 111 号		
办公地址	苏州工业园区八达街 111 号		

73. 苏州苏试试验仪器股份有限公司（证券代码：300416）

成立日期	2007 年 12 月 29 日		
上市日期	2015 年 1 月 22 日	地点	深圳
相关指数	国证 2000 指数、中证中国内地企业全球综合全收益指数、深证综合指数、申万市场表征指数		
行业类别	仪器仪表制造业		
主营业务	力学环境试验设备的研发和生产及为客户提供全面的环境与可靠性试验服务		
总股本(万股)	13 557.75	流通 A 股(万股)	8 657.25
公司网址	www.chinasti.com	电子信箱	sushi@chinasti.com
注册地址	苏州工业园区中新科技城唯亭镇科峰路 18 号		
办公地址	姑苏区工业园区中新科技城唯亭镇科峰路 18 号;高新区鹿山路 55 号		

74. 苏州天孚光通信股份有限公司（证券代码：300394）

成立日期	2005 年 7 月 20 日		
上市日期	2015 年 2 月 17 日	地点	深圳
相关指数	中证全指信息技术指数、创业板基础市场指数、深证综合指数、深证规模指数、申万市场表征指数、中证规模指数		
行业类别	计算机、通信和其他电子设备制造业		
主营业务	陶瓷套管、光纤适配器和光收发接口组件		
总股本(万股)	19 890.19	流通 A 股(万股)	17 574.91
公司网址	www.tfcsz.com	电子信箱	zhengquan@tfcsz.com
注册地址	苏州高新区长江路 695 号		
办公地址	苏州高新区长江路 695 号		

75. 苏州柯利达装饰股份有限公司（证券代码：603828）

成立日期	2000 年 8 月 28 日		
上市日期	2015 年 2 月 26 日	地点	上海
相关指数	上证综合指数、申万市场表征指数、AMAC 行业指数		
行业类别	建筑装饰和其他建筑业		
主营业务	建筑幕墙与公共建筑装饰工程的设计与施工		
总股本（万股）	55 333.45	流通 A 股（万股）	54 756.00
公司网址	www.kldzs.com	电子信箱	zqb@kldzs.com
注册地址	苏州高新区邓尉路 6 号		
办公地址	苏州高新区邓尉路 6 号		

76. 苏州莱克电气股份有限公司（证券代码：603355）

成立日期	2001 年 12 月 26 日		
上市日期	2015 年 5 月 13 日	地点	上海
相关指数	上证综合指数、申万市场表征指数、中证 800 行业指数、中证产业指数、中证规模指数		
行业类别	电气机械和器材制造业		
主营业务	高端家居清洁健康电器的设计、研发、制造和销售业务		
总股本（万股）	40 100.00	流通 A 股（万股）	40 100.00
公司网址	www.lexy.cn	电子信箱	lexy@kingclean.com
注册地址	苏州高新区向阳路 1 号		
办公地址	苏州高新区向阳路 1 号		

77. 苏州道森钻采设备股份有限公司（证券代码：603800）

成立日期	2001 年 10 月 29 日		
上市日期	2015 年 12 月 10 日	地点	上海
相关指数	上证综合指数、申万市场表征指数、中证主题指数		
行业类别	专用设备制造业		
主营业务	石油、天然气及页岩气钻采专用设备的研发、制造和销售		
总股本（万股）	20 800.00	流通 A 股（万股）	20 800.00
公司网址	www.douson.cn	电子信箱	dsdm@douson.cn
注册地址	相城区太平镇		
办公地址	相城区太平镇		

78. 苏州华源控股股份有限公司（证券代码：002787）

成立日期	1998年6月23日		
上市日期	2015年12月31日	地点	深圳
相关指数	深证综合指数、申万市场表征指数		
行业类别	金属制品业		
主营业务	金属包装产品的生产、研发及销售业务，具备从产品工艺设计、模具开发、CTP制版、平整剪切、涂布印刷、产品制造到设备改造等全产业链的生产、技术与服务		
总股本(万股)	31 102.38	流通A股(万股)	16 703.15
公司网址	www.huayuan-print.com	电子信箱	zqb@huayuan-print.com
注册地址	吴江区桃源镇桃乌公路东侧		
办公地址	吴江区桃源镇桃乌公路东侧		

注：2017年1月11日改用现名。

79. 启迪设计集团股份有限公司（证券代码：300500）

成立日期	1988年3月3日		
上市日期	2016年2月4日	地点	深圳
相关指数	中证全指指数、中证全指商业服务与商业用品全收益指数、深证综合指数、深证规模指数、申万市场表征指数		
行业类别	专业技术服务业		
主营业务	建筑设计等工程技术服务		
总股本(万股)	17 448.02	流通A股(万股)	15 511.91
公司网址	www.tusdesign.com	电子信箱	liang.hua@tusdesign.com
注册地址	苏州工业园区星海街9号		
办公地址	苏州工业园区星海街9号		

80. 江苏新美星包装机械股份有限公司（证券代码：300509）

成立日期	2003年10月28日		
上市日期	2016年4月25日	地点	深圳
相关指数	中证全指全收益指数、中证全指机械制造指数、深证综合指数、申万市场表征指数		
行业类别	专用设备制造业		
主营业务	液态食品包装机械研发、生产与销售，主要产品为流体系列设备、灌装系列设备、二次包装系列设备以及全自动高速PET瓶吹瓶设备		
总股本(万股)	22 800.00	流通A股(万股)	12 642.60
公司网址	www.newamstar.com	电子信箱	dsh@newamstar.com
注册地址	张家港市经济开发区南区(新泾东路)		
办公地址	张家港市经济开发区南区(新泾东路)		

81. 苏州市世嘉科技股份有限公司（证券代码：002796）

成立日期	1990年4月20日		
上市日期	2016年5月10日	地点	深圳
相关指数	中证全指工业指数、高市净率指数、深证综合指数、深证规模指数、申万市场表征指数、中证规模指数		
行业类别	金属制品业		
主营业务	内装铝单板、幕墙铝板、铝板、镀锌板等产品专业生产加工		
总股本（万股）	16 829.14	流通A股（万股）	13 304.97
公司网址	www.sz-shijia.com	电子信箱	shijiagufen@shijiakj.com
注册地址	虎丘区塘西路28号		
办公地址	虎丘区塘西路28号		

82. 哈森商贸（中国）股份有限公司（证券代码：603958）

成立日期	2006年8月21日		
上市日期	2016年6月29日	地点	上海
相关指数	上证综合指数、申万市场表征指数		
行业类别	皮革、毛皮、羽毛及其制品和制鞋业		
主营业务	中高端皮鞋的品牌运营、产品设计、生产销售		
总股本（万股）	21 736.00	流通A股（万股）	21 736.00
公司网址	www.harsongroup.com	电子信箱	lyc@harson.com.cn
注册地址	昆山市花桥镇曹安经济技术开发区花安路1008号5幢6层		
办公地址	昆山市花桥镇曹安经济技术开发区花安路1008号		

83. 苏州世名科技股份有限公司（证券代码：300522）

成立日期	2001年12月11日		
上市日期	2016年7月5日	地点	深圳
相关指数	中证1000全收益指数、深证新指数、深证综合指数、申万市场表征指数		
行业类别	化学原料和化学制品制造业		
主营业务	色浆的研发、生产和销售，主要产品为环保型、超细化水性色浆		
总股本（万股）	12 098.10	流通A股（万股）	7 673.47
公司网址	www.smcolor.com.cn	电子信箱	smkj@smcolor.com.cn
注册地址	昆山市周市镇黄浦江北路219号		
办公地址	昆山市周市镇黄浦江北路219号		

附　录

84. 苏州恒久光电科技股份有限公司（证券代码：002808）

成立日期	2002 年 3 月 27 日		
上市日期	2016 年 8 月 12 日	地点	深圳
相关指数	深证新指数、申万中小板指数、深证综合指数、申万市场表征指数		
行业类别	通用设备制造业		
主营业务	激光 OPC 鼓系列产品的研发、生产和销售		
总股本（万股）	26 880.00	流通 A 股（万股）	17 137.24
公司网址	www.sgt21.com	电子信箱	admin@sgt21.com
注册地址	苏州高新区火炬路 38 号		
办公地址	苏州高新区火炬路 38 号		

85. 优德精密工业（昆山）股份有限公司（证券代码：300549）

成立日期	1998 年 9 月 15 日		
上市日期	2016 年 9 月 30 日	地点	深圳
相关指数	创业板综合指数、申万创业板、深证综合指数、申万市场表征指数		
行业类别	专用设备制造业		
主营业务	汽车模具零部件、半导体计算机模具零部件、家电模具零部件等精密模具零部件的研发、生产及销售，同时也从事自动化设备零部件、制药模具及医疗器材零部件的研发、生产及销售		
总股本（万股）	13 334.00	流通 A 股（万股）	9 956.75
公司网址	www.jouder.com	电子信箱	jdcn@jouder.com
注册地址	昆山市高科技工业园北门路 3168 号		
办公地址	昆山市高科技工业园北门路 3168 号		

86. 江苏常熟农村商业银行股份有限公司（证券代码：601128）

成立日期	2001 年 12 月 3 日		
上市日期	2016 年 9 月 30 日	地点	上海
相关指数	上证综合指数、申万市场表征指数、AMAC 行业指数、中证 800 行业指数、中证策略指数、中证规模指数、中证主题指数、中证定制指数		
行业类别	银行		
主营业务	个人业务、公司业务及资金业务		
总股本（万股）	274 085.59	流通 A 股（万股）	257 508.72
公司网址	www.csrcbank.com	电子信箱	xhch@csrcbank.com
注册地址	常熟市新世纪大道 58 号		
办公地址	常熟市新世纪大道 58 号		

87. 江苏吴江农村商业银行股份有限公司（证券代码：603323）

成立日期	2004 年 8 月 25 日		
上市日期	2016 年 11 月 29 日	地点	上海
相关指数	上证综合指数、申万市场表征指数、AMAC 行业指数、中证规模指数		
行业类别	银行		
主营业务	企业银行业务、私人银行业务和资金业务		
总股本(万股)	180 306.52	流通 A 股(万股)	136 218.50
公司网址	www.wjrcb.com	电子信箱	office@wjrcb.com
注册地址	吴江区中山南路 1777 号		
办公地址	吴江区中山南路 1777 号		

88. 苏州科达科技股份有限公司（证券代码：603660）

成立日期	2004 年 6 月 10 日		
上市日期	2016 年 12 月 1 日	地点	上海
相关指数	上证综合指数、申万市场表征指数、中证规模指数		
行业类别	计算机、通信和其他电子设备制造业		
主营业务	网络视讯系统技术的研发、产品的生产和销售，具体包括视频会议系统和视频监控系统两大业务领域		
总股本(万股)	50 380.64	流通 A 股(万股)	49 416.55
公司网址	www.kedacom.com	电子信箱	ir@kedacom.com
注册地址	苏州高新区金山路 131 号		
办公地址	苏州高新区金山路 131 号		

89. 苏州麦迪斯顿医疗科技股份有限公司（证券代码：603990）

成立日期	2009 年 8 月 14 日		
上市日期	2016 年 12 月 8 日	地点	上海
相关指数	上证综合指数、申万市场表征指数、AMAC 行业指数		
行业类别	软件和信息技术服务业		
主营业务	提供临床医疗管理信息系统(CIS)系列应用软件和临床信息化整体解决方案		
总股本(万股)	11 245.48	流通 A 股(万股)	11 200.00
公司网址	www.medicalsystem.com.cn	电子信箱	suzhoumedi@medicalsystem.cn
注册地址	苏州工业园区归家巷 222 号		
办公地址	苏州工业园区归家巷 222 号		

90. 苏州兴业材料科技股份有限公司（证券代码：603928）

成立日期	1996年4月5日		
上市日期	2016年12月12日	地点	上海
相关指数	上证综合指数、申万市场表征指数		
行业类别	化学原料及化学制品制造业		
主营业务	铸造用黏结剂为主的铸造造型材料的研发、生产、销售和相关技术服务		
总股本（万股）	20 160.00	流通A股（万股）	20 160.00
公司网址	www.chinasinye.com	电子信箱	stock@chinasinye.com
注册地址	苏州高新区浒墅关浒华路8号（浒关工业园）		
办公地址	苏州高新区浒墅关浒华路8号（浒关工业园）		

91. 亚翔系统集成科技（苏州）股份有限公司（证券代码：603929）

成立日期	2002年2月28日		
上市日期	2016年12月30日	地点	上海
相关指数	上证综合指数、申万市场表征指数、AMAC行业指数		
行业类别	建筑安装业		
主营业务	IC半导体、光电等高科技电子产业及生物医药、精细化工、航空航天、食品制造等相关领域的建厂工程等提供洁净室工程服务，包括洁净厂房建造规划、设计建议、设备配置、洁净室环境系统集成工程及维护服务等		
总股本（万股）	21 336.00	流通A股（万股）	21 336.00
公司网址	www.lkeng.com.cn	电子信箱	lkengcn@lkeng.com.cn
注册地址	苏州工业园区方达街33号		
办公地址	苏州工业园区方达街33号		

92. 常熟市汽车饰件股份有限公司（证券代码：603035）

成立日期	2004年2月24日		
上市日期	2017年1月5日	地点	上海
相关指数	上证综合指数、申万市场表征指数		
行业类别	汽车零部件		
主营业务	研发、生产和销售乘用车内饰件业务		
总股本（万股）	28 000.00	流通A股（万股）	17 221.44
公司网址	www.caip.com.cn	电子信箱	csqs@caip.com.cn
注册地址	常熟市海虞北路288号		
办公地址	常熟市海虞北路288号		

93. 江苏张家港农村商业银行股份有限公司（证券代码：002839）

成立日期	2001年11月27日		
上市日期	2017年1月24日	地点	深圳
相关指数	深证综合指数、深证规模指数、申万市场表征指数、AMAC行业指数、中证800行业指数、中证规模指数		
行业类别	银行		
主营业务	公司业务、个人业务、金融市场业务等		
总股本(万股)	180 756.37	流通A股(万股)	86 562.33
公司网址	www.zrcbank.com	电子信箱	office@zrcbank.com
注册地址	张家港市杨舍镇人民中路66号		
办公地址	张家港市杨舍镇人民中路66号		

94. 常熟瑞特电气股份有限公司（证券代码：300600）

成立日期	1993年2月9日		
上市日期	2017年1月25日	地点	深圳
相关指数	中证海洋经济主题指数、深证规模指数、申万市场表征指数		
行业类别	船舶制造		
主营业务	船舶及海洋工程电气、自动化系统及其系统集成的研发、生产、销售		
总股本(万股)	30 358.62	流通A股(万股)	12 510.65
公司网址	www.cn-ruite.com	电子信箱	zqb@cs-ruite.com
注册地址	常熟市虞山镇高新技术产业园青岛路2号		
办公地址	常熟市虞山镇高新技术产业园青岛路2号		

95. 法兰泰克重工股份有限公司（证券代码：603966）

成立日期	2007年6月19日		
上市日期	2017年1月25日	地点	上海
相关指数	上证综合指数、申万市场表征指数		
行业类别	重型机械		
主营业务	中高端桥、门式起重机、电动葫芦、工程机械部件的研发、制造和销售		
总股本(万股)	21 097.96	流通A股(万股)	9 388.30
公司网址	www.eurocrane.com.cn	电子信箱	securities@eurocrane.com.cn
注册地址	吴江区汾湖经济开发区汾越路288号		
办公地址	吴江区汾湖经济开发区汾越路288号		

附录

96. 昆山科森科技股份有限公司（证券代码：603626）

成立日期	2010 年 12 月 1 日		
上市日期	2017 年 2 月 9 日	地点	上海
相关指数	上证综合指数、申万市场表征指数、中证规模指数		
行业类别	金属制品		
主营业务	精密金属结构件的研发、设计、生产和销售		
总股本（万股）	42 380.96	流通 A 股（万股）	16 900.96
公司网址	www.kersentech.com	电子信箱	ksgf@kersentech.com
注册地址	昆山市开发区昆嘉路 389 号		
办公地址	昆山市开发区昆嘉路 389 号		

97. 江苏金陵体育器材股份有限公司（证券代码：300651）

成立日期	2004 年 3 月 25 日		
上市日期	2017 年 5 月 9 日	地点	深圳
相关指数	中国智能资产指数、中证全指休闲设备与用品全收益指数、深证综合指数、申万市场表征指数		
行业类别	文教、工美、体育和娱乐用品制造业		
主营业务	体育器材和场馆设施的研发、生产、销售以及体育赛事服务		
总股本（万股）	12 874.68	流通 A 股（万股）	4 496.52
公司网址	www.jlsports.com	电子信箱	sunjun@jlsports.com
注册地址	张家港市南丰镇海丰路 11 号		
办公地址	张家港市南丰镇兴园路 88 号		

98. 苏州晶瑞化学股份有限公司（证券代码：300655）

成立日期	2001 年 11 月 29 日		
上市日期	2017 年 5 月 23 日	地点	深圳
相关指数	中证全指化学制品全收益指数、国证 2000 指数、深证综合指数、申万市场表征指数		
行业类别	化学原料和化学制品制造业		
主营业务	微电子化学品的产品研发、生产和销售		
总股本（万股）	15 142.60	流通 A 股（万股）	10 346.93
公司网址	www.jingrui-chem.com.cn	电子信箱	ir@jingrui-chem.com.cn
注册地址	吴中经济开发区澄湖东路 3 号		
办公地址	吴中经济开发区善丰路 168 号		

99. 苏州易德龙科技股份有限公司（证券代码：603380）

成立日期	2001年5月31日		
上市日期	2017年6月22日	地点	上海
相关指数	上证综合指数、申万市场表征指数		
行业类别	计算机、通信和其他电子设备制造业		
主营业务	通讯、工业控制、消费电子、医疗电子、汽车电子等		
总股本（万股）	16 000.00	流通A股（万股）	4 789.48
公司网址	www.etron.cn	电子信箱	sd@etron.cn
注册地址	相城区相城经济开发区春兴路50号		
办公地址	相城区相城经济开发区春兴路50号		

100. 苏州市建筑科学研究院集团股份有限公司（证券代码：603183）

成立日期	1990年3月28日		
上市日期	2017年9月5日	地点	上海
相关指数	上证综合指数、申万市场表征指数		
行业类别	专业技术服务业		
主营业务	工程技术服务以及新型建筑材料生产销售		
总股本（万股）	19 086.53	流通A股（万股）	10 396.87
公司网址	www.szjkjt.com	电子信箱	zqb@szjkjt.com
注册地址	吴中经济开发区越溪街道吴中大道1368号3幢		
办公地址	虎丘区滨河路1979号		

101. 聚灿光电科技股份有限公司（证券代码：300708）

成立日期	2010年4月8日		
上市日期	2017年10月16日	地点	深圳
相关指数	中证全指指数、中证高端制造主题指数、深证综合指数、深证规模指数、申万市场表征指数		
行业类别	计算机、通信和其他电子设备制造业		
主营业务	LED外延片及芯片的研发、生产和销售业务		
总股本（万股）	25 991.00	流通A股（万股）	8 805.60
公司网址	www.focuslightings.com	电子信箱	focus@focuslightings.com
注册地址	姑苏区工业园区娄葑镇新庆路8号		
办公地址	姑苏区工业园区娄葑镇新庆路8号		

102. 苏州金鸿顺汽车部件股份有限公司（证券代码：603922）

成立日期	2003年9月23日		
上市日期	2017年10月23	地点	上海
相关指数	上证综合指数、申万市场表征指数		
行业类别	汽车制造业		
主营业务	汽车车身和底盘冲压零部件及其相关模具的开发、生产与销售		
总股本（万股）	12 800.00	流通A股（万股）	3 200.00
公司网址	www.jinhs.com	电子信箱	gl3602@jinhs.com
注册地址	张家港经济开发区长兴路30号		
办公地址	张家港经济开发区长兴路30号		

103. 江苏凯伦建材股份有限公司（证券代码：300715）

成立日期	2011年7月13日		
上市日期	2017年10月26日	地点	深圳
相关指数	深证A指、深证综指、申万市场表征指数		
行业类别	非金属矿物制品业		
主营业务	新型建筑防水材料的研发、生产和销售		
总股本（万股）	17 090.75	流通A股（万股）	3 927.59
公司网址	www.canlon.com.cn	电子信箱	zy@canlon.com.cn
注册地址	吴江区七都镇亨通大道8号		
办公地址	吴江区七都镇亨通大道8号		

104. 苏州春秋电子科技股份有限公司（证券代码：603890）

成立日期	2011年8月23日		
上市日期	2017年12月12日	地点	上海
相关指数	上证综合指数、申万市场表征指数		
行业类别	计算机、通信和其他电子设备制造业		
主营业务	消费电子产品精密结构件模组及相关精密模具的研发、设计、生产销售		
总股本（万股）	27 398.50	流通A股（万股）	13 549.48
公司网址	www.szchunqiu.com	电子信箱	zhangzj@chunqiu-group.com
注册地址	昆山市张浦镇江丰路278号2号房		
办公地址	昆山市张浦镇江丰路278号2号房		

105. 苏州赛腾精密电子股份有限公司（证券代码：603283）

成立日期	2007年6月19日		
上市日期	2017年12月25日	地点	上海
相关指数	上证综合指数、申万市场表征指数、中证主题指数		
行业类别	专用设备制造业		
主营业务	自动化生产设备的研发、设计、生产、销售及技术服务，为客户实现生产智能化提供系统解决方案		
总股本（万股）	17 609.04	流通A股（万股）	4 101.73
公司网址	www.secote.com	电子信箱	zqb@secote.com
注册地址	吴中经济开发区东吴南路4号		
办公地址	吴中经济开发区东吴南路4号		

106. 科沃斯机器人股份有限公司（证券代码：603486）

成立日期	1998年3月11日		
上市日期	2018年5月28日	地点	上海
相关指数	上证策略指数、上证综合指数、申万市场表征指数、中证800行业指数、中证产业指数、中证规模指数、中证主题指数		
行业类别	电气机械和器材制造业		
主营业务	研发、设计、制造家庭服务机器人、智能化清洁机械、电子产品及相关零部件、机电产品		
总股本（万股）	56 447.76	流通A股（万股）	17 964.87
公司网址	www.ecovacs.cn	电子信箱	shmily.wu@ecovacs.com
注册地址	吴中区石湖西路108号		
办公地址	吴中区石湖西路108号		

107. 苏州迈为科技股份有限公司（证券代码：300751）

成立日期	2010年9月8日		
上市日期	2018年11月9日	地点	深圳
相关指数	深证综合指数、深证规模指数、申万市场表征指数、中证规模指数		
行业类别	研究和试验发展		
主营业务	自动化设备及仪器研发、生产、销售，各类新型材料研发、生产、销售、软件开发、销售		
总股本（万股）	5 200.00	流通A股（万股）	2 891.89
公司网址	www.maxwell-gp.com	电子信箱	liuqiong@maxwell-gp.com.cn
注册地址	吴江经济开发区庞金路1801号庞金工业坊D02幢		
办公地址	吴江经济开发区庞金路1801号庞金工业坊D02幢		

108. 罗博特科智能科技股份有限公司（证券代码：300757）

成立日期	2011年4月14日		
上市日期	2019年1月8日	地点	深圳
相关指数	AMAC专用指数、深证综合指数、申万市场表征指数		
行业类别	电气设备—电机		
主营业务	研制高端自动化装备和基于工业互联网技术的智能制造执行系统软件		
总股本(万股)	10 400.00	流通A股(万股)	2 600.00
公司网址	www.robo-technik.com	电子信箱	zqb@robo-technik.com
注册地址	吴中区工业园区唯亭港浪路3号		
办公地址	吴中区工业园区唯亭港浪路3号		

109. 苏州龙杰特种纤维股份有限公司（证券代码：603332）

成立日期	2003年6月11日		
上市日期	2019年1月17日	地点	上海
相关指数	上证综合指数、申万市场表征指数		
行业类别	化工—化学纤维		
主营业务	差别化涤纶长丝、PTT纤维等聚酯纤维长丝的研发、生产及销售		
总股本(万股)	11 893.80	流通A股(万股)	2 973.50
公司网址	www.jslongjie.com	电子信箱	longjie@suzhoulongjie.com
注册地址	张家港市省级经济开发区(振兴路19号)		
办公地址	张家港市省级经济开发区(振兴路19号)		

110. 苏州恒铭达电子科技股份有限公司（证券代码：002947）

成立日期	2011年7月27日		
上市日期	2019年2月1日	地点	深圳
相关指数	AMAC电子、深证综合指数、深证规模指数、申万市场表征指数、中证规模指数		
行业类别	电子—电子制造		
主营业务	消费电子功能性器件、消费电子防护产品、消费电子外盒保护膜的设计、研发、生产与销售		
总股本(万股)	12 151.20	流通A股(万股)	3 037.80
公司网址	www.hengmingda.com	电子信箱	hmd_zq@hengmingdaks.com
注册地址	昆山市巴城镇石牌塔基路1568号		
办公地址	昆山市巴城镇石牌塔基路1568号		

111. 苏州银行股份有限公司（证券代码：002966）

成立日期	2004 年 12 月 24 日		
上市日期	2019 年 8 月 2 日	地点	深圳
相关指数	深证综合指数、申万市场表征指数、AMAC 行业指数		
行业类别	银行—银行		
主营业务	公司业务、个人业务、资金业务及其他业务。		
总股本(万股)	333 333.33	流通 A 股(万股)	162 459.59
公司网址	www.suzhoubank.com	电子信箱	dongban@suzhoubank.com
注册地址	苏州工业园区钟园路 728 号		
办公地址	苏州工业园区钟园路 728 号		

112. 八方电气（苏州）股份有限公司（证券代码：603489）

成立日期	2003 年 7 月 28 日		
上市日期	2019 年 11 月 11 日	地点	上海
相关指数	上证综合指数、申万市场表征指数		
行业类别	电气设备—电机		
主营业务	电踏车电机及配套电气系统的研发、生产、销售和技术服务		
总股本(万股)	12 000.00	流通 A 股(万股)	3 000.00
公司网址	www.bafang-e.com	电子信箱	security@bafang-e.com
注册地址	吴中区娄葑镇和顺路 9 号		
办公地址	吴中区娄葑镇和顺路 9 号		

113. 华辰精密装备（昆山）股份有限公司（证券代码：300809）

成立日期	2007 年 9 月 4 日		
上市日期	2019 年 12 月 4 日	地点	深圳
相关指数	AMAC 通用指数、深证综合指数、申万市场表征指数		
行业类别	机械设备—通用机械		
主营业务	全自动数控轧辊磨床的研发、生产和销售		
总股本(万股)	15 692.00	流通 A 股(万股)	3 923.00
公司网址	www.hiecise.com	电子信箱	xucaiying@hiecise.com
注册地址	昆山市周市镇横长泾路 333 号		
办公地址	昆山市周市镇横长泾路 333 号		

114. 中新苏州工业园区开发集团股份有限公司（证券代码：601512）

成立日期	1994 年 8 月 13 日		
上市日期	2019 年 12 月 20 日	地点	上海
相关指数	上证综合指数、申万市场表征指数		
行业类别	房地产—园区开发Ⅱ		
主营业务	园区开发运营		
总股本(万股)	149 889.00	流通 A 股(万股)	14 989.00
公司网址	www.cssd.com.cn	电子信箱	ipo-office@cssd.com.cn
注册地址	苏州工业园区月亮湾路 15 号中新大厦 48 楼		
办公地址	苏州工业园区月亮湾路 15 号中新大厦 48 楼		

附录二 苏州科创板上市企业简介

截至2019年12月31日,在科创板挂牌的苏州地区公司数量共有6家,按照上市时间先后顺序排列的公司基本情况如下。

1. 苏州华兴源创科技股份有限公司(证券代码:688001)

成立日期	2005年6月15日		
上市日期	2019年7月22日	地点	上海
行业类别	机械设备—专用设备		
主营业务	平板显示及集成电路的检测设备研发、生产和销售		
总股本(万股)	40 100.00	流通A股(万股)	3 624.96
公司网址	www.hyc.cn	电子信箱	dongmiban@hyc.cn
注册地址	苏州工业园区青丘巷8号		
办公地址	苏州工业园区青丘巷8号		

2. 苏州天准科技股份有限公司(证券代码:688003)

成立日期	2009年8月20日		
上市日期	2019年7月22日	地点	上海
行业类别	机械设备—通用机械		
主营业务	专注智能工业的测量、视觉、自动化领域,为精密制造业客户提供工业自动化与智能化的产品与解决方案		
总股本(万股)	19 360.00	流通A股(万股)	4 417.85
公司网址	www.tztek.com	电子信箱	ir@tztek.com
注册地址	虎丘区培源路5号		
办公地址	虎丘区培源路5号		

3. 苏州瀚川智能科技股份有限公司(证券代码:688022)

成立日期	2012年11月16日		
上市日期	2019年7月22日	地点	上海
行业类别	机械设备—专用设备		
主营业务	从事汽车电子、医疗健康、新能源电池等行业智能制造装备的研发、设计、生产、销售及服务,助力制造行业客户实现智能制造		
总股本(万股)	10 800.00	流通A股(万股)	2 442.47
公司网址	www.harmontronics.com	电子信箱	george.tang@harmontronics.com
注册地址	苏州工业园区胜浦佳胜路40号		
办公地址	苏州工业园区胜浦佳胜路40号		

附 录

4. 山石网科通信技术股份有限公司(证券代码：688030)

成立日期	2011 年 7 月 20 日		
上市日期	2019 年 9 月 30 日	地点	上海
行业类别	计算机—计算机应用		
主营业务	生产研发网络安全领域软硬件产品		
总股本(万股)	18 022.35	流通 A 股(万股)	3 665.06
公司网址	www.hillstonenet.com.cn	电子信箱	ir@hillstonenet.com
注册地址	苏州高新区景润路 181 号		
办公地址	苏州高新区景润路 181 号		

5. 博瑞生物医药(苏州)股份有限公司(证券代码：688166)

成立日期	2001 年 10 月 26 日		
上市日期	2019 年 11 月 8 日	地点	上海
行业类别	医药生物—化学制药		
主营业务	高技术壁垒的医药中间体、原料药和制剂产品的研发和生产		
总股本(万股)	41 000.00	流通 A 股(万股)	3 696.45
公司网址	www.bright-gene.com	电子信箱	ir@bright-gene.com
注册地址	苏州工业园区星湖街 218 号生物纳米园 C25 栋		
办公地址	苏州工业园区星湖街 218 号生物纳米园 C25 栋		

6. 江苏北人机器人系统股份有限公司(证券代码：688218)

成立日期	2011 年 12 月 26 日		
上市日期	2019 年 12 月 11 日	地点	上海
行业类别	机械设备—通用机械		
主营业务	提供工业机器人自动化、智能化的系统集成整体解决方案		
总股本(万股)	11 700.00	流通 A 股(万股)	2 600.00
公司网址	www.br-robot.com	电子信箱	qing.wang@br-robot.com
注册地址	苏州工业园区星湖街 218 号生物纳米园 C25 栋		
办公地址	苏州工业园区星湖街 218 号生物纳米园 C25 栋		

附录三 苏州新三板挂牌企业简介

截至 2019 年 12 月 31 日,在新三板挂牌的苏州地区公司达到 332 家。按照挂牌时间先后顺序排列的公司基本情况如下。

1. 苏州苏大明世光学股份有限公司（证券代码：430388）

成立日期	2002 年 9 月
挂牌日期	2014 年 1 月 24 日
相关指数	—
行业类别	眼视光学玻璃模具设计制造行业
主营业务	树脂镜片玻璃模具的设计、开发、生产、销售,以及提供相关技术服务
总股本(万股)	1 825.60
注册地址	苏州工业园区钟南街 506 号

2. 昆山三景科技股份有限公司（证券代码：430393）

成立日期	2006 年 5 月
挂牌日期	2014 年 1 月 24 日
相关指数	三板成指
行业类别	专用设备制造业(C35);模具制造(C3525)
主营业务	电子电器模具的设计制造;电视 LED 背光模组的设计和组装
总股本(万股)	10 801.49
注册地址	昆山市玉山镇城北中环路南侧

3. 苏州声威电声股份有限公司（证券代码：430401）

成立日期	2000 年 8 月
挂牌日期	2014 年 1 月 24 日
相关指数	883003 制造业(证监会)指数; 883106 电子行业(证监会)指数
行业类别	计算机、通信和其他电子设备制造业;电子元件及组件制造业(C3971)
主营业务	扬声器的制造、加工和销售
总股本(万股)	1 150.00
注册地址	苏州高新区向阳路 198 号(狮山资产经营公司工业园 8 号厂房)

附　录

4. 苏州星火环境净化股份有限公司（证券代码：430405）

成立日期	1997 年 12 月
挂牌日期	2014 年 1 月 24 日
相关指数	883011 社会服务（证监会）指数；创新成指；三板成指
行业类别	生态保护和环境治理业（N77）
主营业务	工业废液污水处理净化；固体废物处置；其他资源加工回收处理及绿化管理
总股本（万股）	5 676.00
注册地址	苏州高新区狮山路 99 号中银大厦 9 楼

5. 苏州三光科技股份有限公司（证券代码：430414）

成立日期	1989 年 4 月
挂牌日期	2014 年 1 月 24 日
相关指数	883003 制造业（证监会）指数；883108 机械设备（证监会）指数
行业类别	通用设备制造业（C34）
主营业务	电火花线切割机床的研发、生产和销售
总股本（万股）	6 000.00
注册地址	苏州高新区嵩山路 145 号

6. 苏州轴承厂股份有限公司（证券代码：430418）

成立日期	2001 年 8 月
挂牌日期	2014 年 1 月 24 日
相关指数	883003 制造业（证监会）指数；883108 机械设备（证监会）指数；创新成指；三板成指；三板做市
行业类别	通用设备制造业（C34）
主营业务	轴承、滚动体等机电设备零部件生产和销售
总股本（万股）	7 260.00
注册地址	苏州高新区鹿山路 35 号

7. 苏州普滤得净化股份有限公司（证券代码：430430）

成立日期	1997 年 5 月
挂牌日期	2014 年 1 月 24 日
相关指数	883003 制造业（证监会）指数；883108 机械设备（证监会）指数
行业类别	水资源专用机械制造业
主营业务	水净化处理和空间洁净及空调暖通处理
总股本（万股）	5 530.00
注册地址	苏州高新区金山路 234 号

8. 苏州方林科技股份有限公司（证券代码：430432）

成立日期	2002 年 11 月
挂牌日期	2014 年 1 月 24 日
相关指数	883003 制造业（证监会）指数； 883106 电子行业（证监会）指数； 三板成指
行业类别	计算机零部件制造、通信终端设备制造
主营业务	生产笔记本电脑、手机等消费类电子产品的锂电池组件、相关器件及周边配件
总股本（万股）	6 760.00
注册地址	苏州高新区浒关分区新亭路 9 号

9. 星弧涂层新材料科技（苏州）股份有限公司（证券代码：430438）

成立日期	2006 年 8 月
挂牌日期	2014 年 1 月 24 日
相关指数	—
行业类别	制造业
主营业务	类金刚石、金属陶瓷等功能涂层供应商
总股本（万股）	1 200.00
注册地址	苏州工业园区唯新路 81 号

10. 苏州太湖电工新材料股份公司（证券代码：430460）

成立日期	2000 年 9 月
挂牌日期	2014 年 1 月 24 日
相关指数	三板成指
行业类别	制造业
主营业务	绝缘漆、云母制品、表面覆盖漆、玻璃钢制品、风电/高压电机绕组制造等电机电气配套绝缘材料
总股本（万股）	8 250.00
注册地址	吴江汾湖经济开发区北库工业园

11. 苏州康捷医疗股份有限公司（证券代码：430521）

成立日期	1998 年 12 月
挂牌日期	2014 年 1 月 24 日
相关指数	—
行业类别	制造业
主营业务	便携式医疗、集成数字化技术医疗眼科光学影像
总股本（万股）	3 238.28
注册地址	苏州工业园区唯亭镇唯新路 129 号

12. 苏州天弘激光股份有限公司（证券代码：430549）

成立日期	2001 年 1 月
挂牌日期	2014 年 1 月 24 日
相关指数	三板成指
行业类别	制造业
主营业务	激光应用设备、光机电一体化产品、电子产品的制造、销售、进出口
总股本（万股）	7 232.00
注册地址	苏州工业园区唯亭镇通和路 66 号

13. 苏州市龙源电力科技股份有限公司（证券代码：430579）

成立日期	1999 年 3 月
挂牌日期	2014 年 1 月 24 日
相关指数	883007 信息技术（证监会）指数；三板成指
行业类别	电气机械和器材制造业（C38）
主营业务	交直流一体化电源系统及其控制配套单元
总股本（万股）	6 120.00
注册地址	苏州高新区银珠路 8 号

14. 江苏国贸酝领智能科技股份有限公司（证券代码：430583）

成立日期	2004 年 9 月
挂牌日期	2014 年 1 月 24 日
相关指数	883003 制造业指数；883103 木材家具指数；883007 信息技术指数
行业类别	智能建筑产品与设备的生产制造与集成技术研究；软件和信息技术服务业
主营业务	建筑智能化系统集成业务、系统集成软硬件
总股本（万股）	3 520.00
注册地址	苏州工业园区唯亭镇唯文路 5 号

15. 苏州银河激光科技股份有限公司（证券代码：430589）

成立日期	1995 年 8 月
挂牌日期	2014 年 1 月 24 日
相关指数	883003 制造业（证监会）指数；883104 造纸印刷（证监会）指数
行业类别	印刷和记录媒介复制业（C23）
主营业务	标签印刷产品、信息转移印刷材料和包装印刷光学设备
总股本（万股）	2 350.00
注册地址	苏州高新区黄埔街 69 号

16. 苏州华尔美特装饰材料股份有限公司（证券代码：430593）

成立日期	2009 年 8 月
挂牌日期	2014 年 1 月 24 日
相关指数	—
行业类别	建筑业
主营业务	墙纸研发、生产和营销
总股本（万股）	4 468.71
注册地址	吴江区黎里镇黎民北路东侧

17. 苏州吉玛基因股份有限公司（证券代码：430601）

成立日期	2007 年 8 月
挂牌日期	2014 年 1 月 24 日
相关指数	三板成指、三板做市
行业类别	科学研究和技术服务业
主营业务	基因药物和基因诊断试剂的技术研发；医疗器械、生化试剂、生物医药材料和制品（包括模式生物体、转基因模式生物体）及仪器的研发、生产和销售；相关产品技术咨询、技术转让及技术服务；自主研发生产产品的出口业务
总股本（万股）	3 631.20
注册地址	苏州工业园区东平街 199 号

18. 江苏瀚远科技股份有限公司（证券代码：430610）

成立日期	2002 年 11 月
挂牌日期	2014 年 1 月 24 日
相关指数	—
行业类别	信息传输、软件和信息技术服务业
主营业务	科技智能化和软件开发与服务商；计算机软硬件、网络通信设备（不含卫星地面接收设备）、多媒体、电子产品、仪器仪表及信息产业相关产品的研究开发、销售、维护
总股本（万股）	2 795.00
注册地址	苏州工业园区汀兰巷 183 号 7 栋 B 座

19. 苏州信达胶脂材料股份有限公司（证券代码：430507）

成立日期	2005 年 7 月 26 日
挂牌日期	2014 年 1 月 24 日
相关指数	—
行业类别	化工—化学原料
主营业务	口香糖基础原料（食品添加剂）和食品包装材料的研发、生产和销售
总股本（万股）	4 000.00
注册地址	相城区太阳路 2266 号 6 号楼

附 录

20. 江苏笃诚医药科技股份有限公司(证券代码：430668)

成立日期	2010年8月
挂牌日期	2014年3月31日
相关指数	—
行业类别	制造业
主营业务	医药原料及中间体、保健食品、化工原料及产品、食品添加剂、医药保健食品的技术开发、技术转让、技术咨询及技术服务
总股本(万股)	3 820.00
注册地址	苏州工业园区华云路1号

21. 苏州奇才电子科技股份有限公司(证券代码：430714)

成立日期	2008年6月
挂牌日期	2014年4月30日
相关指数	创新成指；三板成指
行业类别	制造业
主营业务	电子低压高速信号连接线的研发和服务
总股本(万股)	8 021.10
注册地址	吴江区同里镇同兴村

22. 博富科技股份有限公司(证券代码：830789)

成立日期	2009年1月
挂牌日期	2014年6月4日
相关指数	—
行业类别	制造业
主营业务	高分子材料(塑料、塑胶)及制品生产销售
总股本(万股)	14 792.00
注册地址	昆山市花桥镇绿地大道255弄2号805室

23. 苏州巨峰电气绝缘系统股份有限公司(证券代码：830818)

成立日期	2002年1月
挂牌日期	2014年6月30日
相关指数	创新成指；三板成指；三板做市
行业类别	制造业
主营业务	绝缘系统研发及其主要组成部分云母制品、绝缘漆、复合材料及金属线缆和线圈
总股本(万股)	12 310.00
注册地址	吴江区汾湖开发区临沪中路3379号

24. 苏州天加新材料股份有限公司（证券代码：830853）

成立日期	2008年5月
挂牌日期	2014年7月14日
相关指数	三板成指
行业类别	橡胶和塑料制品业
主营业务	多层共挤PVDC高阻隔热收缩包装膜研发、制造
总股本（万股）	4 469.92
注册地址	苏州工业园区唯亭镇唯文路15号

25. 江苏火凤凰线缆系统技术股份有限公司（证券代码：830880）

成立日期	2006年9月
挂牌日期	2014年7月18日
相关指数	—
行业类别	电气机械及器材制造业
主营业务	以汽车线缆和消费电子用极细电子线为主的特种线缆的生产和销售
总股本（万股）	800.00
注册地址	昆山市张浦镇振新东路（南侧）535号

26. 苏州高新区鑫庄农村小额贷款股份有限公司（证券代码：830958）

成立日期	2011年7月
挂牌日期	2014年8月8日
相关指数	—
行业类别	其他金融业
主营业务	面向"三农"发放小额贷款、融资担保等业务
总股本（万股）	42 439.00
注册地址	苏州高新区大同路10号铭源创业园801室

27. 苏州科特环保股份有限公司（证券代码：830971）

成立日期	2003年5月
挂牌日期	2014年8月8日
相关指数	—
行业类别	机械设备—仪器仪表
主营业务	环保设备、仪器仪表研发、生产与销售；合同能源管理服务
总股本（万股）	4 210.53
注册地址	吴中区胥口镇茅蓬路517号

28. 江苏荣腾精密组件科技股份有限公司（证券代码：831110）

成立日期	2002 年 11 月
挂牌日期	2014 年 8 月 14 日
相关指数	—
行业类别	机械设备—通用设备
主营业务	汽车、电机零部件模具及汽车零部件的研发、制造和销售
总股本（万股）	3 987.50
注册地址	昆山市玉山镇城北高科园益胜路 108 号

29. 江苏物润船联网络股份有限公司（证券代码：831096）

成立日期	2011 年 12 月
挂牌日期	2014 年 8 月 21 日
相关指数	—
行业类别	互联网和相关服务
主营业务	信息服务、在线船舶视频监控服务、撮合交易服务等
总股本（万股）	2 176.45
注册地址	张家港市保税物流园区商务楼 3078、3098 室

30. 中网科技（苏州）股份有限公司（证券代码：831095）

成立日期	2002 年 3 月
挂牌日期	2014 年 8 月 22 日
相关指数	三板成指
行业类别	互联网和相关服务
主营业务	因特网数据中心（IDC）服务、因特网接入（ISP）服务和因特网信息（ICP）服务
总股本（万股）	1 210.02
注册地址	苏州工业园区新未来花园 21 幢 507 室

31. 苏州纳地金属制品股份有限公司（证券代码：831166）

成立日期	2006 年 06 月
挂牌日期	2014 年 9 月 25 日
相关指数	—
行业类别	家具制造业
主营业务	铝制户外休闲家具的设计、生产和销售
总股本（万股）	3 547.18
注册地址	吴江区平望镇中鲈生态科技工业园内

32. 江苏强盛功能化学股份有限公司（证券代码：831184）

成立日期	1997年11月
挂牌日期	2014年10月8日
相关指数	三板成指
行业类别	化工—化学制品
主营业务	常温有机过氧化物、试剂的生产和销售
总股本（万股）	10 350.00
注册地址	常熟市白茆工业经济开发区

33. 苏州飞宇精密科技股份有限公司（证券代码：831237）

成立日期	2002年11月
挂牌日期	2014年10月28日
相关指数	三板成指
行业类别	机械设备—通用设备
主营业务	精密冷冲模具、金属冲压件产品设计、制造和销售
总股本（万股）	15 480.00
注册地址	昆山市玉山镇城北四方路28号

34. 苏州瑞可达连接系统股份有限公司（证券代码：831274）

成立日期	2006年1月
挂牌日期	2014年11月4日
相关指数	三板成指
行业类别	电子—电子制造
主营业务	主要从事电子元件及组件、光电连接器、传感器、线束等连接系统产品的研发、生产和销售
总股本（万股）	8 100.00
注册地址	吴中区越溪街道北官渡路7号3幢

35. 苏州金童机械制造股份有限公司（证券代码：831340）

成立日期	2002年1月
挂牌日期	2014年11月11日
相关指数	—
行业类别	机械设备—专用设备
主营业务	彩钢复合板生产线，多功能冷弯成型机、弓字型设备以及各种非标型冷弯成型设备等
总股本（万股）	3 280.00
注册地址	吴江区金家坝工业开发区幸二段

36. 江苏亚特尔地源科技股份有限公司（证券代码：831355）

成立日期	2010 年 11 月
挂牌日期	2014 年 11 月 13 日
相关指数	三板成指
行业类别	建筑材料—建筑装饰
主营业务	地源热泵系统、其他供暖工程系统、新风系统的方案设计、施工、安装调试及系统机房维护
总股本（万股）	14 382.79
注册地址	常熟市黄河路 22 号汇丰时代广场 1 栋 801-81

37. 江苏薪泽奇机械股份有限公司（证券代码：831424）

成立日期	2003 年 9 月
挂牌日期	2014 年 12 月 8 日
相关指数	—
行业类别	机械设备—通用设备
主营业务	金属加工机械和纺织机械研发、制造和销售
总股本（万股）	3 112.00
注册地址	张家港市塘桥镇西塘路 288 号周巷村

38. 江苏索尔新能源科技股份有限公司（证券代码：831486）

成立日期	2010 年 10 月
挂牌日期	2014 年 12 月 9 日
相关指数	三板成指
行业类别	机械设备—电气设备
主营业务	锂电池组件及管理系统研发、生产和销售
总股本（万股）	10 946.00
注册地址	张家港市新能源产业园横泾村

39. 苏州金宏气体股份有限公司（证券代码：831450）

成立日期	1999 年 10 月
挂牌日期	2014 年 12 月 15 日
相关指数	创新成指
行业类别	化工—化学制品
主营业务	工业气体的研发、生产、销售和服务
总股本（万股）	36 325.00
注册地址	相城区黄埭镇潘阳工业园安民路

40. 张家港汉龙新能源科技股份有限公司（证券代码：831521）

成立日期	2010 年 9 月
挂牌日期	2014 年 12 月 16 日
相关指数	三板成指
行业类别	机械设备—电气设备
主营业务	太阳能铝合金边框研发、生产和销售
总股本（万股）	3 360.08
注册地址	张家港市金港镇后塍朱家宕村

41. 苏州市君悦新材料科技股份有限公司（证券代码：831532）

成立日期	2009 年 12 月
挂牌日期	2014 年 12 月 18 日
相关指数	—
行业类别	农林牧渔—农产品加工
主营业务	复合铝箔聚乙烯绝热制品研发、生产和销售
总股本（万股）	1 350.00
注册地址	吴中区胥口镇茅蓬路 699 号

42. 张家港威孚热能股份有限公司（证券代码：831561）

成立日期	2002 年 3 月
挂牌日期	2014 年 12 月 18 日
相关指数	—
行业类别	机械设备—电气设备
主营业务	中小型锅炉的生产、销售
总股本（万股）	1 781.50
注册地址	张家港市杨舍镇塘市街道南园路 5 号

43. 张家港天乐橡塑科技股份有限公司（证券代码：831555）

成立日期	2007 年 6 月
挂牌日期	2014 年 12 月 19 日
相关指数	三板成指
行业类别	交运设备—汽车零部件
主营业务	汽车用橡胶、塑料产品的开发、生产和销售
总股本（万股）	3 924.00
注册地址	张家港市杨舍镇乘航村河东路

附 录

44. 江苏特思达电子科技股份有限公司（证券代码：831510）

成立日期	2006 年 9 月
挂牌日期	2014 年 12 月 22 日
相关指数	—
行业类别	电子—光学光电子
主营业务	中大尺寸触摸屏及相关产品研发、设计、生产、销售、服务等整体解决方案
总股本（万股）	2 104.00
注册地址	昆山市城北玉城南路 185 号

45. 苏州筑园景观规划设计股份有限公司（证券代码：831538）

成立日期	2004 年 3 月
挂牌日期	2014 年 12 月 23 日
相关指数	—
行业类别	建筑材料—建筑装饰
主营业务	园林景观设计和施工咨询等相关服务
总股本（万股）	1 400.00
注册地址	苏州高新区邓尉路 9 号 1 幢 2004 室

46. 苏州胜禹材料科技股份有限公司（证券代码：831626）

成立日期	2010 年 10 月
挂牌日期	2015 年 1 月 5 日
相关指数	三板成指
行业类别	交通运输—物流
主营业务	提供新型金属材料的加工及配套物流供应链服务
总股本（万股）	13 205.00
注册地址	苏州高新区青花路 89 号

47. 江苏国网自控科技股份有限公司（证券代码：831539）

成立日期	2011 年 8 月
挂牌日期	2015 年 1 月 6 日
相关指数	—
行业类别	机械设备—电气设备
主营业务	综合电力产品、智能控制器、智能传感单元的研发、系统集成及销售
总股本（万股）	1 300.00
注册地址	昆山市巴城镇学院路 828 号 1 号房

48. 苏州攀特电陶科技股份有限公司（证券代码：831622）

成立日期	2002年6月
挂牌日期	2015年1月8日
相关指数	—
行业类别	电子—半导体及元件
主营业务	电子功能陶瓷材料及电声器件研发、生产及销售
总股本（万股）	7 128.00
注册地址	昆山市开发区昆嘉路385号

49. 亿丰洁净科技江苏股份有限公司（证券代码：831666）

成立日期	2010年10月
挂牌日期	2015年1月12日
相关指数	—
行业类别	机械设备—仪器仪表
主营业务	净化设备、实验室家具及配套产品生产供应；净化工程、实验室工程、钢结构工程、机电安装工程、室内外装饰装潢工程；实业投资、健康咨询服务
总股本（万股）	3 139.00
注册地址	吴江区黎里镇金家坝金莘公路2559号

50. 苏州神元生物科技股份有限公司（证券代码：831808）

成立日期	2005年1月
挂牌日期	2015年1月16日
相关指数	—
行业类别	医药生物—中药
主营业务	铁皮石斛产业研发、生物组培、生态栽培、产品加工及销售
总股本（万股）	5 000.00
注册地址	苏州市吴江经济开发区云梨路1688号

51. 苏州英诺迅科技股份有限公司（证券代码：831789）

成立日期	2008年12月
挂牌日期	2015年1月20日
相关指数	三板成指
行业类别	电子—半导体及元件
主营业务	射频及微波集成电路的设计、研发、生产、销售及技术支持
总股本（万股）	4 930.00
注册地址	苏州工业园区东大国家大学科技园（苏州）东南院（1#）406-1室

附　录

52. 苏州红冠庄国药股份有限公司（证券代码：831833）

成立日期	1999 年 9 月
挂牌日期	2015 年 1 月 21 日
相关指数	—
行业类别	医药生物—中药
主营业务	以鹿体为基材的中药饮片及中成药加工
总股本（万股）	2 426.29
注册地址	昆山市千灯镇石浦机场路歇马桥

53. 苏州飞驰环保科技股份有限公司（证券代码：831846）

成立日期	2000 年 5 月
挂牌日期	2015 年 1 月 21 日
相关指数	三板成指
行业类别	机械设备—专用设备
主营业务	水面清洁船及相关配件的研发、生产和销售
总股本（万股）	2 639.71
注册地址	张家港市乐余镇乐丰路

54. 信音电子（中国）股份有限公司（证券代码：831741）

成立日期	2001 年 11 月
挂牌日期	2015 年 1 月 22 日
相关指数	—
行业类别	电子—电子制造
主营业务	连接器产品的研发、生产和销售
总股本（万股）	12 000.00
注册地址	吴中区胥口镇胥江工业园新峰路 509 号

55. 张家港华菱医疗设备股份公司（证券代码：831826）

成立日期	1995 年 8 月
挂牌日期	2015 年 1 月 23 日
相关指数	—
行业类别	医药生物—医疗器械服务
主营业务	用于消毒、灭菌等医疗器械的研发、生产与销售
总股本（万股）	770.00
注册地址	张家港市金港镇南沙三甲里路

56. 苏州万龙电气集团股份有限公司（证券代码：831701）

成立日期	2004 年 11 月
挂牌日期	2015 年 1 月 27 日
相关指数	—
行业类别	机械设备—电气设备
主营业务	电气设备研发、制造和销售；电器元件、高低压电器、仪器仪表、网络通信产品及电脑配件、电器成套设备研发、生产和销售；软件开发和销售；工业控制自动化工程、配电房及电气成套装置和维护改造工程安装
总股本(万股)	8 200.00
注册地址	苏州工业园区东宏路 41、43 号

57. 苏州东南药业股份有限公司（证券代码：831869）

成立日期	2008 年 5 月
挂牌日期	2015 年 1 月 27 日
相关指数	—
行业类别	医药生物—生物制品
主营业务	创新药及仿制药的研发、相关技术转让和服务，以及医药中间体生产和销售
总股本(万股)	1 650.00
注册地址	苏州工业园区仁爱路 150 号独墅湖高教区第二教学楼 C316 室

58. 江苏远大信息股份有限公司（证券代码：831897）

成立日期	2002 年 1 月
挂牌日期	2015 年 1 月 28 日
相关指数	—
行业类别	信息服务—计算机应用
主营业务	计算机技术开发应用、信息系统集成、弱电工程技术服务；环境监测仪器仪表的销售、安装调试及运行维护；环境监测信息系统的运行维护服务
总股本(万股)	2 900.00
注册地址	张家港市经济开发区（留学生创业园 D 座）

59. 江苏正大富通股份有限公司（证券代码：831794）

成立日期	2006 年 6 月
挂牌日期	2015 年 2 月 3 日
相关指数	—
行业类别	商业贸易—零售
主营业务	商用车配件销售与技术服务
总股本(万股)	12 078.48
注册地址	张家港市保税区诺亚物流大厦 103A 室

60. 江苏协昌电子科技股份有限公司（证券代码：831954）

成立日期	2011 年 6 月
挂牌日期	2015 年 2 月 6 日
相关指数	—
行业类别	电子—电子制造
主营业务	电动车控制器和电机的研发、生产和销售
总股本（万股）	5 500.00
注册地址	张家港市凤凰镇港口工业园区华泰路 1 号

61. 昆山晋桦豹胶轮车制造股份有限公司（证券代码：831989）

成立日期	2006 年 1 月
挂牌日期	2015 年 2 月 16 日
相关指数	—
行业类别	机械设备—专用设备
主营业务	研发、生产矿用井下防爆无轨胶轮车为主的专业煤炭机械设备
总股本（万股）	11 000.00
注册地址	昆山市张浦镇俱进路

62. 苏州市姑苏区鑫鑫农村小额贷款股份有限公司（证券代码：832088）

成立日期	2009 年 12 月
挂牌日期	2015 年 3 月 6 日
相关指数	—
行业类别	金融服务—保险及其他
主营业务	小额贷款、提供融资性担保及其他业务
总股本（万股）	40 000.00
注册地址	姑苏区人民路 3158 号万融国际大厦 1601 室

63. 苏州同里印刷科技股份有限公司（证券代码：832064）

成立日期	1998 年 7 月
挂牌日期	2015 年 3 月 9 日
相关指数	—
行业类别	轻工制造—包装印刷
主营业务	彩印包装和彩印宣传资料的设计、印刷、加工和销售
总股本（万股）	2 592.00
注册地址	吴江区同里镇同里湖路 217 号

64. 苏州腾冉电气设备股份有限公司（证券代码：832117）

成立日期	2010年6月
挂牌日期	2015年3月9日
相关指数	三板成指、三板做市
行业类别	机械设备—电气设备
主营业务	研发、生产和销售变压器、电抗器、滤波器等产品
总股本（万股）	5 310.00
注册地址	吴中区临湖镇银藏路8号

65. 苏州禾昌聚合材料股份有限公司（证券代码：832089）

成立日期	1999年6月
挂牌日期	2015年3月13日
相关指数	三板成指
行业类别	化工—化工合成材料
主营业务	改性塑料的研发、生产、销售与服务
总股本（万股）	8 130.00
注册地址	苏州工业园区民营工业区

66. 昆山华富新材料股份有限公司（证券代码：832152）

成立日期	2002年2月
挂牌日期	2015年3月16日
相关指数	—
行业类别	化工—化工合成材料
主营业务	中高档服装用聚氨酯合成革的生产和销售
总股本（万股）	4 350.00
注册地址	昆山市周市镇横长泾路588号

67. 江苏达胜高聚物股份有限公司（证券代码：832179）

成立日期	2009年7月
挂牌日期	2015年3月27日
相关指数	—
行业类别	化工—化工合成材料
主营业务	中高端线缆用高分子材料研发与生产
总股本（万股）	2 000.00
注册地址	吴江区黎里镇北库社区库西路1288号

附 录

68. 苏州新阳升科技股份有限公司（证券代码：832226）

成立日期	2008 年 11 月
挂牌日期	2015 年 4 月 7 日
相关指数	—
行业类别	通信设备制造—通信终端设备制造
主营业务	船用无线电通信设备和导航设备的设计、制造和销售
总股本(万股)	575.56
注册地址	相城区黄埭镇潘阳工业园区春旺路 11 号

69. 普克科技（苏州）股份有限公司（证券代码：832264）

成立日期	2010 年 10 月
挂牌日期	2015 年 4 月 8 日
相关指数	—
行业类别	家具制造业
主营业务	钢制工具箱柜、钢制办公家具及其他薄板制品的生产、研发及销售
总股本(万股)	2 500.00
注册地址	常熟市董浜镇华烨大道 35 号

70. 苏州金泉新材料股份有限公司（证券代码：832277）

成立日期	1985 年 4 月
挂牌日期	2015 年 4 月 8 日
相关指数	—
行业类别	化纤制造—涤纶纤维制造
主营业务	环保再生型彩色 PET 短纤维系列和原生型纳米复合 PPS 纤维系列生产销售
总股本(万股)	4 000.26
注册地址	常熟市支塘镇八字桥村

71. 苏州晶品新材料股份有限公司（证券代码：832247）

成立日期	2011 年 11 月
挂牌日期	2015 年 4 月 9 日
相关指数	—
行业类别	电器机械和器材制造业
主营业务	LED 陶瓷基板研发生产、特殊光源及照明工程
总股本(万股)	1 480.00
注册地址	吴江区黎里镇汾湖大道 558 号

72. 创元期货股份有限公司（证券代码：832280）

成立日期	1995年2月
挂牌日期	2015年4月9日
相关指数	创新成指、三板做市
行业类别	金融业—其他金融业
主营业务	商品期货经纪、金融期货经纪、期货投资咨询、资产管理业务
总股本（万股）	26 000.00
注册地址	姑苏区三香路120号万盛大厦2楼、3楼

73. 常熟市金华机械股份有限公司（证券代码：832356）

成立日期	1997年9月
挂牌日期	2015年4月20日
相关指数	—
行业类别	汽车制造—汽车零部件及配件制造
主营业务	生产销售汽车电动转向泵轴、汽车液压转向泵轴等汽车零配件
总股本（万股）	2 230.00
注册地址	常熟市碧溪新区东张东吴路25号

74. 江苏神农灭菌设备股份有限公司（证券代码：832369）

成立日期	2001年4月
挂牌日期	2015年4月22日
相关指数	—
行业类别	专用设备制造业
主营业务	消毒灭菌设备产品的研发、生产和销售
总股本（万股）	1 045.00
注册地址	张家港市金港镇后塍封庄村

75. 太仓兴宇印刷包装股份有限公司（证券代码：832364）

成立日期	2001年7月
挂牌日期	2015年4月23日
相关指数	—
行业类别	造纸和纸制品业、印刷和记录媒介复制业
主营业务	纸制品包装装潢印刷品和其他印刷品印刷；生产、加工、销售瓦楞纸板、纸箱、其他纸质品
总股本（万股）	1 980.00
注册地址	太仓市陆渡镇东新路12号

附 录

76. 苏州微缔软件股份有限公司（证券代码：832400）

成立日期	2009 年 10 月
挂牌日期	2015 年 5 月 5 日
相关指数	—
行业类别	软件和信息技术服务业
主营业务	设计开发，销售制造执行管理系统软件，并提供技术服务支持
总股本（万股）	1 150.00
注册地址	吴中经济开发区越溪街道塔韵路塔韵大厦 14 层 1401 室

77. 苏州弗克技术股份有限公司（证券代码：832436）

成立日期	2003 年 9 月
挂牌日期	2015 年 5 月 12 日
相关指数	三板成指
行业类别	专项化学用品制造业
主营业务	建材化学添加剂的研发、生产、销售、应用和技术服务
总股本（万股）	3 826.33
注册地址	吴中区胥口镇浦庄路东长安路南

78. 江苏舒茨测控设备股份有限公司（证券代码：832393）

成立日期	2010 年 4 月
挂牌日期	2015 年 4 月 30 日
相关指数	—
行业类别	仪器仪表制造业
主营业务	环境监测及工业过程分析领域的红外气体传感器、光声光谱痕量气体分析仪器的研发、生产和销售
总股本（万股）	1 451.50
注册地址	常熟市碧溪新区万和路 39 号万和工业坊七号楼三楼

79. 常熟联邦化工股份有限公司（证券代码：832517）

成立日期	1999 年 12 月
挂牌日期	2015 年 5 月 27 日
相关指数	—
行业类别	化学原料和化学制品制造业
主营业务	化学品的生产、批发，货物技术的进出口
总股本（万股）	9 592.00
注册地址	常熟市支塘镇何市西

80. 苏州固泰新材股份有限公司（证券代码：832644）

成立日期	2012 年 7 月
挂牌日期	2015 年 6 月 19 日
相关指数	—
行业类别	橡胶和塑料制品业
主营业务	新能源产业用薄膜及复合料与设备的研发、生产和销售及相关技术推广、技术服务
总股本（万股）	3 607.49
注册地址	吴江区黎里镇汾湖大道 558 号

81. 苏州传视影视传媒股份有限公司（证券代码：832455）

成立日期	2003 年 10 月
挂牌日期	2015 年 6 月 30 日
相关指数	全国中小企业股份转让系统成分指数、成分全收益指数、做市成分指数、三板成指
行业类别	广播、电视、电影和影视录音制作业
主营业务	纪录片、企业宣传片、城市形象宣传片、电影等影视制作，以及影视作品发行与销售、著作权许可等衍生业务
总股本（万股）	4 150.00
注册地址	苏州工业园区星湖街 328 号国际科技园 8-101(1)单元

82. 苏州玖隆再生科技股份有限公司（证券代码：832718）

成立日期	2007 年 7 月
挂牌日期	2015 年 7 月 9 日
相关指数	三板成指
行业类别	废弃资源综合利用业
主营业务	再生聚酯 PET 瓶片的生产、加工销售
总股本（万股）	3 000.00
注册地址	常熟市尚湖镇长兴村工业园区

83. 江苏柯瑞机电工程股份有限公司（证券代码：832842）

成立日期	2002 年 11 月
挂牌日期	2015 年 7 月 20 日
相关指数	—
行业类别	建筑安装业
主营业务	建筑安装综合服务、机电消防设备销售以及技术咨询服务
主导产品	建筑安装、机电消防设备
总股本（万股）	5 580.00
注册地址	昆山市张浦镇民营二区

84. 雨来智能科技服务（苏州）股份有限公司（证券代码：832776）

成立日期	2012 年 5 月
挂牌日期	2015 年 7 月 21 日
相关指数	—
行业类别	软件开发
主营业务	软件系统的开发和销售
总股本（万股）	1 000.00
注册地址	苏州工业园区星湖街 218 号生物纳米园 A4 楼 502 室

85. 昆山鹿城村镇银行股份有限公司（证券代码：832792）

成立日期	2009 年 12 月
挂牌日期	2015 年 7 月 21 日
相关指数	全国中小企业股份转让系统成分指数、全国中小企业股份转让系统成分全收益指数、创新成指、三板成指
行业类别	货币金融服务
主营业务	吸收公众存款；发放短期、中期和长期贷款
总股本（万股）	36 976.68
注册地址	昆山市玉山镇前进西路 1899 号 1 号房

86. 江苏曼氏生物科技股份有限公司（证券代码：832928）

成立日期	2000 年 11 月
挂牌日期	2015 年 7 月 21 日
相关指数	—
行业类别	医药制品业
主营业务	医用辅料（大豆磷脂）制造、销售自产产品
总股本（万股）	2 000.00
注册地址	昆山市千灯镇致威支路

87. 江苏保丽洁环境科技股份有限公司（证券代码：832802）

成立日期	2004 年 2 月
挂牌日期	2015 年 7 月 24 日
相关指数	全国中小企业股份转让系统成分全收益指数、全国中小企业股份转让系统成分指数、创新成指、三板成指
行业类别	专用设备制造业
主营业务	静电式空气净化设备的研发、生产和销售
总股本（万股）	5 210.00
注册地址	张家港市锦丰镇（江苏扬子江国际冶金工业园光明村）

88. 江苏盛纺纳米材料科技股份有限公司(证券代码：832997)

成立日期	2009 年 12 月
挂牌日期	2015 年 7 月 29 日
相关指数	三板成指
行业类别	纺织业
主营业务	高端功能性无纺布延伸技术产品的研发、生产、销售及进出口业务
总股本(万股)	5 955.60
注册地址	昆山市巴城镇正仪通澄南路 2 号

89. 苏州中信科技股份有限公司(证券代码：832858)

成立日期	2002 年 9 月
挂牌日期	2015 年 7 月 30 日
相关指数	—
行业类别	电气器械和器材制造业
主营业务	高纯铝杆、铜包铝排、铜包铝母线、铜包铝成品线、铜包铝镁合金母线、铜包铝双金属排线系列产品的研发、制造与销售
总股本(万股)	1 333.33
注册地址	吴江区七都镇太湖高新技术开发区

90. 苏州开元民生科技股份有限公司(证券代码：832996)

成立日期	2000 年 6 月
挂牌日期	2015 年 7 月 30 日
相关指数	全国中小企业股份转让系统成分指数、全国中小企业股份转让系统做市成分全收益指数、三板成指、三板做市
行业类别	化学原料和化学制品制造业
主营业务	医药中间体、感光材料中间体、太阳能导电浆料的研发、生产与销售
总股本(万股)	4 150.00
注册地址	苏州工业园区群星二路 68 号

91. 江苏瑞铁轨道装备股份有限公司(证券代码：833120)

成立日期	2012 年 1 月
挂牌日期	2015 年 8 月 5 日
相关指数	三板成指
行业类别	交运设备—非汽车交运
主营业务	铁路轨道产品及装备的设计、制造、加工、销售和售后服务
总股本(万股)	5 600.00
注册地址	张家港市经济开发区(塘市镇中西路)

92. 苏州基业生态园林股份有限公司（证券代码：833222）

成立日期	1993年10月
挂牌日期	2015年8月10日
相关指数	全国中小企业股份转让系统成分指数 全国中小企业股份转让系统成分全收益指数
行业类别	建筑材料—建筑装饰
主营业务	园林景观工程的设计与施工
总股本（万股）	10 675.57
注册地址	姑苏区书院巷111号

93. 苏州灵岩医疗科技股份有限公司（证券代码：833199）

成立日期	2004年10月
挂牌日期	2015年8月11日
相关指数	—
行业类别	医药生物—医疗器械服务
主营业务	一次性使用医疗耗材的研发、生产销售
总股本（万股）	1 350.00
注册地址	吴中区胥口胥江工业园茅蓬路99号

94. 江苏达诺尔科技股份有限公司（证券代码：833189）

成立日期	2004年7月
挂牌日期	2015年8月17日
相关指数	—
行业类别	化工—化学制品
主营业务	纯微电子化学品的研发、生产和销售
总股本（万股）	3 101.68
注册地址	常熟市经济开发区氟化学工业园

95. 苏州亿阳值通科技发展股份有限公司（证券代码：833348）

成立日期	2005年8月
挂牌日期	2015年8月17日
相关指数	—
行业类别	信息服务—计算机应用
主营业务	信息安全产品的研发及销售，并提供信息安全规划及服务
总股本（万股）	1 000.00
注册地址	苏州工业园区机场路328号国际科技园A1504

96. 江苏中标节能科技发展股份有限公司（证券代码：833345）

成立日期	2012 年 12 月
挂牌日期	2015 年 8 月 25 日
相关指数	—
行业类别	电子—光学光电子
主营业务	LED 节能产品、照明设备研发、生产、销售；照明方案深化设计、产品定制及安装服务
总股本（万股）	3 290.00
注册地址	相城区黄埭镇潘阳工业园太东路北

97. 昆山华恒焊接股份有限公司（证券代码：833444）

成立日期	1995 年 5 月
挂牌日期	2015 年 8 月 25 日
相关指数	三板成指
行业类别	机械设备—专用设备
主营业务	工业机器人自动化装备研发、生产和销售
总股本（万股）	25 920.00
注册地址	昆山市开发区华恒路 100 号

98. 苏州帝瀚环保科技股份有限公司（证券代码：833412）

成立日期	2011 年 5 月
挂牌日期	2015 年 8 月 26 日
相关指数	—
行业类别	专用设备制造业
主营业务	工业废液循环利用系统化解决方案的设计、研发、生产和销售
总股本（万股）	4 270.00
注册地址	相城区太平街道金瑞路

99. 苏州大源自动化科技股份有限公司（证券代码：833388）

成立日期	2011 年 6 月
挂牌日期	2015 年 9 月 1 日
相关指数	—
行业类别	机械设备—电气设备
主营业务	自动化行业设备的开发、设计
总股本（万股）	1 250.00
注册地址	苏州工业园区娄葑镇通园路 35 号

100. 巨立电梯股份有限公司（证券代码：833481）

成立日期	2002 年 3 月
挂牌日期	2015 年 9 月 1 日
相关指数	全国中小企业股份转让系统成分全收益指数、全国中小企业股份转让系统成分指数、三板成指
行业类别	机械设备—通用设备
主营业务	电梯的研发、设计、制造、销售、安装、改造、维修、保养
总股本(万股)	10 350.00
注册地址	昆山市巴城镇正仪工商区 312 国道北侧

101. 苏州沪云肿瘤研究中心股份有限公司（证券代码：833464）

成立日期	2008 年 7 月
挂牌日期	2015 年 9 月 7 日
相关指数	—
行业类别	医药生物—化学制药
主营业务	新药研究和开发
总股本(万股)	4 872.50
注册地址	苏州工业园区华云路 1 号东坊产业园 C 区 5 号楼五楼

102. 苏州骏创汽车科技股份有限公司（证券代码：833533）

成立日期	2005 年 6 月
挂牌日期	2015 年 9 月 11 日
相关指数	三板成指
行业类别	交运设备—汽车零部件
主营业务	生产、销售各种汽车、消费电子领域内精密塑胶配件以及相关塑胶模具开发
总股本(万股)	4 660.00
注册地址	吴中区横泾天鹅荡路工业坊 2588 号第 11 幢

103. 苏州达菲特过滤技术股份有限公司（证券代码：833542）

成立日期	2008 年 12 月
挂牌日期	2015 年 9 月 14 日
相关指数	—
行业类别	交运设备—汽车零部件
主营业务	柴油滤清器、机油滤清器、燃气滤清器的研发、生产和销售
总股本(万股)	2 400.00
注册地址	苏州工业园区胜浦镇同胜路 22 号

104. 江苏汇通金融数据股份有限公司（证券代码：833631）

成立日期	2011 年 10 月
挂牌日期	2015 年 9 月 23 日
相关指数	创新成指、三板成指
行业类别	金融服务—保险及其他
主营业务	相关金融服务外包业务，包括呼叫中心业务、信息咨询、数据处理等
总股本（万股）	10 204.08
注册地址	昆山市兆丰路 18 号亚太广场 5 座 19 楼

105. 苏州营财保安服务股份有限公司（证券代码：833599）

成立日期	2010 年 2 月
挂牌日期	2015 年 10 月 8 日
相关指数	—
行业类别	餐饮旅游—景点及旅游
主营业务	提供门卫、巡逻、守护、随身护卫、安全检查、区域秩序维护、停车场管理等服务
总股本（万股）	2 700.00
注册地址	姑苏区金门路 1299 号

106. 东南电梯股份有限公司（证券代码：833560）

成立日期	1998 年 7 月
挂牌日期	2015 年 10 月 9 日
相关指数	全国中小企业股份转让系统成分指数 全国中小企业股份转让系统成分全收益指数 三板成指
行业类别	机械设备—通用设备
主营业务	电梯研发、设计、制造、销售、安装及售后服务
总股本（万股）	20 168.80
注册地址	吴江经济开发区交通北路 6588 号

107. 江苏中孚达科技股份有限公司（证券代码：833705）

成立日期	2010 年 4 月
挂牌日期	2015 年 10 月 16 日
相关指数	—
行业类别	纺织服装—纺织制造
主营业务	毛纺织品的生产、加工和销售
总股本（万股）	1 616.43
注册地址	张家港市南丰镇振丰路

108. 苏州瑞光电子科技股份有限公司（证券代码：833703）

成立日期	1995 年 3 月
挂牌日期	2015 年 10 月 20 日
相关指数	—
行业类别	电子—其他电子
主营业务	智能灯具、电子除虱梳等电子产品的研发、生产及销售
总股本（万股）	500.00
注册地址	姑苏区胥江路 426 号

109. 江苏中正检测股份有限公司（证券代码：833846）

成立日期	2012 年 12 月
挂牌日期	2015 年 10 月 20 日
相关指数	—
行业类别	综合—综合
主营业务	主要从事检测、认证、鉴定和验货等服务
总股本（万股）	500.00
注册地址	昆山市花桥镇和丰路 108 号 818 室

110. 苏州华辰净化股份有限公司（证券代码：833923）

成立日期	2002 年 9 月
挂牌日期	2015 年 10 月 27 日
相关指数	—
行业类别	机械设备—专用设备
主营业务	从事工业给水设备、工业物料分立浓缩设备、工业废水回用及零排放设备生产销售
总股本（万股）	2 360.00
注册地址	太仓市浮桥镇鸿运路 16 号

111. 昆山艾博机器人股份有限公司（证券代码：833999）

成立日期	2010 年 9 月
挂牌日期	2015 年 11 月 5 日
相关指数	—
行业类别	机械设备—通用设备
主营业务	工业机器人及软件的研发、机器人系统集成、自动化设备的研发，并提供相关的系统技术和系统服务
总股本（万股）	2 120.00
注册地址	昆山市玉山镇元丰路 232 号 2 号房

112. 苏州市会议中心物业管理股份有限公司（证券代码：834213）

成立日期	2003 年 12 月
挂牌日期	2015 年 11 月 10 日
相关指数	—
行业类别	商业贸易—零售
主营业务	物业管理、酒店管理、绿化园艺服务、设备维修、礼仪服务、中餐制售、会议服务等
总股本（万股）	1 875.00
注册地址	苏州市道前街 100 号

113. 苏州伊塔电器科技股份有限公司（证券代码：834236）

成立日期	2010 年 7 月
挂牌日期	2015 年 11 月 12 日
相关指数	—
行业类别	电子—光学光电子
主营业务	家用清洁电器及配件研发、生产和销售
总股本（万股）	1 200.00
注册地址	相城区阳澄湖镇田多里路 28 号

114. 江苏赞存智能科技股份有限公司（证券代码：834267）

成立日期	2011 年 1 月
挂牌日期	2015 年 11 月 17 日
相关指数	—
行业类别	机械设备—专用设备
主营业务	智能工业物联传感器、终端及系统的研发、生产及销售
总股本（万股）	1 000.00
注册地址	吴中区木渎镇珠江南路 368 号 1 号楼 1333 室

115. 苏州伟仕泰克电子科技股份有限公司（证券代码：834292）

成立日期	2006 年 10 月
挂牌日期	2015 年 11 月 18 日
相关指数	—
行业类别	电子—光学光电子
主营业务	从事半导体、TFT-LCD、太阳能基板、LED 等领域的湿制程工艺设备的研发与制造销售
总股本（万股）	3 500.00
注册地址	苏州高新区前桥路 299 号

附 录

116. 苏州博洋化学股份有限公司（证券代码：834329）

成立日期	1999 年 10 月
挂牌日期	2015 年 11 月 24 日
相关指数	—
行业类别	化工—化学制品
主营业务	化学试剂和专项化学品的生产与销售，以及通用化学品的分装和贸易业务
总股本（万股）	4 200.00
注册地址	苏州高新区浒墅关镇华桥路 155 号

117. 苏州吴江同里湖旅游度假村股份有限公司（证券代码：834199）

成立日期	2011 年 7 月
挂牌日期	2015 年 11 月 25 日
相关指数	—
行业类别	餐饮旅游—酒店及餐饮
主营业务	集"客房、餐饮、会议、休闲娱乐、度假为一体"的精品酒店的运营和服务
总股本（万股）	5 000.00
注册地址	吴江区同里镇环湖西路 88 号

118. 苏州澳冠智能装备股份有限公司（证券代码：834276）

成立日期	2012 年 5 月
挂牌日期	2015 年 11 月 30 日
相关指数	—
行业类别	机械设备—通用设备
主营业务	焊接机器人工作站研发、集成和销售
总股本（万股）	3 120.00
注册地址	吴江区黎里镇汾湖大道 558 号

119. 江苏鑫华能环保工程股份有限公司（证券代码：834519）

成立日期	2000 年 9 月
挂牌日期	2015 年 12 月 4 日
相关指数	—
行业类别	机械设备—专用设备
主营业务	除尘工程设备的研究、制造、销售
总股本（万股）	2 000.00
注册地址	常熟市高新技术开发区 5—6

120. 苏州信拓物流股份有限公司（证券代码：834590）

成立日期	2011 年 7 月
挂牌日期	2015 年 12 月 4 日
相关指数	—
行业类别	交通运输—物流
主营业务	公路货物运输
总股本（万股）	1 150.00
注册地址	太仓市新港中路 168 号

121. 苏州弗尔赛能源科技股份有限公司（证券代码：834626）

成立日期	2009 年 10 月
挂牌日期	2015 年 12 月 4 日
相关指数	三板成指、三板做市
行业类别	机械设备—电气设备
主营业务	研发、生产、销售以氢气、天然气等新能源为核心的燃料电池和综合能源系统设备，并为客户提供相应的技术服务
总股本（万股）	2 000.00
注册地址	昆山市玉山镇山淞路 66 号

122. 中纸在线（苏州）电子商务股份有限公司（证券代码：834648）

成立日期	2005 年 5 月
挂牌日期	2015 年 12 月 4 日
相关指数	全国中小企业股份转让系统成分全收益指数、全国中小企业股份转让系统成分指数、三板成指
行业类别	商业贸易—贸易
主营业务	各类纸张、纸浆产品的批发贸易
总股本（万股）	6 105.52
注册地址	相城区太平街道金澄路 88 号

123. 苏州华成保险代理股份有限公司（证券代码：834775）

成立日期	2004 年 7 月
挂牌日期	2015 年 12 月 4 日
相关指数	—
行业类别	金融服务—保险及其他
主营业务	代理销售保险产品、收取保险费；根据保险公司的委托，代理相关业务损失勘查和理赔
总股本（万股）	12 016.35
注册地址	吴中经济开发区郭巷街道尹南路 239 号 1 幢

124. 苏州聚元微电子股份有限公司（证券代码：834688）

成立日期	2010 年 11 月
挂牌日期	2015 年 12 月 7 日
相关指数	—
行业类别	电子—半导体及元件
主营业务	集成电路、系统方案等的研发、设计和销售
主导产品	集成电路、系统方案
总股本(万股)	1 100.00
注册地址	苏州高新区科技城科创路 18 号科技综合楼 B 楼 4 层

125. 江苏爱富希新型建材股份有限公司（证券代码：834767）

成立日期	1985 年 5 月
挂牌日期	2015 年 12 月 11 日
相关指数	三板成指
行业类别	建筑材料—建筑材料
主营业务	纤维水泥平板、纤维增强硅酸钙板、防火防爆板、硅酸盐高架地板及延伸产品生产服务
总股本(万股)	9 184.20
注册地址	吴江区同里镇屯南村

126. 苏州新锐合金工具股份有限公司（证券代码：834859）

成立日期	2005 年 8 月
挂牌日期	2015 年 12 月 14 日
相关指数	中国战略新兴产业综合指数、全国中小企业股份转让系统成分全收益指数
行业类别	机械设备—通用设备
主营业务	硬质合金制品及矿用凿岩工具的研发与制造
总股本(万股)	6 600.00
注册地址	苏州工业园区唯亭镇双马街 133 号

127. 江苏三棱智慧物联发展股份有限公司（证券代码：834741）

成立日期	2001 年 11 月
挂牌日期	2015 年 12 月 15 日
相关指数	三板成指
行业类别	信息服务—计算机应用
主营业务	服务建筑智能化与绿色建筑系统、公路与城市交通智能化系统、公共安全智能化系统
总股本(万股)	6 000.00
注册地址	昆山市昆山开发区前进东路 586 号

128. 苏州电瓷厂股份有限公司（证券代码：834410）

成立日期	1980 年 12 月
挂牌日期	2015 年 12 月 16 日
相关指数	三板成指、三板做市
行业类别	机械设备—电气设备
主营业务	各类高压瓷绝缘子研发、生产及销售
总股本（万股）	11 300.00
注册地址	苏州工业园区唯亭镇春晖路 20 号

129. 江苏华夏商品检验股份有限公司（证券代码：834958）

成立日期	2008 年 2 月
挂牌日期	2015 年 12 月 16 日
相关指数	—
行业类别	信息服务—通信服务
主营业务	提供一站式综合化的专业检测检验技术服务
总股本（万股）	1 066.67
注册地址	张家港市金港镇长江中路北侧长江润发国际大厦 A 座 603 室

130. 江苏明昊新材料科技股份有限公司（证券代码：834843）

成立日期	2009 年 12 月
挂牌日期	2015 年 12 月 22 日
相关指数	—
行业类别	化工—化学制品
主营业务	太阳能电池组件专用硅酮密封胶的研发、生产和销售
总股本（万股）	2 650.00
注册地址	常熟市辛庄镇常南村

131. 苏州瀚易特信息技术股份有限公司（证券代码：835049）

成立日期	2012 年 8 月
挂牌日期	2015 年 12 月 22 日
相关指数	—
行业类别	信息服务—计算机应用
主营业务	3D 模型设计和制作、三维全景的设计和制作、展览展示、数字城市服务等软件及技术服务
总股本（万股）	1 000.00
注册地址	苏州高新区竹园路 209 号中国苏州创业园 1 号楼 A5001

附 录

132. 苏州英多智能科技股份有限公司（证券代码：835096）

成立日期	2006 年 5 月
挂牌日期	2015 年 12 月 22 日
相关指数	—
行业类别	机械设备—专用设备
主营业务	根据客户需求，提供自动化成套解决方案，为客户设计并生产自动化设备
总股本（万股）	300.00
注册地址	相城区太阳路黄桥总部经济园

133. 苏州谐通光伏科技股份有限公司（证券代码：834874）

成立日期	2009 年 12 月
挂牌日期	2015 年 12 月 23 日
相关指数	—
行业类别	电气设备
主营业务	太阳能电池组件接线盒、连接器及周边产品研发、生产、销售和服务
总股本（万股）	4 000.00
注册地址	吴中区木渎镇钟塔路 30 号

134. 江苏中融外包服务股份有限公司（证券代码：835047）

成立日期	2010 年 5 月
挂牌日期	2015 年 12 月 29 日
相关指数	—
行业类别	专业咨询服务
主营业务	信息技术外包服务、商业流程外包服务；非学历职业技能培训咨询；劳务派遣；接受银行委托从事咨询服务、催收客户服务、大堂客户服务等；市场调查
总股本（万股）	1 000.00
注册地址	姑苏区劳动路 66 号

135. 苏州龙的信息系统股份有限公司（证券代码：835307）

成立日期	2009 年 8 月 19 日
挂牌日期	2016 年 1 月 4 日
相关指数	—
行业类别	软件开发及服务
主营业务	信息技术外包服务
总股本（万股）	2 740.50
注册地址	苏州工业园区唯华路 3 号君地商务广场 12 幢 405 室

136. 苏州数字地图信息科技股份有限公司（证券代码：835256）

成立日期	2005年3月18日	
挂牌日期	2016年1月5日	
相关指数	三板成指	
行业类别	软件开发及服务	
主营业务	"智慧城市"软件系统及其综合应用解决方案	
总股本（万股）	1 100.00	
注册地址	苏州工业园区星湖街218号生物纳米园A7楼304、305、306室	

137. 苏州德品医疗科技股份有限公司（证券代码：835227）

成立日期	2010年11月15日	
挂牌日期	2016年1月6日	
相关指数	三板成指	
行业类别	医疗器械	
主营业务	医用环保护士站、医用环保护理治疗柜以及医用护理配套设施系列的研发、设计、生产、销售、安装、维护等一体化服务	
总股本（万股）	5 020.00	
注册地址	虎丘区锦峰路8号12号楼2F	

138. 苏州金禾新材料股份有限公司（证券代码：835314）

成立日期	2006年11月9日	
挂牌日期	2016年1月6日	
相关指数	三板成指	
行业类别	显示器件	
主营业务	加工制作各种具有不同功能的内部功能性组件	
总股本（万股）	8 333.33	
注册地址	吴中区越溪街道友翔路34号	

139. 江苏福泰涂布科技股份有限公司（证券代码：835231）

成立日期	2009年9月25日	
挂牌日期	2016年1月7日	
相关指数	三板成指	
行业类别	造纸	
主营业务	研发、生产和销售各种类型的离型材料	
总股本（万股）	4 200.00	
注册地址	昆山市巴城镇石牌升光路806号	

140. 苏州丰年科技股份有限公司（证券代码：835376）

成立日期	2007年12月25日
挂牌日期	2016年1月7日
相关指数	—
行业类别	电子零部件制造
主营业务	工业连接器、电缆线束
总股本（万股）	945.00
注册地址	苏州工业园区创投工业坊26号厂房

141. 苏州常乐铜业股份有限公司（证券代码：835377）

成立日期	2007年3月6日
挂牌日期	2016年1月7日
相关指数	—
行业类别	铜
主营业务	黄铜棒和无铅环保铜棒的生产和销售
总股本（万股）	4 500.00
注册地址	吴江区同里镇邱舍工业区

142. 昆山美邦环境科技股份有限公司（证券代码：835428）

成立日期	2010年4月23日
挂牌日期	2016年1月8日
相关指数	—
行业类别	金属制品
主营业务	新型功能性搪瓷材料的研发、生产与销售
总股本（万股）	8 480.00
注册地址	昆山市玉山镇环庆路2599号

143. 江苏正通电子股份有限公司（证券代码：835536）

成立日期	2010年11月23日
挂牌日期	2016年1月12日
相关指数	—
行业类别	汽车零部件
主营业务	汽车电路控制与连接部件，汽车塑料支撑结构件，以及集配电盒类产品的研发、生产、销售为一体的高新技术企业
总股本（万股）	4 600.00
注册地址	昆山市周市镇新镇路10号

144. 苏州东奇信息科技股份有限公司（证券代码：835330）

成立日期	2010年10月25日
挂牌日期	2016年1月15日
相关指数	—
行业类别	终端设备
主营业务	新型通信系统构思、核心集成电路设计、嵌入式应用软件开发和自主知识产权的信息通信产品的生产经营，并提供售后技术或配套服务
总股本（万股）	1 452.55
注册地址	苏州工业园区林泉街399号

145. 苏州海德新材料科技股份有限公司（证券代码：835415）

成立日期	2007年8月2日
挂牌日期	2016年1月15日
相关指数	—
行业类别	金属制品
主营业务	新材料研发；铁路扣件、轨道减震器、桥梁支座、伸缩缝、隔震支座、高阻尼支座、摩擦摆支座研发及设计、生产、销售及技术服务
总股本（万股）	10 117.80
注册地址	常熟市东南经济开发区金门路5号

146. 苏州聚晟太阳能科技股份有限公司（证券代码：835829）

成立日期	2012年2月27日
挂牌日期	2016年2月15日
相关指数	—
行业类别	电源设备
主营业务	太阳能光伏跟踪支架的技术研发、制造和销售
总股本（万股）	1 500.00
注册地址	张家港市凤凰镇双龙村

147. 江苏达伦电子股份有限公司（证券代码：835834）

成立日期	2011年3月15日
挂牌日期	2016年2月19日
相关指数	—
行业类别	LED
主营业务	设计、研发、生产和销售智能LED照明产品等
总股本（万股）	5 229.00
注册地址	常熟市高新技术产业开发区黄埔江路98号

148. 江苏唯达水处理技术股份有限公司（证券代码：835811）

成立日期	2010年11月23日
挂牌日期	2016年2月24日
相关指数	—
行业类别	环保工程及服务
主营业务	城镇自来水设施的安全供水技术与装备、城镇污水设施提标改造技术与装备的研发、组装、销售
总股本（万股）	3 752.68
注册地址	苏州工业园区唯华路3号君地商务广场10幢301室

149. 苏州工业园区新宁医疗股份有限公司（证券代码：836068）

成立日期	2007年4月18日
挂牌日期	2016年3月7日
相关指数	—
行业类别	医疗服务
主营业务	提供国际标准的全科医疗的服务机构
总股本（万股）	2 068.00
注册地址	苏州工业园区星海街198号星海大厦2幢1楼

150. 门对门网络科技股份有限公司（证券代码：836045）

成立日期	2008年1月21日
挂牌日期	2016年3月8日
相关指数	—
行业类别	物流
主营业务	电子商务社区配送业务以及生鲜食品电商业务
总股本（万股）	5 000.00
注册地址	昆山市张浦镇三家路98号

151. 苏州旭杰建筑科技股份有限公司（证券代码：836149）

成立日期	2006年3月23日
挂牌日期	2016年3月8日
相关指数	—
行业类别	房屋建设
主营业务	新型装配式墙体（所用主材为蒸压轻质加气混凝土板材，即ALC板材）、特种专业工程的专业承包
总股本（万股）	2 762.00
注册地址	苏州工业园区环府路66号信息大厦2C

152. 江苏耐维思通科技股份有限公司（证券代码：836373）

成立日期	2012 年 10 月 24 日
挂牌日期	2016 年 3 月 10 日
相关指数	—
行业类别	软件开发及服务
主营业务	研发、生产和销售航海电子产品及数字化港口系统集成服务
总股本（万股）	2 145.00
注册地址	张家港市经济开发区（高新技术创业服务中心）

153. 苏州金色未来信息咨询股份有限公司（证券代码：836062）

成立日期	2002 年 10 月 18 日
挂牌日期	2016 年 3 月 14 日
相关指数	—
行业类别	其他传媒
主营业务	人才供求信息的收集、整理、储存、发布和咨询服务；人才推荐；人才招聘
总股本（万股）	500.00
注册地址	虎丘区狮山路 22 号人才广场 903—905

154. 苏州闻道网络科技股份有限公司（证券代码：836261）

成立日期	2009 年 5 月 19 日
挂牌日期	2016 年 3 月 15 日
相关指数	三板成指
行业类别	其他网络服务
主营业务	搜索引擎优化服务
总股本（万股）	3 164.00
注册地址	苏州工业园区若水路 388 号 E-1804 室

155. 昆山泓杰电子股份有限公司（证券代码：836274）

成立日期	2006 年 4 月 17 日
挂牌日期	2016 年 3 月 18 日
相关指数	—
行业类别	其他通用机械
主营业务	自主研发、生产和销售视听周边设备及提供各类需求解决方案
总股本（万股）	6 000.00
注册地址	昆山市开发区蓬朗新星路东侧

附 录

156. 苏州纽迈分析仪器股份有限公司（证券代码：836507）

成立日期	2009年4月8日
挂牌日期	2016年3月18日
相关指数	—
行业类别	仪器仪表
主营业务	低场核磁共振设备的研发、生产与销售及应用测试服务
总股本（万股）	3 164.00
注册地址	虎丘区科灵路78号苏高新软件园2号楼

157. 苏州仁和园林股份有限公司（证券代码：836255）

成立日期	2003年11月12日
挂牌日期	2016年3月21日
相关指数	—
行业类别	装饰园林
主营业务	园林绿化工程施工
总股本（万股）	4 800.00
注册地址	苏州工业园区唯亭镇跨春路5号

158. 苏州欧菲特电子股份有限公司（证券代码：836284）

成立日期	2010年8月12日
挂牌日期	2016年3月21日
相关指数	—
行业类别	其他专用机械
主营业务	工业化整体解决方案咨询与设计,自动化设备、测试设备、测试软件和夹制具的研发、生产、销售和服务
总股本（万股）	1 600.00
注册地址	昆山市花桥镇横塘路55号2号房

159. 苏州奥智智能设备股份有限公司（证券代码：836362）

成立日期	2004年11月15日
挂牌日期	2016年3月24日
相关指数	—
行业类别	冶金矿采化工设备
主营业务	精密高效铜、铝管棒材加工技术和加工设备以及工业电气自动化集成系统的开发、生产、销售和技术服务
总股本（万股）	4 000.00
注册地址	太仓市经济开发区无锡路2号

160. 江苏黄金屋教育发展股份有限公司（证券代码：836306）

成立日期	2008 年 12 月 31 日
挂牌日期	2016 年 3 月 31 日
相关指数	—
行业类别	互联网信息服务
主营业务	家校互动业务和互联网教育业务
总股本（万股）	7 210.00
注册地址	苏州工业园区东平街 280 号

161. 苏州林华医疗器械股份有限公司（证券代码：835637）

成立日期	1996 年 6 月 28 日
挂牌日期	2016 年 4 月 8 日
相关指数	—
行业类别	医疗器械
主营业务	一次性使用注射穿刺类医疗器械的研发、生产和销售
总股本（万股）	36 036.00
注册地址	苏州工业园区唯新路 3 号

162. 苏州悦泰国际物流股份有限公司（证券代码：836690）

成立日期	2006 年 12 月 20 日
挂牌日期	2016 年 4 月 12 日
相关指数	—
行业类别	物流
主营业务	经营货物运输
总股本（万股）	2 331.00
注册地址	姑苏区西环路 3068 号 2 号楼 6 楼 618—628 室

163. 江苏银奕达科技股份有限公司（证券代码：836235）

成立日期	2010 年 8 月 5 日
挂牌日期	2016 年 4 月 14 日
相关指数	—
行业类别	铝
主营业务	研发、生产和销售建筑用隔热铝合金型材与工业铝型材
总股本（万股）	6 000.00
注册地址	相城区太东路 2555 号

164. 江苏浦士达环保科技股份有限公司（证券代码：836440）

成立日期	2011 年 12 月 30 日
挂牌日期	2016 年 4 月 14 日
相关指数	—
行业类别	其他化学制品
主营业务	净水用椰壳活性炭的研发、生产及销售
总股本（万股）	3 500.00
注册地址	张家港市保税区港澳路 25 号

165. 奇华光电（昆山）股份有限公司（证券代码：836641）

成立日期	2003 年 10 月 20 日
挂牌日期	2016 年 4 月 18 日
相关指数	—
行业类别	其他电子
主营业务	各类电子产品功能性器件的研发、生产和销售
总股本（万股）	3 084.30
注册地址	昆山市周市镇万安路 368 号 3 号房

166. 苏州贯石发展股份有限公司（证券代码：836650）

成立日期	2012 年 2 月 15 日
挂牌日期	2016 年 4 月 18 日
相关指数	三板成指
行业类别	多元金融
主营业务	市政基础设施项目的投资与管理
总股本（万股）	50 200.00
注册地址	吴中区吴淞江大道 1 号吴中出口加工区综合办公楼 D 号 410 室

167. 苏州撼力合金股份有限公司（证券代码：836820）

成立日期	2009 年 8 月 28 日
挂牌日期	2016 年 4 月 20 日
相关指数	—
行业类别	铜
主营业务	高强耐磨复杂黄铜合金生产、加工、销售
总股本（万股）	1 500.00
注册地址	太仓市陆渡镇山河路 9 号 2 幢

168. 苏州朝阳智能科技股份有限公司（证券代码：836778）

成立日期	2004 年 3 月 30 日
挂牌日期	2016 年 4 月 21 日
相关指数	—
行业类别	软件开发及服务
主营业务	规划咨询、工程设计、系统设备采购、工程施工、集成调试、项目管理以及运维增值服务
总股本（万股）	2 161.00
注册地址	吴中经济开发区越溪街道吴中大道 2588 号 5 幢 521 房间

169. 苏州蜜思肤化妆品股份有限公司（证券代码：836831）

成立日期	2011 年 4 月 22 日
挂牌日期	2016 年 4 月 21 日
相关指数	三板成指
行业类别	专业连锁
主营业务	化妆品的监制生产与销售业务
总股本（万股）	3 519.00
注册地址	吴江区松陵镇永康路香港万亚广场第 28 层 2801—2802 号

170. 苏州工业园区驿力机车科技股份有限公司（证券代码：836860）

成立日期	2008 年 8 月 26 日
挂牌日期	2016 年 4 月 21 日
相关指数	—
行业类别	汽车零部件
主营业务	商用车冷却系统领域节能减排技术开发与应用
总股本（万股）	1 800.00
注册地址	苏州工业园区唯亭镇唯新路 99 号

171. 苏州小棉袄信息技术股份有限公司（证券代码：836935）

成立日期	2012 年 8 月
挂牌日期	2016 年 4 月 22 日
相关指数	—
行业类别	信息传输、软件和信息技术服务业，互联网和相关服务
主营业务	互联网电子商务综合运营服务
总股本（万股）	1 000.00
注册地址	吴中区东吴北路 299 号 1901 室

附录

172. 苏州雷格特智能设备股份有限公司（证券代码：836812）

成立日期	2010 年 2 月 26 日
挂牌日期	2016 年 4 月 25 日
相关指数	三板成指
行业类别	其他专用机械
主营业务	自动售检票设备及相关配套设备研发、设计、制造和销售
总股本（万股）	6 048.00
注册地址	吴中区东山镇凤凰山路 6 号

173. 江苏 AB 集团股份有限公司（证券代码：836866）

成立日期	1995 年 6 月 22 日
挂牌日期	2016 年 4 月 25 日
相关指数	—
行业类别	纺织服装—服装家纺
主营业务	针织内衣为主的系列产品生产与销售
总股本（万股）	8 587.50
注册地址	昆山市巴城镇正仪新城路 8 号

174. 江苏华佳丝绸股份有限公司（证券代码：836823）

成立日期	2004 年 5 月 28 日
挂牌日期	2016 年 4 月 26 日
相关指数	三板成指
行业类别	丝绸
主营业务	丝、绸、服装研发设计、生产和销售
总股本（万股）	5 000.00
注册地址	吴江区盛泽镇北环路 1988 号

175. 江苏宜美照明科技股份有限公司（证券代码：836941）

成立日期	2011 年 12 月
挂牌日期	2016 年 4 月 26 日
相关指数	三板成指
行业类别	电气机械和器材制造业
主营业务	LED 室内商业照明灯具的研发、生产和销售
总股本（万股）	6 435.00
注册地址	昆山市周市镇横长泾路 366 号

176. 鸿海（苏州）食品科技股份有限公司（证券代码：837064）

成立日期	2011 年 11 月
挂牌日期	2016 年 4 月 26 日
相关指数	—
行业类别	批发和零售业—批发业
主营业务	团膳供应链服务
总股本（万股）	6 000.00
注册地址	苏州高新区建林路 666 号二区

177. 苏州舞之动画股份有限公司（证券代码：837133）

成立日期	2008 年 7 月
挂牌日期	2016 年 4 月 26 日
相关指数	—
行业类别	文化、体育和娱乐业，广播、电视、电影和影视录音制作业
主营业务	动画影片开发制作
总股本（万股）	2 382.50
注册地址	吴中区宝带东路 345 号 2 幢文化创意大厦 9—11 楼

178. 苏州制氧机股份有限公司（证券代码：836692）

成立日期	1997 年 5 月 23 日
挂牌日期	2016 年 4 月 27 日
相关指数	—
行业类别	其他专用机械
主营业务	气体分离及液化设备、液化天然气生产与销售
总股本（万股）	8 200.36
注册地址	吴中区胥口镇新峰路 288 号

179. 苏州盈茂光电材料股份有限公司（证券代码：837201）

成立日期	2004 年 2 月
挂牌日期	2016 年 4 月 28 日
相关指数	—
行业类别	橡胶和塑料制品业
主营业务	光缆用 PBT 以及 PBT 色母粒的干燥和销售
总股本（万股）	7 300.00
注册地址	吴中区木渎金枫工业园区

附 录

180. 苏州创扬医药科技股份有限公司（证券代码：836810）

成立日期	2005年8月24日
挂牌日期	2016年5月3日
相关指数	三板成指
行业类别	医疗器械
主营业务	医疗塑料容器输液用组合盖以及聚丙烯改性料的研发、生产与销售
总股本（万股）	10 848.82
注册地址	太仓市双凤镇温州路18号

181. 江苏兴易达供应链管理股份有限公司（证券代码：837200）

成立日期	2012年7月
挂牌日期	2016年5月3日
相关指数	—
行业类别	交通运输、仓储和邮政业
主营业务	国际货物运输代理
总股本（万股）	1 285.72
注册地址	昆山市开发区伟业路8号320室

182. 凯诗风尚科技（苏州）股份有限公司（证券代码：836550）

成立日期	2010年6月18日
挂牌日期	2016年5月4日
相关指数	—
行业类别	互联网信息服务
主营业务	通过网络销售家纺、家居用品
总股本（万股）	750.00
注册地址	苏州工业园区金鸡湖大道1355号国际科技园内E101-9单元

183. 苏州乔发环保科技股份有限公司（证券代码：836908）

成立日期	2012年11月
挂牌日期	2016年5月4日
相关指数	—
行业类别	通用设备制造业
主营业务	工业领域蒸发设备研制、蒸发设备EPC工程承包、环保洁净工程承包
总股本（万股）	3 243.03
注册地址	吴中区胥口镇时进路509号

184. 苏州盈迪信康科技股份有限公司（证券代码：836891）

成立日期	2010年5月
挂牌日期	2016年5月6日
相关指数	—
行业类别	信息传输、软件和信息技术服务业
主营业务	医疗信息化软件研发、系统集成及信息系统实施维护
总股本（万股）	2 935.10
注册地址	苏州工业园区星湖街218号5幢生物纳米园A7楼403室

185. 苏州美房云客软件科技股份有限公司（证券代码：837288）

成立日期	2011年11月
挂牌日期	2016年5月9日
相关指数	—
行业类别	信息传输、软件和信息技术服务业
主营业务	开发运行HVR数字楼盘展示软件和运营美房圈平台等房产营销产品
总股本（万股）	1 517.00
注册地址	常熟市经济技术开发区四海路科创园1号楼405室

186. 苏州爱上网络科技股份有限公司（证券代码：837312）

成立日期	2008年1月
挂牌日期	2016年5月9日
相关指数	—
行业类别	信息传输、软件和信息技术服务业
主营业务	提供免费生活资讯服务、逐步建立起网上广告发布及线下活动服务等两大业务
总股本（万股）	100.00
注册地址	张家港市杨舍镇梁丰大厦底楼

187. 苏州康尼格电子科技股份有限公司（证券代码：837355）

成立日期	2010年4月
挂牌日期	2016年5月11日
相关指数	—
行业类别	计算机、通信和其他电子设备制造业
主营业务	以机器、模具、胶料为载体的技术服务和技术支持，专注于新型电子产品封装解决方案
总股本（万股）	1 000.00
注册地址	常熟市辛庄镇光华环路22号1幢

附 录

188. 江苏如意通动漫产业股份有限公司（证券代码：837083）

成立日期	2009 年 5 月
挂牌日期	2016 年 5 月 16 日
相关指数	三板成指
行业类别	广播、电视、电影和影视录音制作业
主营业务	动漫作品的策划、设计、制作、发行与品牌形象授权，动漫衍生产品、动漫软件开发及销售
总股本（万股）	5 000.00
注册地址	张家港市杨舍镇滨河路 3 号（如意通大厦）301 室

189. 江苏东方四通科技股份有限公司（证券代码：837120）

成立日期	2001 年 7 月
挂牌日期	2016 年 5 月 16 日
相关指数	—
行业类别	仪器仪表制造业
主营业务	开关电源、中高频电源、调压器等电力/电子产品的研究、开发、生产、销售
总股本（万股）	5 808.00
注册地址	张家港市杨舍镇张家港经济开发区（南区）

190. 江苏迪威高压科技股份有限公司（证券代码：837289）

成立日期	2006 年 10 月
挂牌日期	2016 年 5 月 18 日
相关指数	—
行业类别	金属制品业
主营业务	液压管件，CNG/LNG 管件等高压管件、端塞、分配器等产品的研发、产售，并提供维护服务
总股本（万股）	1 683.51
注册地址	张家港市锦丰镇南港村

191. 苏州通锦精密工业股份有限公司（证券代码：837453）

成立日期	2002 年 12 月
挂牌日期	2016 年 5 月 18 日
相关指数	—
行业类别	通用设备制造业
主营业务	设计、加工和销售伺服电动缸、智能伺服压装机、直线运动模组及相关自动化部件，系统集成，打造工业 4.0 无人化精密装配生产线
总股本（万股）	2 700.00
注册地址	虎丘区金燕路 8 号

192. 江苏美爱斯化妆品股份有限公司（证券代码：837410）

成立日期	1997 年 2 月
挂牌日期	2016 年 5 月 20 日
相关指数	—
行业类别	化学原料和化学制品制造业
主营业务	接受客户委托加工护肤、发用、美容修饰类等化妆品、洗化产品，少量业务为生产、销售自营品牌化妆品
总股本（万股）	4 406.82
注册地址	吴江区汾湖高新技术产业开发区美爱斯生物工业园

193. 苏州中固建筑科技股份有限公司（证券代码：837566）

成立日期	2013 年 9 月
挂牌日期	2016 年 5 月 25 日
相关指数	—
行业类别	建筑业—建筑装饰和其他建筑业
主营业务	建筑物的加固改造、维修维护、灾后修复、建筑物纠偏与平移、古建筑修缮及相关技术的研发、设计及施工
总股本（万股）	2 000.00
注册地址	相城区高铁新城南天成路 77 号

194. 苏州宝强精密制造股份有限公司（证券代码：837535）

成立日期	2003 年 12 月
挂牌日期	2016 年 5 月 26 日
相关指数	—
行业类别	通用设备制造业
主营业务	紧固件、五金件的研发、生产和销售
总股本（万股）	4 000.00
注册地址	吴中区甪直镇经济开发区

195. 昆山吉山会津塑料工业股份有限公司（证券代码：837576）

成立日期	2009 年 4 月
挂牌日期	2016 年 5 月 27 日
相关指数	三板做市
行业类别	橡胶和塑料制品业
主营业务	塑胶精密模具的设计、研发、生产及注塑塑胶产品的生产和销售
总股本（万股）	2 008.59
注册地址	昆山市千灯镇华涛路 350 号

196. 苏州汉瑞森光电科技股份有限公司（证券代码：837561）

成立日期	2008 年 3 月
挂牌日期	2016 年 5 月 31 日
相关指数	899001 全国中小企业股份转让系统成分指数
行业类别	电气机械和器材制造业
主营业务	LED 光源器件封装和 LED 照明应用产品的研发、生产及销售
总股本（万股）	4 033.24
注册地址	虎丘区木桥街 25 号

197. 苏州德能电机股份有限公司（证券代码：837646）

成立日期	2006 年 11 月
挂牌日期	2016 年 6 月 3 日
相关指数	—
行业类别	电气机械和器材制造业
主营业务	高效三相异步电动机、变频调速电动机、高压清洗机、永磁同步电机、直流无刷永磁电机等研发、生产及销售
总股本（万股）	3 039.16
注册地址	太仓市双凤镇凤中工业区二号路

198. 苏州新业电子股份有限公司（证券代码：837641）

成立日期	1993 年 2 月
挂牌日期	2016 年 6 月 8 日
相关指数	—
行业类别	电气机械和器材制造业
主营业务	PTC 电加热器和 PTC 元件的研发、生产与销售
总股本（万股）	1 070.00
注册地址	吴中区甪直镇吴淞路 68 号

199. 明阳科技（苏州）股份有限公司（证券代码：837663）

成立日期	2000 年 2 月
挂牌日期	2016 年 6 月 13 日
相关指数	—
行业类别	汽车制造业
主营业务	高性能、高强度、高精度、高难度形状复杂零部件的研发、生产和销售
总股本（万股）	3 870.00
注册地址	吴江区同里镇上元街富士路

200. 苏州创捷传媒展览股份有限公司（证券代码：837761）

成立日期	2001年3月
挂牌日期	2016年6月21日
相关指数	三板成指
行业类别	文化、体育和娱乐业—文化艺术业
主营业务	为政府展馆、公共文化展馆、企业PR展馆等主题展馆的设计、营造、布展提供综合多媒体服务
总股本(万股)	4 300.00
注册地址	虎丘区金山路3号

201. 江苏三意楼宇科技股份有限公司（证券代码：837545）

成立日期	2009年5月
挂牌日期	2016年6月27日
相关指数	—
行业类别	建筑业—建筑安装业
主营业务	建筑智能化工程以及建筑消防工程服务
主导产品	建筑智能化工程、建筑消防工程
总股本(万股)	3 250.00
注册地址	昆山市玉山镇祖冲之南路1666号清华科技园5号8楼

202. 锑玛（苏州）精密工具股份有限公司（证券代码：837971）

成立日期	2007年10月
挂牌日期	2016年7月19日
相关指数	—
行业类别	金属制品业
主营业务	研发、生产、销售非标准制式硬质合金刀具产品和服务
总股本(万股)	1 770.00
注册地址	苏州工业园区娄葑镇双阳路创投工业坊9号

203. 张家港先锋自动化机械设备股份有限公司（证券代码：837660）

成立日期	2006年7月
挂牌日期	2016年7月25日
相关指数	—
行业类别	专用设备制造业
主营业务	一次性手套自动化机械设备及配件的研发、生产及销售
总股本(万股)	2 970.00
注册地址	张家港市凤凰镇双龙村

204. 昆山协多利洁净系统股份有限公司（证券代码：837982）

成立日期	2000年6月
挂牌日期	2016年7月26日
相关指数	三板成指
行业类别	金属制品业
主营业务	洁净室系统产品研究、生产、销售
总股本（万股）	10 100.00
注册地址	昆山市陆家镇孔巷东路116号

205. 江苏西屋智能科技股份有限公司（证券代码：837966）

成立日期	2008年12月
挂牌日期	2016年7月27日
相关指数	—
行业类别	信息传输、软件和信息技术服务业
主营业务	建筑智能化工程设计与施工业务并提供相关的售后服务
总股本（万股）	1 800.00
注册地址	常熟市通港路98号

206. 苏州海中航空部件股份有限公司（证券代码：838080）

成立日期	2006年4月
挂牌日期	2016年7月27日
相关指数	—
行业类别	金属制品业
主营业务	各类精密铝合金结构件产品的设计、研发、生产、销售和加工
总股本（万股）	1 500.00
注册地址	苏州工业园区娄葑北区和顺路58号4幢1楼

207. 苏州诚骏科技股份有限公司（证券代码：838174）

成立日期	2005年12月
挂牌日期	2016年7月28日
相关指数	—
行业类别	计算机、通信和其他电子设备制造业
主营业务	金属转轴、精密模具、五金塑胶制品研发、生产、销售
总股本（万股）	3 000.00
注册地址	吴江区平望镇中鲈村

208. 昆山开信精工机械股份有限公司（证券代码：838241）

成立日期	2010 年 3 月
挂牌日期	2016 年 7 月 29 日
相关指数	—
行业类别	通用设备制造业
主营业务	数控喷丸强化设备、喷砂表面处理设备的研发、生产、销售，并提供与之配套的表面处理工艺解决方案
总股本（万股）	5 168.32
注册地址	昆山市巴城镇石牌金凤凰路北侧

209. 中延（苏州）科技股份有限公司（证券代码：838058）

成立日期	2004 年 3 月
挂牌日期	2016 年 8 月 1 日
相关指数	三板成指
行业类别	租赁和商务服务业—商务服务业
主营业务	为客户提供会计、税务等咨询和代理服务
总股本（万股）	1 934.30
注册地址	苏州工业园区东环路 1408 号 1 幢 606 室

210. 苏州太湖雪丝绸股份有限公司（证券代码：838262）

成立日期	2006 年 5 月
挂牌日期	2016 年 8 月 2 日
相关指数	—
行业类别	纺织业
主营业务	以套件类产品、被芯、丝巾为主的家纺用品的研发设计、生产加工、品牌推广、渠道建设和销售业务
总股本（万股）	2 644.32
注册地址	吴江区震泽镇金星村 318 国道北侧

211. 苏州东冠包装股份有限公司（证券代码：838268）

成立日期	2010 年 5 月
挂牌日期	2016 年 8 月 3 日
相关指数	—
行业类别	印刷和记录媒介复制业
主营业务	瓦楞纸箱包装的印刷、加工及销售业务
总股本（万股）	4 259.00
注册地址	吴江区黎里镇金家坝金盛路 1709 号

212. 苏州祥龙嘉业电子科技股份有限公司（证券代码：838162）

成立日期	2005 年 8 月
挂牌日期	2016 年 8 月 8 日
相关指数	—
行业类别	计算机、通信和其他电子设备制造业
主营业务	精密连接器、线束及消费电子产品的研发、生产和销售
总股本(万股)	5 829.59
注册地址	吴江区经济开发区绣湖西路 777 号

213. 苏州贝克诺斯电子科技股份有限公司（证券代码：838351）

成立日期	2011 年 5 月
挂牌日期	2016 年 8 月 8 日
相关指数	三板成指
行业类别	计算机、通信和其他电子设备制造
主营业务	电脑和手机等消费电子产品功能性部件、辅料的设计、生产和销售
总股本(万股)	2 006.38
注册地址	吴中区胥口镇长安路 168 号

214. 仁通档案管理咨询服务股份有限公司（证券代码：838518）

成立日期	2009 年 9 月 21 日
挂牌日期	2016 年 8 月 18 日
相关指数	—
行业类别	租赁和商务服务业—商务服务业
主营业务	为事业单位、金融机构及大中型企业提供文档寄存管理和信息化档案平台搭建
总股本(万股)	5 166.00
注册地址	昆山市花桥镇商务大道 99 号 9 号楼 103 室

215. 昆山多宾陈列展示股份有限公司（证券代码：839035）

成立日期	2007 年 9 月
挂牌日期	2016 年 8 月 25 日
相关指数	—
行业类别	轻工制造—家用轻工
主营业务	终端展示助销道具的开发、生产、运输及安装执行的一体化服务
总股本(万股)	4 546.00
注册地址	昆山市开发区蓬溪南路 258 号

216. 苏州市希尔孚新材料股份有限公司（证券代码：839153）

成立日期	2006年3月
挂牌日期	2016年9月2日
相关指数	—
行业类别	机械设备—电气设备
主营业务	研发、生产、销售电接触材料
总股本（万股）	3 120.00
注册地址	吴中区木渎镇柴场路8号

217. 江苏元泰智能科技股份有限公司（证券代码：839156）

成立日期	2009年6月
挂牌日期	2016年9月8日
相关指数	—
行业类别	机械设备—专用设备
主营业务	自动化装备的研发、设计、生产及销售
总股本（万股）	2 492.00
注册地址	苏州工业园区仁爱路188号综合楼

218. 苏州博远容天信息科技股份有限公司（证券代码：838814）

成立日期	2010年12月
挂牌日期	2016年9月9日
相关指数	—
行业类别	信息服务—计算机应用
主营业务	为铁路旅客服务领域提供智能化整体解决方案
总股本（万股）	4 558.82
注册地址	苏州高新区科技城青城山路350号

219. 苏州智能交通信息科技股份有限公司（证券代码：839192）

成立日期	2008年5月
挂牌日期	2016年9月12日
相关指数	—
行业类别	信息服务—计算机应用
主营业务	智能交通系统及其相关配套设施的研发和销售，并提供相应的数据服务业务
总股本（万股）	2 197.80
注册地址	姑苏区叶家庄60号5幢

220. 江苏骅盛车用电子股份有限公司（证券代码：838437）

成立日期	1999年5月
挂牌日期	2016年9月19日
相关指数	—
行业类别	汽车制造业
主营业务	汽车电子零部件的研发、生产及销售
总股本（万股）	8 712.00
注册地址	昆山市张浦镇花苑路600号

221. 同享（苏州）电子材料科技股份有限公司（证券代码：839167）

成立日期	2010年11月
挂牌日期	2016年9月21日
相关指数	—
行业类别	有色金属—新材料
主营业务	高性能光伏焊带产品的研发、生产和销售
主导产品	汇流带、互连条
总股本（万股）	4 540.00
注册地址	吴江经济技术开发区益堂路

222. 苏州德华生态环境科技股份有限公司（证券代码：838582）

成立日期	2008年2月
挂牌日期	2016年9月26日
相关指数	—
行业类别	公用事业—环保工程
主营业务	水体生态治理项目和低影响力开发项目的技术服务、施工和运营
总股本（万股）	1 468.00
注册地址	苏州工业园区九华路110号幢402室

223. 苏州万盛塑胶科技股份有限公司（证券代码：839284）

成立日期	2011年8月
挂牌日期	2016年10月19日
相关指数	三板成指
行业类别	化工—化工合成材料
主营业务	塑料制品和模具产品的研发、生产和销售
主导产品	注塑业务、模具、组装业务
总股本（万股）	4 330.00
注册地址	吴中区越溪街道南官渡街9号1—7幢

224. 苏州康鸿智能装备股份有限公司（证券代码：839416）

成立日期	2008 年 8 月
挂牌日期	2016 年 10 月 28 日
相关指数	—
行业类别	机械设备—专用设备
主营业务	电子设备，自动化设备以及检测设备的研发，生产和销售业务
总股本(万股)	1 110.00
注册地址	吴中区甪直镇海藏西路 2058 号 W4

225. 江苏建伟物流股份有限公司（证券代码：839532）

成立日期	2000 年 8 月
挂牌日期	2016 年 10 月 28 日
相关指数	—
行业类别	交通运输—物流
主营业务	国内道路货物运输服务和仓储装卸服务
总股本(万股)	2 850.00
注册地址	昆山市周市镇 339 省道 479 号

226. 江苏米莫金属股份有限公司（证券代码：838327）

成立日期	2013 年 3 月
挂牌日期	2016 年 11 月 3 日
相关指数	—
行业类别	金属制品业
主营业务	粉末五金配件的生产、研发、销售
总股本(万股)	1 370.96
注册地址	吴江区同里镇屯南村

227. 苏州格朗富装备制造股份有限公司（证券代码：839539）

成立日期	2009 年 4 月
挂牌日期	2016 年 11 月 3 日
相关指数	—
行业类别	机械设备—通用设备
主营业务	给排水阀门和消火栓的研发、生产和销售
总股本(万股)	3 900.00
注册地址	吴江区平望镇中鲈工业集中区富平路 2 号

228. 张家港万诚科技股份有限公司（证券代码：839588）

成立日期	2003年6月
挂牌日期	2016年11月8日
相关指数	—
行业类别	交运设备—汽车零部件
主营业务	汽车玻璃升降器的研发、生产、销售
总股本（万股）	3 580.00
注册地址	张家港市杨舍镇长兴路18号

229. 江苏宏宝锻造股份有限公司（证券代码：839652）

成立日期	1999年1月
挂牌日期	2016年11月9日
相关指数	—
行业类别	黑色金属—钢铁
主营业务	汽车零部件锻件及工程机械锻件的生产、加工、研发与销售
总股本（万股）	9 398.00
注册地址	张家港市大新镇永凝路

230. 苏州金世装备制造股份有限公司（证券代码：839866）

成立日期	2007年4月
挂牌日期	2016年11月10日
相关指数	—
行业类别	机械设备—通用设备
主营业务	金属类模锻件的研发、生产和销售
总股本（万股）	3 400.00
注册地址	吴江区黎里镇苏同黎公路西侧

231. 江苏荷普医疗科技股份有限公司（证券代码：839926）

成立日期	1989年10月
挂牌日期	2016年11月14日
相关指数	三板成指
行业类别	医药生物—医疗器械服务
主营业务	骨科医疗植入材料的研发、生产、销售
总股本（万股）	4 800.00
注册地址	张家港市锦丰镇杨锦路

232. 江苏极限网络技术股份有限公司（证券代码：839646）

成立日期	2012年7月
挂牌日期	2016年11月21日
相关指数	—
行业类别	信息服务—传媒
主营业务	自主研发的ADstuner平台，提供基于内容场景化的互联网跨屏精准营销推广服务
总股本（万股）	2 068.97
注册地址	昆山市花桥镇商务大道99号1号楼510室

233. 苏州丰亿港口运营股份有限公司（证券代码：839879）

成立日期	2004年4月
挂牌日期	2016年11月24日
相关指数	—
行业类别	交通运输—物流
主营业务	提供货物装卸服务
总股本（万股）	2 500.00
注册地址	张家港市杨舍镇滨河路2号华东国际大厦1205—1206室

234. 苏州骏昌通讯科技股份有限公司（证券代码：839982）

成立日期	1997年9月
挂牌日期	2016年11月28日
相关指数	—
行业类别	电子—电子制造
主营业务	连接器组件、手机天线等通信产品零配件的研发、生产与销售
总股本（万股）	2 000.00
注册地址	张家港市金港镇长江西路38号

235. 中诚工程建设管理（苏州）股份有限公司（证券代码：839962）

成立日期	2002年1月
挂牌日期	2016年12月1日
相关指数	—
行业类别	建筑材料—建筑装饰
主营业务	造价咨询、全过程控制、招标代理、工程监理
总股本（万股）	1 000.00
注册地址	姑苏区西环路2115号9—11楼

236. 苏州德菱邑铖精工机械股份有限公司（证券代码：870108）

成立日期	2004 年 8 月
挂牌日期	2016 年 12 月 8 日
相关指数	—
行业类别	机械设备—通用设备
主营业务	电梯部件的研发、生产和销售
总股本（万股）	4 249.20
注册地址	吴江区黎里镇莘塔大街西侧

237. 江苏嘉洋华联建筑装饰股份有限公司（证券代码：870030）

成立日期	1997 年 4 月
挂牌日期	2016 年 12 月 13 日
相关指数	—
行业类别	建筑材料—建筑装饰
主营业务	室内装饰业务、幕墙设计及安装业务，同时从事少量机电安装业务、智能化业务及钢结构业务
总股本（万股）	12 800.00
注册地址	常熟经济开发区新龙腾工业园

238. 苏州楚星时尚纺织集团股份有限公司（证券代码：870001）

成立日期	2011 年 12 月
挂牌日期	2016 年 12 月 14 日
相关指数	—
行业类别	纺织服装—纺织制造
主营业务	高端里布、化纤面料的研发和销售
总股本（万股）	5 787.80
注册地址	吴江区盛泽镇圣塘村

239. 昆山恒光塑胶股份有限公司（证券代码：870236）

成立日期	2009 年 4 月
挂牌日期	2016 年 12 月 14 日
相关指数	—
行业类别	化工—化工合成材料
主营业务	塑料包装片材、料带制品的研发、生产和销售
总股本（万股）	1 000.00
注册地址	昆山市千灯镇石浦淞南东路 68 号 8 号房

240. 太仓世珍集装箱部件股份有限公司（证券代码：838659）

成立日期	2005 年 2 月
挂牌日期	2016 年 12 月 15 日
相关指数	—
行业类别	机械设备—通用设备
主营业务	集装箱配件生产和销售
总股本(万股)	5 385.00
注册地址	太仓市经济开发区江南路 66 号

241. 苏州美源达环保科技股份有限公司（证券代码：870295）

成立日期	2011 年 9 月
挂牌日期	2016 年 12 月 15 日
相关指数	—
行业类别	机械设备—专用设备
主营业务	印制电路板蚀刻液循环再生系统研发、设计、生产、销售、安装调试及运营维护
总股本(万股)	1 384.60
注册地址	太仓市城厢镇南郊银川路 88 号

242. 江苏赛康医疗设备股份有限公司（证券代码：870098）

成立日期	2002 年 4 月
挂牌日期	2016 年 12 月 16 日
相关指数	—
行业类别	医药生物—医疗器械服务
主营业务	医疗设备相关设计、研发、制造、销售、服务
总股本(万股)	2 480.00
注册地址	张家港市现代农业示范园区乐红路 35 号

243. 江苏快而捷物流股份有限公司（证券代码：870287）

成立日期	2004 年 11 月
挂牌日期	2016 年 12 月 16 日
相关指数	—
行业类别	交通运输—物流
主营业务	货物运输、货物货代
总股本(万股)	2 887.22
注册地址	苏州工业园区苏虹中路 225 号星虹大厦 1 幢 2213、2214 室

244. 苏州新大诚科技发展股份有限公司（证券代码：839835）

成立日期	2006 年 11 月
挂牌日期	2016 年 12 月 20 日
相关指数	—
行业类别	信息设备—通信设备
主营业务	提供通信无源设备以及整体解决方案，产品主要包括通信网络连接设备、通信机房智能环保节能设备、通信电源保护设备
总股本（万股）	3 300.00
注册地址	苏州工业园区胜浦街道澄浦路 8 号

245. 苏州创易技研股份有限公司（证券代码：870055）

成立日期	2005 年 8 月
挂牌日期	2016 年 12 月 20 日
相关指数	—
行业类别	机械设备—专用设备
主营业务	程控自动绕线设备用张力控制系统、线嘴、张力实时测量及显示系统，充磁设备研发、生产与销售、维修服务及相关解决方案
总股本（万股）	3 360.00
注册地址	苏州工业园区娄葑镇扬清路 85 号

246. 苏州新启成传媒股份有限公司（证券代码：870096）

成立日期	2010 年 12 月
挂牌日期	2016 年 12 月 20 日
相关指数	—
行业类别	信息服务—传媒
主营业务	提供基于代理社交新媒体的大数据整合营销服务，代理"微博粉丝通"社交媒体平台向客户提供品牌营销策划与广告投放等业务
总股本（万股）	576.10
注册地址	吴中区木渎镇玉山路（金枫广告设计产业园东楼 1401—1403 室）

247. 苏州永联天天鲜配送股份有限公司（证券代码：870138）

成立日期	2002 年 12 月
挂牌日期	2016 年 12 月 20 日
相关指数	—
行业类别	商业贸易—贸易
主营业务	生鲜农产品和食品的销售和配送
主导产品	蔬菜、水果、肉、蛋、粮油、烟酒、调料、洗衣粉、洗洁精
总股本（万股）	2 000.00
注册地址	张家港市南丰镇永刚集团集宿中心

248. 张家港华程特种材料股份有限公司（证券代码：870365）

成立日期	2006年3月
挂牌日期	2016年12月29日
相关指数	—
行业类别	机械设备—通用设备
主营业务	工业用冷拔无缝异型钢管制造、加工和销售
总股本（万股）	1 658.00
注册地址	张家港市塘桥镇韩山村

249. 苏州黑盾环境股份有限公司（证券代码：839800）

成立日期	2009年7月
挂牌日期	2016年12月30日
相关指数	—
行业类别	机械设备—通用设备
主营业务	研发、生产通信及工业用途的精密温控节能设备及其他配套产品，并提供相关技术服务
总股本（万股）	6 500.00
注册地址	相城区阳澄湖镇田多里路9号

250. 苏州司巴克自动化设备股份有限公司（证券代码：870356）

成立日期	2004年7月
挂牌日期	2017年1月3日
相关指数	—
行业类别	其他专用设备制造
主营业务	专用设备与零部件
总股本（万股）	500.00
注册地址	相城区黄桥张庄工业园蠡方路20号

251. 江苏建院营造股份有限公司（证券代码：870355）

成立日期	1997年3月
挂牌日期	2017年1月4日
相关指数	—
行业类别	建筑业—其他土木工程建筑
主营业务	为国内外工程建设项目提供地基与基础工程施工服务
总股本（万股）	5 080.00
注册地址	姑苏区南环东路10号（新联大厦）

252. 江苏一品御工实业股份有限公司（证券代码：870631）

成立日期	2008年11月
挂牌日期	2017年1月16日
相关指数	三板成指
行业类别	批发和零售业—零售业
主营业务	黄金金条、黄金饰品、非黄金饰品的销售及珠宝售后维修、保养服务
总股本（万股）	7 800.00
注册地址	姑苏区人民路383号

253. 苏州欧康诺电子科技股份有限公司（证券代码：870433）

成立日期	2005年5月
挂牌日期	2017年1月18日
相关指数	—
行业类别	专用设备制造业
主营业务	电子产品自动化测试解决方案的研发、设计、生产与销售以及相关自动化生产设备的销售业务
总股本（万股）	1 230.00
注册地址	吴中经济开发区越溪街道天鹅荡路588号1幢

254. 苏州厚利春塑胶工业股份有限公司（证券代码：870494）

成立日期	2006年1月
挂牌日期	2017年1月19日
相关指数	—
行业类别	橡胶和塑料制品业
主营业务	各类消防管及消防卷盘总成、消防用喷管及总成、园艺及农业用喷雾管及总成、工业用高压空气管及扣压机的研发、生产及销售
总股本（万股）	4 172.00
注册地址	相城区北桥街道希望工业园

255. 苏州馨格家居用品股份有限公司（证券代码：870531）

成立日期	2007年11月
挂牌日期	2017年1月20日
相关指数	三板成指
行业类别	纺织业
主营业务	生产和销售床上用品、家居服、家居用品、毛毯、面料等
总股本（万股）	2 278.00
注册地址	常熟市梅李镇赵市支福妙线赵市村段1幢

256. 太仓久信精密模具股份有限公司（证券代码：870553）

成立日期	2006年8月
挂牌日期	2017年1月23日
相关指数	—
行业类别	汽车零部件模具及轴承模具的设计、研发、生产和销售
主营业务	设计、生产、加工高速锻造设备用冷、温、热精密模具，高速锻造机械手和零配件，非金属制品精密模具、锻压设备，以及相关技术服务
总股本（万股）	2 106.00
注册地址	太仓市太仓经济开发区常胜路102号

257. 苏州欧福蛋业股份有限公司（证券代码：839371）

成立日期	2004年1月
挂牌日期	2017年1月25日
相关指数	—
行业类别	农副食品加工业
主营业务	蛋液、蛋粉、白煮蛋及各类预制蛋制品的生产和销售
总股本（万股）	14 527.00
注册地址	吴江区汾湖高新技术产业开发区金家坝社区金贤路386号

258. 苏州中德联信汽车服务股份有限公司（证券代码：870690）

成立日期	2010年5月
挂牌日期	2017年1月25日
相关指数	—
行业类别	其他服务业—居民服务、修理和其他服务业
主营业务	汽车信息咨询及服务
总股本（万股）	4 032.00
注册地址	常熟市高新技术产业开发区贤士路1号

259. 江苏盛鸿大业智能科技股份有限公司（证券代码：870728）

成立日期	2009年4月
挂牌日期	2017年1月26日
相关指数	三板成指
行业类别	通用设备制造业
主营业务	集研发、生产、销售及服务为一体的专业数控机床制造
总股本（万股）	14 527.12
注册地址	昆山市玉山镇北门路3169号3号房

260. 铭凯益电子（昆山）股份有限公司（证券代码：870621）

成立日期	2009年7月
挂牌日期	2017年2月3日
相关指数	—
行业类别	计算机、通信和其他电子设备制造业
主营业务	半导体封装专用材料键合丝开发、制造和销售
总股本（万股）	3 048.00
注册地址	昆山市开发区澄湖路138号5号房

261. 江苏宝田新型材料科技股份有限公司（证券代码：870521）

成立日期	2006年6月
挂牌日期	2017年2月6日
相关指数	—
行业类别	化学原料及化学制品制造业
主营业务	PET改性热固性粉末涂料用聚酯树脂的研发、生产和销售
总股本（万股）	7 083.00
注册地址	张家港市乐余镇临江绿色产业园长江路一号

262. 苏州中恒通路桥股份有限公司（证券代码：870917）

成立日期	1981年5月
挂牌日期	2017年2月14日
相关指数	—
行业类别	建筑业—土木工程建筑业
主营业务	城市道路工程、城市桥梁工程、照明工程及相关配套绿化工程等市政建设施工服务
总股本（万股）	16 885.90
注册地址	苏州市南环东路1号

263. 常熟古建园林股份有限公司（证券代码：870970）

成立日期	1983年12月
挂牌日期	2017年2月20日
相关指数	—
行业类别	建筑业—土木工程建筑业
主营业务	古建园林工程、城市绿化以及土木建筑工程
总股本（万股）	12 058.00
注册地址	常熟市古里镇金湖路

264. 苏州吉美瑞医疗器械股份有限公司（证券代码：870766）

成立日期	2008年4月
挂牌日期	2017年2月22日
相关指数	—
行业类别	专用设备制造业
主营业务	从事骨科医疗器械产品的研发、生产和销售
总股本（万股）	3 000.00
注册地址	张家港市锦丰镇锦南路（锦丰科技创业园A22、26）

265. 苏州穿山甲机器人股份有限公司（证券代码：871049）

成立日期	2006年7月
挂牌日期	2017年2月27日
相关指数	—
行业类别	专用设备制造业
主营业务	服务机器人的生产、研发和销售
总股本（万股）	1 388.89
注册地址	昆山市高新区元丰路232号

266. 苏州天华信息科技股份有限公司（证券代码：871028）

成立日期	2000年7月
挂牌日期	2017年2月28日
相关指数	—
行业类别	软件和信息技术服务业
主营业务	承接计算机系统集成、建筑智能化系统、安防系统、音视频系统工程的设计、施工及维护服务；提供相关的安装、调试服务
总股本（万股）	5 500.66
注册地址	苏州工业园区葑亭大道668号

267. 太仓展新胶粘材料股份有限公司（证券代码：871054）

成立日期	2002年3月
挂牌日期	2017年3月8日
相关指数	—
行业类别	计算机、通信和其他电子设备制造业
主营业务	光电显示薄膜器件相关材料及制成品的研发、生产与销售
总股本（万股）	5 800.00
注册地址	太仓经济开发区广州东路288号

附 录

268. 苏州华育智能科技股份有限公司（证券代码：871137）

成立日期	2012 年 1 月
挂牌日期	2017 年 3 月 13 日
相关指数	—
行业类别	软件和信息技术服务业
主营业务	研发、销售、安装：自动化智能系统、教学器材、计算机软硬件、智慧校园照明、教育培训，并提供相关技术咨询、技术服务及售后服务
总股本（万股）	1 910.00
注册地址	苏州工业园区星湖街 328 号创意产业园 4-B802 室

269. 苏州百联节能科技股份有限公司（证券代码：871132）

成立日期	2010 年 1 月
挂牌日期	2017 年 3 月 15 日
相关指数	—
行业类别	建筑装饰和其他建筑业
主营业务	建筑节能保温产品与施工服务
总股本（万股）	2 000.00
注册地址	相城区阳澄湖国际科技创业园 1 号楼 A 座 1104—1109 室

270. 江苏泰尔新材料股份有限公司（证券代码：871536）

成立日期	2000 年 8 月
挂牌日期	2017 年 5 月 10 日
相关指数	—
行业类别	化学原料及化学制品制造业
主营业务	特种蜡的研发、生产和销售
总股本（万股）	4 200.00
注册地址	苏州高新区浒关工业园浒青路 1 号

271. 苏州隆力奇东源物流股份有限公司（证券代码：871170）

成立日期	2006 年 1 月
挂牌日期	2017 年 5 月 17 日
相关指数	—
行业类别	装卸搬运和其他运输代理
主营业务	道路普通货物运输、道路集装箱运输、道路货运站（场）经营，大型物件运输；货运代理；承办国际海运代理业务；普通货物的采购及销售；无船承运业务
总股本（万股）	3 730.00
注册地址	常熟市通港路 88 号 402 室

372. 苏州革新百集传媒科技股份有限公司（证券代码：871543）

成立日期	2004 年 2 月
挂牌日期	2017 年 5 月 22 日
相关指数	三板成指
行业类别	商务服务业
主营业务	多媒体公关活动策划、广告代理业务以及软件技术服务
总股本（万股）	2 417.01
注册地址	苏州工业园区通园路 208 号苏化科技园 17-5

273. 苏州合展设计营造股份有限公司（证券代码：871491）

成立日期	1997 年 3 月
挂牌日期	2017 年 6 月 1 日
相关指数	—
行业类别	建筑装饰和其他建筑业
主营业务	建筑装修装饰工程的施工与设计、风景园林工程设计
总股本（万股）	2 225.50
注册地址	苏州工业园区苏桐路 6 号

274. 江苏汇博机器人技术股份有限公司（证券代码：871462）

成立日期	2009 年 1 月
挂牌日期	2017 年 6 月 8 日
相关指数	三板成指
行业类别	通用设备制造业
主营业务	机器人的研发、生产、销售；机电一体化产品开发、设计、销售；非学历职业技能培训；网络系统集成，生产原料的进口和自产产品的出口
总股本（万股）	11 500.00
注册地址	苏州工业园区方洲路 128 号

275. 苏州华芯微电子股份有限公司（证券代码：871451）

成立日期	2000 年 12 月
挂牌日期	2017 年 6 月 14 日
相关指数	—
行业类别	计算机、通信和其他电子设备制造业
主营业务	从事集成电路及其应用系统和软件的开发、设计、生产、销售
总股本（万股）	3 000.00
注册地址	苏州高新区向阳路 198 号

276. 苏州德融嘉信信用管理技术股份有限公司（证券代码：871653）

成立日期	2007 年 9 月
挂牌日期	2017 年 6 月 28 日
相关指数	—
行业类别	软件和信息技术服务业
主营业务	信用管理软件及其他软件产品研发及相关技术服务、技术咨询；信用评估、信用管理咨询；非学历职业技能培训
总股本(万股)	750.00
注册地址	苏州工业园区仁爱路 166 号亲民楼 201、203 室

277. 安捷包装（苏州）股份有限公司（证券代码：871696）

成立日期	2001 年 8 月
挂牌日期	2017 年 7 月 24 日
相关指数	三板成指
行业类别	木材加工及木、竹、藤、棕、草制品业
主营业务	生产、加工、销售：木制包装箱、栈板、纸制品包装箱、木制铁包装箱、木制塑料包装箱；模切加工电子专用胶纸、胶带；售后技术服务；自营和代理进出口业务
总股本(万股)	3 333.00
注册地址	吴中区临湖镇浦庄和安路

278. 苏州金研光电科技股份有限公司（证券代码：871714）

成立日期	2012 年 3 月
挂牌日期	2017 年 7 月 26 日
相关指数	—
行业类别	仪器仪表制造业
主营业务	光学光电子相关产品的研发，生产和销售
总股本(万股)	2 100.00
注册地址	吴江区汾湖镇汾湖大道 558 号

279. 苏州安特化妆品股份有限公司（证券代码：871692）

成立日期	2012 年 5 月
挂牌日期	2017 年 7 月 27 日
相关指数	—
行业类别	化学原料及化学制品制造业
主营业务	研发、生产、销售化妆品；自营和代理各类商品及技术的进出口业务(国家限定企业经营或禁止进出口的商品和技术除外)
总股本(万股)	2 010.00
注册地址	苏州高新区珠江路 521 号

280. 苏州宝骅密封科技股份有限公司（证券代码：871751）

成立日期	1994 年 4 月
挂牌日期	2017 年 7 月 31 日
相关指数	—
行业类别	通用设备制造业
主营业务	中高端密封产品的研发、设计、制造及技术咨询服务
总股本（万股）	2 000.00
注册地址	太仓市双凤富豪经济开发区

281. 苏州恒美电子科技股份有限公司（证券代码：871578）

成立日期	2009 年 5 月
挂牌日期	2017 年 8 月 9 日
相关指数	—
行业类别	计算机、通信和其他电子设备制造业
主营业务	电路板、汽车新能源电池管理系统（BMS）、电机及控制器（MCU）、整车控制器（VCU）、接插件研发、组装、销售；技术咨询服务
总股本（万股）	2 002.13
注册地址	吴江区同里镇富华路 388 号

282. 苏州方昇光电股份有限公司（证券代码：871763）

成立日期	2008 年 10 月
挂牌日期	2017 年 8 月 14 日
相关指数	—
行业类别	机械设备—通用设备
主营业务	蒸发、磁控镀膜等真空设备的研发、生产、销售和技术服务以及配套材料的销售服务
总股本（万股）	1 123.6
注册地址	苏州工业园区星湖街 218 号 A4 楼 102 室

283. 张家港福吉佳食品股份有限公司（证券代码：871782）

成立日期	2002 年 9 月
挂牌日期	2017 年 8 月 28 日
相关指数	—
行业类别	食品饮料—食品加工制造
主营业务	面包、蛋糕等西式烘焙类食品的生产及销售
总股本（万股）	3 800.00
注册地址	张家港市金港镇长山村 1 幢、2 幢

284. 苏州工业园区蓝鼎餐饮管理股份有限公司（证券代码：872175）

成立日期	2005年6月
挂牌日期	2017年9月13日
相关指数	—
行业类别	餐饮旅游—酒店及餐饮
主营业务	团膳餐饮服务，主要是为企业客户提供食堂托管服务
总股本（万股）	600.00
注册地址	苏州工业园区星海街168号白领公寓裙楼308室

285. 昆山爱福机械仪表股份有限公司（证券代码：872179）

成立日期	2006年12月
挂牌日期	2017年9月19日
相关指数	—
行业类别	机械设备—仪器仪表
主营业务	门锁和压力表的研发、生产和销售
总股本（万股）	3 000.00
注册地址	昆山市花桥镇逢星路599号

286. 振华集团（昆山）建设工程股份有限公司（证券代码：872238）

成立日期	2009年4月
挂牌日期	2017年10月12日
相关指数	三板成指
行业类别	建筑材料—建筑装饰
主营业务	房屋建筑工程施工总承包、市政公用工程施工总承包、建筑装修装饰工程专业承包、机电安装等工程施工服务，并提供后续维保等服务
总股本（万股）	21 600.00
注册地址	昆山市玉山镇城北萧林西路1158号

287. 苏州天浩汽车科技股份有限公司（证券代码：872304）

成立日期	2005年3月
挂牌日期	2017年11月7日
相关指数	—
行业类别	交运设备—汽车零部件
主营业务	汽车发动机控制系统的研发、生产与销售（主要出口）
总股本（万股）	1 500.00
注册地址	吴江经济技术开发区（同里镇）屯村东路181号

288. 西伯电子(昆山)股份有限公司(证券代码：871572)

成立日期	2004 年 3 月
挂牌日期	2017 年 11 月 8 日
相关指数	—
行业类别	电子—电子制造
主营业务	专业喇叭(扬声器)的研发生产
总股本(万股)	3 750.00
注册地址	昆山开发区昆嘉路 2161 号 3 号房 3 楼西侧

289. 江苏固耐特围栏系统股份有限公司(证券代码：872291)

成立日期	2005 年 8 月
挂牌日期	2017 年 11 月 8 日
相关指数	—
行业类别	机械设备—通用设备
主营业务	安防系统、周界围栏系统及应用材料的研发、生产及销售
总股本(万股)	2 020.82
注册地址	张家港经济开发区(南区)新泾中路 10-1 号

290. 昆山佳合纸制品科技股份有限公司(证券代码：872392)

成立日期	2001 年 3 月
挂牌日期	2017 年 11 月 21 日
相关指数	—
行业类别	轻工制造—造纸
主营业务	纸质包装与展示产品的研发、设计、生产和销售
总股本(万股)	4 130.00
注册地址	昆山开发区环娄路 228 号

291. 江苏红人实业股份有限公司(证券代码：872395)

成立日期	2005 年 1 月
挂牌日期	2017 年 11 月 23 日
相关指数	—
行业类别	轻工制造—家用轻工
主营业务	生产定制展示架、陈列架，为品牌厂商和零售业提供店铺营销和产品陈列的解决方案
总股本(万股)	1 000.00
注册地址	张家港市杨舍镇东南大道西侧

292. 苏州华达环保设备股份有限公司（证券代码：872342）

成立日期	2006年4月
挂牌日期	2017年11月29日
相关指数	—
行业类别	机械设备—专用设备
主营业务	风力发电塔架设备的研发、生产和销售
总股本（万股）	5 000.00
注册地址	相城区望亭国际物流园海盛路39号

293. 昆山金鑫新能源股份有限公司（证券代码：872380）

成立日期	2009年6月
挂牌日期	2017年12月5日
相关指数	三板成指
行业类别	机械设备—电气设备
主营业务	电池管理软件和锂离子电池模块及配件的研发、生产和销售
总股本（万股）	2 500.00
注册地址	昆山市玉山镇亿升路398号4号厂房一楼、二楼

294. 苏州方向文化传媒股份有限公司（证券代码：872424）

成立日期	2009年5月
挂牌日期	2017年12月13日
相关指数	—
行业类别	信息服务—传媒
主营业务	从事影片制作、公共信号服务、视频自媒体运营等影视业务
总股本（万股）	500.00
注册地址	姑苏区劳动路66号（3号楼303室）

295. 苏州蓝水软件开发股份有限公司（证券代码：872388）

成立日期	2008年2月
挂牌日期	2017年12月14日
相关指数	—
行业类别	信息服务—计算机应用
主营业务	从事交通运输管理软件的开发和销售，长期致力于将计算机信息技术和互联网技术运用到交通运输企业的日常运营管理
总股本（万股）	300.00
注册地址	姑苏区友新路1088号501室

296. 江苏富丽华通用设备股份有限公司（证券代码：872473）

成立日期	2000 年 1 月
挂牌日期	2017 年 12 月 19 日
相关指数	—
行业类别	机械设备—通用设备
主营业务	空压机用风机、商用空调风机的设计、生产及销售
总股本（万股）	1 000.00
注册地址	张家港市乐余镇兆丰西环路 10 号

297. 苏州富顺新型包装材料股份有限公司（证券代码：872173）

成立日期	2000 年 6 月
挂牌日期	2017 年 12 月 25 日
相关指数	—
行业类别	化工—化工合成材料
主营业务	主要从事包装材料的制造和销售
总股本（万股）	3 129.59
注册地址	吴中区胥口镇上供路 118 号

298. 江苏宏基铝业科技股份有限公司（证券代码：872588）

成立日期	1999 年 12 月 15 日
挂牌日期	2018 年 1 月 24 日
相关指数	—
行业类别	有色冶炼加工
主营业务	铝制品的生产、销售，主要包括工业铝型材和铝镁合金丝两类产品
总股本（万股）	2 580.00
注册地址	张家港经济开发区（杨舍镇勤星村）

299. 江苏奥斯佳材料科技股份有限公司（证券代码：872534）

成立日期	2013 年 3 月 21 日
挂牌日期	2018 年 1 月 24 日
相关指数	—
行业类别	化工—化学制品
主营业务	聚氨酯用改性有机硅、聚氨酯用催化剂、水性胶黏剂、纺织助剂、水性树脂等各类特种助剂的研发、生产和销售
总股本（万股）	3 350.00
注册地址	张家港保税区新兴产业育成中心 A 栋 410A 室

附 录

300. 永信药品工业（昆山）股份有限公司（证券代码：871444）

成立日期	1994 年 12 月
挂牌日期	2018 年 1 月 29 日
相关指数	—
行业类别	医药生物—化学制药
主营业务	从事药品的研发、生产与销售
总股本（万股）	12 292.23
注册地址	昆山市陆家镇金阳西路 191 号

301. 苏州艾科瑞思智能装备股份有限公司（证券代码：872600）

成立日期	2010 年 9 月 10 日
挂牌日期	2018 年 1 月 30 日
相关指数	—
行业类别	机械设备 — 专用设备
主营业务	半导体封装测试设备的研发、设计、生产和销售
总股本（万股）	603.71
注册地址	常熟经济技术开发区科创园 102 室

302. 苏州创投汽车科技股份有限公司（证券代码：872631）

成立日期	2008 年 8 月 27 日
挂牌日期	2018 年 2 月 6 日
相关指数	—
行业类别	交运设备 — 汽车零部件
主营业务	商务车、房车、残疾人车、新能源车、高铁等车辆的座椅总成、座椅机构件总成的研发、生产、销售
总股本（万股）	1 350.00
注册地址	吴中区胥口镇藏中路 589 号 5 幢一层

303. 昆山绿亮电子科技股份有限公司（证券代码：872673）

成立日期	2009 年 8 月 19 日
挂牌日期	2018 年 2 月 8 日
相关指数	—
行业类别	光学光电子
主营业务	LED 灯具研发、生产和销售及 PCB、PCBA 成套产品加工、销售等业务
总股本（万股）	1 000.00
注册地址	昆山市千灯镇原创型基地 22 号

304. 常熟市景弘盛通信科技股份有限公司（证券代码：872668）

成立日期	2006 年 8 月 25 日
挂牌日期	2018 年 2 月 23 日
相关指数	—
行业类别	电气设备
主营业务	电线电缆研发、设计、生产及销售
总股本（万股）	12 000.00
注册地址	常熟市虞山高新技术产业园柳州路 8 号

305. 苏州一航电子科技股份有限公司（证券代码：872571）

成立日期	2007 年 7 月 30 日
挂牌日期	2018 年 2 月 23 日
相关指数	—
行业类别	电子制造
主营业务	光电连接器、精密组件以及电动汽车充电设备的研发、生产和销售
总股本（万股）	2 950.00
注册地址	苏州工业园区扬贤路 2 号 2 号厂房

306. 苏州市宏宇环境科技股份有限公司（证券代码：872753）

成立日期	2003 年 11 月 3 日
挂牌日期	2018 年 4 月 13 日
相关指数	—
行业类别	公用事业 — 环保工程
主营业务	环境影响评价、环境技术咨询以及环保设备销售
总股本（万股）	600.00
注册地址	吴中区珠江南路 211 号 1 幢 6 楼

307. 昆山玮硕恒基智能科技股份有限公司（证券代码：872759）

成立日期	2009 年 5 月 14 日
挂牌日期	2018 年 5 月 11 日
相关指数	三板成指
行业类别	电子制造
主营业务	消费电子精密转轴（hinge）产品的研发、生产和销售
总股本（万股）	2 180.00
注册地址	昆山市玉山镇华富路 8 号 2 号房

308. 苏州鸿基洁净科技股份有限公司（证券代码：872781）

成立日期	2004年3月10日
挂牌日期	2018年5月24日
相关指数	—
行业类别	专用设备
主营业务	无菌超净设备和仪器的研发、生产、销售、服务和洁净室安装工程服务
总股本（万股）	1 928.00
注册地址	苏州工业园区娄葑创投工业坊15A号厂房

309. 江苏清能新能源技术股份有限公司（证券代码：872589）

成立日期	2011年1月19日
挂牌日期	2018年6月11日
相关指数	—
行业类别	电气设备
主营业务	燃料电池电堆和燃料电池系统研发、生产、销售
总股本（万股）	3 127.67
注册地址	张家港保税区新兴产业育成中心A栋3楼302—309室

310. 苏州永为客模架智造股份有限公司（证券代码：872858）

成立日期	2010年12月23日
挂牌日期	2018年7月17日
相关指数	—
行业类别	专用设备
主营业务	从事各类模架的制造、销售
总股本（万股）	700.00
注册地址	吴中区甪直镇联谊路98-12号

311. 江苏春阳幕墙门窗股份有限公司（证券代码：872892）

成立日期	2002年11月1日
挂牌日期	2018年7月20日
相关指数	—
行业类别	建筑装饰
主营业务	节能门窗和幕墙产品的研发设计、生产加工和安装施工服务
总股本（万股）	2 927.90
注册地址	昆山市巴城镇东定路555号

312.昆山平安驾驶员培训股份有限公司（证券代码：872917）

成立日期	2015年1月23日
挂牌日期	2018年7月31日
相关指数	—
行业类别	交运设备服务
主营业务	普通机动车驾驶员培训以及道路客、货运驾驶员从业资格证培训
总股本（万股）	4 000.00
注册地址	昆山市玉山镇富士康路702号2号、3号房

313.苏州网信信息科技股份有限公司（证券代码：873002）

成立日期	2007年8月30日
挂牌日期	2018年9月6日
相关指数	—
行业类别	信息服务—计算机应用
主营业务	智慧城市系统解决方案的研发、设计、实施（智慧旅游、智慧政务、信息安全、弱电智能化等）以及相应的软件开发与销售
总股本（万股）	1 035.32
注册地址	吴江区长安路1188号邦宁电子信息产业园A1-701

314.江苏金新城物业服务股份有限公司（证券代码：873058）

成立日期	2002年2月25日
挂牌日期	2018年11月13日
相关指数	—
行业类别	房地产开发
主营业务	主要从事物业管理服务，主要包括基础物业管理服务、顾问咨询服务
总股本（万股）	1 000.00
注册地址	张家港经济开发区悦丰大厦8楼805室

315.苏州瑞档信息科技股份有限公司（证券代码：873077）

成立日期	2015年3月10日
挂牌日期	2018年11月14日
相关指数	—
行业类别	信息服务 — 计算机应用
主营业务	专注档案数字化业务,档案数字化加工服务和档案管理咨询服务,同时提供相关软件开发、销售以及系统集成服务
总股本（万股）	500.00
注册地址	昆山市花桥镇亚太广场5号楼1003室

316. 苏州迪飞达科技股份有限公司（证券代码：873105）

成立日期	2010 年 4 月 12 日
挂牌日期	2018 年 12 月 12 日
相关指数	—
行业类别	半导体及元件
主营业务	PCBA 电路板制造
总股本(万股)	3 800.00
注册地址	相城区望亭镇华阳村锦阳路 508 号

317. 苏州凯奥净化科技股份有限公司（证券代码：873136）

成立日期	2014 年 1 月 10 日
挂牌日期	2018 年 12 月 26 日
相关指数	—
行业类别	建筑装饰
主营业务	从事洁净室系统产品研发、生产、销售及安装
总股本(万股)	900.00
注册地址	昆山市锦溪镇锦东路 759 号 4 号房

318. 张家港保税区中天行进出口股份有限公司（证券代码：873142）

成立日期	2014 年 5 月 30 日
挂牌日期	2019 年 1 月 7 日
相关指数	—
行业类别	交运设备服务
主营业务	从事进口房车底盘、房车专用零配件的经销业务
总股本(万股)	2 133.00
注册地址	张家港保税区进口汽车物流园长山路以南,金田路以西的改装基地 3A、3B

319. 苏州名城信息港发展股份有限公司（证券代码：873145）

成立日期	2004 年 9 月 7 日
挂牌日期	2019 年 1 月 14 日
相关指数	—
行业类别	通信服务
主营业务	互联网广告及移动互联网运营维护服务和活动组织服务,同时提供会展服务
总股本(万股)	5 000.00
注册地址	苏州工业园区苏州大道东 289 号 702 室

320. 苏州世才外企服务股份有限公司（证券代码：873141）

成立日期	2014年7月18日
挂牌日期	2019年1月15日
相关指数	—
行业类别	综合
主营业务	人力资源服务
总股本(万股)	500.00
注册地址	常熟市琴川街道衡山路208号衡丰家园13幢401-9

321. 张家港友诚新能源科技股份有限公司（证券代码：873087）

成立日期	2004年6月17日
挂牌日期	2019年2月11日
相关指数	三板成指
行业类别	电气设备
主营业务	新能源电动汽车充电连接装置、电源连接器的研发、生产及销售
总股本(万股)	3 183.00
注册地址	张家港市塘桥镇妙桥永进路999号

322. 信东仪器仪表（苏州）股份有限公司（证券代码：873137）

成立日期	2006年9月1日
挂牌日期	2019年2月25日
相关指数	—
行业类别	机械设备 — 仪器仪表
主营业务	流量仪表、液位仪表等测量仪器仪表及自动化控制系统产品的研制、销售与综合服务
总股本(万股)	3 542.44
注册地址	张家港保税区港澳南路58号

323. 苏州金远胜智能装备股份有限公司（证券代码：873206）

成立日期	2013年3月28日
挂牌日期	2019年3月12日
相关指数	—
行业类别	通用设备
主营业务	气体粉碎设备的研发、生产和销售
总股本(万股)	1 082.00
注册地址	太仓市沙溪镇直塘区直任路79号

324. 苏州英尔捷微电子股份有限公司（证券代码：873201）

成立日期	2011年8月17日
挂牌日期	2019年3月14日
相关指数	—
行业类别	电子—半导体及元件
主营业务	半导体集成电路生产过程中的晶圆的研磨、切割及封装测试和集成电路封装测试设备的维修改造升级
总股本（万股）	4 880.00
注册地址	苏州工业园区唯亭双马街2号星华产业园19-2号厂房

325. 苏州众天力信息科技股份有限公司（证券代码：873240）

成立日期	2012年11月5日
挂牌日期	2019年3月25日
相关指数	—
行业类别	信息服务—计算机应用
主营业务	提供智慧社区、智慧办公及智能家居的物联网综合解决方案及相关定制化智能产品与服务
总股本（万股）	565.00
注册地址	姑苏区闾胥路483号工投科技创业园6号楼6206室

326. 苏州市邦岑新材料股份有限公司（证券代码：873203）

成立日期	2001年1月3日
挂牌日期	2019年3月27日
相关指数	—
行业类别	化学制品
主营业务	纺织用热熔胶的研发、生产和销售以及纺织用底浆等化工材料的销售
总股本（万股）	500.00
注册地址	相城区黄埭镇东桥胡桥工业坊1号

327. 苏州麦禾文化传媒股份有限公司（证券代码：873258）

成立日期	2009年7月15日
挂牌日期	2019年4月17日
相关指数	—
行业类别	传媒—文化传媒
主营业务	公司是专业化创意内容服务商，主要提供政企形象推广、政策宣传、商业影视制作、平面设计、商业空间设计展示等多领域的文化创意服务
总股本（万股）	500.00
注册地址	姑苏区锦帆路79号

328. 昆山华都精工精密机械股份有限公司（证券代码：873271）

成立日期	2011年8月4日
挂牌日期	2019年7月17日
相关指数	—
行业类别	机械设备—通用机械
主营业务	精密卧式镗铣床、卧加、龙门、立加等数控机床的研发、生产及销售
总股本（万股）	4 725.00
注册地址	昆山市锦荣路456号

329. 苏州太湖旅游服务股份有限公司（证券代码：873319）

成立日期	2012年11月28日
挂牌日期	2019年7月18日
相关指数	—
行业类别	休闲服务—旅游综合Ⅱ
主营业务	旅行社、会展与活动策划、景区咨询与景区管理
总股本（万股）	2 000.00
注册地址	吴中区太湖国家旅游度假区孙武路2013号

330. 昆山市平安特种守押保安服务股份有限公司（证券代码：873347）

成立日期	2015年5月8日
挂牌日期	2019年8月19日
相关指数	—
行业类别	综合—综合Ⅱ
主营业务	特种武装守护及押运
总股本（万股）	8 000.00
注册地址	昆山市开发区珠江南路483号

331. 江苏九龙珠品牌管理股份有限公司（证券代码：873368）

成立日期	2007年8月30日
挂牌日期	2019年11月5日
相关指数	—
行业类别	商业贸易—专业零售
主营业务	为加盟商提供饮品物料供应、日常督导管理及品牌营销策划等服务
总股本（万股）	1 250.00
注册地址	吴中区东吴北路66号（苏州吴中凤凰文化产业园）8楼

332. 苏州炫之彩新材料股份有限公司(证券代码:873381)

成立日期	2008年1月11日
挂牌日期	2019年11月19日
相关指数	—
行业类别	轻工制造—包装印刷Ⅱ
主营业务	瓦楞纸包装材料的设计、生产、销售及服务
总股本(万股)	1 000.00
注册地址	相城区阳澄湖镇西横港街21号

附录四 苏州新三板终止挂牌企业简介

截至 2019 年 12 月 31 日,在新三板因各种原因终止挂牌的苏州地区企业达到 197 家。按照原挂牌时间先后顺序排列的公司情况如下。

1. 苏州长天互娱网络科技股份有限公司(证券代码:430415)

成立日期	2009 年 12 月
挂牌日期	2014 年 1 月 24 日
相关指数	—
行业类别	软件和信息技术服务业
主营业务	网络技术、软件、电子产品、通信设备的研发、技术咨询、技术服务与技术转让;数据处理和存储服务等
总股本(万股)	1 050.00
注册地址	相城区太平街道聚金路 98 号 8 楼 805 室

注:公司自 2019 年 8 月 26 日起,因定期报告不能按时披露,终止挂牌。

2. 江苏正佰电气股份有限公司(证券代码:430450)

成立日期	2006 年 12 月
挂牌日期	2014 年 1 月 24 日
相关指数	—
行业类别	制造业
主营业务	系列配电设备、母线槽和智能化系统电子电气设备的研发、制造及技术服务
总股本(万股)	7 490.00
注册地址	昆山市玉山镇城北兴友路 33 号 2 号厂房

注:2019 年 7 月 22 日,因战略调整,申请终止挂牌。

3. 苏州瑞腾照明科技股份有限公司(证券代码:430404)

成立日期	2005 年 6 月
挂牌日期	2014 年 1 月 24 日
相关指数	883003 制造业(证监会)指数;883108 机械设备(证监会)指数
行业类别	专用设备制造业(C35);照明器具生产专用设备制造(C3545)
主营业务	LED 照明产品的研发、生产和销售
总股本(万股)	1 500.00
注册地址	张家港市凤凰镇双龙村(双龙村民营工业园)

注:2019 年 2 月 13 日,因战略调整,申请暂停股票转让。

4. 苏州良才物流科技股份公司（证券代码：430417）

成立日期	1998 年 2 月
挂牌日期	2014 年 1 月 24 日
相关指数	—
行业类别	制造业
主营业务	规模性物流设备和供应链提供商
总股本（万股）	3 360.50
注册地址	苏州工业园区富泽路 20 号

注：2018 年 8 月 20 日，因自身经营发展和战略调整，申请终止挂牌。

5. 苏州和氏设计营造股份有限公司（证券代码：430456）

成立日期	1998 年 7 月
挂牌日期	2014 年 1 月 24 日
相关指数	—
行业类别	文化、体育和娱乐业
主营业务	各类信息类主题（博物）馆项目策划、设计、多媒体运用以及展馆后期维护
总股本（万股）	4 800.00
注册地址	苏州工业园区宏业路 128 号

注：2018 年 1 月 23 日，因战略调整，申请终止挂牌。

6. 苏州昆拓热控系统股份有限公司（证券代码：430444）

成立日期	2005 年 5 月
挂牌日期	2014 年 1 月 24 日
相关指数	—
行业类别	制造业
主营业务	全面提供热管理技术解决方案
总股本（万股）	1 405.60
注册地址	苏州工业园区胜浦镇民胜路 61 号

注：2017 年 7 月 21 日，因战略调整，申请终止挂牌。

7. 苏州瑞翼信息技术有限公司（证券代码：430531）

成立日期	2010 年 4 月 12 日
挂牌日期	2014 年 1 月 24 日
相关指数	—
行业类别	传媒—互联网传媒
主营业务	增值电信业务
总股本（万股）	1 300.00
注册地址	吴中区工业园区星湖街 328 号创意产业园 2-B602 单元

注：公司自 2019 年 8 月 30 日起，因战略调整，申请终止挂牌。

8. 江苏普诺威电子股份有限公司（证券代码：830908）

成立日期	2004 年 4 月
挂牌日期	2014 年 7 月 25 日
相关指数	—
行业类别	计算机、通信和其他电子设备制造业
主营业务	印制电路板的生产和销售
总股本（万股）	11 031.10
注册地址	昆山市千灯镇宏洋路 322 号

注：公司自 2019 年 8 月 30 日起，因战略调整，申请终止挂牌。

9. 张家港玉成精机股份有限公司（证券代码：830895）

成立日期	2003 年 6 月
挂牌日期	2014 年 7 月 25 日
相关指数	—
行业类别	通用设备制造业
主营业务	五金工具专用机床设计、生产和销售
总股本（万股）	2 870.00
注册地址	张家港市乐余镇同福路 7 号

注：2018 年 3 月 2 日，因战略调整，申请终止挂牌。

10. 苏州志向纺织科研股份有限公司（证券代码：830897）

成立日期	2006 年 6 月
挂牌日期	2014 年 7 月 29 日
相关指数	—
行业类别	纺织业
主营业务	低碳环保、高档防寒等各类纺织面料的研发、设计、生产和销售
总股本（万股）	5 152.00
注册地址	吴江区盛泽镇纺织科技示范园区中心大道 7 号

注：2016 年 10 月 13 日，因战略调整，申请终止挂牌。

11. 苏州工业园区凌志软件股份有限公司（证券代码：830866）

成立日期	2003 年 1 月
挂牌日期	2014 年 7 月 30 日
相关指数	—
行业类别	软件和信息技术服务业
主营业务	高端软件外包与服务
总股本（万股）	36 000.00
注册地址	苏州工业园区星湖街 328 号创意产业园 17 栋

注：2016 年 6 月 29 日，因战略调整，申请终止挂牌。

12. 苏州润佳工程塑料股份有限公司（证券代码：830956）

成立日期	2008 年 1 月
挂牌日期	2014 年 8 月 8 日
相关指数	—
行业类别	橡胶和塑料制品业
主营业务	从事改性塑料产品的研发、生产、销售和服务
总股本（万股）	6 428.50
注册地址	苏州工业园区唯亭镇莳亭大道 698 号

注：2017 年 11 月 28 日，因战略调整，申请终止挂牌。

13. 苏州华电电气股份有限公司（证券代码：830968）

成立日期	1995 年 12 月
挂牌日期	2014 年 8 月 8 日
相关指数	—
行业类别	电气机械及器材制造业
主营业务	高压电力测试设备产品研发、设计、生产、销售和技术服务
总股本（万股）	6 050.00
注册地址	吴中经济开发区河东工业园善浦路 255 号

注：2017 年 11 月 6 日，因战略调整，申请终止挂牌。

14. 江苏展博电扶梯成套部件股份有限公司（证券代码：831076）

成立日期	2011 年 9 月
挂牌日期	2014 年 8 月 21 日
相关指数	—
行业类别	专用设备制造业
主营业务	电扶梯成套配件的生产、销售；电扶梯装潢
总股本（万股）	1 480.25
注册地址	吴江区黎里镇莘塔社区龙泾路 77 号

注：公司自 2019 年 8 月 26 日起，因定期报告不能按时披露，终止挂牌。

15. 苏州聚阳环保科技股份有限公司（证券代码：831221）

成立日期	2010 年 04 月
挂牌日期	2014 年 10 月 17 日
相关指数	—
行业类别	机械设备—仪器仪表
主营业务	研发、生产和销售各类水质在线分析仪
总股本（万股）	1 300.00
注册地址	苏州工业园区娄葑镇民生路 88 号

注：公司自 2019 年 8 月 22 日起，因战略调整，申请终止挂牌。

16. 江苏和乔科技股份有限公司（证券代码：831279）

成立日期	1999 年 5 月
挂牌日期	2014 年 11 月 4 日
相关指数	—
行业类别	信息设备—计算机设备
主营业务	金融 POS 终端的设计和研发及各类 POS 终端的研发、生产和销售业务
总股本（万股）	2 500.00
注册地址	张家港市凤凰镇西张镇北路 20 号

注：2018 年 7 月 19 日，因战略调整，申请终止挂牌。

17. 江苏惠丰润滑材料股份有限公司（证券代码：831268）

成立日期	2003 年 7 月
挂牌日期	2014 年 11 月 5 日
相关指数	—
行业类别	化工—基础化学
主营业务	润滑油的生产及销售
总股本（万股）	1 000.00
注册地址	常熟市支塘镇何市工业园

注：公司自 2019 年 12 月 17 日起，因战略调整，申请终止挂牌。

18. 苏州吉人高新材料股份有限公司（证券代码：831374）

成立日期	1998 年 7 月
挂牌日期	2014 年 11 月 24 日
相关指数	—
行业类别	化工—化学制品
主营业务	研发、销售高新材料，生产、销售危险化学品
总股本（万股）	10 150.00
注册地址	相城区黄埭镇潘阳工业园春旺路

注：公司自 2019 年 8 月 6 日起，因战略调整，申请终止挂牌。

19. 苏州市沧浪区昌信农村小额贷款股份有限公司（证券代码：831506）

成立日期	2009 年 8 月
挂牌日期	2014 年 12 月 10 日
相关指数	—
行业类别	金融服务—保险及其他
主营业务	为农村小微型经济组织提供小额资金融通服务
总股本（万股）	14 000.00
注册地址	姑苏区莫邪路 776 号

注：公司自 2019 年 4 月 8 日起，因定期报告不能按时披露，终止挂牌。

附　录

20. 江苏美居客科技发展股份有限公司（证券代码：831494）

成立日期	2011 年 7 月
挂牌日期	2014 年 12 月 11 日
相关指数	—
行业类别	轻工制造—家用轻工
主营业务	设计、委托生产并利用第三方电子商务平台进行箱包商品销售
总股本（万股）	5 000.00
注册地址	昆山市巴城镇学院路 88 号

注：2018 年 1 月 22 日，因战略调整，申请终止挂牌。

21. 江苏科幸新材料股份有限公司（证券代码：831473）

成立日期	2008 年 11 月
挂牌日期	2014 年 12 月 12 日
相关指数	—
行业类别	化工—化学制品
主营业务	特种硅氧烷和有机硅密封胶以及相关催化剂、助剂和特种原料生产销售
总股本（万股）	4 706.00
注册地址	张家港市扬子江国际化学工业园区东海路 25 号

注：2019 年 3 月 29 日，因战略调整，终止挂牌。

22. 江苏凯伦建材股份有限公司（证券代码：831517）

成立日期	2011 年 7 月
挂牌日期	2014 年 12 月 16 日
相关指数	深证综合指数
行业类别	建筑材料—建筑材料
主营业务	新型建筑防水材料的研发、生产和销售
总股本（万股）	5 400.00
注册地址	吴江区七都镇港东开发区

注：2017 年 6 月 27 日，因战略调整，申请终止挂牌。

23. 江苏阳光四季新能源科技股份有限公司（证券代码：831558）

成立日期	2007 年 11 月
挂牌日期	2014 年 12 月 18 日
相关指数	—
行业类别	家用电器—白色家电
主营业务	太阳能热水系统研发、生产、销售及服务
总股本（万股）	2 010.40
注册地址	常熟市常福路 169 号

注：公司自 2019 年 8 月 6 日起，因定期报告不能按时披露，终止挂牌。

24. 苏州井利电子股份有限公司（证券代码：831582）

成立日期	1995年1月
挂牌日期	2014年12月30日
相关指数	—
行业类别	家用电器—视听器材
主营业务	扬声器、仪表控制器的研发、生产与销售
总股本(万股)	4 560.00
注册地址	苏州高新区金枫路木桥街25号

注：2018年12月20日，因战略调整，申请暂停股票转让。

25. 张家港嘉成建设材料股份有限公司（证券代码：831624）

成立日期	2008年12月
挂牌日期	2015年1月8日
相关指数	—
行业类别	化工—化学制品
主营业务	混凝土外加剂、共混型互穿网络热塑性弹性体制造、加工、销售；建材、化工产品购销
总股本(万股)	2 451.00
注册地址	张家港市大新镇年丰南

注：公司自2019年12月16日起，因定期报告不能按时披露，终止挂牌。

26. 江苏金龙科技股份有限公司（证券代码：831788）

成立日期	1995年6月
挂牌日期	2015年1月14日
相关指数	—
行业类别	机械设备—专用设备
主营业务	电脑横机的生产及销售
总股本(万股)	10 000.00
注册地址	常熟市北三环路丁坝段158号

注：公司自2019年10月23日起，因战略调整，申请终止挂牌。

27. 苏州盛景信息科技股份有限公司（证券代码：831648）

成立日期	2008年3月4日
挂牌日期	2015年1月14日
相关指数	—
行业类别	计算机—计算机应用
主营业务	智慧城市领域的行业集成应用解决方案
总股本(万股)	582.00
注册地址	吴中工业园区金鸡湖大道1355号国际科技园内B101-2单元

注：公司自2019年3月20日起，因战略调整，终止挂牌。

28. 苏州维艾普新材料股份有限公司(证券代码:831612)

成立日期	2009 年 3 月
挂牌日期	2015 年 1 月 14 日
相关指数	—
行业类别	化工—化工新材料
主营业务	研发、生产、销售玻璃纤维及制品、节能保温材料、隔热和隔音材料
总股本(万股)	7 335.00
注册地址	太仓市城厢镇城区工业园弇山西路 136 号

注:2017 年 12 月 27 日,因战略调整,申请终止挂牌。

29. 柏承科技(昆山)股份有限公司(证券代码:831861)

成立日期	2007 年 12 月
挂牌日期	2015 年 2 月 6 日
相关指数	—
行业类别	电子—半导体及元件
主营业务	各类印制电路板的生产和销售
总股本(万股)	30 100.00
注册地址	昆山市陆家镇合丰开发区珠竹路 28 号

注:2018 年 6 月 6 日,因战略调整,申请终止挂牌。

30. 苏州香塘担保股份有限公司(证券代码:831959)

成立日期	2004 年 4 月
挂牌日期	2015 年 2 月 11 日
相关指数	—
行业类别	金融服务—保险及其他
主营业务	融资性担保业务
总股本(万股)	30 000.00
注册地址	太仓市城厢镇朝阳路 12 号香塘大厦

注:公司自 2019 年 9 月 30 日起,因战略调整,申请终止挂牌。

31. 江苏南铸科技股份有限公司(证券代码:832096)

成立日期	2001 年 4 月
挂牌日期	2015 年 3 月 9 日
相关指数	—
行业类别	机械设备—通用设备
主营业务	铸件加工工艺研发;铸件加工;五金零件、机械产品销售
总股本(万股)	3 146.00
注册地址	昆山市玉山镇环庆路 1888 号 3—8 号楼

注:2017 年 12 月 1 日,因战略调整,申请终止挂牌。

32. 苏州喜之家母婴护理服务股份有限公司（证券代码：832128）

成立日期	2011 年 7 月
挂牌日期	2015 年 3 月 16 日
相关指数	—
行业类别	医药生物—医疗器械服务
主营业务	产后护理、产后康复、产后营养、育儿辅导的专业健康服务
总股本（万股）	1 580.00
注册地址	相城区元和街道生态农业示范园区园中路

注：公司自 2019 年 7 月 30 日起，因战略调整，申请终止挂牌。

33. 苏州浩辰软件股份有限公司（证券代码：832097）

成立日期	2001 年 11 月
挂牌日期	2015 年 3 月 17 日
相关指数	—
行业类别	信息服务—计算机应用
主营业务	计算机辅助设计软件（CAD）的研发、销售和服务
总股本（万股）	3 245.46
注册地址	苏州工业园区东平街 286 号

注：2019 年 1 月 25 日，因战略调整，申请终止挂牌。

34. 江苏宝达汽车股份有限公司（证券代码：832375）

成立日期	2010 年 2 月
挂牌日期	2015 年 4 月 30 日
相关指数	—
行业类别	零售业
主营业务	汽车销售、汽车维修、汽车配件销售以及其他汽车后市场服务业务
总股本（万股）	4 870.00
注册地址	吴江区松陵镇开发区庞北路东侧

注：公司自 2019 年 8 月 21 日起，因战略调整，申请终止挂牌。

35. 张家港鸿盛电子科技股份有限公司（证券代码：832481）

成立日期	2004 年 3 月 31 日
挂牌日期	2015 年 5 月 19 日
相关指数	—
行业类别	计算机—计算机设备
主营业务	电子收款机钱箱及其配件的生产与销售
总股本（万股）	7 410.00
注册地址	张家港市塘桥镇鹿苑巨桥村

注：公司自 2019 年 12 月 2 日起，因战略调整，申请终止挂牌。

36. 苏州久美玻璃钢股份有限公司（证券代码：832486）

成立日期	2006 年 7 月
挂牌日期	2015 年 5 月 19 日
相关指数	—
行业类别	非金属矿物制品业
主营业务	船用玻璃钢管道、管件的研发、生产和销售
总股本（万股）	4 700.00
注册地址	相城区黄埭镇康阳路 366 号

注：公司自 2019 年 8 月 9 日起，因战略调整，申请终止挂牌。

37. 苏州优生活传媒科技股份有限公司（证券代码：832420）

成立日期	2009 年 4 月
挂牌日期	2015 年 5 月 29 日
相关指数	—
行业类别	商务服务业
主营业务	为通信运营商提供专业化积分经营、为软件企业提供线上线下相结合的软件分发服务
总股本（万股）	1 000.00
注册地址	昆山市巴城镇学院路 828 号 1 号房 11 层

注：公司自 2019 年 7 月 15 日起，因定期报告不能按时披露，终止挂牌。

38. 江苏康沃动力科技股份有限公司（证券代码：832540）

成立日期	2010 年 6 月
挂牌日期	2015 年 6 月 3 日
相关指数	全国中小企业股份转让系统成分指数、全国中小企业股份转让系统成分全收益指数
行业类别	内燃机及配件制造
主营业务	柴油发电机及发电机组的研发、生产和销售
总股本（万股）	9 150.00
注册地址	昆山市花桥镇横塘路 38 号

注：公司自 2019 年 7 月 22 日起，因定期报告不能按时披露，终止挂牌。

39. 苏州市伏泰信息科技股份有限公司（证券代码：832633）

成立日期	2007 年 12 月
挂牌日期	2015 年 6 月 16 日
相关指数	全国中小企业股份转让系统成分指数、中国战略新兴产业综合指数、综合全收益指数
行业类别	软件和信息技术服务业
主营业务	环卫信息化相关开发、系统实施和运营维护
总股本（万股）	2 662.00
注册地址	苏州工业园区金鸡湖大道 1355 号国际科技园 A1505

注：2018 年 2 月 26 日，因战略调整，申请终止挂牌。

40. 苏州宇邦新型材料股份有限公司（证券代码：832681）

成立日期	2002年8月
挂牌日期	2015年6月26日
相关指数	中国战略新兴产业综合指数、综合全收益指数
行业类别	有色金属冶炼和压延加工业
主营业务	光伏组件用涂锡铜带的研发、生产与销售
总股本（万股）	6 950.00
注册地址	吴中经济开发区越溪街道友翔路22号

注：2018年3月6日，因战略调整，申请终止挂牌。

41. 苏州船用动力系统股份有限公司（证券代码：832549）

成立日期	1980年12月
挂牌日期	2015年6月29日
相关指数	全国中小企业股份转让系统成分全收益指数、全国中小企业股份转让系统成分指数
行业类别	铁路、船舶、航空航天和其他运输设备制造业
主营业务	船用特种推进系统设计、研发、制造与销售服务
总股本（万股）	4 500.00
注册地址	苏州工业园区胜浦镇润胜路16号

注：2017年8月31日，因战略调整，申请终止挂牌。

42. 威格气体纯化科技（苏州）股份有限公司（证券代码：832733）

成立日期	2005年4月
挂牌日期	2015年7月21日
相关指数	—
行业类别	专用设备制造业
主营业务	研发、生产与销售惰性气氛手套箱以及需要惰性气氛环境的整套设备
总股本（万股）	1 288.00
注册地址	苏州工业园区杏林街78号新兴产业工业坊2号厂房

注：2017年8月17日，因战略调整，申请终止挂牌。

43. 苏州高登威科技股份有限公司（证券代码：832904）

成立日期	2004年5月
挂牌日期	2015年7月29日
相关指数	—
行业类别	专用设备制造业
主营业务	工业自动化设备的研发、生产、出口和销售
总股本（万股）	750.00
注册地址	苏州工业园区夏庄路88号

注：2018年9月3日，因2018年半年报未披露，被暂停股票转让。

44. 苏州中德宏泰电子科技股份有限公司（证券代码：833067）

成立日期	2012年1月
挂牌日期	2015年7月29日
相关指数	—
行业类别	制造业
主营业务	安防视频监控软硬件产品及智能控制类软硬件产品的研发、生产、销售及相关技术服务
总股本（万股）	6 000.00
注册地址	昆山市花桥镇兆丰路8号

注：公司自2019年7月25日起，因战略调整，申请终止挂牌。

45. 昆山腾飞内衣科技股份有限公司（证券代码：833085）

成立日期	2006年12月
挂牌日期	2015年7月29日
相关指数	—
行业类别	纺织服装、服饰业
主营业务	女士内衣的设计研发、生产制造、销售服务
总股本（万股）	5 100.00
注册地址	昆山市张浦镇垌丘路南侧

注：2017年10月10日，因战略调整，申请终止挂牌。

46. 苏州未来电器股份有限公司（证券代码：833054）

成立日期	2008年7月
挂牌日期	2015年8月4日
相关指数	—
行业类别	电气机械和器材制造
主营业务	塑壳断路器附件、框架断路器附件、微型断路器附件及智能终端电器产品的生产及销售
总股本（万股）	4 110.00
注册地址	相城区北桥街道庄基村

注：2019年3月7日，因战略调整，申请终止挂牌。

47. 苏州齐顺信息科技股份有限公司（证券代码：833163）

成立日期	2012年8月
挂牌日期	2015年8月6日
相关指数	—
行业类别	信息服务—通信服务
主营业务	移动话费小额支付业务
总股本（万股）	2 000.00
注册地址	苏州工业园区星湖街328号创意产业园8幢702室

注：2019年2月27日，因战略调整，申请终止挂牌。

48. 苏州园林营造产业股份有限公司(证券代码：833209)

成立日期	2001年5月
挂牌日期	2015年8月10日
相关指数	—
行业类别	建筑材料—建筑装饰
主营业务	文化生态风景旅游目的地的策划、设计、营建及管理等业务
总股本(万股)	12 093.29
注册地址	吴中区吴中大道1368号综合楼5楼

注：2017年3月31日，因筹划重大事项终止挂牌。

49. 江苏贝特创意环境设计股份有限公司(证券代码：833143)

成立日期	2011年9月
挂牌日期	2015年7月30日
相关指数	全国中小企业股份转让系统成分指数、全国中小企业股份转让系统成分全收益指数
行业类别	建筑材料—建筑装饰
主营业务	建筑装饰装修、自有品牌木质家具业务
总股本(万股)	3 000.00
注册地址	苏州高新区金山东路233号

注：2018年7月16日，因战略调整，申请终止挂牌。

50. 江苏新泰材料科技有限公司(证券代码：833259)

成立日期	2011年8月31
挂牌日期	2015年8月10日
相关指数	—
行业类别	化工—化学原料
主营业务	六氟磷酸锂产品的研发、生产和销售
总股本(万股)	5 500.00
注册地址	常熟市高科技氟化学工业园(海虞镇福山)

注：2016年7月8日，因战略调整，申请终止挂牌。

51. 苏州天准科技股份有限公司(证券代码：833231)

成立日期	2009年8月
挂牌日期	2015年8月11日
相关指数	中小企业股份转让系统成分指数、全收益指数
行业类别	机械设备—电气设备
主营业务	专注智能工业测量、视觉、自动化领域，拥有精密测量仪器、测量自动化系统、检测自动化系统和组装自动化系统四大系列产品
总股本(万股)	13 660.00
注册地址	苏州高新区培源路5号

注：2018年1月30日，因战略调整，申请终止挂牌。

附 录

52. 苏州东仪核电科技股份有限公司（证券代码：833419）

成立日期	1999 年 7 月
挂牌日期	2015 年 8 月 31 日
相关指数	—
行业类别	机械设备—电气设备
主营业务	从事核级(1E 级/反应堆安全壳内)自动化控制设备、电气设备研发、制造、销售
总股本(万股)	3 000.00
注册地址	吴中区木渎镇金桥工业园南区(木东路)

注：公司自 2019 年 8 月 2 日起，因战略调整，申请终止挂牌。

53. 苏州奥杰汽车技术股份有限公司（证券代码：833436）

成立日期	2005 年 3 月
挂牌日期	2015 年 9 月 1 日
相关指数	中小企业股份转让系统成分指数、全收益指数
行业类别	交运设备—交运设备服务
主营业务	汽车设计及咨询服务
总股本(万股)	3 160.00
注册地址	苏州工业园区东平街 277 号

注：2018 年 1 月 26 日，因战略调整，申请终止挂牌。

54. 江苏捷程机动车检测股份有限公司（证券代码：833626）

成立日期	2011 年 7 月 8 日
挂牌日期	2015 年 9 月 30 日
相关指数	—
行业类别	汽车—汽车服务
主营业务	机动车检验检测服务，包括机动车安全技术检验和机动车环保检测
总股本(万股)	2 020.00
注册地址	昆山市玉山镇城北富士康路 1135 号

注：2019 年 2 月 24 日，因战略调整，申请终止挂牌。

55. 苏州富士莱医药股份有限公司（证券代码：833695）

成立日期	2000 年 11 月
挂牌日期	2015 年 10 月 9 日
相关指数	—
行业类别	医药生物—化学制药
主营业务	化学药品原料药以及保健食品原料的研发、生产和销售
总股本(万股)	6 600.00
注册地址	常熟新材料产业园海旺路 16 号

注：2019 年 3 月 1 日，因战略调整，申请终止挂牌。

56. 江苏绿岩生态技术股份有限公司（证券代码：833544）

成立日期	2003 年 7 月
挂牌日期	2015 年 10 月 14 日
相关指数	—
行业类别	公用事业—环保工程
主营业务	生态环境建设，包括生态恢复和园林景观工程设计、研发、施工等
总股本（万股）	2 268.00
注册地址	张家港市杨舍镇（塘市办事处）丁香路 3 号

注：2018 年 3 月 21 日，因战略调整，申请终止挂牌。

57. 江苏辉达塑模股份有限公司（证券代码：833634）

成立日期	2003 年 8 月
挂牌日期	2015 年 10 月 23 日
相关指数	—
行业类别	建筑材料—建筑材料
主营业务	新型墙面装饰板的设计、生产、销售
总股本（万股）	1 690.00
注册地址	张家港市乐余镇乐丰路

注：2018 年 11 月 16 日，因战略调整，申请终止挂牌。

58. 苏州宝优际科技股份有限公司（证券代码：833952）

成立日期	2011 年 9 月
挂牌日期	2015 年 10 月 27 日
相关指数	全国中小企业股份转让系统成分指数
行业类别	电子—光学光电子
主营业务	光学薄膜器件、汽车电池绝缘系列产品、电子产品内外部功能性器件等研发、生产
总股本（万股）	500.00
注册地址	苏州工业园区吴浦路 79 号吴淞工业坊 C4 厂房

注：2018 年 4 月 25 日，因战略调整，申请终止挂牌。

59. 苏州勃朗科技股份有限公司（证券代码：833803）

成立日期	2009 年 1 月
挂牌日期	2015 年 10 月 29 日
相关指数	全国中小企业股份转让系统成分指数、全国中小企业股份转让系统成分全收益指数
行业类别	机械设备—专用设备
主营业务	卫生级流体工艺系统生产销售及服务
总股本（万股）	2 708.33
注册地址	苏州工业园区江浦路 10 号

注：2019 年 4 月 15 日，因战略调整，申请终止挂牌。

附 录

60. 苏州吴江春宇电子股份有限公司（证券代码：833883）

成立日期	2001 年 3 月
挂牌日期	2015 年 10 月 30 日
相关指数	—
行业类别	机械设备—通用设备
主营业务	精密钣金结构产品的设计、制造和销售
总股本（万股）	2 462.69
注册地址	吴江经济技术开发区三兴路 888 号

注：2018 年 8 月 10 日，因筹划重大事项，终止挂牌。

61. 苏州金凯达机械科技股份有限公司（证券代码：833950）

成立日期	2007 年 1 月
挂牌日期	2015 年 11 月 2 日
相关指数	—
行业类别	机械设备—通用设备
主营业务	各类金属圆锯机、圆锯片的研发、制造与销售，以及提供锯片磨齿服务
总股本（万股）	500.00
注册地址	张家港经济技术开发区田垛里村工业小区

注：2019 年 4 月 2 日，因战略调整，申请终止挂牌。

62. 张家港中环海陆特锻股份有限公司（证券代码：833879）

成立日期	2001 年 1 月
挂牌日期	2015 年 11 月 3 日
相关指数	全国中小企业股份转让系统成分指数、全国中小企业股份转让系统成分全收益指数
行业类别	机械设备—通用设备
主营业务	环形锻件产品的研发、生产
总股本（万股）	7 500.00
注册地址	张家港市锦丰镇合兴华山路

注：2019 年 4 月 19 日，因战略调整，申请终止挂牌。

63. 科升无线（苏州）股份有限公司（证券代码：834130）

成立日期	2012 年 5 月
挂牌日期	2015 年 11 月 10 日
相关指数	—
行业类别	信息服务—传媒
主营业务	移动互联网技术开发及服务和移动应用后向精准营销服务
总股本（万股）	2 360.00
注册地址	苏州工业园区星湖街 328 号创意产业园 16-B401 单元

注：2018 年 10 月 26 日，因战略调整，申请终止挂牌。

64. 江苏荣程锻造股份有限公司（证券代码：834305）

成立日期	2009 年 1 月
挂牌日期	2015 年 11 月 13 日
相关指数	—
行业类别	机械设备—专用设备
主营业务	各类环形锻件的研发、生产和销售
总股本（万股）	5 500.00
注册地址	张家港市锦丰镇向阳村

注：2019 年 5 月 16 日，因战略调整，申请终止挂牌。

65. 苏州科迪环保石化股份有限公司（证券代码：834208）

成立日期	2001 年 2 月
挂牌日期	2015 年 11 月 13 日
相关指数	—
行业类别	机械设备—专用设备
主营业务	石化设备制造及工程安装；石化设备软件设计与开发；环保工程的设计、施工
总股本（万股）	1 000.00
注册地址	吴中区胥口镇马舍村越湖路

注：2018 年 7 月 27 日，因战略调整，终止挂牌。

66. 苏州爱得科技发展股份有限公司（证券代码：834286）

成立日期	2006 年 3 月
挂牌日期	2015 年 11 月 16 日
相关指数	—
行业类别	医药生物—医疗器械服务
主营业务	外固定器、椎体成形系统、脉冲冲洗系统、负压引流系统等医疗器械研发、生产
总股本（万股）	3 100.00
注册地址	张家港市锦丰镇镇南路

注：2017 年 12 月 7 日，因战略调整终止挂牌。

67. 苏州市明东电器股份有限公司（证券代码：834210）

成立日期	1998 年 1 月
挂牌日期	2015 年 11 月 18 日
相关指数	—
行业类别	机械设备—电气设备
主营业务	电器设备零部件的制造和销售
总股本（万股）	2 000.00
注册地址	吴中区临湖镇银藏路 688 号 1—6 幢

注：2019 年 3 月 14 日，因战略调整，终止挂牌。

附录

68. 昆山市诚泰电气股份有限公司(证券代码：834103)

成立日期	2003 年 4 月
挂牌日期	2015 年 11 月 18 日
相关指数	中小企业股份转让系统成分指数、全收益指数
行业类别	电子—光学光电子
主营业务	LED 照明产品及光电产品包材的研发、生产
总股本(万股)	5 100.00
注册地址	昆山市张浦镇花苑路 856 号

注：2018 年 3 月 2 日，因战略调整终止挂牌。

69. 江苏欧耐尔新型材料股份有限公司(证券代码：834336)

成立日期	2012 年 3 月
挂牌日期	2015 年 11 月 20 日
相关指数	战略新兴产业综合全收益指数、综合指数
行业类别	电子—电子制造
主营业务	晶体硅太阳能电池高温烧结正面银浆的研发、生产及销售
总股本(万股)	1 500.00
注册地址	昆山市玉山镇寰庆路 2980 号中节能(昆山)循环经济产业园 56 号楼

注：2018 年 5 月 28 日，因战略调整终止挂牌。

70. 苏州欧思瑞医疗科技股份有限公司(证券代码：834423)

成立日期	2008 年 1 月
挂牌日期	2015 年 11 月 26 日
相关指数	—
行业类别	医药生物—医疗器械服务
主营业务	主要从事消毒灭菌设备产品的研发、生产及销售
总股本(万股)	512.00
注册地址	张家港市大新镇新东路 2 号

注：2016 年 8 月 8 日，简称由"欧思瑞"变更为"华亚沃顿"，公司证券代码保持不变。

71. 苏州东福电子科技股份有限公司(证券代码：834430)

成立日期	2002 年 9 月
挂牌日期	2015 年 11 月 27 日
相关指数	—
行业类别	电子—电子制造
主营业务	从事电子产品、通信设备之周边应用材料的研发、生产及销售，包括绝缘材料、缓冲材料、屏蔽材料等
总股本(万股)	2 000.00
注册地址	吴中区东山镇凤凰山路 11 号

注：2018 年 3 月 9 日，因战略调整终止挂牌。

72. 苏州市贝特利高分子材料股份有限公司（证券代码：834488）

成立日期	2008 年 4 月
挂牌日期	2015 年 12 月 1 日
相关指数	—
行业类别	化工—化学制品
主营业务	电子产品所使用的精细化学品研发、生产
总股本（万股）	6 379.00
注册地址	常熟市常熟经济开发区东周路 12 号

注：2017 年 10 月 25 日，因战略调整终止挂牌。

73. 江苏梦兰神彩科技股份有限公司（证券代码：834437）

成立日期	2006 年 9 月
挂牌日期	2015 年 12 月 3 日
相关指数	—
行业类别	信息服务—计算机应用
主营业务	智慧环保和农村信息化整体解决方案的研发、生产、销售、运营维护服务
总股本（万股）	4 500.00
注册地址	苏州工业园区唯亭镇展业路 18 号 A 栋 9 楼

注：2018 年 2 月 27 日，因战略调整终止挂牌。

74. 苏州市九州沃顿钛业股份有限公司（证券代码：834595）

成立日期	2007 年 4 月
挂牌日期	2015 年 12 月 4 日
相关指数	—
行业类别	有色金属冶炼及压延加工
主营业务	钛及钛合金管坯的生产和销售
总股本（万股）	3 000.00
注册地址	张家港市大新镇新浦路

注：2018 年 11 月 5 日，因未及时披露 2018 年半年报，终止挂牌。

75. 苏州氟特电池材料股份有限公司（证券代码：834830）

成立日期	2010 年 6 月
挂牌日期	2015 年 12 月 9 日
相关指数	—
行业类别	机械设备—电气设备
主营业务	锂离子电池用电解质材料研发、生产和销售
总股本（万股）	2 000.00
注册地址	张家港市保税区广东路 7 号 D 栋厂房西侧二楼

注：2018 年 11 月 18 日，因战略调整，终止挂牌。

附录

76. 江苏宝鑫瑞机械股份有限公司（证券代码：834694）

成立日期	2012 年 11 月
挂牌日期	2015 年 12 月 10 日
相关指数	—
行业类别	机械设备—专用设备
主营业务	全自动高速成型机、高速裁切机、全自动高速成型机（一体机）等系列产品生产、研发
总股本（万股）	1 000.00
注册地址	昆山市玉山镇城北富士康路 168 号 2 号房

注：公司自 2019 年 12 月 16 日起，因定期报告不能按时披露，终止挂牌。

77. 苏州星贝尔中空成型科技股份有限公司（证券代码：834575）

成立日期	2012 年 5 月
挂牌日期	2015 年 12 月 10 日
相关指数	—
行业类别	机械设备—专用设备
主营业务	中空成型设备及辅助设备研发、生产和销售
总股本（万股）	500.00
注册地址	张家港经济开发区（港城大道东侧）

注：2018 年 1 月 12 日，因管理层问题，终止挂牌。

78. 固德电材系统（苏州）股份有限公司（证券代码：834711）

成立日期	2008 年 4 月
挂牌日期	2015 年 12 月 11 日
相关指数	全国中小企业股份转让系统成分指数、全国中小企业股份转让系统成分全收益指数
行业类别	化工—化工合成材料
主营业务	发电设备、输配电、牵引动力系统、新能源等装备的研发、设计、生产和销售
总股本（万股）	4 960.68
注册地址	吴江区汾湖镇汾杨路 88 号

注：2019 年 8 月 6 日，因战略调整，申请终止挂牌。

79. 苏州新海生物科技股份有限公司（证券代码：834513）

成立日期	2007 年 4 月
挂牌日期	2015 年 12 月 11 日
相关指数	—
行业类别	医药生物—生物制品
主营业务	开发核酸分子检测相关应用产品
总股本（万股）	500.00
注册地址	苏州工业园区星湖街 218 号生物纳米园 C8 楼 301 单元

注：2018 年 4 月 27 日，因战略调整终止挂牌。

80. 苏州高创特新能源发展股份有限公司（证券代码：834908）

成立日期	2009 年 12 月
挂牌日期	2015 年 12 月 14 日
相关指数	—
行业类别	机械设备—电气设备
主营业务	太阳能光伏电站工程 EPC 总承包业务，配套光伏设备的研发、生产及销售
总股本（万股）	10 000.00
注册地址	苏州高新区鹿山路 369 号环保产业园

注：2019 年 5 月 28 日，因战略调整，申请终止挂牌。

81. 苏州莱茵电梯股份有限公司（证券代码：834514）

成立日期	2005 年 3 月
挂牌日期	2015 年 12 月 14 日
相关指数	—
行业类别	机械设备—专用设备
主营业务	从事电梯整机、配套部件的研发、生产、销售，提供安装、维保服务
总股本（万股）	10 020.00
注册地址	常熟市古里镇增福路

注：2018 年 11 月 15 日，因战略调整，终止挂牌。

82. 苏州科逸住宅设备股份有限公司（证券代码：834659）

成立日期	2006 年 8 月
挂牌日期	2015 年 12 月 14 日
相关指数	—
行业类别	建筑材料—建筑装饰
主营业务	住宅产业化内装部品研发、设计、生产和销售
总股本（万股）	7 500.00
注册地址	苏州工业园区唯亭镇望江路 189 号

注：2017 年 9 月 8 日，因战略调整终止挂牌。

83. 苏州开眼数据技术股份有限公司（证券代码：834671）

成立日期	2012 年 11 月
挂牌日期	2015 年 12 月 15 日
相关指数	全国中小企业股份转让系统成分指数 全国中小企业股份转让系统成分全收益指数
行业类别	信息服务—计算机应用
主营业务	以搜索引擎营销（SEM）为核心，开发软件及网络平台，提供互联网广告营销服务
总股本（万股）	1 000.00
注册地址	苏州工业园区星湖街 328 号 15-401

注：2019 年 3 月 14 日，因战略调整终止挂牌。

84. 苏州清睿教育科技股份有限公司（证券代码：834987）

成立日期	2012 年 11 月
挂牌日期	2015 年 12 月 16 日
相关指数	全国中小企业股份转让系统成分指数
行业类别	信息服务—计算机应用
主营业务	教育软件设计、开发及相关服务，以及运营基于感知心理声学的互联网语音评测业务
总股本（万股）	3 072.00
注册地址	苏州工业园区星湖街 328 号创意产业园 16-A301 单元

注：2018 年 8 月 9 日，因战略调整，终止挂牌。

85. 苏州新宏博智能科技股份有限公司（证券代码：834995）

成立日期	2003 年 4 月
挂牌日期	2015 年 12 月 16 日
相关指数	—
行业类别	机械设备—电气设备
主营业务	数据采集设备、电控与配电自动化设备、电子智能控制、信息通信网络设备及系统软件
总股本（万股）	2 300.00
注册地址	苏州工业园区苏胜东路胜港街 88 号

注：2018 年 6 月 14 日，因战略调整，终止挂牌。

86. 苏州天源磁业股份有限公司（证券代码：834828）

成立日期	2011 年 7 月
挂牌日期	2015 年 12 月 18 日
相关指数	—
行业类别	有色金属—新材料
主营业务	磁性材料、高导磁体、功率磁环、软磁铁氧体磁环的研发、生产与销售
总股本（万股）	2 650.00
注册地址	常熟市虞山高新技术产业园四新路 18 号

注：2019 年 10 月 23 日，因战略调整，申请终止挂牌。

87. AEM 科技（苏州）股份有限公司（证券代码：834850）

成立日期	2001 年 11 月
挂牌日期	2015 年 12 月 22 日
相关指数	全国中小企业股份转让系统成分指数
行业类别	电子—半导体及元件
主营业务	表面贴装式新型电路保护元器件的研发、生产及销售
总股本（万股）	7 850.00
注册地址	苏州工业园区西沈浒路 138 号

注：2018 年 4 月 27 日，因战略调整终止挂牌。

88. 苏州光舵微纳科技股份有限公司（证券代码：835121）

成立日期	2011年3月
挂牌日期	2015年12月23日
相关指数	—
行业类别	专用设备
主营业务	微纳米器件的研发、生产及销售；纳米压印设备、工艺及耗材的研发、生产及销售
总股本（万股）	300.00
注册地址	常熟经济技术开发区（四海路11号）科创园2号楼102

注：2019年1月16日，因战略调整，终止挂牌。

89. 苏州复睿电力科技股份有限公司（证券代码：835148）

成立日期	2012年2月
挂牌日期	2015年12月23日
相关指数	—
行业类别	半导体太阳能光伏
主营业务	分布式光伏发电系统项目的开发、投资、建设及运营
总股本（万股）	3 000.00
注册地址	苏州高新区培源路2号（科技城微系统园二区）

注：2019年4月17日，因战略调整，申请终止挂牌。

90. 江苏固德威电源科技股份有限公司（证券代码：835209）

成立日期	2010年1月
挂牌日期	2015年12月23日
相关指数	—
行业类别	电气设备
主营业务	太阳能光伏逆变器的研发、生产和销售服务
总股本（万股）	6 600.00
注册地址	苏州高新区昆仑山路189号（科技城内）

注：2018年7月31日，因战略调整，终止挂牌。

91. 江苏日久光电股份有限公司（证券代码：835229）

成立日期	2010年1月12日
挂牌日期	2016年1月5日
相关指数	—
行业类别	电子—光学光电子
主营业务	柔性光学导电材料的研发、生产和销售
总股本（万股）	21 080.00
注册地址	昆山市周庄镇锦周公路东侧、园区大道南侧

注：2019年4月25日，因战略调整，终止挂牌。

92. 苏州聚贤电气科技股份有限公司（证券代码：834633）

成立日期	2006年1月24日
挂牌日期	2016年1月7日
相关指数	—
行业类别	机械设备—金属制品
主营业务	精密金属制造与服务，主要是精密钣金件、机箱机柜制造与服务
总股本（万股）	3 000.00
注册地址	吴江区经济技术开发区同兴村富华路123号

注：2019年9月15日，因战略调整，终止挂牌。

93. 苏州朗威电子机械股份有限公司（证券代码：835569）

成立日期	2010年1月20日
挂牌日期	2016年1月14日
相关指数	—
行业类别	金属制品
主营业务	机柜及其配件的研发、生产与销售
主导产品	机柜、机柜配件、冷池系列
总股本（万股）	3 500.00
注册地址	相城区黄埭镇潘阳工业园住友电装路

注：2018年8月3日，因股权转让，申请终止挂牌。

94. 苏州世纪福智能装备股份有限公司（证券代码：835633）

成立日期	2007年8月27日
挂牌日期	2016年1月20日
相关指数	—
行业类别	电气自控设备
主营业务	智能消费电子、工业电子线上测试治具、自动化测试平台等设计、研发、生产和销售
总股本（万股）	4 940.00
注册地址	虎丘区昆仑山路189号

注：2019年8月16日，因战略调整，申请终止挂牌。

95. 苏州新豪轴承股份有限公司（证券代码：835593）

成立日期	1992年10月16日
挂牌日期	2016年1月27日
相关指数	—
行业类别	机械基础件
主营业务	各类滚针轴承的研发、生产和销售
总股本（万股）	6 500.00
注册地址	苏州高新区紫金路88号

注：公司自2019年6月19日起，因战略调整，申请终止挂牌。

96. 苏州特毅物业股份有限公司（证券代码：835232）

成立日期	2004年9月1日
挂牌日期	2016年1月28日
相关指数	—
行业类别	房地产开发
主营业务	为医院、商业开发商、政府机关及事业单位、工业客户、住宅等提供专业的物业管理服务
总股本（万股）	510.00
注册地址	苏州工业园区通园路339号3幢401、402、403室

注：公司自2019年8月23日起，因战略调整，申请终止挂牌。

97. 苏州安皓瑞先进材料股份有限公司（证券代码：835646）

成立日期	2009年4月1日
挂牌日期	2016年1月28日
相关指数	—
行业类别	其他化学制品
主营业务	各类胶粘剂、密封剂、涂料等化学品分装与销售及各类胶体设备研发、生产和销售
总股本（万股）	700.00
注册地址	虎丘区嵩山路143号

注：2019年4月18日，因战略调整，申请终止挂牌。

98. 苏州仕净环保科技股份有限公司（证券代码：835710）

成立日期	2005年4月11日
挂牌日期	2016年1月28日
相关指数	—
行业类别	环保工程及服务
主营业务	环境治理
总股本（万股）	6 284.00
注册地址	相城区太平镇黎明村

注：2018年11月20日，因战略调整，申请终止挂牌。

99. 江苏康达检测技术股份有限公司（证券代码：835677）

成立日期	2006年6月16日
挂牌日期	2016年2月17日
相关指数	—
行业类别	环保工程及服务
主营业务	环境检测和职业卫生检测与评价
总股本（万股）	2 200.00
注册地址	姑苏区盘胥路859号（A-1）

注：2018年12月5日，因战略调整，申请终止挂牌。

附　录

100. 苏州智铸通信科技股份有限公司（证券代码：835831）

成立日期	2012年12月21日
挂牌日期	2016年2月22日
相关指数	—
行业类别	软件开发及服务
主营业务	以移动通信为技术基础的各种专业和综合应用解决方案和产品
总股本（万股）	1 178.57
注册地址	苏州工业园区林泉街399号东南院（1号）408室

注：2018年11月16日，因战略调整，申请终止挂牌。

101. 江苏心日源建筑节能科技股份有限公司（证券代码：835819）

成立日期	2010年11月24日
挂牌日期	2016年3月1日
相关指数	—
行业类别	专业工程
主营业务	建筑节能系统的设计、咨询、实施与推广
总股本（万股）	1 302.53
注册地址	苏州工业园区展业路18号中新生态大厦A6F

注：公司自2019年10月10日起，因战略调整，申请终止挂牌。

102. 苏州中晟环境修复股份有限公司（证券代码：835864）

成立日期	1998年6月29日
挂牌日期	2016年3月3日
相关指数	—
行业类别	环保工程及服务
主营业务	环保工程咨询、设计、施工、安装及运营管理
总股本（万股）	4 288.00
注册地址	吴中经济开发区越溪街道北官渡路22号11幢

注：2019年4月24日，因战略调整，申请终止挂牌。

103. 江苏北人机器人系统股份有限公司（证券代码：836084）

成立日期	2011年12月26日
挂牌日期	2016年3月8日
相关指数	—
行业类别	其他专用机械
主营业务	提供与机器人相关的系统集成的解决方案
总股本（万股）	8 250.00
注册地址	苏州工业园区方洲路128号

注：公司自2019年11月11日起，因战略调整，申请终止挂牌。

104. 苏州元璋精工科技股份有限公司（证券代码：836211）

成立日期	2010年6月24日
挂牌日期	2016年3月10日
相关指数	—
行业类别	金属制品
主营业务	精密钣金结构产品的设计、制造和销售
总股本（万股）	1 100.00
注册地址	吴中区胥口镇吴中大道5055号1—9幢

注：2017年7月14日，因未能按照规定时间披露2016年年度报告，终止挂牌。

105. 苏州世德堂物流股份有限公司（证券代码：836169）

成立日期	2011年9月6日
挂牌日期	2016年3月16日
相关指数	—
行业类别	物流
主营业务	道路普通货物运输和货物专用运输（集装箱）
总股本（万股）	1 828.00
注册地址	姑苏区金筑街588号传化物流基地S104室

注：2017年11月1日，因未按规定期限内披露2017年半年度报告，终止挂牌。

106. 利诚服装集团股份有限公司（证券代码：835706）

成立日期	2002年6月11日
挂牌日期	2016年3月17日
相关指数	—
行业类别	纺织服装—服装家纺
主营业务	居家生活和快时尚类服装的研发、生产与销售
总股本（万股）	9 600.00
注册地址	虎丘区华山路158-39A号

注：2017年3月10日，因战略调整，申请终止挂牌。

107. 江苏沙家浜医药化工装备股份有限公司（证券代码：836110）

成立日期	2007年4月10日
挂牌日期	2016年3月18日
相关指数	—
行业类别	冶金矿采化工设备
主营业务	从事医药化工设备的研发、生产和销售
总股本（万股）	2 290.00
注册地址	苏州工业园区方洲路128号

注：公司自2019年8月6日起，因战略调整，申请终止挂牌。

附　录

108. 苏州桐力光电股份有限公司（证券代码：836135）

成立日期	2012 年 7 月 19 日
挂牌日期	2016 年 3 月 29 日
相关指数	—
行业类别	其他电子
主营业务	光电领域的技术服务，以及光电材料和设备的研发、生产、销售
总股本（万股）	1 304.35
注册地址	苏州工业园区跨塘金达路 8 号

注：2017 年 9 月 28 日，因战略调整终止挂牌。

109. 苏州星诺奇科技股份有限公司（证券代码：835904）

成立日期	2010 年 10 月 27 日
挂牌日期	2016 年 3 月 29 日
相关指数	—
行业类别	汽车—汽车零部件
主营业务	精密注塑模具及精密注塑零件研发、生产和销售
总股本（万股）	4 944.44
注册地址	苏州工业园区科智路 1 号中新科技工业坊二期

注：2017 年 3 月 21 日，因战略调整终止挂牌。

110. 苏州掌柜软件股份有限公司（证券代码：836682）

成立日期	2011 年 3 月 4 日
挂牌日期	2016 年 4 月 8 日
相关指数	—
行业类别	软件开发及服务
主营业务	企业管理软件产品研发和销售
总股本（万股）	500.00
注册地址	吴中经济开发区吴中大道 1368 号东太湖科技金融城二期 429

注：公司自 2019 年 7 月 26 日起，因定期报告不能按时披露，终止挂牌。

111. 张家港中讯邮电科技股份有限公司（证券代码：836710）

成立日期	2003 年 9 月 4 日
挂牌日期	2016 年 4 月 13 日
相关指数	—
行业类别	金属制品
主营业务	住宅信报箱、邮政专用信筒、邮政信箱、投递桌椅、邮件分拣台、邮政铅封、报刊亭、电话亭、公共自行车租赁亭等加工制造业务
总股本（万股）	2 000.00
注册地址	张家港市杨舍镇晨阳晨新村

注：2019 年 3 月 20 日，因未能按照规定时间披露 2017 年年度报告，终止挂牌。

112. 苏州澎瀚机械股份有限公司（证券代码：836697）

成立日期	2008年7月3日
挂牌日期	2016年4月20日
相关指数	—
行业类别	机械基础件
主营业务	设计、生产、销售各类工业阀门
总股本（万股）	16 410.00
注册地址	吴中区胥口镇新峰路458号

注：公司自2019年12月11日起，因定期报告不能按时披露，终止挂牌。

113. 苏州美迪斯医疗运动用品股份有限公司（证券代码：836841）

成立日期	2003年9月5日
挂牌日期	2016年4月25日
相关指数	—
行业类别	医疗器械
主营业务	高品质医用耗材研发、生产和销售
总股本（万股）	1 000.00
注册地址	苏州工业园区方洲路128号

注：2018年9月18日，因长期战略发展规划的需要，申请终止挂牌。

114. 江苏捷帝机器人股份有限公司（证券代码：836798）

成立日期	2012年11月8日
挂牌日期	2016年4月25日
相关指数	—
行业类别	其他专用机械
主营业务	工业机器人关节纯铁铸件和钼铁铸件产售
总股本（万股）	2 658.00
注册地址	相城区阳澄湖镇石田路

注：2017年11月24日，因战略调整终止挂牌。

115. 苏州菱欧自动化科技股份有限公司（证券代码：837056）

成立日期	2004年11月
挂牌日期	2014年4月26日
相关指数	—
行业类别	专用设备制造业
主营业务	自动化设备的设计、生产和销售
总股本（万股）	2 000.00
注册地址	吴中区郭巷街道西九盛街88号

注：2018年12月24日，因战略调整，申请终止挂牌。

附录

116. 江苏亿友慧云软件股份有限公司（证券代码：836687）

成立日期	2010年5月18日
挂牌日期	2016年4月29日
相关指数	—
行业类别	计算机—计算机应用
主营业务	软件系统的开发、销售以及软件技术服务
总股本（万股）	3 528.00
注册地址	吴江区苏州河路18号吴江太湖新城科创园内1号楼

注：2019年7月31日，因战略调整，申请终止挂牌。

117. 江苏敏佳电子科技股份公司（证券代码：836702）

成立日期	2010年7月9日
挂牌日期	2016年5月5日
相关指数	—
行业类别	计算机—计算机设备
主营业务	视频监控设备的研发、生产及销售
总股本（万股）	666.67
注册地址	虎丘区向阳路198号

注：2019年11月21日，因战略调整，申请终止挂牌。

118. 昆山市杰尔电子科技股份有限公司（证券代码：837262）

成立日期	2005年8月
挂牌日期	2016年5月12日
相关指数	—
行业类别	制造业—金属制品业
主营业务	冲压金属结构制品的研发、生产与销售
总股本（万股）	4 500.00
注册地址	昆山市玉山镇燕桥浜路富民五区10号厂房

注：2017年12月8日，因重大不确定性事项，终止挂牌。

119. 苏州中宝复合材料股份有限公司（证券代码：837537）

成立日期	2011年6月
挂牌日期	2016年5月18日
相关指数	—
行业类别	制造业—金属制品业
主营业务	粉末冶金复合材料制品设计、生产和销售
总股本（万股）	1 000.00
注册地址	苏州工业园区唯亭丰盈街18号

注：2017年7月17日，因定期报告不能按时披露，终止挂牌。

120. 苏州鸿博斯特超净科技股份有限公司（证券代码：837553）

成立日期	2004年12月22日
挂牌日期	2016年5月23日
相关指数	—
行业类别	商业贸易—贸易Ⅱ
主营业务	各类无尘耗材、设备的研发、生产与销售，洁净、无尘解决方案综合服务提供商
总股本（万股）	2 700.00
注册地址	昆山市巴城镇学院路999号2号房

注：2019年6月19日，因战略调整，申请终止挂牌。

121. 苏州有您网国际物流股份有限公司（证券代码：837416）

成立日期	2006年1月20日
挂牌日期	2016年5月26日
相关指数	—
行业类别	交通运输—物流Ⅱ
主营业务	从事国际贸易进出口的海、陆、空订舱，集卡运输、分拨、报关报检、代办货物运输保险
总股本（万股）	3 000.00
注册地址	吴中区工业园区钟南街428号

注：2019年8月23日，因战略调整，申请终止挂牌。

122. 江苏安荣电气设备股份有限公司（证券代码：837624）

成立日期	2008年7月
挂牌日期	2016年5月30日
相关指数	—
行业类别	电气机械和器材制造业
主营业务	高速铁路及城市轨道交通、城市综合地下管廊配套产品设计、制造、销售
总股本（万股）	2 000.02
注册地址	昆山市千灯镇丰收南路178号6幢

注：2019年4月2日，因战略调整，申请终止挂牌。

123. 苏州昊帆生物股份有限公司（证券代码：837632）

成立日期	2003年12月2日
挂牌日期	2016年6月1日
相关指数	—
行业类别	化工—化学原料
主营业务	多肽合成试剂、蛋白质交联剂以及分子砌块的研发与销售
总股本（万股）	8 100.00
注册地址	虎丘区鸿禧路32号12栋

注：2019年7月10日，因战略调整，申请终止挂牌。

附 录

124. 张家港绿色三星净化科技股份有限公司（证券代码：836923）

成立日期	2000年9月
挂牌日期	2016年6月8日
相关指数	—
行业类别	公用事业—生态保护和环境治理业
主营业务	提供工业废气和水污染治理工程的设计、咨询、设备供货及安装调试等综合服务
总股本（万股）	1 000.00
注册地址	张家港市金港镇朱家宕村

注：2018年5月2日，因无法定期披露年度报告，公司股票存在被终止挂牌的风险。

125. 苏州海加网络科技股份有限公司（证券代码：837788）

成立日期	2008年7月
挂牌日期	2016年6月13日
相关指数	—
行业类别	信息传输、软件和信息技术服务业
主营业务	提供国际同步、信息安全产品、物联网传感终端安全监控解决方案
总股本（万股）	2 000.00
注册地址	苏州工业园区汀兰巷183号沙湖科技园11幢

注：2017年11月9日，因定期报告不能按时披露，终止挂牌。

126. 昆山航理机载设备股份有限公司（证券代码：837381）

成立日期	2010年5月
挂牌日期	2016年6月20日
相关指数	—
行业类别	铁路、船舶、航空航天和其他运输设备制造业
主营业务	航空飞行模拟器、机载设备研发、设计、产销
总股本（万股）	2 400.00
注册地址	昆山市淀山湖镇翔云路西侧（昆山航空产业园内）

注：2017年11月23日，因筹划重大事项，终止挂牌。

127. 苏州恒顿文化传媒股份有限公司（证券代码：837672）

成立日期	2011年3月
挂牌日期	2016年6月21日
相关指数	—
行业类别	广播、电视、电影和影视录音制作业
主营业务	电视和网络播放平台原创类视频节目研发、内容制作以及相关咨询服务
总股本（万股）	1 158.87
注册地址	苏州工业园区星湖街328号崇文路国华大厦A432室

注：2017年11月8日，因筹划重大事项，终止挂牌。

128. 苏州智浦芯联电子科技股份有限公司（证券代码：837827）

成立日期	2012 年 8 月
挂牌日期	2016 年 6 月 27 日
相关指数	—
行业类别	计算机、通信和其他电子设备制造业
主营业务	芯片研发、设计、销售及相关技术服务
总股本（万股）	1 200.00
注册地址	苏州工业园区东长路 88 号 2.5 产业园 G2 栋 701 室

注：2019 年 1 月 30 日，因战略调整，申请终止挂牌。

129. 苏州索泰检测技术服务股份有限公司（证券代码：837589）

成立日期	2011 年 8 月 16 日
挂牌日期	2016 年 6 月 30 日
相关指数	—
行业类别	公用事业—环保工程及服务
主营业务	日常消费品类及汽车类产品的技术检测服务
总股本（万股）	1 900.00
注册地址	苏州工业园区星湖街 218 号生物纳米园 B3 楼 301 室

注：2019 年 11 月 28 日，因战略调整，申请终止挂牌。

130. 常熟新都安电器股份有限公司（证券代码：837431）

成立日期	2004 年 2 月 27 日
挂牌日期	2016 年 7 月 12 日
相关指数	—
行业类别	电子—电子制造
主营业务	温度控制器的研发、生产和销售
总股本（万股）	3 000.00
注册地址	常熟市虞山林场碧云路 1 号

注：2016 年 12 月 20 日，因战略调整，申请终止挂牌。

131. 苏州美集供应链管理股份有限公司（证券代码：838004）

成立日期	2010 年 7 月
挂牌日期	2016 年 7 月 25 日
相关指数	—
行业类别	装卸搬运和运输代理业
主营业务	为客户提供包括货物运输代理、报关、仓储等在内的一体化物流服务
总股本（万股）	4 900.00
注册地址	苏州工业园区现代大道 66 号综保大厦 20 层 2008 室

注：2018 年 2 月 22 日，因筹划重大事项，终止挂牌。

附　录

132. 苏州安捷讯光电科技股份有限公司（证券代码：838112）

成立日期	2009年3月25日
挂牌日期	2016年7月27日
相关指数	—
行业类别	通信—通信设备
主营业务	光通信领域光无源核心器件研发、生产、销售，预端接高密度光纤布线整体解决方案
总股本（万股）	3 000.00
注册地址	吴中经济开发区郭巷街道吴淞路818号富民三期厂房1幢

注：2019年8月19日，因战略调整，申请终止挂牌。

133. 江苏广川线缆股份有限公司（证券代码：838177）

成立日期	2013年9月27日
挂牌日期	2016年8月1日
相关指数	—
行业类别	电气设备—高低压设备
主营业务	传统铜包铝线、新型铜包铝线等复合金属线的研发、生产和销售
总股本（万股）	1 400.00
注册地址	张家港市塘桥镇妙桥商城路100号

注：2019年8月13日，因战略调整，申请终止挂牌。

134. 昆山佰奥智能装备股份有限公司（证券代码：838555）

成立日期	2006年1月
挂牌日期	2016年8月2日
相关指数	—
行业类别	机械设备—通用设备
主营业务	智能制造装备的设计、制造、加工和销售
总股本（万股）	1 330.00
注册地址	昆山市玉山镇元丰路232号8号房

注：2018年1月19日，因筹划重大事项，终止挂牌。

135. 苏州申达洁净照明股份有限公司（证券代码：838179）

成立日期	1996年4月9日
挂牌日期	2016年8月3日
相关指数	—
行业类别	电子—光学光电子
主营业务	洁净灯具产品及相关配件的生产与销售
总股本（万股）	2 300.00
注册地址	吴江区经济开发区庞金路东侧泉海路88号

注：2019年8月21日，因战略调整，申请终止挂牌。

136. 江苏盛世华安互联网科技股份有限公司（证券代码：838280）

成立日期	2010年2月5日
挂牌日期	2016年8月5日
相关指数	—
行业类别	计算机—计算机设备
主营业务	人脸识别检索防范安全访客系统一体机；楼宇防攀爬系统；车辆出入管理系统
总股本（万股）	3 330.00
注册地址	张家港市经济开发区（南区新泾西路6号）

注：2019年10月29日，因战略调整，申请终止挂牌。

137. 江苏联纵传媒股份有限公司（证券代码：838229）

成立日期	2001年3月
挂牌日期	2016年8月5日
相关指数	—
行业类别	租赁和商务服务业—商务服务业
主营业务	长三角地区的楼宇框架等生活圈的媒体开发、运营、销售
总股本（万股）	1 580.00
注册地址	吴中区木渎镇金枫路216号8幢东创科技园（A）号楼二楼

注：2018年12月4日，因战略调整终止挂牌。

138. 江苏聚力智能机械股份有限公司（证券代码：838492）

成立日期	2009年8月
挂牌日期	2016年8月5日
相关指数	—
行业类别	通用设备制造业
主营业务	电扶梯配套机械部件的研发、生产及销售
总股本（万股）	6 180.00
注册地址	吴江区汾湖经济开发区新黎路北侧

注：2017年7月7日，因股东大会作出终止上市决议，终止挂牌。

139. 苏州翔楼新材料股份有限公司（证券代码：838455）

成立日期	2005年12月8日
挂牌日期	2016年8月8日
相关指数	—
行业类别	汽车—汽车零部件
主营业务	汽车零配件材料研发、生产和销售，提供优质碳素结构钢、合金结构钢等汽车零部件材料
总股本（万股）	5 600.00
注册地址	吴江区松陵镇友谊工业区

注：2019年8月5日，因战略调整，申请终止挂牌。

140. 苏州中集国际供应链股份有限公司（证券代码：838872）

成立日期	2006年9月7日
挂牌日期	2016年8月9日
相关指数	—
行业类别	交通运输—物流Ⅱ
主营业务	国际货运代理、仓储及物流配送、国际贸易
总股本（万股）	2 000.00
注册地址	虎丘区文昌路36号

注：2019年12月16日，因未能规范履行信息披露义务，强制终止挂牌。

141. 江苏帅马安防科技股份有限公司（证券代码：838515）

成立日期	2002年7月24日
挂牌日期	2016年8月9日
相关指数	—
行业类别	机械设备—金属制品
主营业务	保险箱（柜）金属制品、电梯配件等产品的研发、生产和销售
总股本（万股）	2 882.18
注册地址	吴江区汾湖经济开发区莘塔大街1285号

注：2019年8月29日，因战略调整，申请终止挂牌。

142. 江苏山水节能服务股份有限公司（证券代码：838323）

成立日期	2010年11月
挂牌日期	2016年8月9日
相关指数	—
行业类别	科技推广和应用服务业
主营业务	LED照明节能服务项目的承揽、设计、建设及运营管理
总股本（万股）	2 000.00
注册地址	常熟市辛庄镇光华环路26号1幢

注：2018年6月7日，因战略调整终止挂牌。

143. 新黎明科技股份有限公司（证券代码：838421）

成立日期	2011年9月
挂牌日期	2016年8月9日
相关指数	—
行业类别	电气机械和器材制造业
主营业务	防爆电器、防爆灯具、防爆管件、防爆仪表、防爆风机等系列产品研发、产销
总股本（万股）	11 616.00
注册地址	相城区阳澄湖镇西横港街15号

注：2018年4月27日，因筹划重大事项，终止挂牌。

144. 凯美瑞德（苏州）信息科技股份有限公司（证券代码：838201）

成立日期	2013 年 8 月
挂牌日期	2016 年 8 月 9 日
相关指数	—
行业类别	软件和信息技术服务业
主营业务	软件开发及相关技术服务、系统集成、产品销售
总股本（万股）	5 000.00
注册地址	苏州工业园区崇文路 199 号富华科技大厦 4B06 室

注：2017 年 12 月 29 日，因筹划重大事项，终止挂牌。

145. 江苏联领智能科技股份有限公司（证券代码：839117）

成立日期	2007 年 9 月 14 日
挂牌日期	2016 年 8 月 10 日
相关指数	—
行业类别	计算机—计算机应用
主营业务	服装、家纺自动化生产系统以及电子商务发货包装自动化系统的开发、集成和销售
总股本（万股）	2 651.00
注册地址	常熟市尚湖镇练塘大道 31-1 号 1 幢

注：2019 年 6 月 20 日，因战略调整，申请终止挂牌。

146. 苏州纳芯微电子股份有限公司（证券代码：838551）

成立日期	2013 年 5 月
挂牌日期	2016 年 8 月 11 日
相关指数	—
行业类别	电子—半导体及元件
主营业务	高性能集成电路芯片的设计、开发和销售
总股本（万股）	600.00
注册地址	苏州工业园区仁爱路 150 号第二教学楼 A104 室

注：2018 年 9 月 19 日，因战略调整终止挂牌。

147. 江苏雅鹿品牌运营股份有限公司（证券代码：838976）

成立日期	2009 年 12 月
挂牌日期	2016 年 8 月 11 日
相关指数	全国中小企业股份转让系统成分全收益指数、全国中小企业股份转让系统成分指数
行业类别	纺织服装—服装家纺
主营业务	服装类产品的销售
总股本（万股）	2 180.00
注册地址	太仓市经济技术开发区郑和中路 318 号

注：2018 年 8 月 3 日，因战略调整终止挂牌。

148. 江苏盈美软装艺术设计股份有限公司（证券代码：838985）

成立日期	2012年5月
挂牌日期	2016年8月11日
相关指数	—
行业类别	建筑材料—建筑装饰
主营业务	整体软装设计、配套产品销售与布置施工服务
总股本(万股)	2 000.00
注册地址	苏州工业园区星湖街999号205室和307室

注：2017年7月3日，因定期报告不能按时披露，终止挂牌。

149. 苏州捷赛机械股份有限公司（证券代码：838880）

成立日期	2012年9月
挂牌日期	2016年8月12日
相关指数	—
行业类别	机械设备—专用设备
主营业务	粮食、农产品等物料干燥、处理及输送、安全仓储、除尘及环保等设备研发、制造、销售
总股本(万股)	3 600.00
注册地址	太仓市科技产业园

注：2018年3月21日，因筹划重大事项，终止挂牌。

150. 江苏永发医用设备科技股份有限公司（证券代码：838367）

成立日期	1998年7月9日
挂牌日期	2016年8月17日
相关指数	
行业类别	医药生物—医疗器械Ⅱ
主营业务	医用病床及其他医用配套设备的研发、生产、销售和安装维护一体化服务
总股本(万股)	3 150.00
注册地址	张家港市乐余镇常丰村

注：2019年6月19日，因战略调整，申请终止挂牌。

151. 苏州工业园区明源金属股份有限公司（证券代码：838833）

成立日期	1999年11月
挂牌日期	2016年8月19日
相关指数	—
行业类别	机械设备—通用设备
主营业务	各类钣金、五金冲压和电子产品配件的制造与加工
总股本(万股)	2 000.00
注册地址	苏州工业园区娄葑东区民生路南首

注：2019年4月19日，因战略调整，申请终止挂牌。

152. 苏州新能环境技术股份有限公司（证券代码：839075）

成立日期	2009 年 8 月
挂牌日期	2016 年 8 月 26 日
相关指数	—
行业类别	公用事业—环保工程
主营业务	纯水制备系统和工业废水处理系统的研发、生产和销售
总股本（万股）	1 000.00
注册地址	吴江区松陵镇友谊工业区

注：2019 年 2 月 27 日，因战略调整，申请终止挂牌。

153. 苏州艾福电子通讯股份有限公司（证券代码：837886）

成立日期	2005 年 12 月
挂牌日期	2016 年 9 月 2 日
相关指数	—
行业类别	计算机、通信和其他电子设备制造业
主营业务	无线移动通信及卫星通信用射频部件及模块的研发、生产及销售
总股本（万股）	1 110.00
注册地址	虎丘区鹿山路环保产业园 14 号厂房东半部

注：2017 年 7 月 13 日，因筹划重大事项，终止挂牌。

154. 苏州市高事达信息科技股份有限公司（证券代码：839179）

成立日期	2002 年 8 月
挂牌日期	2016 年 9 月 8 日
相关指数	—
行业类别	信息设备—通信设备
主营业务	研发、生产、销售通信设备及广播电视设备
总股本（万股）	2 018.00
注册地址	常熟市古里镇白茆工业区

注：2018 年 11 月 13 日，因战略调整，申请终止挂牌。

155. 江苏未至科技股份有限公司（证券代码：838429）

成立日期	2009 年 12 月
挂牌日期	2016 年 9 月 26 日
相关指数	—
行业类别	信息传输、软件和信息技术服务业
主营业务	城市信息化技术和服务系统的开发、建设、运营和维护，有关自动化配套业务及服务
总股本（万股）	1 720.00
注册地址	苏州高新区竹园路 209 号 3 号楼 901、903 间

注：2018 年 3 月 19 日，因战略调整终止挂牌。

156. 德维阀门铸造（苏州）股份有限公司（证券代码：838148）

成立日期	2008 年 8 月
挂牌日期	2016 年 9 月 29 日
相关指数	—
行业类别	通用设备制造业
主营业务	能源领域工业阀门的设计、生产、制造和销售
总股本（万股）	2 700.00
注册地址	吴江区经济开发区甘泉西路 666 号

注：2018 年 10 月 30 日，因战略调整终止挂牌。

157. 昆山倚天自动化科技股份有限公司（证券代码：839510）

成立日期	2005 年 3 月
挂牌日期	2016 年 10 月 21 日
相关指数	—
行业类别	机械设备—专用设备
主营业务	汽车零部件和为医药生产企业提供非标准化的自动化智能装配及检测设备和相关技术服务
总股本（万股）	1 500.00
注册地址	昆山市巴城镇石牌欣基路 198 号

注：2017 年 11 月 22 日，因筹划重大事项，终止挂牌。

158. 苏州华葆药业股份有限公司（证券代码：839464）

成立日期	1989 年 8 月 8 日
挂牌日期	2016 年 10 月 24 日
相关指数	—
行业类别	医药生物—中药Ⅱ
主营业务	糖浆剂、合剂、颗粒剂、片剂、胶囊剂等中成药的生产、销售
总股本（万股）	3 000.00
注册地址	常熟市碧溪新区迎宾路 19 号

注：2019 年 8 月 12 日，因战略调整，申请终止挂牌。

159. 苏州云白环境设备股份有限公司（证券代码：839462）

成立日期	2009 年 9 月
挂牌日期	2016 年 10 月 24 日
相关指数	—
行业类别	机械设备—通用设备
主营业务	研发、设计、生产预制式双层不锈钢烟囱、工业用防腐烟囱、家用壁炉烟囱等高温排烟管道
总股本（万股）	5 200.00
注册地址	苏州高新区通安镇西唐路 78 号

注：2017 年 12 月 7 日，因筹划重大事项，终止挂牌。

160. 苏州诺升功能高分子材料股份有限公司（证券代码：839428）

成立日期	2005 年 7 月 4 日
挂牌日期	2016 年 10 月 25 日
相关指数	—
行业类别	轻工制造—其他轻工制造
主营业务	聚四氟乙烯微粉和 EBS 蜡粉的研发、生产、销售和服务
总股本（万股）	900.00
注册地址	吴江区同里镇邱舍工业园

注：2019 年 8 月 2 日，因战略调整，申请终止挂牌。

161. 苏州越吴人力资源股份有限公司（证券代码：839359）

成立日期	2007 年 9 月
挂牌日期	2016 年 10 月 26 日
相关指数	—
行业类别	信息服务—传媒
主营业务	劳务派遣和劳务外包
总股本（万股）	3 000.00
注册地址	吴中区木渎镇珠江南路 378 号天隆大楼南四楼

注：2018 年 7 月 9 日，因战略调整终止挂牌。

162. 江苏玄通供应链股份有限公司（证券代码：839714）

成立日期	2012 年 1 月
挂牌日期	2016 年 11 月 4 日
相关指数	—
行业类别	交通运输—物流
主营业务	物流辅助业务、仓储及增值业务、运输业务、电商物流业务、贸易业务
总股本（万股）	3 000.00
注册地址	吴中区郭巷街道吴淞江大道 111 号天运广场一期主楼 1 幢第 9 层

注：2018 年 1 月 3 日，因筹划重大事项，终止挂牌。

163. 通用电梯股份有限公司（证券代码：839803）

成立日期	2003 年 8 月 21 日
挂牌日期	2016 年 11 月 8 日
相关指数	—
行业类别	机械设备—通用机械
主营业务	从事电梯、自动扶梯、自动人行道的产品研发、设计、制造、销售、安装、改造及维保业务
总股本（万股）	18 010.60
注册地址	吴江区七都镇港东开发区

注：2019 年 8 月 13 日，因战略调整，申请终止挂牌。

附 录

164. 苏州东南佳新材料股份有限公司（证券代码：839566）

成立日期	2006 年 12 月 5 日
挂牌日期	2016 年 11 月 9 日
相关指数	—
行业类别	机械设备—运输设备
主营业务	轨道交通受电弓碳滑板、滑板碳条及相关产品的研发、生产和销售
总股本（万股）	3 832.32
注册地址	太仓市双凤镇温州工业园

注：2019 年 8 月 30 日，因战略调整，申请终止挂牌。

165. 江苏一号旅行网络科技股份有限公司（证券代码：839529）

成立日期	2012 年 7 月
挂牌日期	2016 年 11 月 11 日
相关指数	—
行业类别	餐饮旅游—景点及旅游
主营业务	提供针对自由行市场的个性化在线旅游服务、签证办理及机票代理服务等
总股本（万股）	1 115.38
注册地址	常熟市东南经济开发区东南大道 333 号 701

注：2018 年 7 月 9 日，因存在重大不确定性终止挂牌。

166. 苏州乐米信息科技股份有限公司（证券代码：839603）

成立日期	2013 年 8 月
挂牌日期	2016 年 11 月 14 日
相关指数	—
行业类别	信息服务—计算机应用
主营业务	移动游戏软件开发、运营，移动游戏产品的计费接入服务和小部分技术服务
总股本（万股）	3 333.33
注册地址	虎丘区科灵路 78 号 12-6-601 室

注：2019 年 4 月 24 日，因战略调整，申请终止挂牌。

167. 苏州欧孚网络科技股份有限公司（证券代码：839763）

成立日期	2013 年 4 月
挂牌日期	2016 年 11 月 14 日
相关指数	—
行业类别	信息服务—传媒
主营业务	人才招聘、服务外包
总股本（万股）	1 092.00
注册地址	苏州工业园区星湖街 328 号创意产业园 6-202 单元

注：2017 年 11 月 8 日，因筹划重大事项，终止挂牌。

168. 江苏金力鸿供应链管理股份有限公司（证券代码：839676）

成立日期	2006年4月21日
挂牌日期	2016年11月21日
相关指数	—
行业类别	交通运输—物流Ⅱ
主营业务	货运代理
总股本（万股）	800.00
注册地址	昆山市千灯镇圣祥东路25号2号房

注：2019年12月19日，因战略调整，申请终止挂牌。

169. 苏州群凯利精工股份有限公司（证券代码：839872）

成立日期	2003年7月
挂牌日期	2016年11月23日
相关指数	—
行业类别	机械设备—通用设备
主营业务	五金冲压件、冲压模具研发、生产和销售
总股本（万股）	1 500.00
注册地址	吴中区木渎镇金桥开发区东区

注：2019年5月16日，因战略调整，申请终止挂牌。

170. 苏州京浜光电科技股份有限公司（证券代码：839704）

成立日期	1994年6月
挂牌日期	2016年11月29日
相关指数	—
行业类别	电子—光学光电子
主营业务	真空镀膜的光学制品的制造及销售，从事光学产品开发，设计、制作滤光片及反射镜等制品
总股本（万股）	6 000.00
注册地址	常熟经济开发区高新技术园柳州路7号

注：2017年10月20日，因筹划重大事项，终止挂牌。

171. 爱环吴世（苏州）环保股份有限公司（证券代码：839709）

成立日期	1999年1月25日
挂牌日期	2016年12月9日
相关指数	—
行业类别	机械设备—专用设备
主营业务	提供超纯水、废水、废气、废水回用等环保设备的设计和制造、维护以及服务；循环水和锅炉水处理剂，废水处理剂的研发生产销售服务
总股本（万股）	2 510.00
注册地址	虎丘区紫金路55号

注：2019年8月2日，因战略调整，申请终止挂牌。

附 录

172. 苏州开拓药业股份有限公司（证券代码：839419）

成立日期	2009 年 3 月
挂牌日期	2016 年 12 月 12 日
相关指数	—
行业类别	医药生物—化学制药
主营业务	自主产权 1.1 类小分子创新药物的研发
总股本（万股）	1 878.11
注册地址	苏州工业园区星湖街 218 号生物纳米园独栋研发楼 C4-401 室

注：2018 年 6 月 21 日，因战略调整终止挂牌。

173. 苏州光宝科技股份有限公司（证券代码：870027）

成立日期	2013 年 1 月 25 日
挂牌日期	2016 年 12 月 13 日
相关指数	—
行业类别	电气设备—电气自动化设备
主营业务	工业自动化设备及相关配件的研发、生产与销售
总股本（万股）	1 000.00
注册地址	苏州工业园区双马路 2 号星华产业园 14 号楼 1 层

注：2019 年 8 月 16 日，因战略调整，申请终止挂牌。

174. 苏州朗科生物技术股份有限公司（证券代码：870306）

成立日期	2010 年 9 月
挂牌日期	2016 年 12 月 13 日
相关指数	—
行业类别	医药生物—医疗器械服务
主营业务	临床前药学研究
总股本（万股）	1 000.00
注册地址	苏州工业园区若水路 388 号纳米技术国家大学科技园 D 幢 7 楼

注：2017 年 12 月 1 日，因筹划重大事项，终止挂牌。

175. 苏州金象香山工匠设计装饰股份有限公司（证券代码：839968）

成立日期	1999 年 8 月 18 日
挂牌日期	2016 年 12 月 19 日
相关指数	—
行业类别	建筑装饰—装修装饰
主营业务	从事家庭住宅装饰的设计与施工业务并提供相关的售后服务
总股本（万股）	2 000.00
注册地址	吴中区胥口镇胥市街 538 号

注：2019 年 4 月 30 日，因战略调整，终止挂牌。

176. 福立旺精密机电(中国)股份有限公司(证券代码：839734)

成立日期	2006年5月18日
挂牌日期	2016年12月22日
相关指数	—
行业类别	机械设备—通用机械
主营业务	从事各类弹簧，连接器，汽车天窗件及其他五金件配件的研发、设计、生产和销售
总股本(万股)	13 000.00
注册地址	昆山市千灯镇玉溪西路168号

注：2019年8月13日，因战略调整，申请终止挂牌。

177. 江苏日新医疗设备股份有限公司(证券代码：870391)

成立日期	1994年6月
挂牌日期	2016年12月29日
相关指数	—
行业类别	医药生物—医疗器械服务
主营业务	院前急救设备和康复理疗设备的研发、设计、生产、测试、销售以及服务
总股本(万股)	1 500.00
注册地址	张家港市锦丰镇杨锦公路427号

注：2018年1月26日，因战略调整终止挂牌。

178. 苏州启阳新材料科技股份有限公司(证券代码：870469)

成立日期	2009年8月5日
挂牌日期	2017年1月16日
相关指数	—
行业类别	化工—塑料Ⅱ
主营业务	VCI气象防锈包装的研发、生产与销售
总股本(万股)	2 500.00
注册地址	相城区阳澄湖镇画师湖路23号

注：2019年6月12日，因战略调整终止挂牌。

179. 苏州宇信特殊包装股份有限公司(证券代码：870582)

成立日期	2010年11月
挂牌日期	2017年1月17日
相关指数	—
行业类别	造纸及纸制品业
主营业务	包装用瓦楞纸箱、塑料脆盘、胶合栈板和EPE缓冲产品的研发、生产和销售
总股本(万股)	800.00
注册地址	吴江区松陵镇宛坪开发东路

注：2018年6月8日，因战略调整终止挂牌。

180. 苏州原创读行学堂文化旅游发展股份有限公司（证券代码：870537）

成立日期	2003 年 3 月
挂牌日期	2017 年 1 月 18 日
相关指数	—
行业类别	学生社会实践服务、一般旅游服务和培训服务
主营业务	租赁和商务服务业—商务服务业
总股本（万股）	1 500.00
注册地址	吴中区长桥街道澄湖路 888 号 1 幢 304 室

注：2018 年 2 月 18 日，因战略调整终止挂牌。

181. 苏州衣之源新材料有限公司（证券代码：870630）

成立日期	2012 年 6 月 20 日
挂牌日期	2017 年 1 月 20 日
相关指数	—
行业类别	纺织服装—纺织制造
主营业务	毛纺纱线生产、加工和销售
总股本（万股）	5 500.00
注册地址	张家港市塘桥镇鹿苑金桥路 18 号

注：2017 年 12 月 27 日，因战略调整终止挂牌。

182. 江苏博强新能源科技股份有限公司（证券代码：870607）

成立日期	2011 年 5 月 13 日
挂牌日期	2017 年 1 月 24 日
相关指数	—
行业类别	电子—其他电子
主营业务	锂离子电池管理系统（BMS）研发、生产、销售
总股本（万股）	1 152.63
注册地址	张家港市锦丰镇江苏扬子江国际冶金工业园（郁桥村 25 幢）

注：2019 年 8 月 22 日，因战略调整，申请终止挂牌。

183. 苏州晶樱光电科技股份有限公司（证券代码：839604）

成立日期	2009 年 9 月
挂牌日期	2017 年 2 月 6 日
相关指数	—
行业类别	非金属矿物制品业
主营业务	研发、生产、销售单晶硅切片、多晶硅切片，通过外协方式向客户销售太阳能电池片与组件
总股本（万股）	15 000.00
注册地址	张家港市凤凰镇双龙村

注：2019 年 5 月 27 日，因战略调整，申请终止挂牌。

184. 苏州亿倍智能清洁股份有限公司（证券代码：870922）

成立日期	2009 年 11 月
挂牌日期	2017 年 2 月 13 日
相关指数	—
行业类别	纺织业
主营业务	超细纤维毛巾和清洁垫等纺织品的技术研发、生产、销售和服务
总股本（万股）	2 000.00
注册地址	常熟市尚湖镇练塘大道 303 号

注：2019 年 4 月 17 日，因战略调整，申请终止挂牌。

185. 苏州弘森药业股份有限公司（证券代码：870569）

成立日期	2009 年 4 月 17 日
挂牌日期	2017 年 2 月 14 日
相关指数	—
行业类别	医药生物—化学制药
主营业务	医药产品的研发、生产和销售
总股本（万股）	9 800.00
注册地址	太仓市太仓港港口开发区石化区协鑫西路 12 号

注：2017 年 11 月 16 日，因战略调整，申请终止挂牌。

186. 昆山钰立电子科技股份有限公司（证券代码：871010）

成立日期	2009 年 5 月
挂牌日期	2017 年 2 月 28 日
相关指数	—
行业类别	金属制品业
主营业务	金属冲压件、五金、金属模具零配件、精密型及普通电子元器件的制造、加工、销售
总股本（万股）	2 000.00
注册地址	昆山市陆家镇星圃路 98 号 5 号房

注：2019 年 1 月 2 日，因战略调整终止挂牌。

187. 太仓科益精密模塑股份有限公司（证券代码：870871）

成立日期	2011 年 6 月
挂牌日期	2017 年 3 月 21 日
相关指数	—
行业类别	专用设备制造业
主营业务	汽车车灯、保险杠、控制台等非金属制品模具、汽车注塑模、精冲模、精密型腔模等产销
总股本（万股）	5 300.00
注册地址	太仓市浏河镇听海路 228 号 1 幢、2 幢

注：2019 年 2 月 13 日，因战略调整终止挂牌。

188. 苏州耐戈友防护用品股份有限公司（证券代码：871595）

成立日期	2011 年 8 月 3 日
挂牌日期	2017 年 8 月 7 日
相关指数	—
行业类别	纺织服装—服装家纺
主营业务	防护服装的设计、生产和销售
总股本（万股）	500.00
注册地址	吴中区横泾街道上新路 32 号

注：2019 年 7 月 9 日，因未按规定履行信息披露义务，强制终止挂牌。

189. 苏州金品智慧机器人制造股份有限公司（证券代码：870862）

成立日期	2009 年 9 月 15 日
挂牌日期	2017 年 3 月 2 日
相关指数	—
行业类别	机械设备—通用机械
主营业务	主要从事焊接材料制造生产线及相关配套通用设备的研发、生产和销售
总股本（万股）	520.00
注册地址	昆山市周市镇陆杨金茂路 1333 号 1 号房 C 区

注：2019 年 7 月 15 日，因未按规定履行信息披露义务，强制终止挂牌。

190. 江苏东吴保险经纪股份有限公司（证券代码：871730）

成立日期	2009 年 1 月
挂牌日期	2017 年 8 月 10 日
相关指数	—
行业类别	保险业
主营业务	拟定投保方案，办理投保；协助索赔；再保险经纪；防损或风险评估，风险管理咨询服务等
总股本（万股）	1 200.00
注册地址	姑苏区十梓街 397 号

注：2018 年 8 月 28 日，因战略调整终止挂牌。

191. 苏州众言网络科技股份有限公司（证券代码：871961）

成立日期	2013 年 2 月
挂牌日期	2017 年 8 月 17 日
相关指数	—
行业类别	信息服务—通信服务
主营业务	网络调查研究的技术开发与服务
总股本（万股）	1 000.00
注册地址	苏州工业园区星湖街 328 号 9-503-3 单元

注：2018 年 12 月 19 日，因战略调整，申请终止挂牌。

192. 江苏网进科技股份有限公司（证券代码：872146）

成立日期	2000年7月7日
挂牌日期	2017年8月25日
相关指数	—
行业类别	计算机—计算机应用
主营业务	智慧城市解决方案、软件开发与销售、IT运维服务
总股本（万股）	5 800.00
注册地址	昆山市玉山镇登云路288号

注：2018年4月11日，因战略调整，申请终止挂牌。

193. 苏州泓迅生物科技股份有限公司（证券代码：871854）

成立日期	2013年8月7日
挂牌日期	2017年10月9日
相关指数	—
行业类别	医药生物—生物制品Ⅱ
主营业务	提供DNA合成服务，服务范围主要涵盖了引物合成、基因合成等
总股本（万股）	1 162.53
注册地址	苏州工业园区星湖街218号生物纳米园C20楼101单元

注：2019年11月26日，因战略调整，申请终止挂牌。

194. 江苏荣邦科技股份有限公司（证券代码：871825）

成立日期	1997年7月28日
挂牌日期	2017年12月28日
相关指数	—
行业类别	机械设备—专用设备
主营业务	设计、生产、销售手推车和拖车及相关零配件
总股本（万股）	1 800.00
注册地址	昆山市经济技术开发区蓬溪北路801号

注：2019年8月16日，因战略调整，申请终止挂牌。

195. 江苏创美城市服务股份有限公司（证券代码：872514）

成立日期	2004年5月13日
挂牌日期	2018年1月25日
相关指数	—
行业类别	房地产—房地产开发Ⅱ
主营业务	物业管理
总股本（万股）	2 000.00
注册地址	张家港市杨舍镇华昌路28号B707

注：2019年10月11日，因战略调整，申请终止挂牌。

196. 江苏富泰净化科技股份有限公司（证券代码：872354）

成立日期	2002 年 8 月
挂牌日期	2018 年 3 月 6 日
相关指数	—
行业类别	机械设备—专用设备
主营业务	洁净室系列产品的研发、生产及销售
总股本(万股)	2 542.26
注册地址	昆山市陆家镇金阳东路 68 号

注：2018 年 9 月 11 日，因战略调整终止挂牌。

197. 苏州沪港科技股份有限公司（证券代码：872763）

成立日期	2010 年 8 月 16 日
挂牌日期	2018 年 5 月 21 日
相关指数	—
行业类别	建筑装饰—专业工程
主营业务	电力设备承包安装工程，为用户提供设计、制造、安装、改造、用能监测、用电质量优化、储能等全方位电力服务
总股本(万股)	952.47
注册地址	张家港市经济技术开发区(东南大道西侧)

注：2019 年 11 月 21 日，因战略调整，申请终止挂牌。

附录五 苏州拟上市预披露公司名单

截至 2019 年 12 月 31 日,苏州地区拟上市预披露公司共 46 家,其中已有 8 家上会,1 家过会。

序号	预披露日期	企业全称	注册地	备注
1	2015 年 6 月 8 日	申龙电梯股份有限公司	吴江区汾湖镇莘塔龙江路 55 号	上会,通过
2	2014 年 11 月 14 日	华澳轮胎设备科技(苏州)股份有限公司	苏州工业园区平胜路 18 号	未上会
3	2018 年 1 月 16 日	安佑生物科技集团股份有限公司	太仓市沙溪镇岳王新港中路 239 号	上会,未通过
4	2017 年 8 月 2 日	苏州吉人高新材料股份有限公司	相城区黄埭镇春旺路 18 号	未上会
5	2015 年 11 月 25 日	真彩文具股份有限公司	江苏省昆山市千灯镇炎武北路 889 号	未上会
6	2017 年 11 月 21 日	联德精密材料(中国)股份有限公司	昆山市张浦镇巍塔路 128 号	上会,未通过
7	2017 年 9 月 11 日	勋龙智造精密应用材料(苏州)股份有限公司	昆山市张浦镇阳光中路 2 号	上会,暂缓表决
8	2017 年 12 月 22 日	苏州禾昌聚合材料股份有限公司	苏州工业园区民营工业区	未上会
9	2018 年 4 月 27 日	苏州瑞可达连接系统股份有限公司	吴中区吴淞江科技产业园淞葭路 998 号	未上会
10	2018 年 4 月 13 日	江苏富森科技股份有限公司	张家港市凤凰镇杨家桥村(飞翔化工集中区)	未上会
11	2017 年 6 月 30 日	昆山国力电子科技股份有限公司	昆山市昆山开发区西湖路 28 号	未上会
12	2018 年 10 月 18 日	苏州富士莱医药股份有限公司	常熟市新材料产业园海旺路 16 号	上会,未通过
13	2017 年 7 月 14 日	苏州未来电器股份有限公司	相城区北桥街道庄基村	未上会
14	2017 年 12 月 29 日	长华化学科技股份有限公司	张家港市扬子江国际化工园北京路 20 号	未上会
15	2018 年 7 月 6 日	江苏荣成环保科技股份有限公司	昆山市陆家镇金阳东路 33 号	未上会

(续表)

序号	预披露日期	企业全称	注册地	备注
16	2019年6月14日	江苏昆山农村商业银行股份有限公司	昆山市前进东路828号	未上会
17	2019年10月15日	昆山沪光汽车电器股份有限公司	昆山市张浦镇沪光路388号	未上会
18	2019年12月13日	伟时电子股份有限公司	昆山市昆山开发区精密机械产业园云雀路299号	未上会
19	2019年9月27日	佳禾食品工业股份有限公司	吴江区松陵镇友谊工业区五方路127号	未上会
20	2019年12月20日	苏州林华医疗器械股份有限公司	苏州工业园区唯新路3号	未上会
21	2014年4月30日	江苏七洲绿色化工股份有限公司	张家港市东沙化工集中区	未上会
22	2018年1月19日	协鑫智慧能源股份有限公司	苏州工业园区新庆路28号	未上会
23	2018年12月18日	苏州华亚智能科技股份有限公司	相城区经济开发区漕湖产业园春兴路58号	未上会
24	2019年6月28日	江苏日久光电股份有限公司	昆山市周庄镇锦周公路东侧、园区大道南侧	未上会
25	2019年6月28日	苏州新锐合金工具股份有限公司	苏州工业园区唯亭镇双马街133号	未上会
26	2018年1月10日	苏州蜗牛数字科技股份有限公司	苏州工业园区金鸡湖路(现中新大道西)171号	未上会
27	2015年11月13日	苏州德龙激光股份有限公司	姑苏区苏州工业园区苏虹中路77号	未上会
28	2015年12月25日	苏州华电电气股份有限公司	吴中经济开发区河东工业园善浦路255号	未上会
29	2017年3月14日	苏州金枪新材料股份有限公司	姑苏区工业园区星湖街218号生物纳米园A4楼305室	上会,未通过
30	2017年8月21日	苏州宇邦新型材料股份有限公司	吴中经济开发区越溪街道友翔路22号	上会,未通过
31	2018年4月9日	苏州规划设计研究院股份有限公司	姑苏区十全街747号	上会,未通过
32	2018年4月4日	若宇检具股份有限公司	昆山市张浦镇俱进路	未上会
33	2018年12月7日	天聚地合(苏州)数据股份有限公司	苏州工业园区启月街288号紫金东方大厦307室	未上会

(续表)

序号	预披露日期	企业全称	注册地	备注
34	2019年10月15日	昆山佰奥智能装备股份有限公司	昆山市玉山镇紫竹路1689号6号房	未上会
35	2019年6月6日	江苏协昌电子科技股份有限公司	张家港市凤凰镇港口工业园区华泰路1号	未上会
36	2019年11月15日	江苏海晨物流股份有限公司	吴江经济技术开发区泉海路111号	未上会
37	2019年6月14日	昆山亚香香料股份有限公司	昆山市千灯镇汶浦中路269号	未上会
38	2019年6月21日	红蚂蚁装饰股份有限公司	姑苏区娄门路246号	未上会
39	2019年6月21日	苏州可川电子科技股份有限公司	昆山市千灯镇支浦路1号5号房	未上会
40	2019年6月21日	通用电梯股份有限公司	吴江区七都镇港东开发区	未上会
41	2019年6月28日	苏州星诺奇科技股份有限公司	苏州工业园区科智路1号中新科技工业坊二期E1、E2、D1、H栋厂房	未上会
42	2019年6月28日	江苏博俊工业科技股份有限公司	昆山市昆山开发区龙江路88号	未上会
43	2019年6月28日	苏州宝丽迪材料科技股份有限公司	相城区北桥镇石桥村	未上会
44	2019年6月28日	康平科技（苏州）股份有限公司	相城区经济开发区华元路18号	未上会
45	2019年6月28日	苏州艾隆科技股份有限公司	苏州工业园区新发路27号	未上会
46	2019年6月28日	江苏网进科技股份有限公司	昆山市玉山镇登云路288号	未上会

附录六　苏州科创板受理企业名单

截至 2019 年 12 月 31 日,苏州科创板受理企业共有 7 家,其中 2 家已受理,1 家已问询,3 家已提交注册,1 家注册生效。

序号	预披露时间	企 业 全 称	注 册 地	审核状态
1	2019 年 12 月 26 日	江苏固德威电源科技股份有限公司	苏州高新区	已受理
2	2019 年 12 月 13 日	苏州金宏气体股份有限公司	相城区	已受理
3	2019 年 4 月 12 日	苏州工业园区凌志软件股份有限公司	苏州工业园区	提交注册
4	2019 年 11 月 1 日	苏州敏芯微电子技术股份有限公司	苏州工业园区	已问询
5	2019 年 4 月 1 日	博众精工科技股份有限公司	吴江区	提交注册
6	2019 年 4 月 10 日	张家港广大特材股份有限公司	张家港市	提交注册
7	2019 年 6 月 10 日	苏州泽璟生物制药股份有限公司	昆山市	注册生效

注:苏州泽璟生物制药股份有限公司于 2019 年 12 月 31 日注册生效,并于 2020 年 1 月 23 日上市,股票简称为泽璟制药,代码为 688266。张家港广大特材股份有限公司于 2020 年 1 月 8 日注册生效,并于 2020 年 2 月 11 日上市,股票简称为广大特材,代码为 688186。

后 记

本报告延续前六部《苏州上市公司发展报告》研究框架,继续以苏州已上市公司发展为主体,以苏州新三板挂牌企业、科创板企业和拟上市预披露公司为补充,客观全面地展现苏州上市公司发展现状、市场绩效、财务绩效,对苏州上市公司行业结构、区域结构、板块结构进行综合分析研究,对苏州企业各板块上市前景进行分析和展望。

本报告由薛誉华、范力、吴永敏、贝政新提出研究思路和撰写大纲,朱丹、冯佳明参与研究思路和大纲讨论。薛誉华、张菲菲负责编写前言;范力、葛帮亮负责编写第一章;常巍负责编写第二章;赵玉娟负责编写第三章;刘沁清负责编写第四章;郑晓玲负责编写第五章;徐涛负责编写第六章;贝政新、张天舒负责编写第七章;吴永敏、吴思琼负责编写第八章;薛誉华、王芬负责编写第九章;朱丹、冯佳明负责编写附录部分。本报告由薛誉华、范力、吴永敏、贝政新负责修改、总纂和定稿。

在本报告的研讨和撰写过程中,得到了苏州市上市公司协会、东吴证券股份有限公司、苏州大学东吴商学院和复旦大学出版社有关领导和专家的支持,在此一并表示感谢。由于作者水平有限,加之上市公司涉及面庞杂,疏漏之处还望读者批评指正。

作 者

2020 年 8 月

图书在版编目(CIP)数据

苏州上市公司发展报告.2020/薛誉华等主编. —上海：复旦大学出版社，2020.12
ISBN 978-7-309-15391-0

Ⅰ.①苏… Ⅱ.①薛… Ⅲ.①上市公司-研究报告-苏州-2020 Ⅳ.①F279.246

中国版本图书馆 CIP 数据核字(2020)第 221059 号

苏州上市公司发展报告.2020
薛誉华 等 主编
责任编辑/谢同君

复旦大学出版社有限公司出版发行
上海市国权路 579 号　邮编：200433
网址：fupnet@ fudanpress.com　http://www.fudanpress.com
门市零售：86-21-65102580　团体订购：86-21-65104505
外埠邮购：86-21-65642846　出版部电话：86-21-65642845
上海丽佳制版印刷有限公司

开本 787×1092　1/16　印张 23.75　字数 578 千
2020 年 12 月第 1 版第 1 次印刷

ISBN 978-7-309-15391-0/F·2754
定价：118.00 元

如有印装质量问题，请向复旦大学出版社有限公司出版部调换。
版权所有　侵权必究